Kohlhammer

Religionspädagogik innovativ

Herausgegeben von

Rita Burrichter
Bernhard Grümme
Hans Mendl
Manfred L. Pirner
Martin Rothgangel
Thomas Schlag

Band 52

Die Reihe „Religionspädagogik innovativ" umfasst sowohl Lehr-, Studien- und Arbeitsbücher als auch besonders qualifizierte Forschungsarbeiten. Sie versteht sich als Forum für die Vernetzung von religionspädagogischer Theorie und religionsunterrichtlicher Praxis, bezieht konfessions- und religionsübergreifende sowie internationale Perspektiven ein und berücksichtigt die unterschiedlichen Phasen der Lehrerbildung. „Religionspädagogik innovativ" greift zentrale Entwicklungen im gesellschaftlichen und bildungspolitischen Bereich sowie im wissenschaftstheoretischen Selbstverständnis der Religionspädagogik der jüngsten Zeit auf und setzt Akzente für eine zukunftsfähige religionspädagogische Forschung und Lehre.

Christiane Caspary/Daniela Zahneisen (Hrsg.)

Wenn der Tod im Klassenzimmer ankommt

Tod und Trauer in der Schule –
(religions-)pädagogische Perspektiven

Verlag W. Kohlhammer

Zusatzmaterial zu diesem Band finden Sie unter:
https://dl.kohlhammer.de/978-3-17-042064-9

1. Auflage 2022

Alle Rechte vorbehalten
© W. Kohlhammer GmbH, Stuttgart
Gesamtherstellung: W. Kohlhammer GmbH, Stuttgart

Print:
ISBN 978-3-17-042064-9

E-Book-Format:
pdf: 978-3-17-042065-6

Für den Inhalt abgedruckter oder verlinkter Websites ist ausschließlich der jeweilige Betreiber verantwortlich. Die W. Kohlhammer GmbH hat keinen Einfluss auf die verknüpften Seiten und übernimmt hierfür keinerlei Haftung.

Dieses Werk einschließlich aller seiner Teile ist urheberrechtlich geschützt. Jede Verwendung außerhalb der engen Grenzen des Urheberrechts ist ohne Zustimmung des Verlags unzulässig und strafbar. Das gilt insbesondere für Vervielfältigungen, Übersetzungen, Mikroverfilmungen und für die Einspeicherung und Verarbeitung in elektronischen Systemen

Inhaltsverzeichnis

Dank 9

Christiane Caspary / Daniela Zahneisen
Sterben, Tod und Trauer im Schulkontext.
Eine mehrperspektivische Betrachtung 11

I. Schlaglichter: Perspektivische Annäherungen

Aydina Rebholz
„Das Gefühl, gesehen zu werden" 23

Stefanie Renz
„Und so geh nun deinen Weg..." 25

Elisabeth Jordan
„Wenn mich jemand fragt, wie es mir geht,
möchte ich am liebsten schreien!" 29

Lena Sturhan
„Und dann war sein Platz plötzlich dauerhaft leer" 33

Uta Martina Hauf
Wenn der Tod in den Lebensort Schule einbricht.
Aufmerksamkeitsrichtungen für eine trauersensible Schulkultur 35

II. Sozial- und humanwissenschaftliche Erkenntnisse

Hansjörg Znoj
Wenn die Welt aus den Fugen gerät...
Psychologische Aspekte zu Tod und Trauer 41

Noemi Kuld
Sterben und Tod aus ärztlicher Sicht 51

Ulrike Witten
Beobachtungen zur gleichzeitigen Anwesenheit und Abwesenheit
von Sterben und Tod im gesellschaftlichen Diskurs 57

Selina Fucker
#RIP – Digitale Kommunikation über Trauer 67

III. Christlich-theologische Grundlegung

Judith Hartenstein
Tod und Auferstehungshoffnung.
Biblische und frühchristliche Grundlagen 81

Ulrich A. Wien
„Hie lieg' ich armes Würmelein."
Tod und Sterben in 2000 Jahren Christentum 93

Anja Lebkücher
Was kommt nach dem Tod?
Christlich-theologische Orientierung 113

IV. Jüdische, muslimische sowie philosophische Sichtweisen

Asher J. Mattern
Tod – Weisung – Leben.
Endlichkeit und Unendlichkeit in der jüdischen Tradition 131

El Hadi Essabah
Trauer und Hoffnung angesichts des Todes.
Eine muslimische Perspektive 143

Andrea Schmieg
„Und jetzt kommst du mich holen?"
Philosophieren als Einübung in den Tod 159

V. (Religions-)pädagogische Grundlegung und Perspektiven auf den Umgang mit Tod und Trauer

Bettina Kruhöffer
Nebelwand, Wiedergeburt oder Auferstehung?
Religionspädagogische Vorüberlegungen zu einer
pluralitätssensiblen Behandlung der Todesthematik 177

Christiane Caspary
Zwischen Vision und Wirklichkeit. Tod und Sterben
als Gegenstand ethischer Bildung im Religionsunterricht 193

Daniela Zahneisen
Jugendliche und die Frage nach dem Warum.
Theodizee im Horizont der Konfessionslosigkeit 207

Susanne Schwarz
Tod aus der Sicht von Schüler*innen.
Empirische Einblicke und religionsdidaktische Perspektiven 225

Dorothe Heidgreß / Stephan Heinlein
Trauerbegleitung ist wie ein Geländer.
Trauerbegleitung als pädagogische Aufgabe 239

VI. Didaktische Konkretisierungen

Gabriela Scherer
Zwei Bilderbücher für den Deutschunterricht
über Lebensgenuss und Endlichkeit 253

Karlo Meyer / Horst Heller
Für Symbole sensibilisieren. Formen jüdischer,
christlicher und muslimischer Bestattungen als Lernchance 267

Brigitte Beil
Abschied, Sterben und Tod im Rhythmus
eines Jahres im inklusiven Religionsunterricht.
Ein Unterrichtsvorschlag für Grund- und Förderschulen 281

Verzeichnis der Autor*innen 297

Dank

„Das Leben kann man nicht verlängern, aber wir können es verdichten."
Roger Willemsen

Die Themen Tod und Sterben kommen in ganz unterschiedlicher Art und Weise im Klassenzimmer an, wenn die am Schulleben beteiligten Personen direkt oder indirekt damit konfrontiert werden. Diese Situationen werfen tiefgreifende Fragen auf, machen oft sprachlos und können sich als ein Gefühl der Hilf- und Machtlosigkeit aufdrängen. Auch Studierende nehmen diese Themen als zukünftige Herausforderung wahr und suchen nach Austausch. Vor diesem Hintergrund entstand die Idee einer Gesprächsreihe, die Studierende aller Fachrichtungen erreicht. Ziel war es, aus der Sprachlosigkeit herauszufinden, indem ein Einblick in verschiedene Fachdisziplinen ermöglicht und für die Herausforderung einer Grenzsituation sensibilisiert wurde. Im Zuge dessen wurden erste Strategien im Umgang mit Tod und Sterben in der Schule diskutiert. *Mit dem Tod etwas anfangen – Umgang mit Abschied und Tod in Alltag und Schulwelt* – so lautete der Titel unserer digitalen Gesprächsreihe im Sommersemester 2021 an der Universität Koblenz-Landau.

Besonders dankbar blicken wir dabei auf die großartige Zusammenarbeit mit den sehr engagierten Studierenden der Fachschaftsvertretung für Evangelische Religionslehre am Campus Landau sowie Dr. Anja Lebkücher (ESG Landau) und Nico Körber (KHG Landau) zurück. Nur dank ihres Engagements entstand die Idee, auf dieses rege Interesse mit einem Sammelband zu reagieren, der nicht nur die Gesprächsimpulse der Ringvorlesung aufgreift, sondern zusätzlich vertiefende und weiterführende Perspektiven aufnimmt.

An dieser Stelle sei besonders herzlich allen Autor*innen des vorliegenden Bands für die Offenheit gegenüber dem Buchprojekt und die konstruktive Zusammenarbeit gedankt.

Danken möchten wir auch all jenen, die unser Buchprojekt durch Druckkostenzuschüsse finanziert haben: dem Institut für Evangelische Theologie und dem Institut für Katholische Theologie (Prof. Dr. Matthias Bahr) am Campus Landau der Universität Koblenz-Landau, der Calwer Verlag-Stiftung, der Evangelischen Studierendengemeinde Landau, der Evangelischen Kirche der Pfalz (Protestantische Landeskirche) (OKR Dr. Claus Müller), der Evangelischen Kirche im Rheinland, dem Studierendenparlament sowie der Fachschaftsvertretung für Evangelische Religionslehre am Campus Landau, der Diözese Rottenburg-Stuttgart (Alexander Kübler), der Erzdiözese Freiburg und der Evangelischen Landeskirche in Baden danken wir vielmals für die großzügige Unterstützung und Bestärkung in unserem Vorhaben.

An Dr. Sebastian Weigert und Daniel Wünsch vom Kohlhammer Verlag richten wir unseren Dank für die professionelle Betreuung dieses Bands. Für die inhaltliche Bekräftigung und Aufnahme in die Reihe *Religionspädagogik innovativ* danken wir den Reihenherausgeber*innen Prof. Dr. Rita Burrichter, Prof. Dr. Bernhard Grümme, Dr. Hartmut Lenhard, Prof. Dr. Hans Mendl, Prof. Dr. Manfred L. Pirner, Prof. Dr. Martin Rothgangel und Prof. Dr. Thomas Schlag.

Bei David Caspary und Angela Hangen möchten wir uns herzlichst für die sorgfältige und unermüdliche Durchsicht des Manuskripts bedanken. Sie haben unter Beweis gestellt, was Durchhaltevermögen bedeutet. Prof. Dr. Judith Hartenstein, Prof. Dr. em. Lothar Kuld und Prof. Dr. Susanne Schwarz gebührt unser besonderer Dank für die wertschätzende Unterstützung und wertvolle Beratung im Hintergrund, die ein solches Projekt erst möglich machen.

Herzlich danken möchten wir all denen, die uns in persönlichen Gesprächen und Texten daran erinnert haben, wie wichtig es ist, auf den Umgang mit Tod und Sterben in der Schule aufmerksam zu machen. Vielen Dank für das in uns gesetzte Vertrauen und die Offenheit! Ihnen und allen anderen, die auf die ein oder andere Weise mit Sterben und Tod in der Schule in Berührung kommen, gilt unser größter Respekt.

Von ganzem Herzen danken wir unseren Familien mit Magdalena und Udo Ritter, Dr. Andrea Schmieg, Emmi und David Caspary sowie Angelika, Jürgen, Patrick, Lena und Purzel Zahneisen. *Ihr seid ein Geschenk!* Danke, dass ihr an uns glaubt und unser Leben nach dem Gedanken von Roger Willemsen verdichtet.

Karlsruhe und Leipzig im Sommer 2022
Christiane Caspary und Daniela Zahneisen

Sterben, Tod und Trauer im Schulkontext
Eine mehrperspektivische Betrachtung

Christiane Caspary / Daniela Zahneisen

Thematische Hinführung

Das Lebensende gilt in unserer westeuropäischen Gesellschaft genau wie der Umgang mit Sterben, Tod und Trauer als ein Tabuthema. Der Tod und der Umgang mit selbigem bergen offenkundige Herausforderungen, die einem vermeintlichen Ideal widersprechen: Der Fortschritt der Medizin mit neuartigen Therapieansätzen, hochentwickelten Medikamenten und technischen Innovationen erweckt heute die Illusion einer nahezu unsterblichen Gesellschaft (Küthe 2020, 5). Auch in medialer Hinsicht wird die Wunschvorstellung des friedlichen Einschlafens im hohen Alter geprägt. Dem gegenüber steht die Realität, geprägt von der grausamen Wirklichkeit unheilbarer Krankheiten, tödlicher Unfälle und brutaler Kriege. Gegenwärtig rücken zudem die Corona-Pandemie und Berichterstattungen über den Angriffskrieg Russlands gegen die Ukraine Tod und Sterben stärker in unseren Alltag und Bewusstsein.

Neben diesen Widerspruch der gesellschaftlichen sowie medialen Präsenz und zugleich Tabuisierung tritt die Tendenz zur Individualisierung des Umgangs mit Tod und Sterben. Unabhängig von gesellschaftlichen Erwartungshaltungen stellt dabei ein Aspekt die persönliche Sichtweise auf die Thematik dar. Die Auseinandersetzung mit individuellen Vorstellungen zum Tod könnte persönlicher nicht sein, denn es geht hier immer zugleich um die eigenen Hoffnungsvorstellungen. Viele Situationen im Zusammenhang mit Tod und Sterben werfen die Frage nach dem letzten Sinngrund auf – dabei kommt mitunter die Religion ins Feld, denn die Frage nach dem Tod, die Frage also nach der Vorstellung, was nach dem Tod passieren wird, ob und welche Hoffnung wir haben, kann auch immer eine religiöse/spirituelle Dimension umfassen.

Das Thema Tod berührt also die verschiedensten Lebensbereiche und stellt auch in der Lebenswelt Kinder und Jugendlicher ein nahezu omnipräsentes Phänomen dar – die Frage nach der Endlichkeit des Lebens nimmt „für Sinn- und Identitätsfragen in der Kindheit wie Jugendphase eine konstitutive Rolle" ein (Platow 2019, 436). Die Schüler*innen bringen somit eine Vielzahl an Primär- und Sekundärerfahrungen mit den Themenbereichen Krankheit, Sterben, Tod und Trauer in den Unterricht mit (Effert u.a. 2017, 4). Diese Erfahrungen werden im Familien- und Bekanntenkreis gesammelt und finden gegenwärtig vermehrt auch im Digitalen ihren Raum. Ob durch Gewalt- und Todesdarstellungen in Medien oder durch Austauschmöglichkeiten im Netz – Kommunikation und Austausch über Tod und Sterben gestalten sich vielfältig (Luthe 2016, 69–71). Social Media stellt für Heranwachsende der Gegenwart dabei eine der zentralsten Möglichkeiten dar, sich individuell unterschiedlich mit der Thematik Tod und Sterben auseinandersetzen zu können und sich in ihrer religiösen wie auch ethischen Urteilsbildung maßgeblich prägen zu lassen (Nord 2021, 354). Soziale Netzwerke bieten dabei einen Raum, wohin sich Kinder und Jugendliche „in ihrer Sprach- und Hilflosigkeit" flüchten und „nach Antworten auf existenzielle Fragen des Lebens" suchen können (Küthe 2020, 7).

Schule als Spiegel der Gesellschaft hat die Aufgabe, Schlüsselthemen wie den Umgang mit Tod und Sterben aufzugreifen und im Sinne der Subjektorientierung zu berücksichtigen, was die Schüler*innen bewegt. Nach aktueller religionspädagogischer Studienlage entspricht auch dies dem Wunsch der Schüler*innen. Lebensweltliche Themen – darunter Tod/Leben nach dem Tod – gehört aus Schüler*innensicht zu den relevantesten Inhalten im Religionsunterricht (exemplarisch dazu: Domsgen u.a. 2021, 118; Schwarz 2019, 268; Schweitzer u.a. 2018, 232).

Dies spiegelt sich schließlich auch in den curricularen Vorgaben der einzelnen Bundesländer wider: Sowohl Lehr-/Bildungspläne als auch Unterrichtsmaterialien greifen die Thematik auf. Der Themenkomplex *Jesus Christus* sieht eine Auseinandersetzung mit dem Kreuzestod Jesu sowie der Auferstehungshoffnung vor (exemplarisch dazu: Bildungsplan Evangelische Religionslehre/Gymnasium in Baden-Württemberg 2016, 21). Tod und Sterben als Unterrichtsgegenstand kommt zudem u.a. im Bereich *Welt und Verantwortung* in ethischer Hinsicht zum Tragen, wenn unterschiedliche Deutungen der Wirklichkeit am Beispiel von Tod und Sterben thematisiert und reflektiert werden (ebd., 24). Auch mit Blick auf anthropologische Fragen sieht der Bildungsplan für Baden-Württemberg vor, sich mit dem „persönlichen und gesellschaftlichen Umgang mit Sterben, Tod und Trauer" zu beschäftigen, und schlägt die Thematisierung von Hospizarbeit, Trauerprozessen und Bestattungskultur vor (ebd., 23). Umso mehr verwundert vor diesem Hintergrund, dass „in den Lernorten Schule und Familie [trotzdem] zumeist keine tiefergehende Auseinandersetzung mit diesem (lebens-)wichtigen Thema statt[findet]" (Effert u.a. 2017, 4).

Eine pädagogische Begleitung im Trauerprozess ist von großer Bedeutung, wenn Tod und Trauer im näheren Umfeld oder vielleicht sogar im schulischen Kontext erfahren werden. Sich ihrer Rolle bewusst zu sein und ihr nicht aus Angst vor Überforderung auszuweichen, ist eine zentrale Herausforderung für alle Lehrpersonen. Sie sind wichtige Bezugspersonen und mitunter Krisenmanager*innen für Kinder und Jugendliche, besonders hinsichtlich ihrer Begleitung während dieser Grenzsituationen und der Thematisierung von Abschied und Tod im Unterricht und in der Lebenswelt Schule.

Dies wirft drängende Fragen für die Beteiligten auf: Welche Form von Begleitung von Seiten der Lehrer*innen ist individuell angemessen, wenn sich Trauerfälle im Umfeld der Schüler*innen ereignen? Wie gehen Lehrer*innen konkret damit um, wenn ein*e Angehörige*r der Schulgemeinschaft schwer erkrankt oder gar (plötzlich) stirbt? Lehrkräfte haben aus ihrem pädagogischen Selbstverständnis heraus die Aufgabe und Verantwortung, sich dieser Fragen anzunehmen. Hierfür braucht es pädagogisches, methodisches sowie fachliches Wissen.

Das zentrale Anliegen dieses Sammelbands besteht darin, die beschriebenen pädagogischen Herausforderungen mehrperspektivisch zu betrachten. Dabei richtet sich der Sammelband nicht nur an (angehende) Religionslehrer*innen. Obwohl der Glaube bei diesem Thema aus unserer Sicht eine große Rolle spielt und der Religionslehrkraft daher naturgemäß die Aufgabe zuteil wird, auf Fragen wie z.B. jener zum Leben nach dem Tod zu reagieren, ist eine Auseinandersetzung damit für alle Lehrer*innen entscheidend, um alle Schüler*innen kompetent begleiten zu können. Der bewusste und reflektierte Umgang mit Sterben, Tod und Trauer wird daher aus einer interdisziplinären Perspektive wegweisender und für den Schulalltag relevanter Disziplinen beleuchtet, die weit über theologische Fundierungen hinausgehen. In diesem Kontext verortet Birte Platow die Aufgabe von Religionspädagogik in der Vermittlung zwischen medizinischer, psychologischer und ethischer Betrachtung einerseits sowie der Wahrnehmung des Todes als metaphysischem Phänomen andererseits (2019, 436). Zudem weist sie darauf hin, dass Tod und Sterben „im Religionsunterricht grundsätzlich auf zwei unterschiedliche Arten wahrgenommen werden. Zum einen anlassbedingt […]. Zum anderen kann man Tod und Sterben aber auch als Themen verstehen, die ein spezifisches Potenzial aufweisen." (ebd., 428) In Anknüpfung daran und diese beiden Ebenen berücksichtigend, soll der vorliegende Sammelband eine Synthese zwischen erfahrungsbezogener Annäherung, wissenschaftlicher Theorie und (religions-) pädagogischer Reflexion der Schulwirklichkeit herstellen. Dies wird in einem mehrschrittigen Aufbau realisiert.

Prägnante persönliche Erfahrungsberichte bilden im ersten Baustein *Schlaglichter: Perspektivische Annäherungen* den Einstieg. Die Autorinnen reflektieren den Umgang mit Trauer im schulischen Kontext vor dem Hintergrund eigener Betroffenheit.

Der Themenkomplex Sterben, Tod und Trauer tangiert wichtige gesellschaftliche Dimensionen, die auch im schulischen Kontext bedeutsam sind und das Fundament für weiterführende Überlegungen legen. Daher werden im Rahmen des zweiten Blocks *Sozial- und humanwissenschaftliche Erkenntnisse* prägnant gehaltene psychologische sowie medizinische Erkenntnisse und Einschätzungen geklärt, woraufhin ein Blick auf den soziologischen Diskurs geworfen wird. Empirische Einblicke in die digitale Trauerkommunikation runden diesen Themenbereich ab.

Die Bibelwissenschaften, Kirchengeschichte und systematische Theologie stellen zentrale Bezugswissenschaften der christlichen Religionspädagogik dar. Der dritte Themenkomplex *Christlich-theologische Grundlegung* widmet sich daher den biblischen und frühchristlichen Wurzeln von Todes- und Auferstehungsvorstellungen. Hieran schließt sich ein kirchenhistorischer Überblick über den christlichen Umgang mit Tod an, welchem systematisch-theologische Überlegungen folgen.

Im darauffolgenden Themenbereich *Jüdische, muslimische sowie philosophische Sichtweisen* werden die beiden weiteren abrahamitischen Religionen sowie die philosophische Disziplin beleuchtet. In Verbindung mit den vorhergehenden elementaren Hinführungen wird somit das Fundament für einen weiterführenden interreligiösen und -kulturellen Dialog gelegt.

Gegenwärtige gesellschaftliche Phänomene und Dimensionen werden im Baustein *(Religions-)pädagogische Grundlegung und Perspektiven auf den Umgang mit Tod und Trauer* miteinbezogen und reflektiert. Das Hauptaugenmerk wird damit bewusst auf pädagogische Settings gelegt, in denen Tod und Trauer genuin zum Tragen kommen.

Anknüpfend daran folgen didaktische Konkretisierungen aus verschiedenen Fachdidaktiken anhand konkreter Fallbeispiele, die die Leser*innen als Handlungsimpulse für die Unterrichtspraxis und darüber hinaus als Orientierungshilfe im Umgang mit Todesfällen im schulischen Kontext unterstützen können. In den *Didaktischen Konkretisierungen* wird die Thematik praxisbezogen illustriert. Hierfür steht die Bearbeitung konkreter praktischer Herausforderungen der in der Schule vorkommenden Situationen im Fokus.

Zu den Themenblöcken und Beiträgen im Einzelnen:

I. Schlaglichter: Perspektivische Annäherungen

Aydina Rebholz war noch Schülerin, als sie im Alter von 16 Jahren den Tod ihrer Mutter erleben musste. Mit der Hoffnung auf „*Das Gefühl, gesehen zu werden*", reflektiert sie den Umgang des schulischen Umfelds mit ihrem Schicksal.

Demgegenüber führt der Bericht „*Und so geh nun Deinen Weg…*" von *Stefanie Renz* vor Augen, wie mit dem frühen Tod ihrer Tochter in deren Schule umgegangen wurde.

Elisabeth Jordan schildert in „*Wenn mich jemand fragt, wie es mir geht, möchte ich am liebsten schreien!*" aus der Sicht einer Lehrerin, Traumapädagogin und Trauerbegleiterin den Umgang mit Trauer in ihrem Berufsfeld Schule. Zudem berichtet sie, wie sie als Schülerin den Verlust ihrer Mutter und den Umgang mit deren Tod in ihrem eigenen schulischen Umfeld erlebt hat.

„Und dann war sein Platz plötzlich dauerhaft leer" – aus der Perspektive einer derzeitigen Lehramtsstudentin beschreibt *Lena Sturhan* die einprägsame Zeit, in der ihre Klasse um das Leben eines Mitschülers bangte.

Im Beitrag *Wenn der Tod in den Lebensort Schule einbricht. Aufmerksamkeitsrichtungen für eine trauersensible Schulkultur* stellt die Lehrerin und Trauerbegleiterin *Uta M. Hauf* Bewältigungsstrategien für Trauerfälle im schulischen Kontext vor. Sie geht von der Grundhaltung aus, dass die Schule nicht ausschließlich als *Lernort*, sondern vielmehr als *Lebensort* begriffen werden sollte.

II. Blick über den Tellerrand: Erkenntnisse aus weiteren Fachdisziplinen

Trauer ist keine Krankheit! Diese These bildet das Fundament der Ausführungen *Wenn die Welt aus den Fugen gerät… Psychologische Aspekte zu Tod und Trauer* des Psychologen *Hansjörg Znoj*. Er zeigt fundiert, wie bedeutsam es im Trauerprozess ist, die Reaktionen von Trauernden zu verstehen und daraus mögliche Konsequenzen für die Personen in deren Umfeld abzuleiten. *Znoj* umreißt den Prozess der Trauer als Zustandsbeschreibung und betont das Verständnis des Verlusterlebens. Vor diesem Hintergrund führt er somatisch-psychologische Folgen sowie Reaktionsweisen und Interventionsmaßnahmen aus.

Die Ärztin *Noemi Kuld* formuliert eine grundlegende Übersicht über *Sterben und Tod aus ärztlicher Sicht*. Sie schildert Diagnosekriterien, anhand derer Ärzt*innen aufeinanderfolgende Stufen des Todes eines Menschen feststellen. Darüber hinaus geht sie auf die komplexen Felder des Hirntods, der Organentnahme und der Sterbehilfe ein. Diese medizinischen Einordnungen sind im Hinblick auf einen würdigen Sterbeprozess besonders relevant.

Ulrike Witten beschreibt *Beobachtungen zur gleichzeitigen Anwesenheit und Abwesenheit von Sterben und Tod im gesellschaftlichen Diskurs* aus soziologischer Perspektive. Sie diskutiert dieses Paradox und die Frage, was dieser Wandel für die Wahrnehmung und Deutung des Themas bedeuten kann, und resümiert, dass ein gutes Abschiednehmen nach wie vor eine Gestaltungsaufgabe für alle Generationen darstellt – auch und gerade im Changieren zwischen Anwesenheit und Abwesenheit von Sterben und Tod.

Kinder und Jugendliche wachsen heutzutage in einer mehr und mehr digitalisierten Welt auf und soziale Medien nehmen meist einen bedeutenden Stellenwert in ihrem Alltag ein – auch in der Kommunikation von Trauererfahrung. Vor diesem Hintergrund nimmt *Selina Fucker* in ihrem Beitrag *#RIP - Digitale Kommunikation über Trauer* vorwiegend Formen digitaler Trauerkommunikation auf Social Media als Teil der Trauerkultur abwägend in einer qualitativ-empirischen Betrachtung auf.

III. Christlich-theologische Grundlegung

Ein Hauptanliegen von *Judith Hartenstein* ist es, Bibelstellen zu Auferstehung und Ansätze von Himmel und Hölle in ihrer Fremdheit und Parallelität wahrzunehmen. In ihrer Betrachtung *Tod und Auferstehungshoffnung. Biblische und frühchristliche Grundlagen* stellt sie die zentrale christliche Hoffnung auf ein Leben nach dem Tod vor. Hierfür zeichnet sie biblische Hintergründe apokalyptischer Vorstellungen und die Vielfalt dieser Positionen anhand von Einblicken in zentrale Bibeltexte des Alten und Neuen Testaments nach, die bereits das frühe Christentum geprägt haben.

Ulrich A. Wien beleuchtet die Thematik aus dem Blickwinkel eines evangelischen Kirchenhistorikers. In seinem Beitrag „*Hie lieg' ich armes Würmelein.*" *Sterben und Tod in 2000 Jahren Christentum* umreißt er bedeutsame Orientierungslinien jahrtausendealter kirchengeschichtlicher Tradition – dabei geht er u.a. auf historische Entwicklungen von Deutungsansätzen des Todes Jesu, Bestattungsritualen sowie gesellschaftlich vorherrschenden Einstellungen zu Tod und Sterben ein.

Wie geht es nach dem Leben weiter? Wie kann man sich Himmel und Hölle vorstellen? Welche Deutungsmöglichkeiten gibt es aus heutiger christlich-systematischer Sicht? Diesen und weiteren existenziellen Fragen geht *Anja Lebkücher* in ihrer Abhandlung *Was kommt nach dem Tod? Christlich-theologische Orientierung* nach, indem sie die in den vorangegangenen Beiträgen erfassten biblischen Perspektiven aufgreift und in weiterführende systematisch-theologische Überlegungen einfließen lässt.

IV. Jüdische, muslimische sowie philosophische Sichtweisen

Asher J. Mattern widmet sich in seinen Ausführungen *Tod – Weisung – Leben. Endlichkeit und Unendlichkeit in der jüdischen Tradition.* Er berücksichtigt hierbei die Positionen Rosenzweigs und Lévinas', bezieht aber auch das rabbinische Denken mit ein. Die rabbinische Sichtweise ist wesentlich mit der Bedeutung des sündhaften Lebens für die Überlegungen zu einem Jenseits des Todes verbunden. Darüber hinaus schildert er aus dieser spezifischen Perspektive heraus den Trauerprozess und geht dabei auch auf die charakteristische Dynamisierung der Trauerarbeit ein.

Welche Bedeutung hat der Tod im Islam? Wie stellen sich muslimische Gläubige den Himmel/das Paradies/das ewige Leben vor? *El Hadi Essabah* stellt sich diese Fragen im Rahmen seiner Ausführungen zu *Trauer und Hoffnung angesichts des Todes. Eine muslimische Perspektive.* Dabei zeigt er den Glauben an das Jenseits, die Auferstehung und das Jüngste Gericht als einen wesentlichen Glaubensgrundsatz des Islam auf. Seine theoretischen Überlegungen ergänzt er mit einem Einblick in muslimische Rituale, Traditionen und Formen des Gedenkens.

In ihrem Beitrag *„Und jetzt kommst du mich holen?" Philosophieren als Einübung in den Tod* widmet sich *Andrea Schmieg* dieser drängenden Frage der literarischen Figur einer Ente. Hierfür entfaltet sie einen Überblick über die Philosophiegeschichte, der unterschiedliche Facetten des Todes widerspiegelt. Ergänzt wird diese theoretische Fundierung durch ein konkretes Praxisbeispiel, das die vorherigen Überlegungen im pädagogischen Kontext umsetzt. Die Autorin bezieht ihre Überlegungen auf den exemplarischen Umgang mit dem Bilderbuch *Ente, Tod und Tulpe* von Wolf Erlbruch – doch was hat die Tulpe mit der Frage der Ente zu tun?

V. (Religions-)pädagogische Grundlegung und Perspektiven auf den Umgang mit Tod und Trauer

Bettina Kruhöffer berücksichtigt religionstheologische Denkfiguren in ihrer Vielfalt und damit zusammenhängend die Blickrichtung der (Pluralitäts-) Sensibilität. Dies lässt sie in religionspädagogische und -didaktische Überlegungen hinsichtlich der Potentiale für den Religionsunterricht einfließen und nimmt dadurch alle Schüler*innen unabhängig ihrer religiösen Selbstverortung in ihrer Auseinandersetzung mit existentiellen Fragen wahr: *Nebelwand, Wiedergeburt oder Auferstehung? Religionspädagogische Vorüberlegungen zu einer pluralitätssensiblen Behandlung der Todesthematik.*

Davon ausgehend, dass die Themen Tod und Sterben als ethische Fragen im Religionsunterricht im Spannungsfeld von biblisch-theologischem Ethos, kirchlichen Positionierungen und gesellschaftlichem Diskurs verhandelt werden, entfaltet *Christiane Caspary* ihre Reflexion *Zwischen Vision und Wirklichkeit. Tod und Sterben als Gegenstand ethischer Bildung im Religionsunterricht*. Ihrer These folgend, dass abstrakte ethische Theorien unterrichtspraktisch wenig helfen und wirksamer Unterricht Konkretion und ethische Reflexion erfordert, beleuchtet sie diskursiv ambivalente Fallbeispiele und reflektiert diese vor dem Hintergrund religionspädagogischer Überlegungen.

Daniela Zahneisen stellt sich in ihrem Beitrag *Jugendliche und die Frage nach dem Warum. Theodizee im Horizont der Konfessionslosigkeit* einer der größten theologischen Anfragen überhaupt: Wie kann ein allmächtiger und gütiger Gott Leid zulassen? Sie plädiert dafür, auch in einer zunehmend säkular geprägten Gesellschaft an der Behandlung der Theodizeefrage im Religionsunterricht festzuhalten. Hierfür entwickelt sie unter besonderer Berücksichtigung der unterschiedlichen (nicht-)religiösen Selbstpositionierungen von Schüler*innen Perspektiven für religiöse Bildung.

Die meisten Kinder und Jugendlichen begegnen dem Thema Tod mit großem Interesse und entwickeln dabei individuelle Umgangsweisen. Je nach Weltorientierung, Lebenssituation und (möglicher) Gottesvorstellungen bilden sie ganz unterschiedliche/keine Nachtodesvorstellungen aus. Diese und weitere Studienergebnisse stellt *Susanne Schwarz* in ihrem Beitrag *Tod aus der Sicht von Schüler*innen. Empirische Einblicke und religionsdidaktische Perspektiven* dar. Sie beschäftigt sich mit der Frage nach Aufgabe und Beitrag religiöser Bildung im Zusammenhang mit dem Thema Tod und schließt daran religionsdidaktische Überlegungen für den Religionsunterricht an.

Für *Dorothe Heidgreß* und *Stephan Heinlein* steht fest: Trauer braucht Zeit und gilt im Sinne einer Lernerfahrung als nicht zu hinterfragender Bestandteil jedes schulischen Kontexts. Aus der Perspektive der Trauerbegleitung und Religionspädagogik geben sie in ihrem Beitrag *Trauerbegleitung ist wie ein Geländer. Trauerbegleitung als pädagogische Aufgabe* erfahrungsbezogene Anregungen, wie eine Schulgemeinschaft mit einem akuten Todes- oder Trauerfall umgehen kann.

VI. Didaktische Konkretisierungen

In ihrem Beitrag *Zwei Bilderbücher für den Deutschunterricht über Lebensgenuss und Endlichkeit* stellt *Gabriela Scherer* zwei Bilderbücher vor, die die Schönheit sowie die Zerbrechlichkeit bzw. Endlichkeit des Lebens zum Thema haben. Dabei analysiert sie die Bilderbücher *Der kleine Fuchs* von Edward van de Vendel und *Der Tod auf dem Apfelbaum* von Kathrin Schärer in Hinblick auf ihr jeweiliges didaktisches Potential für den Literaturunterricht in der Primarstufe und entwickelt handlungsorientierte Unterrichtsideen.

Unter dem Titel *Für Symbole sensibilisieren. Formen jüdischer, christlicher und muslimischer Bestattungen als Lernchance* präsentieren *Karlo Meyer* und *Horst Heller* eine Unterrichtsreihe zur interreligiösen Symbolsensibilisierung. Hierbei werden verschiedene Trauerriten und Symbole der abrahamitischen Religionen und daraus folgende Konsequenzen für einen aktuellen Todesfall mit interreligiösem und interkulturellem Hintergrund dargelegt und auf die Schulpraxis bezogen.

In ihrem Entwurf *Abschied, Sterben und Tod im Rhythmus eines Jahres im inklusiven Religionsunterricht* entwickelt *Brigitte Beil* vor dem Hintergrund eigener Praxiserfahrung einen religionsdidaktischen Unterrichtsvorschlag für Grund- und Förderschulen. Besondere Berücksichtigung findet dabei das sogenannte

Konzept der Religionspädagogischen Praxis, welches den Lauf des Lebens handlungs- und gestaltorientiert veranschaulicht.

Literatur

Domsgen, Michael u.a. (2021), Empirische Perspektiven zum Religionsunterricht. Eine Untersuchung unter Schülerinnen und Schülern sowie Lehrkräften in Sachsen-Anhalt, Leipzig.

Effert, Inga u.a. (2017), Der Tod als Anfrage an das Leben. Differenziertes Material für den RU in Klasse 7–10, Göttingen.

Küthe, Eileen (2020), Der Umgang mit Tod und Trauer in der Grundschule. Die Entwicklung eines kindgerechten Trauerkonzepts mit christlicher Auslegung (Religionspädagogische Praxis in der Grundschule 2), Berlin.

Luthe, Swantje (2016), Trauerarbeit online – Facebook als Generator für Erinnerungen, in: Klie, Thomas / Nord, Ilona (Hg.), Tod und Trauer im Netz, Stuttgart.

Ministerium für Kultur, Jugend und Sport Baden-Württemberg (2016), Bildungsplan Evangelische Religionslehre (Gymnasium), Stuttgart.

Nord, Ilona (2021), Ethisches Lernen im digitalen Raum, in: Lindner, Konstantin / Zimmermann, Mirjam (Hg.), Handbuch ethische Bildung, Tübingen, 354–360.

Platow, Birte (2019), Tod und Sterben, in: Rothgangel, Martin u.a. (Hg.), Theologische Schlüsselbegriffe. Subjektorientiert – biblisch – systematisch – didaktisch (Theologie für Lehrerinnen und Lehrer 1), 6. komplett neu erarbeitete Aufl. Göttingen, 428–439.

Schwarz, Susanne (2019), SchülerInnenperspektiven und Religionsunterricht. Empirische Einblicke – Theoretische Überlegungen, Stuttgart.

Schweitzer, Friedrich u.a. (2018), Jugend – Glaube – Religion. Eine Repräsentativstudie zu Jugendlichen im Religions- und Ethikunterricht (Glaube – Wertebildung – Interreligiosität. Berufsorientierte Religionspädagogik 13), Münster.

I. Schlaglichter:
Perspektivische Annäherungen

„Das Gefühl, gesehen zu werden"

Aydina Rebholz

1. „Das gehört sich so!"

Meine Mutter verstarb vor zwei Jahren. Zur damaligen Zeit war ich 16 Jahre alt und ging in die elfte Klasse eines beruflichen Gymnasiums. Es geschah mitten in der Corona-Zeit, während des Home-Schoolings. Meistens hatten wir nur Aufträge zu erledigen und abzuschicken. Der Kontakt zu den Lehrer*innen lief hauptsächlich schriftlich per E-Mail, darüber erreichte mich auch die Beileidsbekundung von meiner damaligen Klassenlehrerin.

Etwa zwei Wochen nach ihrem Tod gingen wir aufgeteilt in zwei Gruppen wieder zur Schule. Meine beste Freundin war zum Glück in der gleichen Gruppe wie ich. Wir beiden hatten nicht wirklich viel mit den anderen aus der Klasse zu tun. Ich merkte jedoch schon von Anfang an, dass alle Bescheid wussten – es waren zum einen die Blicke, die einen mitleidig, jedoch auch mit einer Spur von Hilflosigkeit trafen. Zum anderen reagierten die Schüler*innen sowie Lehrer*innen sehr zurückhaltend auf mich. Ich bekam eine Karte, auf der alle unterschrieben hatten, um ihre Anteilnahme zu zeigen, jedoch wirkte die Geste etwas sporadisch auf mich: *„Ihre Mutter ist gestorben, da muss man so etwas machen."* oder *„Das gehört sich so."*

Natürlich waren meine Mutter und auch ich zum Teil fremde Personen, gegenüber denen man nicht zwingend Mitgefühl empfindet. Aber im Nachhinein betrachtet, ist dies alles nicht wirklich richtig bei mir im Bewusstsein angekommen. Am Todestag meiner Mutter rief ich meine ehemalige Klassenlehrerin an, woraufhin sie mir ihre Hilfe *bei allem* anbot – auch per E-Mail. Dies nickte ich dankend ab.

Ich war und bin noch nie jemand gewesen, der seine Gefühle offen zeigt, sprich, ich hätte höchstwahrscheinlich auch gar nicht nach Hilfe gefragt. Ich habe gelernt, wie man alleine zurechtkommt und welche Prioritäten man setzen muss, um ein passables Leben zu führen.

Und in diesem *Überlebensmodus* war ich auch nach dem Tod meiner Mutter. Ich habe vielleicht zwei oder auch drei Tage in der Schule gefehlt und hatte vor, so zeitnah wie möglich wieder am Unterricht teilzunehmen, obwohl ich noch ihre Beisetzung organisieren musste. Ich habe alles getan, um die Situation so souverän wie möglich zu meistern.

2. „Melde dich, wenn etwas ist."

Im Lehrerkollegium wurde meine Situation nicht offen und klar kommuniziert. Das hatte mich überrascht. Ich bin davon ausgegangen, dass solche Nachrichten schnell die Runde machen, vor allem da bekannt war, dass meine Mutter viel Betreuung brauchte und ich oft mein Handy laut gestellt hatte, um für sie erreichbar zu sein. Umso mehr war ich von meiner Ethiklehrerin überrascht, die auf mich zukam und mir ihr Beileid aussprach. Sie erzählte mir, dass meine Sportlehrerin und sie ganz betroffen von der Nachricht seien, die sie wohl erst viel zu spät und nur am Rande mitbekommen hatten.

In den nächsten Tagen lud mich meine Ethiklehrerin zum Essen ein. Wir redeten sehr viel und sie erzählte mir anfänglich, wie wütend es sie gemacht habe, dass meine Geschichte nicht offen im Kollegium angesprochen wurde. Anfangs konnte ich ihre Wut nicht nachvollziehen, doch mittlerweile verstehe ich, dass sich viele der anderen Lehrer*innen anders verhalten hätten, wenn mein Schicksal transparent vermittelt worden wäre. Der Mittag mit meiner Ethiklehrerin war so erleichternd für mich, ich konnte ihr mein Herz für einen kurzen Moment ausschütten, und es war sogar jemand da, den es ehrlich interessierte.

Da ich mit meiner Mutter alleine gelebt hatte und keinen Kontakt zu meinem Vater pflege, musste ich die Entscheidung treffen, ob ich dortbleiben möchte, in ein Jugendheim oder ähnliches gehen oder zu meinen Verwandten nach Baden-Württemberg ziehen möchte. Ich habe mich für den Umzug zu meiner Familie entschieden, und infolgedessen waren es auch meine letzten Wochen an dieser Schule.

Zur Beisetzung meiner Mutter kamen meine damalige Klassenlehrerin und Co-Klassenlehrerin aus der Mittelstufe. Es war ein schönes Gefühl, dass beide an diesem Tag dabei waren und auch von anderen ehemaligen Lehrer*innen Beileidsbekundungen ausgerichtet wurden. Es gab mir das Gefühl, dass ich in dieser schweren Situation gesehen wurde und ich seelische Unterstützung hatte. Meine Lehrerinnen hatten sich die Zeit genommen und waren bei mir, sie hatten ein offenes Ohr für mich – das tat gut.

Rückblickend mache ich niemandem einen Vorwurf für sein damaliges Verhalten. Ich denke, jede*r hat getan, was sie/er für richtig hielt, und ich werte keine Reaktion als unangebracht, denn auch ich verhielt mich anders als andere trauernde Jugendliche in meinem Alter. Ich hatte schon lange vor dem Tod meiner Mutter still aufgegeben, nach Hilfe zu suchen.

Aber gibt es überhaupt die/den Trauernde*n? Ich denke nicht. Jede*r trauert unterschiedlich und jede*r geht mit einem Verlust anders um. Also müssen auch die Umstehenden mit jeder/jedem anders umgehen, denn ein Schema kann es, denke ich, nicht geben. *Dennoch hätte ich mir gewünscht, dass Lehrer*innen mehr auf uns Schüler*innen zugehen würden!*

„Und so geh nun Deinen Weg..."

Stefanie Renz

1. Steine aus dem Weg räumen

Unsere älteste Tochter Jenny kam nach den Sommerferien in die dritte Klasse einer kleinen, dörflich gelegenen Grundschule mit eng angeschlossener Gemeinschaftsschule an der Schwäbischen Alb. Damals war sie bereits seit vielen Jahren schwer erkrankt, sie hatte die Diagnose eines diffus wachsenden Tumors im Gehirn. Insgesamt musste sie fünf Chemotherapien, etliche Operationen am Gehirn und eine Bestrahlung der Neuroachse (Kopf und gesamte Wirbelsäule) über sich ergehen lassen. Ihre vorherige Schule war mit ihrer Situation überfordert, weshalb Jenny und unser mittlerer Sohn die Schule wechselten.

In ihrem Alltag war für Jenny das Wichtigste, *ganz normal* zu sein und auch dementsprechend behandelt zu werden. Durch das inklusive und jahrgangsgemischte Schulkonzept wurde *Individualität* als *Normalität* gelebt und Jenny konnte sich wie jede*r andere sehen. Nicht Jenny musste sich anpassen, sondern was für Jenny nicht passend war, *wurde passend gemacht*: Der Stundenplan wurde gekürzt, da sie mittags zu schwach war, um am Unterricht teilzunehmen. Sie bekam ein geringeres Arbeitspensum und auch der Schwierigkeitsgrad wurde ihrer jeweiligen gesundheitlichen Situation angepasst. Der dadurch wichtige enge Kontakt zwischen der Schule und uns sowie der stetige Austausch machten es möglich, auch schwierige Situationen gut aufzufangen. Wenn Jenny in der Schule Pausen brauchte, durfte sie sich jederzeit in ein extra Zimmer zurückziehen und dort ausruhen oder schlafen. Wir spürten das Anliegen der Lehrer*innen, die Situation möglichst gut zu gestalten. Wir freuten uns sehr, dass die neue Schule für unsere Kinder zu einem Zuhause wurde, sie sich dort sehr geborgen fühlten und gerne dort waren.

Am ersten Elternabend habe ich unsere Situation *offen* kommuniziert. Daraufhin wurde auch an der Schule von Jennys Krankheit erzählt, alle Kinder/Jugendlichen auf dem Schulhof wussten Bescheid und man redete darüber. Jenny war sehr locker im Umgang mit ihrer Krankheit, sprach aufgeschlossen über ihren Haarverlust und ihre krankheitsbedingten Handicaps.

Als ihr das Laufen schwerer fiel, bekam sie eine Inklusionskraft, die sie sehr unterstützte. Im letzten halben Jahr war sie auf einen Rollstuhl angewiesen. Auch die älteren Mitschüler*innen wollten ihr gerne helfen und riefen gemeinsam mit dem Schüler*innenrat (Schüler*innenvertretung) eine große Crowdfunding-Aktion ins Leben, um ihre 50.000€ teure neuartige Therapie mitzufinanzieren. Hierfür initiierten sie einen Spendenlauf, bei dem alle Schüler*innen mit großem Eifer und vollem Einsatz pro zurückgelegter Runde Spenden sammelten. Sie organisierten Getränke, Snacks, Musik und sogar die Lokalpresse. Während des Fests saß Jenny freudestrahlend in ihrem Rollstuhl an der Ziellinie. Mithilfe der Unterstützung ihres Papas und Opas lief sie sogar ganz tapfer eine Runde mit. Jenny war überwältigt und sehr dankbar für alles, was für sie getan wurde und bedankte sich per Mikrofon ganz herzlich bei allen.

2. Und so geh' nun Deinen Weg

Leider verschlechterte sich Jennys Zustand zunehmend und wir erhielten von ihrem Arzt die Diagnose *austherapiert*. Unsere Familie hatte bis zuletzt die *Hoffnung auf Heilung* und wir wünschten uns, noch viel gemeinsame Zeit miteinander verbringen zu dürfen. Das Thema *Sterben und Tod* wurde erst in den letzten Wochen an der Schule präsent und löste das Thema *Krankheit* ab.

Jenny verabschiedete sich am letzten Schultag vor den Osterferien von ihren Mitschüler*innen und Lehrer*innen und wünschte ihnen *Alles Gute*. Zur Verabschiedung und als Dank für die überragenden Leistungen beim Spendenlauf ließ sie einen Eiswagen kommen, der mit uns in der großen Pause an der Schule stand. Jenny wünschte sich von ihren Freundinnen, dass sie ihr Lieblingslied *Und so geh' nun Deinen Weg* (Text und Musik von Clemens Bittlinger) auf ihrer Beerdigung singen würden. Nach der Pause und schon während des Unterrichts kamen ihre Freundinnen in Socken nochmals zu Jenny gelaufen, sangen für sie ihr Wunschlied und versprachen ihr unter Tränen, dieses auch auf ihrer Beerdigung zu singen.

Als Jenny acht Tage später, an einem Karfreitag, von uns ging, rief ich die Schulleiterin mit der Bitte an, wenigstens ein paar Kinder in den Osterferien zu erreichen, um für Jenny zu singen. Vor der Trauerfeier durften Jennys Freund*innen ihren Sarg mit Gedanken beschriften und bemalen. Wir waren überwältigt, wie viele Schüler*innen, Lehrer*innen und Eltern der ganzen Schule zum Friedhof kamen und einen Blumengruß mitbrachten. Unser Sohn stand bei uns, bis seine Mitschüler*innen sich hinter dem Grab sammelten und Jennys Lehrerin die Gitarre anstimmte. Die ganze Trauergemeinde hielt in diesem Moment den Atem an. Auch für meinen Mann und mich war es sehr ergreifend, berührend und zugleich beruhigend, dass sich unser Sohn seinen Mitschüler*innen so zugehörig fühlte, sich wie selbstverständlich zu ihnen stellte und ihr Lieblingslied für Jenny mitsang, während der Sarg heruntergelassen wurde.

Abbildung: Traueranzeige der Schule

3. Steine aus dem Weg räumen

Aus meiner Sicht ließ die Schule den Kindern und Jugendlichen sehr viel Raum und Zeit zur Verarbeitung und Bewältigung. Ihre Mitschüler*innen gestalteten eine Traueranzeige und ließen diese in der lokalen Zeitung veröffentlichen. In einem Nebenzimmer wurde bis zu den Sommerferien ein *Gedenktisch* eingerichtet, der von den Kindern liebevoll mit Kerzen, einem Foto von Jenny, der Traueranzeige, etlichen Pferden (Jennys Lieblingstieren) und einem Gedenk- und Freund*innenbuch für Jenny gestaltet war. Die Schüler*innen der gesamten Schule konnten sich jederzeit dorthin zurückziehen, wenn sie das Bedürfnis danach hatten. Es wurde an der Schule (von den meisten Lehrer*innen) offen über Jennys Tod und Sterben gesprochen und der Trauer wurde Raum gegeben, sodass *nichts totgeschwiegen* wurde. Es war für uns sehr berührend und eindrücklich zu erleben, welch großen Platz Jenny in den Erinnerungen und Gesprächen der Mitschüler*innen über Jahre hinweg einnahm und weiterhin einnimmt.

In mehreren Andachten und Gottesdiensten der Schule wurde an Jenny erinnert und um sie getrauert. So wurde am Weihnachtsgottesdienst von ihren Mitschüler*innen eine Fürbitte für sie gebetet.

Über ein Jahr später zog die gesamte Schule in ein neues Schulgebäude. Bei der Eröffnungsfeier wurde ein Gedenkbaum als symbolische Verbindung gepflanzt und gemeinsam mit dem Ortspfarrer an Jenny gedacht.

Demgegenüber hörten wir zum Glück sehr selten und nur vereinzelt jedoch auch Stimmen, die bei Erinnerungsritualen ein genervt wirkendes „Schon wieder?!" laut werden ließen. Die (aus meiner Perspektive) der Situation gegenüber empathielosen und vielleicht auch überforderten Personen vertraten die Haltung, es müsse nun für die Lebenden weitergehen und es sei schon genug um Jenny getrauert worden. Auch das ist Teil der Wahrheit.

Als Jennys kleine Schwester eingeschult wurde, übernahmen Jennys engste Freundinnen mit berührender Selbstverständlichkeit die Rolle einer großen Schwester, wie sie es zuvor auch schon bei unserem Sohn getan haben. Aus unserer Sicht haben die Kinder und Jugendlichen der gesamten Schule sehr viel Stärke aus dem Erlebten mitgenommen, und das vor allem wegen der offenen, ehrlichen und unterstützenden Art, wie die Schule diese schwere Situation mitgetragen hat.

Allgemein würden wir uns für alle Schulen einen *offenen Umgang* mit den Grenzsituationen des Lebens, wie Krankheit, Tod und Sterben, wünschen. Zum Wohle aller am Schulleben beteiligten Personen sollte in diesen Grenzsituationen ausreichend *Raum* sowie *Zeit* gegeben sowie dem individuellen Verhalten und persönlichen Bedürfnissen mit *Einfühlungsvermögen* begegnet werden. Jede*r geht mit solch einem Schicksalsschlag *anders* um – auch Kinder! Die einen wollen reden, die anderen nicht; die einen werden aggressiv, die anderen sehr ruhig, aber wichtig ist, dass jede*r gesehen wird und weiß, dass es immer jemanden gibt, der zuhört und einfühlsam da ist – auch wenn die Begleitung einem selbst sehr schwerfällt.

Während dieser Zeit hat uns die Gewissheit getragen, nicht allein durch die schwere Zeit gehen zu müssen. Uns tut es auch heute noch gut zu wissen, dass sie auch von anderen nicht vergessen wird, darum haben wir ganz bewusst einen Briefkasten an ihrem Grab aufgestellt, damit die Bilder und Briefe ihren Weg zu Jenny finden...

„Wenn mich jemand fragt, wie es mir geht, möchte ich am liebsten schreien!"

Elisabeth Jordan

„Ich schaff' das."
„Ich darf nicht anfangen zu weinen, denn dann weiß ich nicht, ob ich wieder aufhören kann."
„Am besten schau' ich nur auf den Boden."
„Muss ich eigentlich traurig sein oder darf ich auch lachen?"
„Mir ist so schlecht."
„Wenn mich jemand fragt, wie es mir geht, möchte ich am liebsten schreien!"
„Hoffentlich spricht mich keiner darauf an."

1. Erfahrung einer fehlenden pädagogischen Begleitung

Diese und noch viele weitere Gedanken gingen mir durch den Kopf, als ich am ersten Schultag nach den Sommerferien, nach dem *Danach,* zu meinem Klassenzimmer ging. Ein Teil von mir freute sich auf die Schule. Endlich herrschte wieder Normalität, endlich ein Ort, an dem der Tod meiner Mutter keine Rolle spielte, oder zumindest nicht die wichtigste Rolle. Ein anderer Teil hatte einfach nur sehr große Angst – Angst davor, aus dem Nichts darauf angesprochen zu werden, Angst vor Fragen, die ich nicht beantworten konnte oder wollte, Angst davor, vor allen in Tränen auszubrechen. Am Ende des Tages dann die Erleichterung: Der Tag war überstanden. Weder meine Lehrer*innen noch Mitschüler*innen haben mich *darauf* angesprochen.

Was ich zu diesem Zeitpunkt nicht wusste: Auch in den folgenden Tagen, Wochen und Jahren wird keine*r meiner Lehrer*innen mich nach dem Tod meiner Mutter, und was dieser in mir auslöste, fragen. Ich machte es meiner Außenwelt auch sehr einfach. Ich war die fröhliche, unbeschwerte und leicht rebellische 13-jährige Schülerin, die ich schon immer war. Alle Gefühlsausbrüche, Stimmungsschwankungen und Unstimmigkeiten in meinem Verhalten, die in den nächsten Jahren folgen sollten, wurden vermutlich in erster Linie meiner Pubertät zugeschrieben und weniger meiner Trauer.

Rückblickend betrachtet, mache ich meinen Lehrer*innen für den Verlauf meines Trauerweges keinen Vorwurf, da ich die Schule als mögliche Unterstützung in meinem Trauerprozess gar nicht in Betracht gezogen hatte. Denn weder davor noch danach wurden die Themen Tod und Trauer inhaltlich so behandelt, dass ich darin einen Mehrwert für meine persönliche Trauer hätte sehen können. Und da auch nach dem Tod meiner Mutter kein Gesprächsangebot seitens der Lehrer*innen signalisiert wurde, kam ich gar nicht auf die Idee, auf diese zuzugehen, als ich immer mehr an meiner Trauer zerbrach. *Wäre mein Trauerweg anders verlaufen, wenn mich ein*e Lehrer*in damals angesprochen hätte?* Woran hätten meine Lehrer*innen erkennen können, dass es mir nicht gut ging? Ist ein Gespräch genug? Ist es sinnvoll, dem Umgang mit Tod und Trauer mehr Raum im Schulalltag zu geben, wenn man davon ausgeht, dass Trauernde unter meinen Schüler*innen sind?

2. Perspektivenwechsel

Seit dem Tod meiner Mutter sind 24 Jahre vergangen. Ich bin inzwischen Lehrerin, Traumapädagogin, Trauerbegleiterin und selbst Mutter geworden. Was können wir als Lehrer*innen tun, um die Themen Tod und Trauer an unserer Schule aus der Tabuzone zu holen? Zunächst einmal sollte diesen Themen mehr Raum im Schulalltag gewidmet und regelmäßig in Unterrichtsinhalten behandelt werden. Hospizdienste, Bestattungshäuser und Trauerbegleiter*innen können dabei eine wertvolle Unterstützung sein. Dadurch wird den Schüler*innen verdeutlicht, dass die Schule mit diesen Themen umgehen kann und möglichen Betroffenen eine Anlaufstelle bietet.

Die Wichtigkeit dieser Themen wurde mir bereits im Vorbereitungsdienst deutlich. Im Vorbereitungsdienst für das Fach Evangelische Religion wurde mir eine achte Klasse zugeteilt. Nach Rücksprache mit meiner Mentorin widmete ich mich dem im Bildungsplan verankerten Themenfeld Umgang mit Tod und Trauer. Es war eine sehr wertvolle Unterrichtseinheit und ich erhielt viel positive Rückmeldung von meiner Mentorin, meinem Schulleiter und meinen Schüler*innen. Mein Seminar gab jedoch zu bedenken, dass dieses Thema keine Relevanz in der Lebenswelt meiner Schüler*innen besitze und ich mich anderen Themen widmen solle. Diese Reaktionen werfen Fragen auf: *Bekommt das Thema Tod und Trauer erst Raum, wenn meine Schüler*innen direkt betroffen sind? Ist es nicht gerade die Aufgabe der Religionspädagog*innen, sich diesem Thema zu widmen? An wen wende ich mich als Lehrer*in, wenn ich Unterstützung bei der Thematik brauche?*

Wenn ein Todesfall unter den am Schulleben beteiligten Personen eintritt, sollte meiner Ansicht nach jede Schule einen Plan oder besser noch ein Team haben, das diese Situation koordiniert und die nötigen Schritte einleitet (siehe hierzu den Beitrag von Uta M. Hauf in diesem Band). Auch bietet es sich an, eine*n Trauerbegleiter*in hinzuzuziehen. Passiert der Todesfall im Umfeld von Schüler*innen, reicht es aus meiner Sicht nicht, einmalig als Lehrer*in der/dem

Schüler*in gegenüber ihrer/seine Anteilnahme zum Ausdruck zu bringen. Es sollte der Todestag der/des Verstorbenen vermerkt und ein paar Mal über das Jahr verteilt nachgefragt werden, wie es der-/demjenigen gehe und inwiefern Unterstützung geleistet werden könne. Die Weihnachtszeit, Geburtstage und Todestage gehören oftmals zu den sensibleren Zeiten im Jahr. Wer solche Feinheiten im Blick hat, kann dadurch der/dem betroffenen Schüler*in das Gefühl vermitteln, gesehen zu werden. Dabei spielt es keine Rolle, ob die Gesprächsangebote angenommen werden oder nicht. Allein schon die Geste zählt. Kinder und Jugendliche orientieren sich an Erwachsenen und somit auch an uns Lehrer*innen. Wenn wir bei Themen unsicher, gehemmt und ängstlich reagieren, werden sie vermutlich nicht den Mut finden, uns darauf anzusprechen. Wenn sie jedoch das Signal erhalten, dass sie bei Bedarf (und wenn dieser Bedarf auch erst Jahre später in Anspruch genommen wird) ein offenes Ohr finden, dann werden sie eher drauf zurückkommen.

Jede Schule sollte wissen, welche Beratungsangebote und Trauerbegleitungsmöglichkeiten es im Umfeld gibt. Diese Expert*innen können nicht nur in einem Trauerfall zu Rate gezogen oder an die Betroffenen weitervermittelt werden, sondern sind oftmals auch gerne bereit, in den Unterricht zu kommen.

Abschließend kann ich nur sagen: *Habt Mut! Haltet die Stille aus, wenn es keine passenden Worte gibt. Hört genau zu, wenn Schüler*innen sich euch anvertrauen. Seid ehrlich, wenn ihr nicht wisst, was ihr sagen oder tun sollt, aber seid euch bewusst, dass ihr die Möglichkeit und Verantwortung habt, Lösungswege zu finden.*

„Und dann war sein Platz plötzlich dauerhaft leer"

Lena Sturhan

Es war an einem dieser verregneten Tage im November. Ich ging in die fünfte Klasse eines Gymnasiums – die ersten Wochen an der neuen Schule waren überstanden, doch es verging nicht ein Tag, an dem ich mich nicht nach der Heimeligkeit meiner Grundschule zurücksehnte. Es galt, über 30 Mitschüler*innen neu kennen zu lernen, und Lehrer*innen gab es so viele wie Fächer auf dem Stundenplan. Wenn gerade Stundenwechsel war, war es laut im Klassenzimmer. Nur Niklas *(Name wurde geändert)* war meist ruhig. Während die anderen mit ihren Pantoffeln und einem hineingeschmuggelten Tischtennisball Ping-Pong spielten, saß er meist auf seinem Platz und las Comics. Niklas war oft krank. Manchmal fehlte er nur ein bis zwei Tage, aber es kam auch vor, dass er eine Woche am Stück nicht da war. Und dann war sein Platz plötzlich dauerhaft leer.

Nach drei Wochen Abwesenheit – es ging bereits das Gerücht um, er hätte die Schule gewechselt – klopfte es im Deutschunterricht an der Tür. Unsere Klassenlehrerin schien genauso erstaunt wie wir zu sein, als ein Ehepaar zögerlich den Raum betrat. Es handelte sich um Niklas' Eltern. Sie stellten sich kurz vor und dann begann Niklas' Mutter mit leiser Stimme zu erzählen, dass unser Mitschüler einen Hirntumor habe. Er sei im Krankenhaus und bekomme eine Chemotherapie. Man wisse nicht, wie es ausgehen würde. Niklas habe Angst, viel Schulstoff zu verpassen, und ob wir ihm nicht helfen wollten, am Ball zu bleiben, möglicherweise mit Briefen oder Paketen. Sie fragten, ob wir manchmal an Niklas denken würden. Unsere Klasse blieb stumm, unsere Lehrerin auch. Nach einiger Zeit betretenen Schweigens wandte sie sich an die Eltern, bedankte sich für ihr Kommen und versprach, die Klasse werde sicher etwas unternehmen. In unser aller Namen wünschte sie Niklas gute Besserung.

Auch nachdem die Eltern das Klassenzimmer verlassen hatten, blieb es ruhig. Mir war schlecht und die Situation fühlte sich unwirklich an. Ich war zehn Jahre alt und die einzige Verbindung, die ich damals ziehen konnte, war die Erinnerung an meinen erst kürzlich an Krebs verstorbenen Großvater – wie er im Krankenhaus lag und langsam immer schwächer wurde, wie ich – obwohl ich gewusst hatte, dass er möglicherweise nicht überlebte – auf seiner Beerdigung einfach nicht begreifen konnte, dass ich ihn nie mehr wiedersehen würde. Aber das hier war etwas ganz anderes für mich. Niklas war ein Kind – und obwohl wir ihn alle nicht so gut kannten, war er *einer von uns.*

Die Lehrerin räusperte sich und schlug verlegen vor, man könne, wenn man wolle, doch einmal kurz an Niklas denken, ihm gute Gedanken schicken oder, wenn man denn glaubte, auch für ihn beten. Die nächsten fünf Minuten verbrachten wir weiterhin in völliger Stille, bis die Pausenklingel uns aus dieser sonderbaren Stimmung rief. Der Rest des Schultages verlief einigermaßen normal und keine andere Lehrkraft sagte etwas zu der Nachricht, die wir von Niklas' Eltern bekommen hatten.

In den nächsten Wochen fertigten wir eine Art Klassentagebuch an, in das wir eintrugen, was wir durchgenommen hatten. Niklas bekam nun wöchentlich Post von uns – neben dem Lernstoff gab es eine Menge Selbstgebasteltes, Rätsel und die besten Sprüche der Schüler*innen und Lehrer*innen.

Auf das Thema *Tod* wollten wir uns nicht einlassen, und so verwendeten wir all unsere Energie auf seine Genesung. In unserem Denken ließen wir keinen Raum für die Alternative, und auch die Lehrkräfte schienen sich darüber keine Gedanken zu machen. Während Niklas für uns Kinder stets präsent blieb, fungierte unsere Klassenlehrerin lediglich als *Briefkasten*, um Pakete anzunehmen. Von Niklas kam lange Zeit keine Antwort und unser wachsendes Unbehagen konnte den Lehrer*innen nicht entgangen sein. Trotzdem schwiegen alle Erwachsenen beharrlich.

Im Frühling, kurz nach den Osterferien, saß Niklas wieder auf seinem Platz. Er war noch magerer und blasser als im Vorjahr, aber er lächelte. Seine Krankheit wurde nicht mehr thematisiert, und als wir acht Jahre später gemeinsam unser Abitur feierten, schienen die meisten vergessen zu haben, wie sehr wir damals um Niklas gebangt hatten.

Manchmal, wenn in den sozialen Netzwerken wieder über ein bevorstehendes Klassentreffen diskutiert wird, ertappe ich mich, wie ich Niklas' Profil aufrufe. Den Fotos nach zu urteilen, geht es ihm gut. Ich frage mich, ob er weiß, wie sehr uns seine Krankheitsgeschichte damals in der fünften Klasse berührt hat. Ob er sich mit zehn Jahren wohl selbst Gedanken über den Tod gemacht hat? Das beklemmende Gefühl, welches ich an dem Tag hatte, an dem uns seine Eltern im Unterricht besucht hatten, steigt auch heute noch in mir auf, wenn ich daran zurückdenke.

Nach einem abgeschlossenen bildungswissenschaftlichen Studium und unzähligen religionspädagogischen Seminaren frage ich mich, *warum wir Schüler*innen damals mit unseren Gefühlen und Gedanken allein gelassen wurden.* Abgesehen von den kurzen Minuten des Innehaltens schien das Thema einfach zu unangenehm für den Schulalltag gewesen zu sein. Vielleicht spiegelte sich im Verhalten der Lehrer*innen auch Hilflosigkeit wider, und aus *Angst davor, etwas Falsches zu sagen,* verzichtete man auf jegliche Äußerung zu Krankheit, Sterben und Tod. Dennoch ist der Umgang mit eben jenen Themen wichtig. Gerade als Lehrer*in sollte man sich mit ihnen befassen, um im Ernstfall behutsam auf die Lernenden eingehen zu können.

Wenn der Tod in den Lebensort Schule einbricht
Aufmerksamkeitsrichtungen für eine trauersensible Schulkultur

Uta Martina Hauf

Lukas, 14 Jahre alt, ist zum wiederholten Male im Krankenhaus. Die Diagnose lautet akute myeloische Leukämie. Seine Lehrer*innen wissen nicht so recht, ob sie die Klasse auf Lukas' möglichen Tod vorbereiten oder ob sie mit der Klasse wieder Stärkungsbriefe ins Krankenhaus schicken sollen.

Murats Papa, der von der Familie getrennt lebt, ist verstorben. Die Großeltern wollen ihren Sohn bei sich in der Türkei beerdigen. Murat ist nun der Mann bei sich zu Hause und Tränen zu zeigen geht nicht – schon gar nicht in der Schule.

Johanna hat vor wenigen Tagen ihr Abitur bestanden, eigentlich wollte sie danach als Au-pair für ein Jahr ins Ausland gehen. Aber gestern ist ihr Papa vom Joggen nicht wieder nach Hause gekommen – Herzinfarkt. Jetzt sitzt sie im Wohnzimmer und ruft alle Lehrer*innen ihrer jüngeren Schwester an, um ihnen die schreckliche Nachricht mitzuteilen. Ihre Mama und ihre Schwester sitzen wie betäubt neben ihr.

Melanie hat morgen ihre mündliche Abiturprüfung, dann ist alles geschafft. Mit dem Motorroller fährt sie noch schnell in die Schule, um den Prüfungsplan für morgen einzusehen. Auf dem Heimweg wird sie auf ihrem Roller von einem Lastwagen erfasst. Die Nachricht ihres Todes verbreitet sich wie ein Lauffeuer.

Diese vorangestellten Situationen zeigen schlaglichtartig, wie und in welchem Ausmaß der Tod in die Schule einbrechen kann. Meist sind alle Beteiligten in und mit diesen Ereignissen überfordert, sind unsicher in ihren Handlungsmöglichkeiten, sorgen sich um die Betroffenen und wissen nicht, wie sie in solchen Situationen ihrem Erziehungs- und Bildungsauftrag gerecht werden können, also wie sie z.B. ganz konkret eine Todesnachricht überbringen und wie Unterricht in den kommenden Tagen aussehen kann. Nachstehend gebe ich einen kurzen Einblick, wie meine Schule sich dem Phänomen Tod und der existentiellen Erfahrung Trauer stellt.

1. Schule als Lebensort begreifen

Schule ausschließlich als Lernort begreifen zu wollen, greift zu kurz, verbringen doch Kinder und Jugendliche einen Großteil ihrer Lebenszeit in der Schule, und auch für Lehrer*innen ist Schule mehr als eine Arbeitsstätte, wenn sie dem Bildungs- und Erziehungsauftrag ernsthaft nachkommen wollen. Schule als Lebensort zu begreifen, heißt, ganzheitlich auf die Schüler*innen zu schauen und zu versuchen, ihnen emotionale, soziale sowie kognitive Lern- und Bildungsprozesse zu eröffnen, um so die Schüler*innen auf ihrem individuellen Weg ins Erwachsenwerden zu begleiten. Mit Blick auf die Erfahrung mit Tod und Trauer in der Schule bedeutet dies für uns:

– Die Schüler*innen mit ihren jeweiligen Familienverhältnissen in den Blick nehmen; nach Absprache mit den Eltern notieren wir in den Schüler*innenakten z.B. Trauerfälle aus der Familie.
– Bei Bedarf die Schüler*inneninformationen von den Klassenlehrer*innen in den Übergabekonferenzen an die neuen Klassenlehrer*innen weitergeben.
– Im Falle von Trauer im häuslichen Umfeld umgehende Information der Klassenlehrer*innen und an die unterrichtenden Lehrer*innen, Kontakt halten zur trauernden Familie, gegebenenfalls Hilfe von Expert*innen einholen und ein besonderes Augenmerk auf die betroffenen Schüler*innen haben; diese wissen sich so gesehen und begleitet. (Mangler 2012, 28–33)

2. Zuständigkeiten klären

Wenn der Tod ins Leben einbricht, ist es meist *plötzlich*. Zeit fehlt, sich und auch andere auf dieses Ereignis vorzubereiten. In der Schule ist es nicht anders, der Tod kündigt sich selten an, meist erreichen uns wichtige Telefonate in den frühen Abendstunden. Hier kann es hilfreich sein, wenn nicht immer wieder alles von vorne durchdacht und nicht jedes Mal überlegt werden muss, wer wann wen informiert, sondern es feste Abläufe, geregelte Zuständigkeiten und erprobte Rituale und Methoden gibt. Wenn ein Mitglied aus der Schulgemeinschaft verstirbt, dann haben wir an unserer Schule:

– einen fest geregelten Ablaufplan: Informiert werden i.d.R. Schulleitung, Verantwortliche und Unterstützer*innen (mich als Trauerbegleiter*in, Klassenlehrer*innen, Schulsozialarbeiter*innen, Beratungslehrer*in).
– einen vorbereiteten Trauerkoffer (Hauf 2012, 64) im Lehrer*innenzimmer, mit dessen Hilfe sowohl erste Stunden nach Übermittlung der Todesnachricht in Schulklassen als auch ein Trauertisch gestaltet werden können.

— einen Kondolenzbrief und einen Jahresbrief an die Angehörigen, die von der Schulleitung formuliert werden.

3. Die/den Verstorbene*n in die Mitte holen und würdigen

Wenn eine Person der Schulgemeinschaft verstirbt, ist dies für die Zurückbleibenden ein kollektiver Verlust (Hauf / Karasch 2015, 67f.), der Formen des gemeinschaftlichen Gedenkens und Abschiednehmens benötigt. Schüler*innen und Lehrer*innen – *alle* am Schulleben Beteiligten – trauern miteinander, da sie jemanden aus ihrer Mitte verloren haben. Für das gemeinsame Abschiednehmen bieten wir der Schulgemeinschaft bzw. betroffenen Klassen Rituale an, die variieren können. Aus der gemeinsamen Bewältigung des Verlustes kann Unterstützung, Nähe und Sicherheit erwachsen. Wir ermöglichen:
— umfassende (valide, notwendige, erlaubte) Informationen an die Schulgemeinschaft.
— einen Raum/Ort des Gedenkens und des Abschiednehmens (z.B. Auflösung des Unterrichts und individuelle Begleitung der Klassen, Trauertisch, Schultrauerfeier, Gang auf den Friedhof).

4. Sorgsame Nachsorge

Hier schließt sich quasi der Kreis und kehrt zum ersten Punkt *Schule als Lebensort begreifen* zurück. Nach einem *kollektiven* Todesfall im Lebensraum Schule organisieren wir auch eine baldige Rückkehr in den Alltag. Dennoch behalten wir die Schüler*innen im Blick und greifen situationsbezogen ein; manche sind betroffener von den Ereignissen als andere, diese gilt es im Blick zu behalten, und wieder andere haben den Tod gut in ihr Leben integrieren können und schauen zuversichtlich und hoffnungsfroh in die Zukunft.

Individuell durch einen Trauerfall in der Familie betroffene Schüler*innen tragen ihre Trauer weniger offen in die Schule, auch muss diese nicht in der Klassengemeinschaft thematisiert werden. Hier stehen geeignete Lehrer*innen, die einen Draht zu den Schüler*innen haben, als mögliche Ansprechpersonen zur Verfügung.

5. Was bleibt?

Trotz aller Unterstützungsmaßnahmen wissen wir nie, ob wir es richtig machen und ob wir genug getan haben, aber wir kommen aktiv ins Handeln und verschweigen den Tod nicht, sondern geben ihm einen Platz mitten im Schulleben. Abschließend lässt sich sagen: Für uns sind Ziel und bleibende Aufgabe, dass wir miteinander an den Widerfahrnissen wachsen und reifen, tragfähige Handlungsmöglichkeiten erproben und untereinander im Kontakt bleiben. Vielleicht gelingt es uns dann für den Umgang mit Tod und Trauer, miteinander im Schulleben fürs Leben zu lernen.

Literatur

Hauf, Uta Martina (2012), Trauerkoffer für den Umgang mit Todesfällen in der Schule, in: entwurf 4, 64.

Hauf, Uta Martina / Karasch, Jürgen (2015), Vom Umgang mit Tod und Trauer. Eine Arbeitshilfe für die Schule, München.

Mangler, Romina (2012), Meine Schulzeit „danach", in: Leidfaden, Fachmagazin für Krisen, Leid, Trauer 4, 28–33.

II. Sozial- und humanwissenschaftliche Erkenntnisse

Wenn die Welt aus den Fugen gerät...
Psychologische Aspekte zu Tod und Trauer

Hansjörg Znoj

Der Verlust eines nahen Angehörigen, eines Freundes oder einer Klassenkameradin kommt häufig unerwartet und verlangt von Betroffenen eine hohe Anpassungsleistung. Diese betrifft nicht nur die äußeren Umstände, vielmehr werden die eigenen Erwartungen infrage gestellt, was wiederum zu psychischen und auch somatischen Reaktionen führt, die sich fremd und ungewohnt anfühlen. In diesem Kapitel geht es darum, diese Reaktionen zu verstehen und mögliche Konsequenzen für Erziehungsberechtigte und vom Verlust betroffene Personen – Kinder und Erwachsene – abzuleiten. In einem weiteren Schritt werden auch mögliche Interventionen erwogen. Voraussetzung dafür ist das Verständnis für den Prozess des Verlusterlebens. Um genau diese Aspekte geht es in diesem Beitrag.

Zur Trauer als Folge von Verlusten ranken zahlreiche Vorstellungen, die teilweise normativen Charakter haben. Die Vorstellungen haben aber oft wenig damit zu tun, was wirklich passiert, wenn wir damit konfrontiert werden, und als Außenstehende, die nicht ganz unmittelbar betroffen sind, sind wir dankbar für Hilfestellungen im Umgang mit Trauer. Vielleicht sind wir deshalb fokussiert auf Rituale oder andere Handlungen, die dem Verlust irgendeine Bedeutung geben sollen. Solche Bewältigungsstrategien sind aber oft nur nützlich, den Schrecken oder die Angst vor der eigenen Machtlosigkeit gegenüber solchen Schicksalen zu überdecken, für direkt betroffene Personen kann eine solche Reaktion jedoch einer Missachtung ihres Zustands gleichkommen.

Was verstehen wir denn unter *Trauer*, weshalb erleben wir im Zustand der Trennung oft widersprüchliche Gefühle und Geisteszustände und was bedeutet eine endgültige Separation von nahestehenden Personen? Denn tatsächlich ist die Trauer ein Zustand des realisierten Verlustes tiefsten Vertrauens, den die andere Person, Mutter, Vater, Geschwister, Freund*in oder Partner*in repräsentiert. Der Verlust einer solchen Beziehung oder Bindung löst eine Art Stressreaktion aus, die nur zu verstehen ist, wenn wir die Symptome des Verlusterlebens kennen und wenn wir verstehen, wie fragil unsere eigene Identität ist, die wir ja nur unter stabilen Beziehungsbedingungen ausbilden können.

Wenn der Tod ins Klassenzimmer kommt, so kommt er meist nicht direkt, sondern als eine fehlende Präsenz oder als Schüler*in, die sich auf einmal seltsam abwesend verhält, oder wenn Lehrpersonen die Nachricht verkünden, dass

Schüler XY tödlich verunfallt sei. Betroffenheit mischt sich mit Neugier, je nach Entwicklungsstand wird die Endgültigkeit noch nicht richtig verstanden und vielleicht wird ja die allgemeine Trauer instrumentalisiert. Das alles ist nicht verwerflich oder pietätlos, sondern gehört zum bewussten und automatischen (angeborenen und/oder gelernten, aber nicht bewusst repräsentierten) Verhalten, das eingesetzt wird, wenn eine Überforderung droht. In diesem Beitrag werden die somatisch-psychologischen Folgen thematisiert, aber auch spezifische Reaktionsweisen und mögliche Interventionen. Beginnen möchte ich mit einer wissenschaftlich informierten kritischen Sichtweise auf beliebte Vorstellungen.

1. Modelle in der Trauer

1.1 Phasenmodelle

Phasenmodelle als Prozessmodell des Ablaufs einer Trauerreaktion sind beliebt und sie sind falsch. Die Popularität dieser Modelle reicht zurück auf Sigmund Freud oder der bekannten Sterbeforscherin Elisabeth Kübler-Ross, aber auch John Bolwby hat die Trauer als dynamischen Entwicklungsprozess verstanden. Demnach wird die Trauer als Verlust einer *Bindungsenergie* der Libido verstanden, mit der die trauernde Person mit der verstorbenen Person verknüpft ist. Die Trauerarbeit (in der Regel in der zweiten Phase nach dem Prozess des Realisierens) besteht darin, sämtliche Verbindungen zu lösen. Erst wenn dieser Prozess abgeschlossen ist, sei man wieder frei, neue Bindungen einzugehen. Gehe man also zu früh in eine neue Beziehung, so gefährde dies nicht nur die neue Beziehung, sondern führe folgerichtig in eine unvollständige und somit korrumpierte Trauer, die den Keim der Pathologie in sich trage. Dafür gibt es aber überhaupt keine empirische Evidenz. Die Implikationen dieses Modells würden auch diejenigen als nicht korrekt trauernd betrachten, die auch nach dem Tod ihres Lebensgefährten oder Partnerin eine Beziehung aufrechterhalten. So handeln aber nach Studien von Klass und Mitarbeiter*innen (1996) ein hoher Anteil (bis zu 50%) von Trauernden, ohne dass die postulierten Effekte sichtbar wären. Wieso hält sich der Mythos dennoch? Dies ist eine Frage, auf die ich später nochmals zurückkomme, wenn wir auf Rituale und Trauerbegleitung zu sprechen kommen.

Aber nicht nur älteren verwitweten Personen ist die Vorstellung unerträglich, keine innere Verbindung mehr zu haben. Ein Großteil der Jugendlichen und älterer Kinder, die einen Elternteil verloren haben, berichteten uns, dass sie Trost finden würden in der Gewissheit, dass ihre verstorbenen Eltern ihnen nahe seien; diese komplexe Empfindung ist keineswegs krankhaft, sondern stellt eine

Ressource für die verwaisten Kinder dar. Zudem hat die Forschung gezeigt, dass die Fähigkeit, ein gutes Gefühl zu den verstorbenen Angehörigen aufzubauen, mit einer verbesserten Verarbeitung des Verlustes assoziiert ist (Bonanno / Keltner 1997). Auch gibt es Hinweise, dass Vermeiden von Emotionen – also das Gegenteil von „Durcharbeiten" – prognostisch günstig sein kann (Bonanno u.a. 1995). In meiner Forschung zu Emotionsregulation in der Trauer hat sich verschiedentlich gezeigt, dass die Fähigkeit, sich emotional zu kontrollieren, insgesamt mit weniger problematischen Verarbeitungsmustern und weniger Symptomen nach Verlustereignissen verbunden ist (z.B. Znoj / Keller 2002). Alles zusammengenommen spricht wenig für die Beibehaltung von Phasenmodellen. Dennoch findet man sie immer noch in Lehrbüchern an prominenter Stelle und nicht wenige professionelle Helfer*innen kennen nichts anderes.

1.2 Das biologische Modell

Trauer oder besser eine Verlustreaktion erleidet jedes Tier, das zu einer Bindung fähig ist (Bolwby 1982). Diese Fähigkeit erlaubt Arbeitsteilung z.B. in der Brutpflege und garantiert somit einen Überlebensvorteil. Kein Wunder, haben viele Tierarten die spezielle Form von Zusammengehörigkeit entwickelt, die sich nicht nur gegenüber dem Nachwuchs manifestiert, sondern auch in der Partnerschaft, resp. der Sexualität. Bindung ist somit keineswegs eine kulturelle Errungenschaft, sondern sie ist ein biologischer Vorgang, ein Prozess, bei dem wesentliche Merkmale dessen verändert werden, was als Identität bezeichnet werden kann. Beobachten lässt sich eine Erwartungshaltung, die sich darauf bezieht, dass der *verbundene* Andere sich immer wieder manifestiert. Damit diese Bindung aufrechterhalten bleibt, braucht es Signale (Zeichen der Präsenz), die diese Bindung aktivieren und damit aufrechterhalten. Diese Signale können chemischer oder sozialer Natur sein. Bleiben diese Signale aus, beginnt ein Suchen nach diesen Signalen. Bleiben diese Signale dauerhaft aus, setzt die Reaktion ein, die wir als Trauer bezeichnen. Trauer ist in dieser Perspektive eine *Nebenwirkung* einer höchst adaptiven Eigenschaft, die für die Entwicklung von vielen Arten einen entscheidenden evolutionären Vorteil bot (Anderson 2020). Da die Trauerreaktion unterschiedlich intensiv ausfällt, liegt die Vermutung nahe, dass diese mit der adaptiven Funktion der Bindungsfähigkeit zusammenhängt, daher erwarten wir, dass Kinder stärker um Mütter und Väter trauern als um ihre Geschwister oder ihre Großeltern. Das biologische Modell ist aber nur teilweise auf den Menschen übertragbar, da viele der biologischen Reaktionen über die Kultur und Erfahrung überlernt sind.

Das biologische Modell erklärt viele Symptome, die in der Trauer vorkommen, es reicht aber nicht aus, um alle Reaktionen zu erklären, mit denen wir Menschen mit Verlusten umgehen. Das nächste Modell erklärt die Verlustreaktion als Versuch, mit dieser Situation umzugehen, sie zu bewältigen.

1.3 Coping

Unter Coping verstehen wir allgemein die Bewältigung einer außergewöhnlichen Situation. Der Verlust einer angehörigen Person führt zu einer ganzen Reihe von Verhaltensweisen und Reaktionen, die als Stressreaktion gesehen werden können. Im Grunde kann die Trauer als Bewältigung dieser Trennung betrachtet werden, denn die Trauer hilft uns bei der Neuorientierung nach dem Verlust. Die Sichtweise, dass die Trauer als Bewältigung betrachtet werden kann, ist nicht neu, sie ist ja schon in der Diskussion der Phasenmodelle impliziert. Neu ist dagegen, dass das Copingmodell kein Modell der *richtigen* Trauer vorschlägt, sondern die verschiedenen Reaktionen zwischen zwei Polen der Neuorientierung beschreibt. Diese zwei Pole wurden von Stroebe und Schut (1999) als duales Prozessmodell der Trauer bezeichnet. Diese zwei Pole werden als „Verlustorientiert" und als „Wiederherstellungsorientiert" bezeichnet, sie repräsentieren die Aufgabenfelder, mit denen Trauernde konfrontiert sind. Der Verlust fordert eine Auseinandersetzung mit den emotionalen Folgen und gleicht damit der *klassischen* Trauerarbeit, indem die innere Neuorientierung gemeint ist: Der Verlust wird realisiert, der emotionale Schmerz, den dieser Verlust auslöst, muss ausgehalten werden.

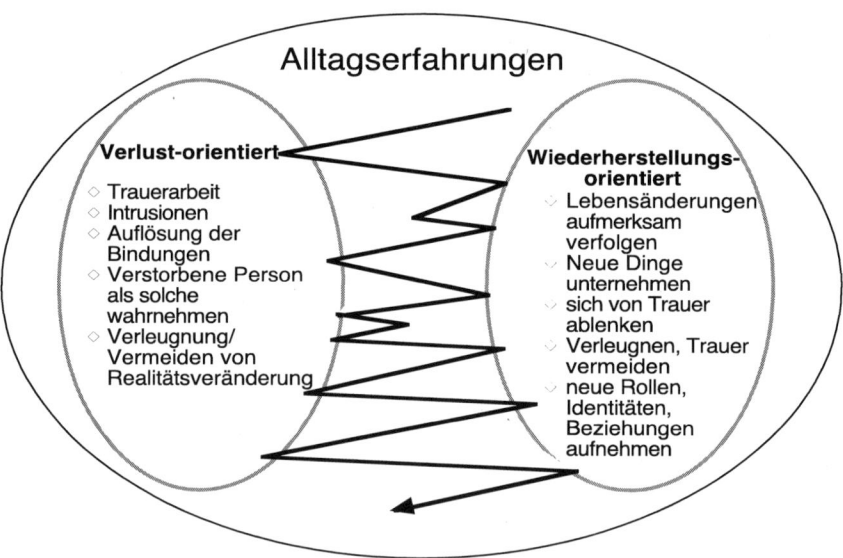

Abbildung: Duales Prozessmodell der Trauerbewältigung nach Stroebe und Schut (2001).

Im Modell wird verdeutlicht, dass die Bewältigungsarbeit einerseits darauf ausgerichtet ist, den Verlust ins eigene Bedeutungssystem zu integrieren, andererseits darauf, sich neuen Anforderungen und Aufgaben zu stellen. Die Pfeile symbolisieren das Oszillieren zwischen diesen Polen (nach Znoj 2016).

Darauf aufbauend kann der Verlust einer bedeutenden Bindungsperson als Verletzung aller oder einiger der eigenen Grundbedürfnisse gesehen werden. Nach Grawe (z.B. 1988) kann die dauerhafte Beeinträchtigung der Befriedigung zentraler Bedürfnisse wie „Bindung und Nähe" oder „Sicherheit" zur Aktivierung problematischer Verarbeitungsmuster führen, die in letzter Konsequenz zu einer psychischen Störung führen. Fehlende Präsenz von nahestehenden Personen ist begleitet von Unwohlsein bis hin zu psychischen Symptomen wie Angstattacken oder depressiver Befindlichkeit. Die resultierende Instabilität zeigt sich in Stimmungsschwankungen und in als unkontrollierbar wahrgenommenen seelischen Zuständen. Die Sichtweise, die verstorbene Person als die eigenen Bedürfnisse befriedigend wahrzunehmen, mag etwas unethisch anmuten, erklärt aber die zahlreichen Symptome, die mit dem Verlusterleben assoziiert sind. Für Kinder und Jugendliche mag dies sogar in besonderem Maß zutreffen, sind sie doch in der Kindheit und auch in der Adoleszenz darauf angewiesen, in den Eltern die zentralen Ansprechpersonen zu finden für alle möglichen Situationen. Das Fehlen des elterlichen Verständnisses kann auch nicht so schnell ersetzt werden durch andere Bezugspersonen. Anderseits kann dies auch eine Chance sein, ein eigenständiges Leben zu beginnen und für sich selbst Verantwortung zu übernehmen.

2. Symptome

2.1 Dauer der Trauer

Die Verlustreaktion dauert länger, als dies vielfach angenommen wird. Im Gegensatz zur Auffassung, dass eine Trauer *aufgelöst* werden muss, bevor man sich wieder neuen Aufgaben oder Bindungen zuwenden kann, wird heute vertreten, dass das Erleben eines Verlustes in die persönliche Welt *eingebaut* werden soll. Es kann dem oder der Trauernden selbst überlassen werden, wie stark die Beziehung zur verstorbenen Person aufrechterhalten bleibt. Wie schon an früherer Stelle erwähnt, spricht die empirische Forschung hier keineswegs von einem Risiko, wenn sich jemand entschließt, die Verbindung zur verstorbenen Person weiterhin zu pflegen, solange das Bewusstsein vorhanden ist, dass – zumindest in diesem Leben – eine physische Begegnung nicht möglich ist.

2.2 Die drei Ebenen der Verlustsymptome

Auf der Verhaltensebene zeigen sich einerseits Apathie und Rückzug, andererseits auch exzessive Gefühlsäußerungen, hektische Betriebsamkeit oder die Suche nach Abwechslung (Reizsuche) oder Betäubungsverhalten. Solche Reaktionen sind kein Hinweis auf eine krankhafte Verarbeitung des Verlustes, sondern zeigen auf, dass das psychische System stark gefordert ist. Trauernde profitieren von der Toleranz der Umgebung, aber auch von Begleitung im Sinne des Da-Seins. Eine spezifische Intervention ist nicht notwendig. Für Kinder in Ausbildungssituationen kann es aber bedeuten, dass sie auffällig werden und entsprechend eine Zeitlang besonderer Unterstützung bedürfen, nicht was die Trauer selbst betrifft, sondern bezüglich der Anforderungen, die ja weiterhin bestehen.

Auf der kognitiven Ebene lässt sich Verleugnung beobachten. Für Adoleszente kann dies etwa bedeuten, dass sie sich besonders *cool* geben, dass sie die emotionale Bedeutung des Verlustes vor sich selbst und anderen von sich weisen und emotionale Unterstützungsangebote nicht nur ablehnen, sondern verächtlich darauf reagieren. Gleichzeitig zeigen sich weitere kognitive Symptome wie Verwirrung und der Verlust der Konzentrationsfähigkeit. Schließlich muss das psychische System mit einer umfassenden Wirklichkeitsveränderung zurechtkommen. Andererseits sind Kinder und Jugendliche vielleicht sogar besser ausgerüstet, mit einer solchen Situation umzugehen, als Erwachsene, deren subjektive Wirklichkeit fester gefügt ist.

Auf der somatischen Ebene ist der Verlustschmerz zu nennen, der in vielerlei Hinsicht durchaus körperlich wahrgenommen wird, wenn auch möglicherweise nicht als spezifischer *Schmerzort*, sondern umfassender. Dieser Schmerz kann somatische Konsequenzen haben, so wurde beispielsweise die Takotsubo-Kardiomyopathie beschrieben als Herzschmerz, der von Atemnot und Engegefühl begleitet ist und einem Herzinfarkt gleicht, aber nicht durch eine Mangeldurchblutung der Herzkranzgefäße, sondern durch Stress verursacht ist. Neben diesen *Herzschmerzen* können weitere stressbedingte Erkrankungen auftreten wie Appetitlosigkeit oder Störungen des Schlaf-Wachzyklus.

Weitere Symptome sind schwieriger zu fassen, werden aber regelmäßig berichtet. So haben viele Trauernde halluzinatorische Träume oder das Gefühl von physischer Präsenz. Dies lässt sich durch die Struktur der Wahrnehmung erklären: Wenn wir extrem hungrig sind, phantasieren wir von Nahrung und stellen uns die Befriedigung durch Essen vor, wie dies Herta Müller (2009) im Roman *Atemschaukel* plastisch beschrieben hat. Auch wird die akute Trauer oft durch Wahrnehmungen *getriggert*, die einen starken Bezug zur verstorbenen Person haben, wie etwa eine Zahnbürste im Badezimmer oder andere persönliche Gegenstände. Diese Reaktionen nehmen mit der Zeit ab, weil sich das psychische

System an die neuen Umstände habituiert und solche Wahrnehmungen nicht länger einen Alarm auslösen.

Der Verlust der bestätigenden Bindung betrifft neben all den erwähnten Symptomen die eigene Identität. Gebundene Personen sind Teil unserer eigenen Identität und damit des *Selbstgefühls*. Die Erfahrung, dass durch den Wegfall zentraler Personen die Sicherheit des eigenen Urteils und der eigenen Wahrnehmung wegbricht, kann traumatisierend wirken und langfristig zu Anpassungsproblemen führen, wenn keine Ressourcen wie z.B. emotionale Unterstützung zur Verfügung stehen. Dies gilt für alle betroffenen Personen, besonders für solche in langjährigen Partnerschaften oder in enger elterlicher Beziehung.

Zusammenfassend brauchen trauernde Kinder und Jugendliche neben einem Verständnis seitens der Umgebung trauerfreie Zonen, in denen sie eine Normalität erfahren können, wie sie vor dem Ereignis die Regel war. Gleichzeitig brauchen sie aufmerksame Begleiter*innen, gefühlsstarke und sensible Erwachsene, einfühlsame Gesprächspartner*innen, mit denen sie Erinnerungen austauschen können, und sie brauchen Hoffnung auf eine sichere Zukunft. Kinder sollen ihrer Trauer ihren Gefühlen entsprechend Ausdruck verleihen können, auch wenn das nicht unbedingt den Vorstellungen der Erwachsenenwelt entspricht. Hilfreich ist auch eine Psychoedukation über zu erwartende Verlustsymptome, ohne diese zu pathologisieren.

2.3 Umgang mit Symptomen / Coping

Trauer ist ein normatives Ereignis, die Gesellschaft hat Mittel und Wege gefunden, wie mit Verlusten umzugehen ist, und in der Regel brauchen Trauernde keine therapeutische Unterstützung. Bei einer Befragung von über 2.000 Personen im höheren Alter gaben Verwitwete an, nur selten Unterstützung zu brauchen, in der Regel kommen sie allein klar (Spahni u.a. 2015). Der großen Gruppe der Resilienten steht allerdings eine Minderheit entgegen, die längere Zeit braucht, um sich zu adaptieren, oder gar psychische Probleme entwickelt, die mit dem Verlust verbunden sind. Persönliche Ressourcen sind für den Umgang mit Verlusten entscheidend, stellen doch Tod und Trennung selbst einen Ressourcenverlust dar, der *aufgefangen* werden muss. Persönliche Ressourcen wie ein gutes Selbstwertgefühl, Optimismus und soziale Verträglichkeit scheinen eine wichtige Rolle zu spielen in der Verarbeitung solcher Ereignisse. Problematische Verhaltensweisen und Kognitionen wie Flucht vor der Realität, eventuell verbunden mit Alkohol oder anderen Substanzen und Angst vor Veränderung sind dagegen Risikofaktoren, die unter Umständen den Zustand der Trauer chronisch werden lassen. Dazu gehören auch gleichzeitig oder vorher bestehende psychische Schwierigkeiten und Probleme. Eine Frage, die in dem Zusammenhang aufkommt, ist die nach den Todes- oder Trennungsursachen.

Spielt ein unerwarteter Tod, vielleicht verbunden mit einem Unfall oder Suizid eine kritische Rolle für die Bewältigung? Nach dem heutigen Wissen sind traumatische Begleitumstände ein Risikofaktor, allerdings ist die Verbindung zur Person zentraler als die Umstände (Stroebe / Schut 2001).

Zur Trauerbewältigung von Kindern und Jugendlichen gibt es wenige empirische Studien, weshalb ich an dieser Stelle auf eine eigene Studie (unveröffentlicht) verweise, die ich mit Studierenden im Zusammenhang mit elterlichem Tod durchgeführt habe. Befragt wurden 39 Kinder und Jugendliche (Durchschnittsalter 14 Jahre). Nur wenige hatten erhöhte Depressionswerte, allerdings zeigte sich ein negativer Zusammenhang zwischen Depressivität und sozialer Unterstützung durch Angehörige und Freund*innen: je mehr Unterstützung, desto geringer die depressiven Symptome. Vermeidung stellte sich als kritischer Bewältigungsstil heraus, was die Forschung mit der erwachsenen Population bestätigt. Zudem wurden von den belasteten Jugendlichen Konzentrationsschwierigkeiten berichtet. Die Übernahme von Verantwortung stellte sich als Prädiktor für eine gesunde Entwicklung heraus, dasselbe galt auch für Spiritualität. Viele Jugendliche spürten eine Nähe zu ihrem verstorbenen Elternteil. Sie konnten so die Beziehung weiter pflegen und fühlten sich dadurch getröstet.

Allgemein zeigen junge Leute mehr körperliche Symptome und mehr riskantes Verhalten nach einem Verlust einer Bindungsperson (Layne u.a. 2017) als ältere Personen, die dafür aber mehr Zeit zum Trauern brauchen. Die Symptome der Trauer sind nicht dieselben wie die einer Depression, aber wenige Personen können eine solche entwickeln. Klinisch auffällig sind Kinder und Jugendliche nur kurz nach dem Ereignis; dies ist jedoch kein Anlass für eine Intervention: *Trauer ist keine Krankheit!* Kritische Faktoren sind eigene Todeswünsche, keine Aufgaben oder Beschäftigungen zu haben, Selbstzweifel zu verspüren und die eigenen Gefühle nicht regulieren zu können.

3. Schlussgedanken

Der Wegfall einer nahen Bezugsperson wird von Betroffenen oft als traumatisierend erlebt und kann mindestens kurzfristig Angst, gar Panik auslösen, ist verbunden mit Schmerz und Orientierungslosigkeit. Die Trauer als *Traurigkeit* kann im ersten Moment gar nicht erlebt werden, zu viel ist auf einmal anders, *die Welt ist aus den Fugen geraten*. Die Reaktionen sind nicht immer so heftig, oft von außen gar nicht sichtbar, weil gerade Jugendliche ihre Gefühle für sich behalten und nicht schwach erscheinen wollen. Der Tod einer engen Bezugsperson kann langfristig eine Chance sein, weil in ihm eine Verantwortungsübernahme möglich wird. Dies ist jedoch nur positiv zu werten, wenn die Verantwortung nicht überfordert und dadurch selbst zur Quelle von chronischem Stress wird.

Sowohl das biologische Modell als auch das Stressmodell des sozialen Verlusterlebens gehen davon aus, dass ein *Umbau des inneren Weltmodells* notwendig ist:

1. Die gebundene Person ist Teil der eigenen Identität, und es besteht eine Erwartungshaltung für die Bestätigung der Präsenz der verbundenen Person.
2. Der Verlust bewirkt, dass diese Signale ausbleiben. Das Ausbleiben dieser Bestätigungssignale erzeugt einen inneren Alarm: *Es ist nicht so, wie es sein müsste!* – und in der unmittelbaren Konsequenz Stresssymptome. Das Fehlen dieser Bestätigungssignale führt außerdem zu spezifischem sozialem Ausschluss-Stress.
3. Das Ausbleiben dieser Signale führt zu einer Anpassung der inneren Repräsentation der verlorenen Person, einer Gewöhnung (Habituation). Dieser Prozess erzeugt aber seinerseits spezifische Symptome wie intensives Träumen oder gar halluzinatorisch anmutende Sinnestäuschungen.
4. Die geschilderte Anpassung entspricht einem (impliziten) Lernvorgang, der notwendig bestimmte Bedingungen braucht, damit er optimal ablaufen kann. Dafür braucht es genügend Ressourcen sowie Ruhe und Verständnis durch die soziale Umgebung.

Von einer chronischen Trauerreaktion kann frühestens nach sechs Monaten (nach der internationalen Klassifikation psychischer Störungen – ICD-11) gesprochen werden, allerdings sind sich viele Forschende einig, dass dieser Zeitraum knapp bemessen ist und die Symptome oft jahrelang bestehen bleiben. Da eine chronische Trauerreaktion von einer Vielzahl von komorbiden Symptomen und psychischer Störungen begleitet wird, ist es unerlässlich, die Entwicklung gut zu beobachten und nötigenfalls professionelle Hilfe zu suchen. Die Prävalenz solcher Entwicklungen nach einem Todesfall ist aber vermutlich nicht höher als 10% (Znoj 2016), bei Kindern und Jugendlichen gibt es keine verlässlichen Zahlen. Selbst eine starke Trauerreaktion wird selten chronisch; ein Hinweis auf eine gestörte Verarbeitung sind ungünstige Bewältigungsmechanismen. Dabei sind vor allem Vermeidungsreaktionen, wie Rückzug aus dem sozialen Leben, Realitätsverleugnung oder Substanzmissbrauch, deutliche Warnzeichen.

Trauer bei Kindern und Jugendlichen kann durch die normativen Entwicklungsaufgaben erschwert werden, so kann der Tod eines Elternteils die emotionale Trennung von den Eltern beschleunigen, aber auch massive Schuldgefühle hervorrufen. Adoleszente streben nach Autonomie und Kontrolle, auch hier finden sich beispielsweise durch den Tod eines Elternteils Faktoren, die dieses Streben begünstigen, aber auch die Gefahr der Überforderung beinhalten. Nähe und Distanz sind ein zentrales Thema in sozialen Beziehungen; der Wegfall einer wichtigen Bezugsperson kann dieses Gleichgewicht stören, aber kann auch dazu führen, ein neues und stabiles Gleichgewicht zu finden.

Der Tod, die Trennung von einer geliebten Person, erfordert eine große Anpassungsleistung und kostet Ressourcen, um diese zu bewältigen. In diesem Sinn sind eine Begleitung und Unterstützung wichtig und richtig. Es braucht dazu nur in wenigen Fällen eine professionelle Unterstützung oder Therapie, aber immer viel Verständnis, Achtsamkeit und ein Eingehen auf die emotionalen Bedürfnisse.

Literatur

ANDERSON, JAMES R. (2020), Responses to Death and Dying. Primates and Other Mammals, in: Primates 61, 1–7.

BOLWBY, JOHN (1982), Das Glück und die Trauer. Herstellung und Lösung affektiver Bindungen, Stuttgart.

BONANNO, GEORGE A. u.a. (1995), When avoiding unpleasant emotions might not be such a bad thing. Verbal-autonomic response dissociation and midlife conjugal bereavement, in: Journal of Personality and Social Psychology 69, 975–990.

BONANNO, GEORGE A. / KELTNER, DACHER (1997), Facial expressions of emotion and the course of conjugal bereavement, in: Journal of Abnormal Psychology 106, 126–137.

GRAWE, KLAUS (1998), Psychologische Therapie, Hogrefe.

KLASS, DENNIS u.a. (1996), Continuing Bonds. New Understandings of Grief, New York.

LAYNE, CHRISTOPHER M. u.a. (2017), The Interplay between Posttraumatic Stress and Grief Reactions in Traumatically Bereaved Adolescents. When Trauma, Bereavement, and Adolescence Converge, in: Adolescent Psychiatry 7, 220–239.

MÜLLER, HERTA (2009), Atemschaukel, München.

SPAHNI, STEFANIE u.a. (2015), Patterns of psychological adaptation to spousal bereavement in old age, in: Gerontology 61/5, 456–468.

STROEBE, MARGARET S. / SCHUT, HENK A. (1999), The dual process model of coping with bereavement. Rationale and description, in: Death Studies 23, 197–224.

STROEBE, MARGARET S. / SCHUT, HENK A. (2001), Risk factors in bereavement outcome. A methodological and empirical review. In MARGARET S. STROEBE / ROBERT O. HANNSON / WOLFGANG STROEBE / HENK A. SCHUT (Hg.), Handbook of bereavement research. Consequences, coping, and care. American Psychological Association, Washington DC, 349–372.

ZNOJ, HANSJÖRG / KELLER, DOMINIQUE (2002), Mourning parents. Considering safeguards and their relation to health, in: Death Studies 26/7, 545–565.

ZNOJ, HANSJÖRG (2016), Trennung, Tod & Trauer. Geschichten zum Verlusterleben und dessen Transformation, Hogrefe.

Sterben und Tod aus ärztlicher Sicht

Noemi Kuld

1. Hinführung

In der Medizin wird grundsätzlich alles anhand von Diagnosekriterien definiert. Das gilt auch für den Tod. Vorliegender Aufsatz referiert die Kriterien, an denen die Ärztin/der Arzt den Tod eines Menschen feststellt. In der Medizin spricht man von aufeinander folgenden Stufen des Todes. Das erste irreversible Zeichen des Todes ist der Hirntod. Der Hirntod ist die Voraussetzung für Organentnahmen. Die Kriterien, an denen ein Hirntod festgestellt wird, sind medizinisch eindeutig. Gleichwohl provozieren die einzelnen diagnostischen Kriterien des Hirntodes oder allein schon der Ausdruck von Stufen des Todes in der nicht medizinischen Öffentlichkeit immer wieder heftige Debatten. Die aktuelle Diskussion um Sterbehilfe öffnet ein weites Feld von Unsicherheit für Mediziner*innen. Die rechtlichen Grundlagen der Sterbehilfe werden gegenwärtig von der Politik neu bestimmt. Letzten Endes geht es um die Frage, welche medizinischen Interventionen der Wunsch nach einem würdigen Sterbeprozess legitimiert.

2. Kriterien, an denen eine Ärztin/ein Arzt den Tod eines Menschen feststellt

Sterben und Tod verlaufen in mehreren Phasen. Nach dem Grundlagenbuch *Pathologie* von Böcker u.a. (2012), das jede*r Medizinstudent*in kennt, kann man drei Hauptphasen unterscheiden bzw. wird der Tod als ein in Phasen ablaufender Prozess beschrieben. Zunächst kommt es zum sog. *klinischen Tod*. Damit ist der Stillstand des Herz-Kreislauf-Systems und der Atmung gemeint. Hier besteht, wenn sehr rasch gehandelt wird, noch die Chance einer erfolgreichen Reanimation. Die nächste, zweite Phase wird *vita reducta* genannt. Hier kommt es zum Versagen zentraler Funktionen des menschlichen Körpers. Die meisten Autor*innen rechnen den Hirntod dieser Phase zu. Auch nach Böcker u.a. kann es in dieser Phase zur Dezerebration (Ausfall des Großhirns) kommen, d.h. das Großhirn kommuniziert nicht mehr mit dem Hirnstamm, in dem das zentrale

Atem- und Kreislaufzentrum sitzt. Menschen in dieser Phase sind nicht mehr ansprechbar und ihr *Leben* (Böcker u.a.) kann nach Böcker u.a. hier nur noch mit Hilfe apparativer Medizin erhalten werden. Den Hirntod rechnet er aber erst der Phase drei zu. Phase drei wird der *biologische Tod* genannt. Wie beschrieben, ordnen Böcker u.a. den Hirntod dieser Phase des biologischen Todes zu, weil es erst jetzt zum Totalausfall aller Hirnfunktionen komme. In der Tat ist der Prozess des Todes mit dem Eintreten dieser Phase unumkehrbar, weil jetzt sämtliche Hirnfunktionen (auch die des Stammhirns) irreversibel ausfallen bzw. schon ausgefallen sind.

Beim biologischen Tod unterscheidet man in der Schulmedizin unsichere von sicheren Todeszeichen. Ein Totenschein darf nur anhand von sicheren Todeszeichen ausgestellt werden. Unsichere Todeszeichen reichen nicht aus.

„Unsichere Todeszeichen [sind]:
- Blässe, Abkühlung, Bewusstlosigkeit.
- Pulslosigkeit, Atemstillstand.
- Lähmung, Areflexie, Hornhauttrübung.
- Eine fehlende elektrokardiografische Aktivität und weite reaktionslose Pupillen sind klinische Todeszeichen.

Sichere Todeszeichen:
- Totenflecken (Livores): Sie treten nach ca. 20 Minuten an den abhängigen Körperpartien (Rücken, Gesäß, Fersen, Hinterkopf) auf und lassen sich zunächst noch wegdrücken (bis 24 h).
- Totenstarre: Sie tritt 2-6 Stunden nach Eintreten des Todes von kranial (Beginn am Unterkiefer) zur Peripherie hin auf.
- Fäulnis, Verwesung.
- Nicht mit dem Leben vereinbare Verletzungen (z.B. Dekapitation)." (Hengesbach u.a. 2019, 48)

Die Palliativmedizin trifft auf das Thema Tod im Rahmen der Sterbebegleitung bis hin zur Sterbehilfe. Palliativmediziner*innen sind daher wohl die ersten Ansprechpartner*innen für die Religionspädagogik und Pastoraltheologie. Akutmediziner*innen, aus deren Perspektive vorliegender Artikel geschrieben ist, kommen entweder abrupt mit dem Tod in Kontakt oder sie rufen bei absehbarem Tod Palliativmediziner*innen hinzu, um den Sterbenden und ihren Angehörigen eine professionelle Begleitung zu ermöglichen. Palliativmediziner*innen werden hinzugezogen, wenn eine Krankheit diagnostiziert wird, die nur noch eine zeitlich begrenzte Lebenserwartung zulässt. Solche professionelle Sterbebegleitung bedarf spezifischer Weiterbildungen.

Letzten Endes ist jede*r Mediziner*in mit dem Tod konfrontiert. In der öffentlichen Diskussion der letzten Jahre fallen vor allem zwei Themen auf, an denen sich auch die Kirchen engagiert beteiligen: die Sterbehilfe und die

Diskussion um den Hirntod. Bei beiden Themen geht es um die Frage, ob und wann eine Ärztin/ein Arzt in den Prozess des Todes eingreifen darf.

3. Medizinethische Fragestellungen und Problemanzeigen

3.1 Hirntod

Wie gesehen, wird der Hirntod (zum ersten Mal 1959 beschrieben – G. Bryan Young, siehe App UpToDate 2022) in der Literatur nicht eindeutig der Phase zwei des Todesprozesses zugeordnet. Die Feststellung des Hirntodes ist jedoch entscheidend für die rechtliche Möglichkeit einer Organentnahme. Die rechtlichen Richtlinien hierfür sind (selbst in Europa) von Land zu Land verschieden. Für Deutschland gilt das sog. Transplantationsgesetz (TPG).

Das Problem: Unsichere Todeszeichen können durch ganz unterschiedliche medizinische Problemlagen (wie z.B. Hypoglykämie/Unterzuckerung) verursacht sein. Sie reichen deshalb nicht aus, um Maßnahmen z.B. für die Entnahme von Organen einzuleiten. Auf die sicheren Todeszeichen können aber Mediziner*innen nicht warten, wenn sie Organe einem Körper entnehmen wollen. Deshalb brauchen Ärzt*innen ein Kriterium für die sichere Feststellung des Todes, das noch vor dem Eintreten der allgemeinhin bekannten sicheren Todeszeichen wie Totenflecken und Totenstarre oder Fäulnis liegt. Dieses Kriterium ist der Hirntod. Zu seiner sicheren Feststellung hat die Bundesärztekammer (1998) verbindlich ein klinisches Setting zuletzt im Jahr 1997 vorgelegt, das festlegt, ab wann überhaupt Maßnahmen zur Feststellung eines Hirntodes eingeleitet werden dürfen. So muss u.a. geprüft werden, ob sedierende Substanzen, eine Hypothermie (Unterkühlung) oder Hypoglykämie (Unterzuckerung) oder Vergiftungen usw. sicher ausgeschlossen werden können. Erst jetzt beginnt man mit den neurologischen Untersuchungen zur Feststellung des Hirntodes. Näheres ist nachzulesen im *Protokollbogen zur Feststellung des irreversiblen Hirnfunktionsausfalls*, den die beteiligten Ärzt*innen ausfüllen müssen (Deutsche Stiftung Organtransplantation 2022, o.S.).

Für die Arbeit im Religionsunterricht vielleicht interessant sind Berichte, dass für hirntod erklärte Menschen sich manchmal plötzlich bewegen oder bewegt hätten. Diese Berichte scheinen den Hirntod als Kriterium für den definitiven Tod eines Menschen in Frage zu stellen, so manch landläufige Meinung. Das Phänomen, von dem hier berichtet wird, ist medizinisch jedoch einfach zu erklären: Diese Bewegungen, wie Zuckungen im Gesicht, Fingerkrümmungen, Bewegung der Zehen und – auf den ersten Blick sicher erschreckend – das sog. Lazarus-Zeichen, wenn der Tote sich im Extremfall plötzlich aufrichtet, sind Reflexe, die dem Rückenmark entspringen oder von peripheren Nerven gesteuert sind. Meist werden diese Bewegungen durch Berührungen ausgelöst, sie können aber auch spontan auftreten. Das ist für Angehörige in der Tat schwierig, wenn sie z.B. die Hand eines Toten berühren und die Hand des Toten sich schließt (Saposnik u.a. 2000, 221).

Warum ist die Diskussion um den Hirntod so wichtig? Diese Diskussion hat sich ursprünglich nicht an dem ethischen Problem der Organentnahme entzündet, sondern an dem medizinischen Problem, dass sowohl ein Herzstillstand als auch ein Aussetzen der Atmung mit dem Fortschritt der medizinischen Technik umkehrbar geworden sind und damit als Kriterien für die Feststellung des Todes nicht mehr ausreichen, im Grunde sogar überholt sind. In der Folge hat die Harvard University 1968 ein neues Todeskonzept erarbeitet, das den Tod des Menschen mit seinem Hirntod identifiziert (de Ridder 2010, 48). Entgegen der Behauptung von Kritiker*innen dieses Konzepts wurde dieses Konzept also nicht entwickelt, um dadurch die Organentnahme zu erleichtern, weil man so den Todeszeitpunkt vorverlegen kann, nämlich von Phase drei auf Phase zwei. Auslöser für die medizinische Neudefinition des Todes war die Notwendigkeit eines wissenschaftlich sicheren Kriteriums für das Eintreten des Todes. Und dieses Kriterium ist aus medizinischer Sicht der Hirntod.

3.2 Sterbehilfe

Laut §217 StGB ist „jede absichtliche geschäftsmäßige Beihilfe zur Selbsttötung" in Deutschland verboten. Dieses Verbot ist gesellschaftlich und politisch heftig umstritten (zur ethischen Einordnung des selbstbestimmten Lebensendes siehe den Beitrag von Christiane Caspary in diesem Band). Im Februar 2020 hat das Bundesverfassungsgericht das Verbot der geschäftsmäßigen Beihilfe zum Suizid aufgehoben und den Gesetzgeber zu einer Neuregelung der Suizidhilfe aufgefordert. Klären wir zunächst, was mit Sterbehilfe gemeint sein kann, und kommen wir dann anschließend zu einer Einschätzung und Bewertung. Für die Diskussion wichtig ist eine klare begriffliche Unterscheidung der verschiedenen Modi der Sterbehilfe:

Passive Sterbehilfe ist Behandlungsverzicht bei aussichtsloser Situation. *Indirekte Sterbehilfe* ist die Palliativbehandlung, wenn z.B. hohe Dosen von Morphium gegeben werden. Morphium führt in hoher Dosis verabreicht zum Atemstillstand. Diese Maßnahme gilt als ethisch vertretbar, wenn die Ärztin/der Arzt nur auf diese Weise das Behandlungsziel der Schmerzfreiheit erreichen kann. Nach den „Grundsätzen der Bundesärztekammer zur ärztlichen Sterbebegleitung" „kann die Linderung des Leidens [der Patientin/des Patienten] so im Vordergrund stehen, dass eine möglicherweise dadurch bedingt unvermeidbare

Lebensverkürzung hingenommen werden darf." (Bundesärztekammer 2011, 347)

Im Gegensatz zur *passiven* und *indirekten Sterbehilfe* steht die *aktive Sterbehilfe*, bei der in der Regel mit Medikamenten Maßnahmen ergriffen werden, die zum Tod der Patientin/des Patienten führen. Faktisch und begrifflich davon zu unterscheiden ist der *ärztlich assistierte Suizid*. Hier werden der Patientin/dem Patienten von der Ärztin/vom Arzt Medikamente, die zum Tod führen, zur Verfügung gestellt. Die/der Patient*in muss sie aber selbst einnehmen. (Neumann 2020, 57)

Was ist zum Thema Sterbehilfe aus ärztlicher Sicht zu sagen? Ziel der medizinischen Versorgung am Lebensende ist immer ein würdevolles Sterben des Menschen. Die Frage, was ein würdevolles Sterben ist, spitzt sich in der Palliativmedizin insofern zu, als sie es mit unheilbar kranken und vielfach schwer leidenden Menschen zu tun hat. Die Erfahrung lehrt, dass Menschen, die in ihrem Tod gut begleitet werden und denen die Angst vor großem Leiden am Lebensende mit Hilfe medizinischer Mittel genommen werden kann, seltener nach aktiver Sterbehilfe verlangen. Die meisten Ärzt*innen wollen sich an Selbsttötungen nicht beteiligen. Sie sehen ihre Aufgabe in der Rettung von Leben. Sie kommen in ihrer Arbeit jedoch auch immer wieder an Grenzen ihrer medizinischen Möglichkeiten, an denen sich die Frage der Sterbehilfe stellt. An welche Form der Sterbehilfe man dabei auch denkt, Ärzt*innen kommen nicht darum herum, den gesellschaftlichen Wandel in der Einstellung zur Sterbehilfe bis hin zur Selbsttötung zur Kenntnis zu nehmen, welcher sich in der aktuellen Aufforderung des Bundesverfassungsgerichts zur Fortschreibung der Gesetzgebung niederschlägt.

Literatur

BÖCKER, WERNER u.a. (2012), Pathologie, 5. Aufl. München.
BUNDESÄRZTEKAMMER (2011), Grundsätze des Bundesärztekammer zur ärztlichen Sterbebegleitung, in: Deutsches Ärzteblatt 108/7, 346–348, www.bundesaerztekammer.de/fileadmin/user_upload/downloads/Sterbebegleitung_17022011.pdf (Stand: 19.03.2022).
DEUTSCHE STIFTUNG ORGANTRANSPLANTATION (2022),
https://www.dso.de/SiteCollectionDocuments/DSO_Protokollbogen_IHAab3J.pdf (Stand: 19.03.2022).
HENGESBACH, SVEN u.a. (2019), Checkliste Medical Skills, 2. Aufl. Stuttgart.
NEUMANN, HERBERT (2020), Medizinethik, in: SUTTORP, NORBERT u.a. (Hg.), Harrisons Innere Medizin 1, 20. Aufl. Berlin, 56–60.
RIDDER DE, MICHAEL (2010), Wie wollen wir sterben? Ein ärztliches Plädoyer für eine neue Sterbekultur in Zeiten der Hochleistungsmedizin, 4. Aufl. München.
SAPOSNIK, GUSTAVO u.a. (2000), Spontaneous and reflex movements in brain death, in: Neurology 54/1, 221–223.

Wijdicks Eelco F. u.a. (2010), Evidence-based guideline update: determining brain death in adults. Report of the Quality Standards Subcommittee of the American Academy of Neurology, in: Neurology 74/23, 1911–1918.

Wissenschaftlicher Beirat der Bundesärztekammer (1998), Richtlinien zur Feststellung des Hirntodes. Dritte Fortschreibung 1997 mit Ergänzungen gemäß Transplantationsgesetz (TPG), in: Deutsches Ärzteblatt 95/30, 53–60, www.bundesaerztekammer.de/file admin/user_upload/downloads/Hirntodpdf.pdf (Stand: 19.03.2022).

Beobachtungen zur gleichzeitigen Anwesenheit und Abwesenheit von Sterben und Tod im gesellschaftlichen Diskurs

Ulrike Witten

1. Hinführung

Mitten in der fünften Corona-Welle in Deutschland am Anfang des Jahres 2022 sind Zahlen und Bilder von Sterben und Tod bereits mehr als vertraut, z.B. die Bilder von den Särgen, die in Bergamo vom Militär abtransportiert werden, oder die Särge, die sich luftdicht versiegelt in sächsischen Krematorien stapeln. Global werden nicht nur Ansteckungszahlen, sondern auch die Anzahl der Todesopfer sowie die Letalitätsrate verglichen. Aussagen, wie die des bayerischen Ministerpräsidenten Markus Söder während der zweiten Welle im Dezember 2020, dass jeden Tag so viele Menschen sterben, als würde ein Flugzeug abstürzen, oder die Bilder von tausenden Kerzen an öffentlichen Plätzen, die an die Corona-Toten erinnern, veranschaulichen, was diese Zahlen bedeuten.

So präsent hier einerseits Sterben und Tod sind, so weit weg bleiben sie dennoch. Denn das Sterben in Zeiten von Corona ist einsam. Angehörige dürfen kaum dabei sein und selbst bei den Trauerfeiern gelten Kontaktbeschränkungen und kann der Verstorbenen nur im kleinen Kreis gedacht werden. Wie schmerzlich dies für viele war und ist, wurde nicht zuletzt beim nationalen Gedenken an die Verstorbenen in der Pandemie am 18. April 2021 deutlich zum Ausdruck gebracht.

Das sich hier zeigende Paradox der gleichzeitigen Abwesenheit und Anwesenheit von Sterben und Tod besteht m.E. nicht nur in Bezug auf Corona, sondern auch darüber hinaus. Entlang der These von der gleichzeitigen Abwesenheit und Anwesenheit von Sterben und Tod soll sich einer gesamtgesellschaftlichen Perspektive auf das Themenfeld angenähert werden.

2. Das Paradox der gleichzeitigen Abwesenheit und Anwesenheit von Sterben und Tod

2.1 *Abwesenheit von Sterben und Tod*

Klickt man sich durch die hochinteressante globale Datensammlung zu den vielfältigsten Phänomenen auf der Internetseite ourworldindata.org, bekommt man einen umfassenden Eindruck zum Thema Sterben und Tod. Diese Daten werden unter der Frage nach dem Phänomen der gestiegenen Abwesenheit von Tod ausgewertet.

Während bei den meisten Krebsarten die Sterblichkeit stabil und nur bei wenigen gesunken ist (Our World in Data 2022a) und weltweit gesehen auch die Zahl der Verkehrsunfalltoten relativ stabil geblieben ist (Our World in Data 2022b), stellt sich insgesamt in den Statistiken das Bild ganz anders dar. Die Zahl der Verkehrstoten ist in Deutschland in den letzten zwanzig Jahren kontinuierlich gesunken (ebd.). Weltweit steigt die Lebenserwartung immer mehr und nähert sich zwischen den einzelnen Ländern auch immer mehr an (Our World in Data 2022c). Für ein im Jahr 2022 in Deutschland geborenes Kind wird die Lebenserwartung mit 81,79 Jahren angegeben (Japan 85 Jahre, Indien 70,33, weltweit 73,10 Jahre). Dass die Lebenserwartung steigt, hängt auch mit der sinkenden Säuglings- und Kindersterblichkeit zusammen, die sich seit 1950 stark verringert hat (Our World in Data 2022d).

Ebenso ist die Müttersterblichkeit erheblich gesunken, auch wenn das Ziel, die Müttersterblichkeit noch mehr zu reduzieren, noch nicht erreicht ist (Our World in Data 2022e). Aber auch die Zahl der Menschen, die in Kampfhandlungen getötet wurden, ist seit 1946 erheblich gesunken – wobei hier je nach Jahrzehnt die Zahlen stark schwanken und es nicht den gleichermaßen kontinuierlichen Rückgang gibt, sondern es in den Jahren um 2000 und 2014 wieder deutliche Ausschläge nach oben gab (Our World in Data 2022f).

Die fünf Hauptrisikofaktoren zu sterben sind im Alter zwischen 15 und 49 Jahren – weltweit gesehen – Alkohol, ungeschützter Geschlechtsverkehr, Bluthochdruck, Übergewicht sowie Rauchen (Our World in Data 2022g). In Deutschland sind es Alkohol, Rauchen, Bluthochdruck, Übergewicht und Drogenkonsum (Our World in Data 2022h). Gerade in Deutschland scheinen die Risikofaktoren eng mit dem persönlichen Lebensstil verknüpft zu sein und erscheinen somit *vermeidbar* bzw. *selbstgewählt*. Wie trügerisch eine solche Einschätzung jedoch ist, zeigen die hochproblematischen milieuspezifischen Zusammenhänge, die aus der Ungleichheitsforschung bekannt sind (Schmidt-Semisch / Schorb 2008) und die je nach Einkommen, Arbeit und Milieu unterschiedliche Gesundheitszustände und Lebenserwartungen ausweisen (RKI 2019).

Betrachtet man diese Zahlen insgesamt, so entsteht der Eindruck, dass ein früher Tod in Folge von Unfällen oder Erkrankungen als außergewöhnlicher Schicksalsschlag zu interpretieren ist, da dieser statistisch gesehen eher eine Ausnahme darstellt. Sterben und Tod sind erst mit dem fortgeschrittenen Alter verknüpft.

Das gilt sogar für den Suizid, der häufig als jugendspezifisches Phänomen wahrgenommen wird. Zwar ist der Suizid die Haupttodesursache im Jugendalter (Our World in Data 2022i), dennoch ist die Zahl der Selbsttötungen unter den über Siebzigjährigen deutlich höher als bei Jugendlichen (Our world in Data 2022j). Und dem oben beschriebenen Trend zur Verringerung der Sterblichkeit unabhängig vom Alter entspricht auch die Entwicklung bei Selbsttötungen, deren Zahl kontinuierlich abnimmt (Our World in Data 2022k).

Fasst man die Statistiken zusammen, zeigt sich, dass das Risiko, *vor der Zeit* zu sterben, weltweit sinkt.[1] Das gilt umso mehr für Menschen, die in Europa aufwachsen. Sterben und Tod begegnen also überwiegend erst im fortgeschrittenen Alter – einem Zustand, der in der Bibel als „lebenssatt" beschrieben wird (z.B. 1Mose 25,8; 1Chr 23,1; Hiob 42,17). Im Alltag von Heranwachsenden sind demzufolge Sterben und Tod wenig präsent. Das zeigt sich nicht zuletzt auch darin, dass Kinder im 20. Jahrhundert bei Bestattungen am Grab kaum noch anwesend sind (Richter 2021, 41–44).

Menschheitsgeschichtlich ist das ein recht neues Phänomen. Das ist z.B. in Biographien von Menschen zu erkennen, die in der ersten Hälfte des 20. Jahrhunderts gelebt haben. Hier sind Sterben und Tod Teil des Alltags, und das betrifft längst nicht nur, wie man vielleicht angesichts der Katastrophen des 20. Jahrhunderts denken mag, diejenigen, die durch Krieg und Vernichtung getötet wurden, sondern auch z.B. die Müttersterblichkeit, sodass Stiefmütter oder Halbgeschwister zur Lebensrealität gehörten. Die Mutter des im Jahr 1937 geborenen Paul Maar ist im Wochenbett an einer Brustentzündung gestorben, als Maar sieben Wochen alt war (Maar 2020, 24f.). Im Alter von 50 Jahren ist Gustav Mahler im Jahr 1911 an den Folgen einer Mandelentzündung gestorben. Die heute lebensrettenden und selbstverständlichen Antibiotika waren noch nicht verbreitet (Lüscher 2008, 373). Die Beobachtung, dass der Tod zum Alltagsleben noch vor wenigen Generationen selbstverständlicher zum Leben dazu gehörte, impliziert nicht, dass frühere Menschen weniger getrauert hätten. Dafür gibt es m.E. keine Anzeichen. Nur weil es zur geteilten Lebenserfahrung gehörte, dass viele Kinder das Jugendalter nicht erreicht haben, war dies für die Eltern nicht weniger schmerzhaft. Diese schmerzhaften Erfahrungen stellen heute jedoch eine Ausnahme dar.

---

1 Gleichwohl mit statistischen Verzerrungen zu rechnen ist, weil nicht alle Staaten entsprechende Daten erheben und zur Verfügung stellen.

Zusammenfassend kann festgehalten werden: Noch in der Generation der Urgroßeltern und Großeltern heutiger Mittelstufenschüler*innen waren Sterben und Tod ein Ereignis, das das normale Leben zwar jäh durchbrach, das im Alltag aber präsent war, während heute der Tod erst im Alter erwartet wird.

Während Sterben und Tod für heutige Kinder und Jugendliche in Bezug auf ihre eigenen Eltern und Geschwister, also in ihrem unmittelbaren Nahumfeld, eine Ausnahme darstellen, ist jedoch eine allgemeine Präsenz des Themas festzustellen, was im Folgenden ausgeführt wird.

2.2 Anwesenheit von Sterben und Tod

Ich beginne mit subjektiven Eindrücken, geleitet von der These, dass Sterben und Tod anwesend sind.

Tagtäglich begegnen mir Hinweise auf Trauer, Sterben und Tod. Es sind die weiß angemalten Fahrräder, die an Kreuzungen lehnen und die an im Straßenverkehr getötete Radfahrer*innen erinnern. Nicht selten finden sich Grablichter und frische Blumen davor. Auch Baumscheiben stellen Gedenkorte dar. Um das Stadtgrün zu unterstützen, können Menschen eine Baumpatenschaft übernehmen, und nicht wenige tun dies, um damit an Verstorbene zu erinnern, und pflegen und gestalten diesen Ort mitten im Alltag – auch mit Blumen, Windspielen oder Grablichtern. Ein vom christlichen Träger des Kindergartens angebotener Elternabend zur Frage, wie man mit Kindern über den Tod sprechen kann, war gut besucht, obwohl niemand von diesem Thema persönlich betroffen war. Dass religionspädagogische Formate wie Trauerkoffer entwickelt werden und nachgefragt sind, zeigt an, dass es ein Bedürfnis gibt, über diese Themen auf gute Weise ins Gespräch kommen zu können.

Ebenfalls medial spielen Sterben und Tod eine große Rolle – auch unabhängig von der Corona-Pandemie. Das Bild des auf der Flucht ertrunkenen, am Mittelmeer-Strand liegenden dreijährigen Alan Kurdi ging um die Welt und hat Betroffenheit und Mitgefühl ausgelöst und ist zum Symbol für die Tödlichkeit der EU-Außengrenzen geworden. Die Geschichte seiner Familie wurde oft erzählt (Kurdi 2020) und bekam viel Aufmerksamkeit.

Nicht zuletzt war es in Deutschland im Sommer 2021 die Flutkatastrophe, die die Verletzlichkeit des Lebens unmittelbar vor Augen führte. 134 Menschen haben im Ahrtal ihr Leben verloren. Im eingerichteten Untersuchungsausschuss werden Schuldfragen thematisiert, u.a. ob der Katastrophenschutz seiner Aufgabe nachgekommen ist und rechtzeitig gewarnt wurde (dpa 2021). Der Tod erscheint als etwas, was eigentlich hätte vermieden werden müssen.

Auch in Social Media sind Sterben, Tod und Trauer präsent – häufig jedoch mit einer individuelleren Perspektive als in den Massenmedien, in denen eine gewisse Zurückhaltung vorherrscht. Prominente und Nichtprominente thematisieren bspw. auf Instagram unter den Hashtags #totgeburt und #sternenkinder den Verlust ihrer Kinder. Ein Thema, das lange als tabuisiert galt, wird somit in die Öffentlichkeit getragen, Menschen verleihen ihrer Trauer Ausdruck und werden dabei unterstützt. Ebenso hat Philipp Mickenbecker seine Erkrankung und seinen bevorstehenden Tod in den sozialen Medien thematisiert (siehe weiterführend den Beitrag von Selina Fucker in diesem Band). Einige Bestatter sind auch in den Sozialen Medien aktiv (z.B. @_Bestattung, @Sarggeschichten, thefuneralists.com oder jungetrauer.de) und berichten von ihrem beruflichen Alltag. Auch der „Trauerautomat" versucht, das Thema bewusster zu machen und Menschen damit zu konfrontieren (Benkel u.a. 2019, 6).

Mit der Hospizbewegung und Palliative Care (Kränzle u.a., 2018) hat die Zuwendung zum Sterbenden und die Begleitung des Sterbeprozesses durch Haupt- und Ehrenamtliche einen eigenen Stellenwert bekommen, der auch öffentlich immer wieder thematisiert wird. Nicht zuletzt wird die Qualität des Sterbeprozesses als Argument innerhalb der Debatte um Sterbehilfe immer wieder angeführt (vgl. zur Thematik der Sterbehilfe den Beitrag von Christiane Caspary in diesem Band).

Nicht nur in Kriminalfilmen oder -romanen sowie in Actionfilmen wird das Sterben unter dem Gewaltaspekt thematisiert, sondern auch in einfühlsamen Serien und Filmen, wie „Club der roten Bänder" oder „Das Schicksal ist ein mieser Verräter". Und nicht zuletzt ist in der Kinder- und Jugendliteratur das Thema sehr präsent, wie jüngst Markus Tomberg (2021) herausgestellt hat.

Diese Befunde resümierend lässt sich zusammenfassen, dass es im Alltag eine Vielzahl von Berührungspunkten mit dem Thema Sterben und Tod gibt. Das deckt sich auch mit der Einschätzung, dass im 20. Jahrhundert eine Tabuisierung stattfand, die seit den 1990ern Jahren versucht wird, wieder aufzubrechen (Richter 2021, 45–47).

2.3 Paradox

Nach der Darstellung der beiden gegenläufigen Zugänge ist jedoch ein Paradox festzustellen: Trotz der Alltagspräsenz, wie sie unter dem Aspekt der Anwesenheit herausgestellt wurde, sind Sterben und Tod im Alltag von Menschen, die in Deutschland leben, wenig unmittelbar präsent, weil Sterben und Tod etwas ist, das im Regelfall erst im fortgeschrittenen Alter eintritt. Das trifft auf Grund der gestiegenen Lebenserwartung umso mehr auf Heranwachsende zu, die eher nicht im Schulalter mit dem Tod von Großeltern oder gar Eltern oder Geschwistern rechnen müssen.

Dass zudem Sterben und Tod weniger unmittelbar im eigenen Leben präsent sind, liegt auch an der Professionalisierung und Ausdifferenzierung vieler Lebensbereiche. Auch im Fall des Sterbens gibt es *Zuständige* und *Orte*, die dafür passend erscheinen. Ein passender Ort ist nicht mehr unbedingt das Bett zuhause, sondern eher ein Bett im Krankenhaus oder Pflegeheim, auch wenn mobile Hospizdienste das Sterben zuhause unterstützen. In die paradoxe Wahrnehmung fügt sich ein, dass die prominente These des Historikers Philippe Ariès von der zunehmenden Unsichtbarkeit von Sterben und Tod immer mehr in Frage gestellt und kontrovers diskutiert wird und sich sowohl Argumente dafür oder dagegen finden (Heiermann u.a. 2020, 24).

Denkt man weiter darüber nach, ist das Paradox gar nicht mehr so widersprüchlich, sondern die beiden Aspekte erscheinen als zwei Seiten einer Medaille: Gerade *weil* Sterben und Tod nicht mehr zum Alltag gehören, steigt die Präsenz des Themas. Die These legt nahe, dass Sterben und Tod nicht mehr zur geteilten Erfahrung gehören und dass dieser Ausnahmefall daher umso mehr Aufmerksamkeit erhält, auch wenn dies vielleicht nicht im Nahumfeld geschieht. Befragungen zeigen jedoch, dass Sterben und Tod weniger ein Tabu sind als angenommen (Heiermann u.a. 2020, 21), weil Menschen dies durchaus thematisieren.

3. Ausblick: Todeswahrnehmung und Todesdeutungen

Wenn das Thema Sterben und Tod einerseits präsent und andererseits abwesend ist, was bedeutet das für die Wahrnehmung und die Deutung des Themas? In einem Ausblick soll diese Frage abschließend zumindest angerissen werden.

Während Angst vor dem Jüngsten Gericht, wie sie noch Martin Luther umgetrieben hat, also vor dem, was nach dem Tod passiert, kaum noch ein verbreitetes Phänomen zu sein scheint, ist die Angst vor einem langen und qualvollen Sterben durchaus auszumachen. Angesichts der nicht unumstrittenen Intensität intensivmedizinischer Versorgung am Lebensende ist diese Sorge auch nicht unbegründet (Richter 2021, 45f.) Patient*innenverfügung sind Ausdruck davon, den Sterbeprozess selbstbestimmt planen und gestalten zu können, auch in einer Situation, in der eigene Wünsche nicht mehr formuliert werden können. Ein Grund dafür ist auch, dass die Wunschvorstellungen, wie das eigene Sterben erfolgt, und die Realität auseinanderklaffen. Die meisten wünschen sich einen schmerzfreien, selbstbestimmten Tod in einer gewohnten Umgebung (Heiermann u.a. 2020, 5). Aber tatsächlich sterben die meisten Menschen (58%) im Krankenhaus oder im Hospiz bzw. Pflegeheim (19%), wobei die Akzeptanz des Hospizes in den letzten Jahren zugenommen hat und sich inzwischen 28% vorstellen können, dort zu sterben (Fricke 2017).

Die Art und Weise, wie der Tod gedeutet wird, ist eng mit den Vorstellungen des *Danach* verbunden. Das *Danach* kann innerweltlich-säkular und ebenso religiös-eschatologisch verstanden werden. Zur religiös-eschatologischen Deutung gehört die durch religiöse Traditionen gespeiste Hoffnung, dass Sterben und Tod einen Übergang darstellen, dass es weitergeht und der Tod somit kein schreckliches Ende darstellt (Heiermann u.a. 2020, 41f.) Zur innerweltlich-säkularen Deutung kann der Wunsch gezählt werden, ein geordnetes Danach zu hinterlassen, also die Angehörigen, Partner*innen sowie Kinder gut versorgt und in Sicherheit zu wissen (ebd., 42). Wie wenig trennscharf sich die Grenze zwischen immanenten und transzendenten Vorstellungen ziehen lässt, zeigt sich jedoch hinsichtlich des Wunsches, in guter Erinnerung behalten zu werden, wobei sich Selbst- und Fremdbilder möglichst decken sollen. Auch gibt es den Wunsch, den Menschen auch nach dem eigenen Tod etwas Bleibendes zu hinterlassen (ebd.). Ebenso wenig eindeutig trennscharf lässt sich die Grenze zwischen den Vorstellungen ziehen, die religiöse und nichtreligiöse Menschen vom Weiterleben nach dem Tod entwickeln. So gibt es die Hoffnung, auch nach dem eigenen Tod den Menschen noch nah sein zu können, ebenso wie den Wunsch, etwas Unverlierbares weitergeben zu können (ebd.). Selbst wenn das eigene Leben mit dem Tod als beendet angesehen wird, kann ein Weiterleben in den eigenen Kindern durch Gene und Sozialisationseinflüsse, im Sinne des biologischen Kreislaufs oder des Energieerhaltungssatzes, angenommen werden (Wohlrab-Sahr 2005, 8–10; Domsgen 2013, 153). Dabei beeinflussen nicht nur für religiöse Menschen die Vorstellungen und Wünsche des „Danach" bereits die Lebensführung im Diesseits (Heiermann u.a. 2020, 42–45).

Entsprechend der in Westeuropa geläufigen Trends von Individualisierung und Säkularisierung sind die Formen, in denen getrauert wird, wie der Sterbeprozess begleitet wird und welche Bestattungsrituale erfolgen, vielfältig, unterliegen aber auch einem individuellen Gestaltungsdruck, der zu Unsicherheit führen kann (Benkel u.a. 2019). Dass Bestatter in ihren Social Media-Accounts das offen thematisieren, ist hier möglicherweise Inspirationsquelle, hilft aber auch, Unsicherheiten zu überwinden.

Zusammengefasst werden kann: Auch in Zeiten, in denen sich Sterben und Tod im Wandel befinden und dieses Thema zwischen Anwesenheit und Abwesenheit changiert, bleibt ein gutes Sterben, ein gutes Abschiednehmen, eine zukünftige Gestaltungsaufgabe, die sich jedem Menschen früher oder später stellt.

Literatur

BENKEL, THORSTEN u.a. (2019), Autonomie der Trauer, Baden-Baden.
DOMSGEN, MICHAEL (2013), RU in konfessionsloser Mehrheitsgesellschaft – didaktische Herausforderungen und Ansätze, in: Theo-Web. Zeitschrift für Religionspädagogik 12/1, 150–163.
DEUTSCHE PRESSEAGENTUR (2021), Flutkatastrophe: Laschet verteidigt „kleinen Krisenstab", in: ZEIT ONLNE, 22.12.2021 https://www.zeit.de/news/2021-12/22/flutkatastrophe-laschet-verteidigt-kleinen-krisenstab (Stand: 05.01.2022).

Fricke, Arno (2017), Wo sterben? — Wunsch und Wirklichkeit klaffen auseinander, in: Schmerzmedizin 33/8.

Heiermann, Adrián Carrasco u.a. (2020), Auf ein Sterbenswort. Wie die alternde Gesellschaft dem Tod begegnen will. Berlin.

Kränzle, Susanne u.a. (2018), Palliative Care, 6. Auflage, Berlin.

Kurdi, Tima (2020), Der Junge am Strand. Die Geschichte einer Familie auf der Flucht, Berlin / Hamburg.

Lüscher, Thomas F. (2008), Von Gustav Mahlers «Maladie célèbre» zu den modernen Endokarditis-Richtlinien, in: Kardiovaskuläre Medizin 11/12, 373–376.

Maar, Paul (2020), Wie alles kam. Roman meiner Kindheit. Frankfurt/Main.

Our World in Data (2022a), Cancer death rates by type, World, 1990 to 2017, https://ourworldindata.org/grapher/cancer-death-rates-by-type?country=~OWID_WRL (Stand: 05.01.2022).

Our World in Data (2022b), Death rate due to road traffic injuries, 2000 to 2013, https://ourworldindata.org/grapher/road-death-rate-who?country=OWID_WRL~DEU. (Stand: 05.01.2022).

Our World in Data (2022c), Life expectancy at birth, including the UN projections, https://ourworldindata.org/grapher/life-expectancy-at-birth-including-the-un-projections?time=1950..2042&country=OWID_WRL~BRA~IND~SWE~JPN~DEU (Stand: 05.01.2022).

Our World in Data (2022d), Child mortality, https://ourworldindata.org/grapher/child-mortality-around-the-world (Stand: 05.01.2022).

Our World in Data (2022e), MDG5.A: Maternal mortality ratio (per 100,000 live births), 2000 to 2017, https://ourworldindata.org/grapher/maternal-mortality-mdgs (Stand: 05.01.2022).

Our World in Data (2022f), Battle-related deaths in state-based conflicts since 1946, 1946 to 2016, https://ourworldindata.org/grapher/battle-related-deaths-in-state-based-conflicts-since-1946 (Stand: 05.01.2022).

Our World in Data (2022g), Number of deaths by risk factor aged 15-49, World, 2017, https://ourworldindata.org/grapher/deaths-risk-factor-15-49years?country=~OWID_WRL (Stand: 05.01.2022).

Our World in Data (2022h), Number of deaths by risk factor aged 15-49, Germany, 2017, https://ourworldindata.org/grapher/deaths-risk-factor-15-49years?country=~DEU (Stand: 05.01.2022).

Our World in Data (2022i), Deaths from suicide, by age, World, 1990 to 2019, https://ourworldindata.org/grapher/suicide-deaths-by-age?country=~OWID_WRL (Stand: 05.01.2022).

Our World in Data (2022j), Suicide rates by age, World, 2019, https://ourworldindata.org/suicide#suicide-rates-by-age (Stand: 05.01.2022).

Our World in Data (2022k), Deaths from suicide, by age, World, 1990 to 2019, https://ourworldindata.org/grapher/suicide-deaths-by-age?country=~OWID_WRL (Stand: 05.01.2022).

Richter, Sonja (2021), Teilnahme von Kindern an Bestattungen. Praktisch-theologische Untersuchung und Konsequenzen für Gestaltung und Gemeindepraxis, Bonn.

Robert-Koch-Institut (2019), Soziale Unterschiede in der Mortalität und Lebenserwartung in Deutschland - Aktuelle Situation und Trends, https://www.rki.de/DE/Content/Gesundheitsmonitoring/Gesundheitsberichterstattung/GBEDownloadsJ/Focus/JoHM_01_2019_Mortalitaet_Lebenserwartung.html (Stand: 05.01.2022).

Schmidt-Semisch, Henning / Schorb, Friedrich (2008), Kreuzzug gegen Fette. Sozialwissenschaftliche Aspekte des gesellschaftlichen Umgangs mit Übergewicht und Adipositas, Wiesbaden.

TOMBERG, MARKUS (2021), An diesem Ort war alles anders. Religionspädagogisch interessierte Lektüren von Kinder- und Jugendbüchern zu Sterben, Tod und Trauer aus den Jahren 2017–2020, Würzburg.

WOHLRAB-SAHR, MONIKA u.a. (2005), „Ich würd' mir das offenlassen": Agnostische Spiritualität als Annäherung an die „große Transzendenz" eines Lebens nach dem Tode, in: Zeitschrift für Religionswissenschaft 13, 153–174.

#RIP – Digitale Kommunikation über Trauer

Selina Fucker

1. Trauer im Netz? Formen digitaler Trauerkommunikation

1.1 Vielfalt an digitalen Kommunikationswegen

In den sozialen Netzwerken wird Leben geteilt. Man kann auch davon sprechen, dass häufig *Alltag* bewusst inszeniert wird. Dies umfasst die unterschiedlichsten Aspekte des Lebens und somit auch Tod und Trauer. Daher sind digitale Medien und digitale Kommunikationsformen heute notwendigerweise ein Teil der Trauerkultur (Luthe 2014, 303). Dies gilt besonders für Jugendliche und junge Erwachsene, da diese mit Social Media aufgewachsen sind und soziale Netzwerke ganz selbstverständlich nutzen.

Der Tod ist allein daher schon ein Thema in den sozialen Netzwerken, da natürlich auch Menschen versterben, die Social Media genutzt haben und deren Profile in den sozialen Netzwerken oft nach dem Tod bestehen bleiben. So können zum Beispiel Instagram- und Facebook-Profile nach dem Tod von Nutzer*innen entweder von Zugehörigen[1] gelöscht oder in einen sogenannten Gedenkzustand versetzt werden (Meta Platforms 2022a, o.S.). Profile im Gedenkzustand bleiben weiterhin sichtbar und werden mit dem Zusatz *in Erinnerung* versehen. Sie werden gesperrt, so dass keine Änderungen an Posts beziehungsweise Beiträgen hinzugefügt werden können (Meta Platforms 2022b, o.S.). In den sozialen Netzwerken finden sich aber nicht nur Profile von Verstorbenen, es gibt auch Posts, in denen Trauer über den Tod von Freund*innen oder Zugehörigen ausgedrückt wird, und Posts, in denen sich von Verstorbenen verabschiedet wird. Es finden sich darüber hinaus auch Posts mit Informationen über Trauer oder Werbung von Bestattungsunternehmer*innen, Florist*innen, Trauerbegleiter*innen etc.

Neben den klassischen sozialen Netzwerken ist Trauer auch auf YouTube ein Thema. So hat zum Beispiel *funk*, das Content-Netzwerk von ARD und ZDF, in

---

[1] Ich spreche hier in Anlehnung an Kerstin Lammer von Zugehörigen, um einen Begriff für das engere soziale Umfeld eines Menschen zu verwenden, der nicht nur (biologische) Familie, sondern auch Freund*innen, Vertraute oder Wahlfamilie miteinbezieht. (Lammer 2004)

zahlreichen Videos die Themen Tod und Trauer aufgegriffen. Die hohen Klickzahlen zeigen, dass damit ein Bedürfnis nach Informationen zu dem Themenbereich gestillt wird. Dies wird auch durch die zahlreichen Dankeskommentare unter den Videos deutlich.[2] Es fällt auf, dass vor allem Einblicke in die Arbeit von Bestatter*innen oder Tatortreiniger*innen besonderes Interesse hervorrufen.[3] In einer Gesellschaft, in der viele Menschen (fast) nie in ihrem Leben eine Leiche vor sich haben, bieten diese Videos eine Möglichkeit, sich so dem Thema Tod anzunähern, ohne sich selbst überfordern zu müssen.[4]

Das Thema Tod und Sterben tritt auch durch den Tod von Influencer*innen oder anderen bekannten Persönlichkeiten in das Leben von Jugendlichen (Böhmer / Steffgen 2021, 68). Ein aktuelles Beispiel hierfür ist der Tod von Philipp Mickenbecker, einem YouTuber, der vor allem durch seine abenteuerlichen Bauprojekte auf dem YouTube Kanal *The Real Life Guys* bekannt wurde und der öffentlich über seine unheilbare Krebserkrankung sowie seine Hoffnung im Angesicht des Todes berichtete. Seine Beerdigung wurde live auf YouTube übertragen und erreichte über drei Millionen Aufrufe (Life Lion 2021, o.S.). Für Eltern und Lehrkräfte ist es oft schwer nachzuvollziehen, dass Jugendliche der Tod von Influencer*innen ähnlich mitnehmen kann wie der Tod von Mitschüler*innen. Hier sind Empathie und Unterstützung gefragt. Zusätzlich kann in solchen Fällen die digitale Trauergemeinschaft besonders hilfreich sein, da sich die Jugendlichen hier in ihrer Trauer verstanden und gesehen fühlen können.

1.2 Digitale Trauerkommunikation als Unterstützung in der Trauer

Trauer digital zu äußern, hilft dabei, den Tod als Realität zu akzeptieren, denn digital geteilte Trauer wird sichtbar und als solche real. Das kann helfen, den Tod als Realität zu akzeptieren und so einen wichtigen Schritt in der Trauerarbeit zu machen (ebd., 61).

Auch Bilder und Worte zu finden, die Trauer greifbar machen, kann beim Verarbeiten hilfreich sein, denn das Schreiben unterstützt dabei, Gefühle zu ordnen und das Erfahrene zu reflektieren (Wild 2021, 191). Es kann auch im Umgang

---

2 Siehe zum Beispiel unter dem Video *Leichen verbrennen: Arbeiten mit dem Tod* des Reportage-Kanal aus dem *funk-Content-Netzwerk follow me.reports*, verfügbar unter: https://www.youtube.com/watch?v=HzRExDKFY6o (Stand: 15.01.2022).

3 Das gilt unter anderem für die Aufrufzahlen dieses Videos: *Leichen verbrennen: Arbeiten mit dem Tod* von *follow me.reports*, verfügbar unter: https://www.youtube.com/watch?v=HzRExDKFY6o (Stand: 15.01.2022), sowie des Videos *Tod in Messie-Wohnung: Tatortreiniger im Einsatz*, ebenfalls von *follow me.reports*, verfügbar unter: https://www.youtube.com/watch?v=anvsY-neL_A (Stand: 15.01.2022).

4 Dies unterstützt die These von Witten in diesem Band, dass das Thema Sterben und Tod in der Gesellschaft gleichzeitig präsent und abwesend ist.

mit den vielfältigen, wechselhaften durch die Trauer ausgelösten Gefühlen förderlich sein, da die unterschiedlichen Gefühle so verbalisiert werden können (Diebold 2013, 62).

Die sozialen Netzwerke ermöglichen es auch, gleichzeitig allein und gemeinsam zu trauern. Denn beim Verfassen von Posts und Nachrichten kann sich jede*r so zurückziehen, wie gewünscht, kann weinen, ohne dass es gesehen wird, und zugleich schriftlich Gemeinschaft mit anderen Trauernden erfahren. So kann eine Person z.B. im privaten Rahmen die emotionale Fassung verlieren, wenn sie analog zu Hause vor ihrem Gerät sitzt, gleichzeitig kann sie in der Öffentlichkeit ihre Fassung wahren. Das ist gerade für Jugendliche hilfreich, denen es wichtig ist, nach außen möglichst stark zu wirken und die daher Gefühle im öffentlichen Raum kaum zulassen können bzw. wollen. Hier können auch private oder geheime Profile in den sozialen Netzwerken, zum Beispiel ein sogenannter *finsta,* also ein geheimer Instagram-Account, der nur für sehr ausgewählte Follower*innen sichtbar ist, hilfreich sein, da sich Jugendliche hier oft besonders ehrlich darstellen (Zett 2018, o.S.). Allerdings lassen sich diese Accounts aufgrund ihrer Privatsphäreneinstellungen nur schwer erforschen (ebd.). Gedenkprofile oder andere Formen von Gedenk- oder Trauerseiten können helfen, der verstorbenen Person eine neue Rolle im Leben zuzuweisen, zum Beispiel durch regelmäßige Rituale, in denen Erinnerungen mit der verstorbenen Person geteilt werden oder der verstorbenen Person aus dem Leben der trauernden Person berichtet wird (Böhmer / Steffgen 2021, 61).

Aber nicht nur der Ausdruck von Trauer in sozialen Netzwerken kann die Trauerarbeit unterstützen, sondern auch die Wahrnehmung anderer Personen, die trauern bzw. die Wahrnehmung von deren Trauerprozessen. Hier können Trauernde Trost oder Halt finden und Empathie in der Gemeinschaft mit anderen Trauernden erleben, selbst dann, wenn sie die anderen vorher noch nicht kannten. Dafür ist es gar nicht zwingend notwendig, dass direkte Kontakte/Gespräche entstehen, allein das Lesen oder Liken als Abgeben einer positiven Bewertung von Posts anderer kann in diesem Kontext Zustimmung und Mitgefühl ausdrücken. Die Gemeinschaft ist in diesem Fall nur einen Tipp auf dem Smartphone entfernt, es kann sich dabei jede*r sofort zurückziehen. Das ist gerade für Jugendliche und junge Erwachsene, die eher allein mit ihrer Trauer zurechtkommen wollen, attraktiv (Diebold 2013, 63). Diese Gemeinschaft mit anderen, die ebenfalls trauern und diese Trauer in den sozialen Netzwerken ausdrücken, kann auch helfen, dass sich andere Trauernde öffnen. Jugendliche können so sehen, dass sie nicht die einzigen sind, die trauern, und dass es andere Trauernde gibt, die Ähnliches empfinden. Mit ihnen können sie sich über Trauer austauschen, in den sozialen Netzwerken lässt es sich besonders leicht in diesen Austausch einsteigen.

In Social Media, zum Beispiel auf Plattformen wie YouTube, finden sich auch unterschiedliche Angebote, die Informationen geben, wie man Trauernde unterstützen kann oder wie man zum Beispiel eine Trauerkarte schreibt. Das ist gerade für junge Menschen, die eventuell den Tod eines wichtigen Menschen noch nicht selbst erlebt haben, hilfreich, da sie so Informationen bekommen können, wenn sie durch die Trauer von anderen überfordert werden.

1.3 Negative Aspekte digitaler Trauerkommunikation

Jedoch kann es auch zu Verletzung kommen: So kann es passieren, dass die Nachricht über den Tod eines nahestehenden Menschen so schnell digital geteilt wird, dass Zugehörige und enge Freund*innen auf diese Weise vom Tod erfahren. Gerade für junge Menschen kann es ein sehr großer Schock sein, eine Todesnachricht zu bekommen. Das kann auch zur Folge haben, dass Jugendliche um jemanden trauern, ohne dass die Eltern oder andere Bezugspersonen über den Todesfall informiert sind und diese daher nicht unterstützen können.

Eine weitere Herausforderung ist die Privatsphäre. Oft teilen Menschen in Trauer vertrauliche Informationen über die verstorbene Person bzw. über ihre Todesumstände. Aber wie viel Informationen zu teilen ist hier legitim, und wer entscheidet darüber, wie öffentlich diese Informationen geteilt werden? Hier kann es zu Konflikten und Verletzungen kommen, wenn solche Informationen unüberlegt oder beabsichtigt in sozialen Netzwerken geteilt werden.

Digitale Trauer bei Jugendlichen kann auch dazu führen, dass andere diese Offenheit gegen die trauernde Person verwenden und diese zum Beispiel deswegen lächerlich machen oder beleidigen. Dies kann gegebenenfalls auch zu Cybermobbing führen (Böhmer / Steffgen 2021, 68).

2. Empirische Analysen digitaler Kommunikation über Trauer

2.1 Was wir bisher über digitale Kommunikation über Trauer wissen

Der Inhalt von Videos und Posts zu Trauer in sozialen Netzwerken ist bisher nur wenig erforscht. Swantje Luthe schreibt über Trauer auf Facebook „[d]ie Chronik des oder der Verstorbenen kann als Bühne interpretiert werden, auf der soziale Dimensionen von Trauerprozessen und Trauerkultur öffentlich verhandelt und verhandelbar werden" (2016, 71). Besonders die Vielfalt an unterschiedlichen Trauerposts mit Erinnerungen an Verstorbene kann für alle, die es sehen, deutlich machen, „dass Erinnerungen immer fragmentarische Deutungen aus verschiedenen Perspektiven der Hinterbliebenen Angehörigen und Freunden sind" (ebd., 73).

Facebook dient auch als eine Art Erinnerungsgenerator, wenn an gemeinsame Erlebnisse mit der verstorbenen Person erinnert wird. Gerade Fotos von oder mit den Verstorbenen können so lebendige Erinnerungen an die verstorbene Person anregen (Luthe 2016, 71).

Abgesehen von Facebook ist Trauer in den sozialen Medien bislang kaum erforscht, unter anderem über die Thematisierung von Trauer auf Instagram und YouTube gibt es bisher kaum empirische Arbeiten. Und das, obwohl laut ARD-/ZDF-Onlinestudie (2021) 55% der 14- bis 29-Jährigen täglich Instagram nutzen und dies damit in der Altersgruppe das meistgenutzte soziale Netzwerk in Deutschland ist (vgl. Beisch / Koch 2021, 499). Daher will dieser Beitrag hier erste kleinere empirische Ergebnisse zu den angesprochenen Themen in Posts und Kommentaren auf Instagram und in YouTube-Kommentaren liefern. Dazu wurden die Texte von acht Instagram-Posts, die sich thematisch mit Trauer beschäftigen, und die dazugehörigen Kommentare untersucht. Hierbei wurden folgende Daten untersucht:

— Ein Post eines Trauerprofils
— Posts von trauernden jungen Erwachsenen
— Posts, die aus eigener Erfahrung heraus andere Trauernde unterstützen möchten
— Ein Post, wie man Trauernde unterstützen kann
— Ein Post nach dem Tod eines Influencers
— Die Kommentare von zwei Youtube-Videos, in denen junge Erwachsene von ihrer Trauer erzählen

Aus diesen Texten entstand so ein Gesamtkorpus, das zusätzlich zu den Texten der Posts mehrere tausend Kommentare umfasst. Als Methode wurde die qualitative Inhaltsanalyse gewählt, die mit Hilfe der Software RQDA durchgeführt wurde.[5]

---

5   Es wäre sinnvoll, diese Analysen mit Bildanalysen der Instagram-Posts und Videoanalysen der YouTube-Videos zu kombinieren. Diese wurde hier weggelassen, da diese Menge an Bildern und Videos in einem Sammelbandbeitrag nur schwer analysiert werden kann. Durch die alleinige Konzentration auf den Text kann hier nicht darauf eingegangen werden, welche Gestaltungselemente in den Posts oder Videos zum Beispiel besonders den Austausch über eigene Trauererfahrungen fördern. Auch können ohne eine Befragung der Nutzer*innen, die hier diskutieren, kaum Aussagen über die Altersverteilung und Motivation derer, die sich hier über Trauer austauschen, getroffen werden.

2.2 Einblicke in die Kommentare

Dankbare Verbundenheit
Die Ergebnisse zeigen, dass in den Kommentaren unter den Videos und Instagram-Posts häufig für die Offenheit, über Trauer zu reden bzw. zu schreiben, gedankt wird. Dieses Motiv findet sich mehr als 40-mal in den Kommentaren. So kommentierte zum Beispiel jemand unter einem Video, in dem eine junge Frau davon berichtet, wie es ihr ein Jahr nach dem Tod ihres Freundes geht, mit *„Du hast meiner Meinung nach deine Gedanken sehr schön in Worte fassen können, ich konnte da richtig viel nachvollziehen. Vielen Dank für diese Offenheit"* (Quelle 1). Dass es viele Kommentare wie diesen gibt, zeigt, dass dieses öffentliche Berichten über (die eigene) Trauer auf ein Bedürfnis trifft, ehrliche Einblicke in die Trauererfahrungen anderer Menschen zu bekommen. Dies kann helfen, Trauernde zu verstehen oder sich mit der eigenen Trauer nicht allein zu fühlen. Diese Annahme wird auch dadurch gestützt, dass dies in manchen Kommentaren so auch geschildert wird, wie zum Beispiel im folgenden Kommentar: *„Danke für dieses Video! Das [sic!] du die Kraft dazu hast, dieses Video zu drehen und anderen Menschen damit helfen zu können, zeigt mir [sic!] wie stark du bist. Ich möchte dir sagen, dass du mir mit diesem Video geholfen hast"* (Quelle 1). Auch der explizite Erfahrungsaustausch ist ein häufiges Motiv (mit 38 Codierungen im Korpus). Es entstehen unter den Beiträgen teilweise längere Gespräche, in denen Menschen von Todesfällen in ihrem näheren Umfeld und ihren Trauerprozessen berichten.

Austausch über Bewältigungsstrategien
Teilweise tauschen die Nutzer*innen auch aus, was ihnen in ihrer Trauer konkret geholfen hat: *„Ich habe irgendwo mal den Satz gehört, dass man mit der Trauer eine Langzeitbeziehung führt. Und mir persönlich hat der sehr geholfen [sic!] meine Trauer zu verstehen. Der Verlust liegt mittlerweile fast 9 Jahre zurück und manchmal klopft die Trauer an der Tür und sagt Hallo. Aber mittlerweile fühlt sich die Trauer nicht mehr so schwer an wie zu Beginn, sondern ist ein bisschen wie ein alter Freund [sic!] der einen die Person nicht vergessen lässt"* (Quelle 1). In manchen Fällen formulieren dies auch bewusst Berichte mit Empfehlungen für andere Trauernde. Dies ist oft so formuliert, dass sie sich nicht nur an die Person aus dem Beitrag richten, sondern an die ganze Community. So schreibt eine Nutzerin: *„Vor 2 Jahren wurde ich auch mit einem Verlust konfrontiert und habe es geschätzt [sic!] als ich praktische Tipps bekam, die sich dann als gut erwiesen. Ich möchte sie hier mit dir und den anderen teilen, denn man weiß nie [sic!] wem es sonst noch helfen kann"* (Quelle 1). Bei einem Video wird dieser Austausch untereinander gezielt von dem Kanal TRU DOKU gefördert, in dem die Reporter*innen oder Social-Media-Manager*innen des Kanals fragen: *Wie gehst du mit der Trauer um?* (Quelle 2). Durch diese Frage entsteht eine Diskussion mit über 150 Kommentaren, in der die Nutzer*innen miteinander interagieren und die Macher*innen von TRU DOKU auch mitdiskutieren.

Dadurch entsteht eine Gesprächssituation, die in Teilen einer digitalen und anonymen Selbsthilfegruppe nahekommt.

Hierbei werden auch viele Dinge ausgetauscht, die Menschen als hilfreich empfinden, um ihre Trauer zu verarbeiten bzw. generell mit Trauer umzugehen. So wird Musik siebenmal als hilfreich erwähnt. Hier wird sowohl berichtet, dass das aktive Musizieren hilfreich ist, als auch das Hören von besonderer Musik, zum Beispiel einer speziellen Playlist mit Musik, die einen an die verstorbene Person erinnert. Auch körperliche Aktivitäten werden als hilfreich beim Trauern genannt. So schreibt jemand zum Beispiel: *„Ich muss irgend etwas Körperliches machen. Schwimmen ist gut, da sieht man nicht, dass man geheult hat und es macht müde"* (Quelle 2). Ebenso wird Schreiben von mehreren Nutzer*innen als hilfreich in der Trauer beschrieben. Vereinzelt werden auch der Umgang mit Tieren, Schreien, um Trauer herauszulassen, und Rituale als Hilfe beschrieben.

Schädliche Umgangsformen mit Trauer
Es werden aber auch schädliche Umgangsformen mit Trauer genannt. Der Code *selbstschädigendes Verhalten* wurde insgesamt siebenmal vergeben und umfasst Drogenkonsum, *exzessiven Sport* als Ablenkung sowie übermäßigen Nahrungsmittelkonsum. So antwortet jemand auf die Frage, *„Wie gehst du mit der Trauer um"*, mit: *„Leider oft in mich reinfressen im wahrsten Sinne des Wortes"* (Quelle 2). Gerade Äußerungen, wie *„Birne weg kiffen. Hilft immer"* müssen bei der Interpretation aber mit Vorsicht betrachtet werden, da Jugendliche solche Sätze manchmal bewusst schreiben, um sich als besonders *cool* und *rebellisch* zu inszenieren. Aber selbst, wenn solche Sätze von diesen Jugendlichen nicht ernstgemeint wären, können sie für andere eine Einladung für einen solchen problematischen Umgang mit Trauer darstellen. Dass dreimal der Konsum illegaler Drogen als möglichen Umgang mit Trauer genannt wird, ohne dass negative Konsequenzen hiervon aufgezeigt werden, ist problematisch. Bei drei der sieben codierten Fälle werden solche problematischen Umgangsformen mit Trauer auch als schädlich benannt.

Insgesamt werden somit die sechs genannten nicht schädlichen Hilfen bei Trauer deutlich öfter genannt als das selbstschädigende Verhalten. Es kann also davon gesprochen werden, dass überwiegend gesunde und auch von Expert*innen empfohlene Maßnahmen beim Umgang mit Trauer in Posts und Diskussionen in Social Media genannt werden.

Die Rolle der Religion
Ein großes Thema ist Gott. Dieses Motiv findet sich interessanterweise nicht nur bei dem Post, der durch einen Pfarrer verfasst wurde, sondern auch bei zahlreichen anderen Posts, die dieses Korpus bilden. Auf Gott, Jesus oder Allah wird im Korpus 17-mal explizit verwiesen. Dies geschieht sowohl bei Wünschen an die Trauernden, wie zum Beispiel *„Möge Gott/Allah dir weiterhin viel Lebenskraft schenken"* (Quelle 2), als auch in Hinblick auf das Leben der Verstorbenen. So

kommentiert jemand nach dem Tod des Influencers Phillipp Mickenbecker über ihn „*Im Leid hast du uns gezeigt das [sic!] Hoffnung keine Illusion ist, sondern eine Person. Du hast uns gezeigt das [sic!] Freude im Leid vorhanden ist. Dein Leben zeigt das [sic!] Gott REAL ist*" (Quelle 3). Außerdem wird mehrfach der Glaube geäußert, dass die Verstorbenen bei Gott sind: „*Er ist fest in unserer Erinnerung und nun an Gottes Seite*". Auch das Vertrauen auf Gottes Hilfe in der Trauer kommt mehrfach vor: „*Ich weiß, dass Gott da ist und, [sic!] dass er mich besser versteht als alle Menschen [sic!] mit denen ich je reden konnte und auch bessere Ratschläge und Heilung für diese Wunden hat, die durch solch einen Verlust kommen*" (Quelle 2). Spannend ist, dass in den Diskussionen die Unterschiede zwischen den Weltreligionen keine Rolle spielen, so steht in manchen Diskussionen im Verlauf sowohl Jesus als auch Allah, ohne dass es deswegen Konflikte gibt. Auch die Häufigkeit und die unterschiedlichen Kontexte, in denen auf Gott verwiesen wird, ist interessant. Hier zeigt sich, dass im Kontext von Tod und Trauer Gott beziehungsweise der Glaube an Gott auch für eine junge, digitale Zielgruppe von Relevanz ist. Es stellt sich hier auch die Frage, ob Menschen hier digital über etwas schreiben, was sie in einem persönlichen Gespräch eventuell nicht erzählen würden.

Weinen als Tabu
Ein Thema, das mit gesellschaftlichen Vorbehalten behaftet ist, ist Weinen. Ganze 24-mal erwähnen Menschen in den Diskussionen, dass sie weinen, dass ihnen beim Sehen des Beitrags die Tränen kommen oder dass ihnen Weinen hilft. Sie schreiben zum Beispiel: „*Dann setze ich mich auf meine Couch und heule die Trauer raus*" oder „*Das macht mich super traurig, mir kommen die Tränen*" (Quelle 2). Teilweise wird auch darauf eingegangen, dass Weinen für viele Personengruppen gesellschaftlich als etwas Besonderes gilt, das extremen Situationen oder bestimmen Gesellschaftsgruppen vorbehalten ist und außerhalb davon als peinlich gilt, so zum Beispiel hier: „*Ich, 31, gestandener Mann [sic!] heule vor meinem Handy*" (Quelle 2). Hier wird sich also über etwas ausgetauscht, was bei analogen Gesprächen eher selten Thema ist. Allerdings ist im Digitalen die Notwendigkeit, über Emotionen und emotionale Regungen zu schreiben, größer, da emotionale Regungen nur bei Videos deutlich gesehen werden können und ansonsten geschildert werden müssen, um vom Gegenüber wahrgenommen werden zu können.

Gesellschaftliche Erwartungen
Gesellschaftliche Erwartungen an Trauernde werden in den untersuchten Diskussionen auch kritisiert. Eine Nutzerin schreibt: „*Aber die Gesellschaft - im Übrigen ich auch bis zum Tod meines Partners - hat ein sehr starres, vorurteilsbeladenes Bild von der ‚richtigen' Art zu trauern. Dabei ist Trauer so divers, wie wir Menschen es auch sind*" (Quelle 4). Andere Nutzer*innen berichten auch, dass sie für ihre Art zu trauern sogar kritisiert worden sind, so schreibt jemand: „*Ich wurde auch kritisiert und geprangert dafür das [sic!] ich nicht wie vorgesehen schwarz trage und*

Trauer [sic!]. Ich habe getrauert auf meine Art und Weise [sic!] ohne selber daran zu zerbrechen" (Quelle 1). Dies stellt eine Bestärkung dar, die eigene Trauer nicht durch diese gesellschaftlichen Erwartungen einengen zu lassen und sich nicht durch gesellschaftliche Kritik verunsichern zu lassen.

Gefühl der Überforderung
Ein weiteres Thema ist ein Gefühl der Überforderungen durch die Trauer. Hier schreiben Trauernde sehr ehrlich über ihre Gefühle, so schreibt jemand: „Ich dachte, ich wäre vorbereitet, da sie sehr krank war, aber es hat mich komplett umgehauen.. [sic!] Weiß kaum, damit umzugehen" (Quelle 2). Die Nutzer*innen haben hier online im Austausch mit anderen Menschen, die sich zum Beispiel aufgrund eigener Betroffenheit für Trauer interessieren, einen Raum gefunden, um sich anderen gegenüber öffnen zu können und dann vielfach Verständnis von anderen zu erhalten. Dadurch, dass die Posts explizit das Thema Trauer beinhalten, machen sich Räume für den Austausch über Trauer auf, die – wie diese sehr persönlichen Schilderungen zeigen – auch vielfach genutzt werden.

Verabschiedungsformeln: RIP
Im Korpus finden sich aber auch vielfach Verabschiedungsformeln an die Verstorbenen, darunter zum Beispiel das bekannte Kürzel *RIP*. Diese finden sich vor allem in den Kommentaren von Posts, die im Zusammenhang mit dem Tod des Influencers Philipp Mickenbecker stehen. Hier verabschieden sich Instagram-Nutzer*innen mit kurzen Kommentaren, wie zum Beispiel: „*Ruhe in Frieden [sic!] Philipp*" (Quelle 5) oder mit langen Kommentaren: „*Du hast den Kampf gegen den Krebs nicht verloren. Du hast gewonnen [sic!] mein Freund!!! Im Leid hast du uns gezeigt das [sic!] Hoffnung keine Illusion ist [sic!] sondern eine Person. Du hast uns gezeigt das [sic!] Freude im Leid vorhanden ist. Dein Leben zeigt das [sic!] Gott REAL ist. Philipp [sic!] wir werden dein Erbe, deinen Glauben und diese Hoffnung weiter tragen bis zum ENDE. Rest in Heaven*" (Quelle 3).

3. Fazit

Es wird also auf Instagram und YouTube sehr vielfältig über Trauer kommuniziert. Dabei geben viele Nutzer*innen Einblicke in ihre persönlichen Erlebnisse und Trauererfahrungen. Sie teilen Tipps und kritisieren gesellschaftliche Erwartungen an Trauernde. Interessant ist, dass es hierbei keine Tabuthemen zu geben scheint, denn es wird auch offen über Überforderungen, Emotionen und Drogenkonsum im Zusammenhang mit Trauer gesprochen. Im Zusammenhang mit Trauer wird auch vielfach der Glaube an Gott erwähnt, dabei wird dieser meist sehr inklusiv formuliert. Diese Ergebnisse können natürlich nur einen ersten Einblick über Beiträge und Diskussionen zu Trauer auf Instagram und YouTube geben. Aber sie zeigen, dass Instagram und YouTube Orte sind, an denen sich Menschen über Trauer austauschen und dabei auch sehr persönlich werden. Dabei wird auch deutlich, dass so ein Bedürfnis erfüllt wird, sich mit anderen Menschen über Trauer auszutauschen. Gerade für junge Menschen kann es hilfreich sein, sich mit Menschen außerhalb des persönlichen Umfeldes auszutauschen, die auch trauern und dies ohne besondere Hürden tun.

Korpusquellen

(1) VIO VLOGGT (2021), 1 Jahr nach dem Tod meines Freundes. Umgang mit Trauer und Verlust, https://youtu.be/PI0RARxIpO8 (Stand: 13.03.2022).
(2) TRU DOKU (2020), Lawinenunglück. Fabiana verliert ihren Verlobten kurz vor der Hochzeit, https://youtu.be/tKKEqcimDFE (Stand: 13.03.2022).
(3) HENNOKWORKUU (2021), https://www.instagram.com/p/CP8-QIrLPUG/ (Stand: 13.03.2022).
(4) ICH.HEISSE.INES (2022), HTTPS://WWW.INSTAGRAM.COM/P/CZB1RYKRSTM/ (STAND: 13.03.2022).
(5) THE_REAL_LIFE_GUYS (2021), https://www.instagram.com/p/CQMAol2nuQD/ (Stand: 14.03.2022).
(6) INSTAINSA94 (2020), https://www.instagram.com/p/CEbV3MsgbKBJs2Ey_iaq-loHi5qQCPlAK9uq_o0/ (Stand: 02.02.2022).
(7) MEMORYOFCHRIS (2022), https://www.instagram.com/p/CEbV3MsgbKBJs2Ey_iaq-loHi5qQCPlAK9uq_o0/ (Stand: 10.02.2022).
(8) Briefe.fuer.hanni (2022), https://www.instagram.com/p/CZmQipjs2I0/ (Stand: 10.02.2022).
(9) CAROCEEVIER (2022), https://www.instagram.com/p/CZXJYDxINXj/ (Stand: 02.02.2022).
(10) PINGUINKUH (2022), https://www.instagram.com/p/CZo7E__sylX/ (Stand: 10.02.2022).
(11) WASISTDERMENSCH (2022), https://www.instagram.com/p/CZ2B-mWNjeG/ (Stand: 12.02.2022).
(12) MARTINA_LIFECOACH (2022), https://www.instagram.com/p/CZ2pXb5MFI-/ (Stand: 12.02.2022).

Literatur

BEISCH, NATALIE / KOCH, WOLFGANG (2021), 25 Jahre ARD/ZDF-Onlinestudie: Unterwegsnutzung steigt wieder und Streaming/Mediatheken sind weiterhin Treiber des medialen Internets, in: Media Perspektiven 10, 486–503.
BÖHMER, MATTHIAS / STEFFGEN, GEORGES (2021), Trauer an Schulen, Berlin.
DIEBOLD, REBEKKA (2013), Trauerbegleitung von Jugendlichen, Wiesbaden.
LAMMER, KERSTIN (2004), Den Tod begreifen. Neue Wege in der Trauerbegleitung, 2. Aufl. Neukirchen-Vluyn.
LIFE LION (2021), Philipps Beerdigung, https://www.youtube.com/watch?v=HZq5kGuZAvw (Stand: 13.03.2022).

Luthe, Swantje (2014), Social Media und ihre Relevanz für die Kasualtheorie. Eine Case-Study im Feld der Sepulkralkulturen. In: Nord, Ilona (Hg.): Social Media, christliche Religiosität und Kirche. Studien zur Praktischen Theologie mit religionspädagogischem Schwerpunkt. Garamond Ed. Treskeia (POPKULT – Populäre Kultur und Theologie, 14) Jena.

Luthe, Swantje (2016), Trauerarbeit online. Facebook als Generator für Erinnerungen, in: Klie, Thomas / Nord, Ilona (Hg.): Tod und Trauer im Netz. Mediale Kommunikationen in der Bestattungskultur, Stuttgart, 61–74.

Meta Platforms (2022a), Wie melde ich ein Instagram-Konto, dessen Inhaber verstorben ist?, https://www.facebook.com/help/instagram/264154560391256 (Stand: 15.01.2022).

Meta Platforms (2022b), Was passiert, wenn das Instagram-Konto eines verstorbenen Menschen in den Gedenkzustand versetzt wird?, https://help.instagram.com/231764660354188?fbclid=IwAR0UvSBiiKi4gPqyTBiMmLgxDVVwvy35YruBGHcz_OSQLlm31rIe4LUuGpc (Stand: 15.01.2022).

Wild, Thomas (2021), Seelsorge in Krisen. Zur Eigentümlichkeit pastoralpsychologischer Praxis. Unter Mitarbeit von Jonas Raeber, Göttingen.

Zeit (2018), Jugendliche erzählen, warum sie geheime Instagram-Accounts haben, https://www.zeit.de/zett/2018-08/wir-haben-jugendliche-gefragt-warum-sie-geheime-instagram-accounts-haben (Stand: 15.01.2022).

III. Christlich-theologische Grundlegung

Tod und Auferstehungshoffnung
Biblische und frühchristliche Grundlagen

Judith Hartenstein

Auferstehung ist ein zentraler Begriff im Neuen Testament und in christlicher Theologie. In ihm steckt Hoffnung über den Tod hinaus, christlich wird der Tod eigentlich immer in dieser Perspektive betrachtet. Trotz des klaren Begriffs ist jedoch keineswegs einheitlich, was sich mit ihm verbindet und wie er zu verschiedenen Zeiten gefüllt wird. Insbesondere im Neuen Testament ist er eng mit uns heute sehr fremden Vorstellungen verbunden, es ist nicht so klar, was er im heutigen Kontext sagen könnte. Mein Beitrag versucht, diese Hintergründe auch in ihrer Fremdheit zu erläutern und versteht sich mehr als eine Problemanzeige, weniger als Ansatz für die heutige unmittelbare Verwendung. Hilfreich ist aber, die Vielfalt der Positionen schon im frühen Christentum wahrzunehmen. Sie zeigen, dass schon immer je nach Situation neu über Tod und Auferstehung nachgedacht wurde, und ermutigen auch uns heute zu eigenen, in unsere Zeit passenden Überlegungen.

1. Zum Hintergrund der neutestamentlichen Vorstellungen von Auferstehung

In der Bibel sind Menschen durch und durch irdische Geschöpfe, die von Gottes Atem belebt sind. D.h. sie sind vergänglich, aus Erde entstanden und wieder zu ihr werdend (Janowski 2019, 49f.). Außerdem sind sie einheitlich-ganzheitlich gedacht, die in der griechischen Philosophie übliche Unterscheidung zwischen einem sterblichen Körper und einer materiell anderen, möglicherweise unsterblichen Seele ist zumindest nicht prägend.

In weiten Teilen des Alten Testaments ist diese Vorstellung konsequent durchgehalten. Die Existenz der Menschen hängt an Gottes Lebensatem, nur in ihrem Leben ist deshalb eine Beziehung zu Gott möglich, mit dem Tod bricht diese vollständig und unwiderruflich ab (Becker 2007, 184–186). Es gibt nur Ansätze für eine schattenhafte Weiterexistenz in Gottesferne, denn JHWH ist, anders als manche Götter der Umwelt, ein Gott des Lebens (Janowski 2009, 447f.). Tröstend über den eigenen Tod hinaus ist dabei der Fortbestand der Sippe durch die eigenen Kinder. Glücklich ist, wer alt und lebenssatt stirbt (Janowski 2019, 80f.) sowie in der Erinnerung und in seinen Nachkommen weiterlebt.

Diese Vorstellung ändert sich in den jüngsten Teilen des Alten Testaments und vor allem in der sog. zwischentestamentlichen Zeit. Dies ist eine theologische Entwicklung, die vor allem auf Gottes Schöpfermacht und seiner Gerechtigkeit aufbaut (Becker 2007, 190–192). Wenn Gott immer mehr als der einzige Gott und umfassende Schöpfer von Himmel und Erde gedacht wird, dann kann es keine Bereiche außerhalb seiner Macht geben und auch der Tod nicht von ihm trennen. Als derjenige, der die Welt und alles Leben geschaffen hat, kann er auch Toten neues Leben ermöglichen.[1] Besonders drängend stellt sich diese Frage, wenn Menschen jung und ohne Nachkommen sterben, obwohl oder sogar weil sie fest zu Gott stehen.

In der Zeit der Seleukidenherrschaft in Israel im zweiten Jahrhundert v. Chr. gab es religiöse Verfolgung, und Menschen starben aufgrund ihrer Treue zu Gott und seinen Geboten den Märtyrertod.[2] Es liegt nahe, dass auch Gott treu ist und sie nicht einfach im vorzeitigen Tod lässt (Bieberstein 2009, 424.444). Auch das am Ende der Welt erwartete große Gericht betrifft dann nicht nur diejenigen, die zu diesem Zeitpunkt noch leben, sondern die Toten werden für den Tag des Herrn auferweckt und die Gerechten haben dann die Möglichkeit, in Gottes neuer Schöpfung dabei zu sein.

Auferstehung gehört also in den Zusammenhang von Tag des Herrn und Gericht und zum Übergang in eine neue Welt, sie ist ein Endzeitereignis und mit apokalyptischen Vorstellungen verbunden. Im Fokus stehen dabei die Gerechten, die an der neuen Welt teilhaben können. Viele andere Fragen bleiben offen oder werden unterschiedlich beantwortet, z.B. was eigentlich mit den anderen passiert, die im Gericht nicht bestehen können. Oder was mit den Toten in der Zeit bis zum Jüngsten Tag geschieht. Auch zur Frage der Körperlichkeit gibt es unterschiedliche Positionen (Becker 2007, 207; Bieberstein 2009, 424–444).

Diese Vorstellung der Auferweckung der Gerechten zum Gericht am Tag des Herrn und ihrer dadurch ermöglichten Teilhabe an Gottes neuer Schöpfung setzt sich im Judentum relativ schnell durch. Zur Zeit Jesu ist es wohl die Mehrheitsmeinung, die Sadduzäer*innen fallen auf, weil sie diese Überzeugung nicht teilen. Es ist ein jüdisches Konzept, im nichtjüdisch-griechischen Bereich gibt es verschiedene andere Vorstellungen, sowohl über ein Weiterbestehen der Seele als auch dass einzelne Menschen zu den Göttern erhöht werden (Zeller 1998, 75f. 82). Sprachlich werden auf Griechisch Begriffe gebraucht, die in ihrer Grundbedeutung ein normales irdisches Aufwecken aus dem Schlaf (ἐγείρω egeiro)

---

[1] Differenzierte Darstellung dieser Kompetenzerweiterung JHWHs bei Janowski 2009, 455–470.

[2] Vgl. die anschauliche Schilderung in 2Makk 7, die nicht zufällig mit expliziten Aussagen über die Hoffnung auf Auferstehung verbunden ist.

bzw. ein Aufstehen (ἀνίστημι anistemi) bezeichnen.³ Beide Begriffe werden weitgehend synonym gebraucht, obwohl die Perspektive unterschiedlich teils passiv, teils aktiv ist (Klaiber 1997, 89). Das eigentlich wirkende Subjekt ist dabei aber nicht nur bei *Auferwecken*, sondern auch bei *Auferstehen* Gott.

2. Auferstehung im Neuen Testament

Jesus und seine Anhänger*innen teilen die verbreitete jüdische Position einer Auferstehung der Toten am Jüngsten Tag. Das Reich Gottes steht aber so unmittelbar bevor bzw. bricht schon an, dass der Fokus mehr auf den aktuell Lebenden liegt. Das entscheidende Ereignis, das die christliche Sicht prägt, ist dann aber die Auferstehung Jesu. Der Gedanke, dass Gott einen einzelnen Menschen in der Geschichte auferweckt, ist theologisch nirgendwo vorbereitet – Auferstehung geschieht kollektiv und erst am Jüngsten Tag. Schon in den frühesten Zeugnissen ist Auferstehung/Auferweckung aber das Konzept, mit dem die Wende im Schicksal Jesu beschrieben wird.⁴ Die Jünger*innen sprechen davon, dass Jesus von Gott auferweckt wurde – dies impliziert, dass er lebt, aber nicht als Rückkehr ins irdische Leben, sondern als neues (ewiges) Sein bei Gott, der ihn nicht im Tod gelassen, sondern in eine Position umfassender Vollmacht eingesetzt hat.⁵ Angesichts der Naherwartung des unmittelbar bevorstehenden Reich Gottes ist die Verwendung einer mit dem Jüngsten Tag verbundenen Vorstellung gut möglich. Paulus sieht es so, dass mit der Auferstehung Jesu der Jüngste Tag angebrochen ist, Jesus also nur der erste der allgemeinen Auferweckungen ist. Er ist „von den Toten auferweckt worden, als Erstling derer, die entschlafen sind" (1Kor 15,20). Alle Übrigen können deshalb auch auf ihre Auferweckung hoffen, falls sie zuvor noch sterben.

Durch diesen Zusammenhang zwischen der schon erfolgten Auferstehung Jesu und unserer erhofften Auferstehung lässt sich vielleicht an seinem Beispiel erkennen, wie Auferstehung aussehen kann. Allerdings enthalten die ältesten Zeugnisse nicht mehr als die Aussage, dass Jesus auferweckt wurde, und zwar durch Gott. Auch Paulus, der nach eigener Aussage den Auferstanden selbst gesehen hat (1Kor 9,1; 15,8), gibt keine weitere Beschreibung. Die Erzählungen

---

3   Die deutsche Differenzierung zwischen (irdischem) Aufwecken und (endzeitlichem) Auferwecken bzw. Aufstehen und Auferstehen gibt es auf Griechisch so nicht, ähnlich ist es auf Hebräisch (Klaiber 1997, 90f.).
4   Die Auferweckung Jesu ist kein Ereignis, das sich historisch nachweisen lässt, denn als Endzeitereignis entzieht es sich der irdischen Überprüfbarkeit. Historisch greifbar ist aber ein Umschwung in der Gruppe der Jünger*innen, die nach der Kreuzigung Jesu neu und eigenständig aktiv werden und dies mit der Auferweckung Jesu begründen.
5   Im Bild: Er sitzt zur Rechten Gottes, also auf dem Ehrenplatz mit der Befugnis, für Gott zu handeln (Lindemann 2009, 17).

über Begegnungen mit dem Auferstandenen sind vermutlich erst später entstanden und veranschaulichen die sparsamen älteren Aussagen mit den vorhandenen Vorstellungen von Auferstehung (Lindemann 2009, 32f.). Sie sind auch nicht einheitlich, sondern spiegeln in ihrer Widersprüchlichkeit die schon von Anfang an vorhandene Schwierigkeit, das Phänomen Auferstehung zu fassen. Deutlich ist aber, dass es nicht um eine Rückkehr ins irdische Leben, sondern um einen Übergang in ein neues, ewiges Leben geht. Dies führt mitunter zu einem veränderten Aussehen; Jesus wird nicht immer sofort wiedererkannt. Zur Körperlichkeit und zur Frage, ob der Auferstandene berührt werden oder sogar selbst essen kann, gibt es widersprüchliche Aussagen. Klar ist aber, dass die Auferstehung den ganzen Menschen als Einheit betrifft, der Körper bleibt nicht im Grab zurück.

2.1 Mk 12,18-27 par.: Die Frage nach der Auferstehung

Nur einige wenige Texte des Neuen Testaments reflektieren ausdrücklich über die erhoffte Auferstehung und geben Einblicke, wie sie vorzustellen sein könnte. In Mk 12,18-27 par. wird eine Diskussion zwischen Jesus und Sadduzäern erzählt, die am Beispiel einer mehrfach verheirateten Frau deutlich machen wollen, dass die Vorstellung einer Auferstehung abwegig ist, weil sie dazu führen würde, dass die Frau dann gleichzeitig mit mehreren Männern verheiratet wäre. In der Antwort Jesu wird dagegen deutlich, dass Auferstehung nicht einfach eine Fortsetzung des irdischen Lebens bedeutet, sondern eine veränderte, engelsartige Existenz, zu der keine Sexualität gehört. Mk 12,25: „Wenn sie nämlich von den Toten auferstehen, heiraten sie nicht, noch werden sie verheiratet, sondern sie sind wie Engel im Himmel." In der Parallele im Lukasevangelium wird dies noch genauer erläutert:

> „34Da sagte Jesus zu ihnen: Die Söhne und Töchter dieser Welt heiraten und werden verheiratet; 35die aber gewürdigt werden, an jener Welt und an der Auferstehung von den Toten teilzuhaben, die heiraten nicht, noch werden sie verheiratet. 36Sie können ja auch nicht mehr sterben, denn sie sind Engeln gleich und sind Söhne und Töchter Gottes, weil sie Söhne und Töchter der Auferstehung sind." (Lk 20,34-36)

Hier wird ausdrücklich gesagt, was wahrscheinlich auch in Mk 12 vorausgesetzt wird: Das Ende von Ehe und Sexualität liegt an der künftigen Unsterblichkeit, in der Fortpflanzung nicht sinnvoll ist. Gerade hierin scheint die Parallele zu den Engeln zu liegen. Das neue Leben ist keine unkörperliche Existenz, aber eine, die nicht mehr dem Kreislauf des Werdens und Vergehens durch Geburt und Tod unterworfen ist. Deshalb hat Sexualität – so wie sie im antiken Kontext gesehen wird, in dem sie stärker als heute mit Fortpflanzung verbunden ist – keine Funktion mehr.

2.2 1Kor 15: Auferstehung als Verwandlung

Ausführlich setzt sich Paulus in 1Kor 15 mit dem Thema Auferstehung und konkreten Anfragen aus der Gemeinde in Korinth auseinander. Es gibt dort anscheinend einige, die nicht an eine allgemeine Auferstehung der Toten glauben (1Kor 15,12) – die Auferstehung Jesu ist allerdings wohl nicht strittig.[6] Außerdem beschäftigt die Frage, wie eine körperliche Auferstehung genau vorstellbar ist (1Kor 15,35). Paulus argumentiert zur ersten Frage vor allem mit der Parallelität zu Jesus, dessen Auferstehung der Beginn der Endzeitereignisse ist. Wie er werden auch alle, die zu ihm gehören, auferweckt werden und ganz am Ende wird der Tod grundsätzlich besiegt sein (1Kor 15,20–28). Umgekehrt stellt eine Bestreitung der allgemeinen Auferstehung auch die Auferstehung Jesu in Frage und damit das Fundament des Glaubens der Gemeinde (1Kor 15,12–19).

Zur zweiten Frage nach dem *Wie* der Auferstehung veranschaulicht Paulus mit verschiedenen Bildern, dass Auferstehung einen Körper (griechisch σῶμα *soma*) einschließt, aber in einer fundamental veränderten Körperlichkeit. Es gibt zwar eine Kontinuität zwischen diesem Leben und dem zukünftigen, aber vor allem Unterschiede, in 1Kor 15,36–38 etwa wie zwischen einem Samen, der gesät wird (dieses Leben), und der Pflanze, die daraus wächst (zukünftiges Leben). Während der irdische Körper natürlich und deshalb vergänglich, niedrig und sterblich ist, wird der zukünftige himmlische Körper geistig sein, unvergänglich, voll Herrlichkeit, unsterblich (1Kor 15,42–44.53). Der Wechsel geschieht bei der Auferstehung am Jüngsten Tag – diejenigen, die dann noch nicht gestorben sind, werden in dieses neue Sein verwandelt (1Kor 15,52). Fleisch (griechisch σάρξ *sarx*) und Blut, also die Aspekte des Menschseins, die zur vergänglichen Geschöpflichkeit gehören, haben keinen Anteil an der neuen Welt. In diesem letzten Punkt hat sich die Position des Paulus allerdings nicht durchgesetzt, schon im apostolischen Glaubensbekenntnis (vermutlich zweites Jahrhundert n. Chr.) wird ausdrücklich die Auferstehung des Fleisches festgehalten, möglicherweise als Anerkennung der Bedeutung des realen Körpers (Lindemann 2009, 129).

---

6 Was sich diese Gemeindeglieder genau vorgestellt haben, ist nicht leicht zu rekonstruieren, wir haben nur die Argumentation des Paulus, nicht ihre eigene Darstellung. Denkbar ist, dass sie einfach davon ausgingen, dass mit dem Tod alles aus ist, eine auch im heidnischen Kontext häufige Sicht (so Zeller 2010, 458). Möglich ist aber auch, dass sie annahmen, schon auferstanden zu sein und gar nicht mehr zu sterben, so dass auch keine Auferstehung am Jüngsten Tag nötig ist (so Lindemann 2000, 339).

2.3 Bilder für das zukünftige Leben – Ansätze von Himmel und Hölle (1Kor 13; Lk 16,19–31; Offb 20–22)

Den Unterschied zwischen dem jetzigen unvollkommenen Leben und der zukünftigen Vollkommenheit beschreibt Paulus auch in 1Kor 13, wo es eigentlich um Liebe geht. Das Besondere der Liebe ist, dass sie in dieser und in Gottes Welt gilt, während unsere jetzige bruchstückhafte Erkenntnis oder auch der Glaube in der Gegenwart Gottes aufgehoben sind. Diese Hoffnung macht für Paulus die Beschränktheit der Gegenwart deutlich: „Denn jetzt sehen wir alles in einem Spiegel, in rätselhafter Gestalt, dann aber von Angesicht zu Angesicht. Jetzt ist mein Erkennen Stückwerk, dann aber werde ich ganz erkennen, wie ich auch ganz erkannt worden bin." (1Kor 13,12) Zur Zukunft, auf die Paulus vertraut, gehört das unmittelbare Sehen und umfassende Erkennen Gottes, es ist ein Leben bei und mit Gott. Diese Gemeinschaft ist für Menschen erst im neuen Leben nach dem Tod oder der Verwandlung möglich, aber von Gottes Seite besteht sie schon jetzt. Paulus ist sich sicher, dass Gott ihn schon längst kennt, und er hofft darauf, dann auch selbst Gott zu erkennen.

Einige weitere Stellen im Neuen Testament beschreiben das Leben in Gottes neuer Welt mit verschiedenen Bildern und setzen dabei wohl eine allgemeine Auferstehung voraus. Z.B. wird von einem großen Festmahl gesprochen, was Schönheit und Lebensfreude des zukünftigen Lebens unterstreicht (insbesondere für Adressat*innen, die nicht im Überfluss leben), aber auch mehr Kontinuität zum irdischen Leben enthält als etwa bei Paulus ausgedrückt wird.

Nur selten geht es um ein individuelles Schicksal direkt nach dem Tod, so in der Erzählung vom reichen Mann und armen Lazarus (Lk 16,19–31). Lazarus befindet sich unmittelbar nach seinem Tod in Abrahams Schoß, also einem Ort von Geborgenheit und Wertschätzung, während der reiche Mann in einer quälenden Unterwelt ist (16,22f.). Auch dies ist bildliche Sprache, noch keine ausgestaltete Vorstellung von Himmel und Hölle. Sie beschäftigt sich aber stärker mit den unmittelbaren und individuellen Konsequenzen, die sich nach dem Tod aus dem früheren Verhalten ergeben. Dies muss kein Widerspruch zur Auferstehung am Jüngsten Tag sein, sondern könnte auch an Überlegungen schon der zwischentestamentlichen Zeit anknüpfen, wo die Toten zwischen ihrem Tod und dem Jüngsten Gericht aufbewahrt werden. Auch im ersten (äthiopischen) Henoch werden dabei Unterschiede je nach Würdigkeit gemacht (1Hen 22).

Die Offenbarung bietet eine umfassende Schilderung von Endzeitereignissen, die die ganze Welt betreffen und (aus der Sicht der Schrift: zum Glück) unmittelbar bevorstehen (Wengst 2010, 24–26). Dazu gehört, dass diejenigen, die für ihren Glauben gestorben sind, zunächst auferstehen und mit Christus 1000 Jahre herrschen (Offb 20,4–6) und im dann folgenden Gericht nichts zu befürchten haben. Alle übrigen werden nach ihren Werken gerichtet und es entscheidet sich, ob ihre Namen im Buch des Lebens stehen oder ob ihnen droht, in den Feuersee geworfen zu werden (20,11–15). Dieser Feuersee scheint vor allem der Ort der endgültigen Vernichtung zu sein, in dem auch das feindliche Tier (19,20) und der Tod selbst (20,14) versenkt werden. Die positive Perspektive ist dann die Neuschaffung von Himmel und Erde und das neue Jerusalem, das vom Himmel auf die Erde herabkommt (21,1f.). Die Stadt wird noch genauer beschrieben (21,9–22,5), sie ist Ort für ewiges Leben ohne Leid und Hierarchien zwischen Menschen in unmittelbarer Gemeinschaft mit Gott (21,3f.22f.; 22,3–5) (Wengst 2010, 229). Die Offenbarung ist konkreter als Paulus vor allen in den Einzelheiten des neuen Jerusalem – Einzelheiten, die vielleicht nicht überall gleichermaßen überzeugen. Entscheidend ist aber auch hier die unmittelbare Gemeinschaft mit Gott.

3. Fremdheit und Anknüpfung

Die bisher kurz vorgestellten Texte zeigen eine große Bandbreite an Vorstellungen, die auch nicht einfach miteinander zu vereinbaren sind. Einige der Bilder sind unmittelbar ansprechend, insgesamt wird aber auch deutlich, dass eigentlich alle Aussagen zu Auferstehung in einen für uns fremden Kontext gehören. Diese Fremdheit will ich an einem Beispiel noch genauer aufzeigen und dann überlegen, wo doch Anknüpfungsmöglichkeiten bestehen.

3.1   1Thess 4,13–18

Der 1. Thessalonicherbrief ist wohl der älteste erhaltene Brief des Paulus und damit der älteste Text des Neuen Testaments. Vermutlich ist er um 50 n. Chr. abgefasst, also etwa 20 Jahre nach Wirken, Tod und Auferstehung Jesu. Paulus hat die Gemeinde im Norden Griechenlands gegründet, verlässt sie aber relativ bald wieder, wohl weil er politischen Anstoß erregt und deshalb in Gefahr ist (Schreiber 2008, 390). Schon sehr bald danach schreibt er seinen Brief, der die Gemeinde vor allem tröstet und bestärkt.

Theologisch ist Eschatologie Thema, es geht um die Erwartung der baldigen Wiederkunft Jesu, bei der sich Probleme ergeben.

> „[13] Wir wollen euch, liebe Brüder und Schwestern, nicht im Ungewissen lassen über das Schicksal der Verstorbenen; ihr sollt nicht betrübt sein wie die anderen, die keine Hoffnung haben. [14] Wenn wir nämlich glauben, dass Jesus gestorben und auf-erstanden ist, so wird Gott auch die Verstorbenen durch Jesus mit ihm zusammen heraufführen.
> [15] Denn dies sagen wir euch aufgrund eines Wortes des Herrn: Wir, die wir leben, die wir bis zum Kommen des Herrn am Leben bleiben, werden den Verstorbenen nichts voraushaben. [16] Denn der Herr selbst wird beim Erschallen des Befehlswortes, bei

Stimme des Erzengels und der Posaune Gottes vom Himmel herabsteigen. Und die, die in Christus gestorben sind, werden zuerst auferstehen, ¹⁷ danach werden wir, die wir noch am Leben sind, mit ihnen zusammen hinweggerissen und auf Wolken emporgetragen werden in die Höhe, zur Begegnung mit dem Herrn. Und so werden wir allezeit beim Herrn sein. 18So tröstet also einander mit diesen Worten." (1Thess 4,13-18)

Der Anlass für diese Ausführungen wird in V. 13 genannt: Anscheinend sind in der Gemeinde Menschen gestorben, womit die Gemeinde nicht gerechnet hat. Sie sind wohl davon ausgegangen, dass alle die Wiederkunft Jesu erleben werden, und fragen sich deshalb, was mit den Verstorbenen geschehen wird, ob sie womöglich diesen wichtigen Moment der Parusie (Ankunft) verpassen werden (Schreiber 2008, 394). In dieser Situation versucht Paulus sie zu trösten und Hoffnung zu geben, indem er genauer beschreibt, wie die Ankunft aussehen wird und was dabei geschieht. Grundlage seiner Hoffnung ist ein sehr kurzes Glaubensbekenntnis in V. 14: nämlich, dass Jesus gestorben und auferstanden ist (Lindemann 2009, 120). Denn so wie Gott Jesus auferweckt hat, wird er auch die in Christus Gestorbenen auferwecken.

Diese Auferweckung ist eingebettet in einen größeren Ablauf: Jesus selbst wird begleitet von Engelheeren vom Himmel herabkommen und die auferweckten Verstorbenen ebenso wie die noch Lebenden mit in den Himmel nehmen zum ewigen Leben bei ihm (V. 15-17). Hier sind auch sonst bekannte apokalyptische Vorstellungen vom Jüngsten Tag aufgegriffen, etwa die Ankündigung durch Posaunen (Jes 27,13; Offb 8f.). Paulus beruft sich auch ausdrücklich auf ein Wort Jesu über diese Ereignisse, dies ist in Mt 24,30f. par. überliefert. Die Beschreibung hat aber nicht zufällig auch Parallelen in irdisch-politischen Abläufen, etwa dem Besuch eines Kaisers oder eines Feldherrn in einer Stadt. Das Kommen Gottes bzw. Jesu nimmt das auf, was damals üblich und bekannt war, und überbietet es dabei. Diese ganzen Ausführungen münden dann in V. 18, sie sollen die Gemeinde in ihrer Trauer und Sorge trösten.

3.2 Heutige Bedeutung?

Was fangen wir heute mit diesen seltsamen Bildern aus 1Thess 4,13-18 an? Der Text spiegelt auf vielen Ebenen eine fremde Welt. Wir erwarten die Wiederkunft Jesu nicht unmittelbar und zu unseren Lebzeiten, unsere Trauer um Verstorbene hängt nicht mit der Sorge zusammen, sie würden die Parusie verpassen. Die groß inszenierte Ankunft von menschlichen Herrscher*innen mit dem entsprechenden militärischen Pomp spielt in unserer Welt kaum eine Rolle, oder wenn keine positive. Die analogen Beschreibungen vom Jüngsten Tag liegen zumindest mir sehr fern, ich finde sie auch eher bedrohlich als tröstlich. Was ich aber teile, ist die grundlegende Hoffnung und das Vertrauen des Paulus, dass Gott die Ereignisse regiert (V. 14) und wir am Ende bei ihm sein werden (V. 17). M.E. ist es möglich, diesem Grundgedanken zu folgen, ohne alle Einzelheiten der paulinischen Bilder zu übernehmen. Paulus verwendet das Material, das ihm zur Verfügung steht, und von dem er selbst überzeugt ist oder das er für seine Leser*innen für hilfreich hält.[7] Heute müssen wir wahrscheinlich andere biblische oder auch eigene Bilder finden, die das Vertrauen ausdrücken, in diesem und im nächsten Leben in Gottes Hand geborgen zu sein.

Das ewige Leben selbst beschreibt Paulus in 1Thess 4 nicht genauer, auch in 1Kor 13 und 15 bleibt es bei Andeutungen und Überlegungen zu den Unterschieden zu diesem Leben. Diese Zurückhaltung erscheint mir angemessen, denn letztlich weiß ja auch Paulus nicht, wie es sein wird, trotz seiner Erscheinung Jesu. Deutlich ist nur, dass Auferstehung den ganzen, als eine Einheit verstandenen Menschen betrifft. Es geht nicht um das Weiterleben der vom Körper getrennten Seele oder ähnliche Konzepte. Die Menschen werden auch nicht nur einzeln, sondern auch als Gemeinschaft wahrgenommen, die über die Parusie hinaus bestehen bleibt. Das Miteinander der Gemeinde prägt den ganzen Text, von der Sorge um die Verstorbenen (V. 13) über die gemeinsame Rettung (V. 17) bis zum gegenseitigen Trost (V. 18). Anders als bei den Bildern der Parusie ist Paulus in der Beschreibung (oder eher Nichtbeschreibung) der neuen Welt auch für heute gut anschlussfähig und vielleicht auch eine Warnung davor, es zu genau wissen zu wollen.

Eine Schwierigkeit bei der Übertragung seiner Gedanken für heute besteht aber dahingehend: Paulus kann in seinen Gemeinden einfach voraussetzen, dass alle an die Auferstehung Jesu glauben. Sie war in den frühen Gemeinden nicht strittig, vermutlich weil die Gemeindeglieder z.B. in ihren Gottesdiensten durch das Wirken des Geistes Jesu unmittelbar als lebendig erfahren haben. Bei uns heute ist sie eher ein Problem, weil sie sich der historischen Nachweisbarkeit entzieht. Dadurch fehlt ein wichtiges Glied der Argumentation.

4. Ausblick und Fazit

Die Entwicklung der Vorstellungen zu Auferstehung geht nach dem Neuen Testament weiter. Schon im zweiten Jahrhundert n. Chr. werden Gedanken bestimmend, die sich so im Neuen Testament noch wenig finden. Dies hängt mit einer veränderten Situation zusammen, vor allem mit dem Zurücktreten der Naherwartung. An die Stelle von apokalyptischen Vorstellungen über ein Ende der gesamten Welt und einer neue Schöpfung tritt eine individuelle Eschatologie, die nach dem Schicksal der einzelnen Verstorbenen nach ihrem Tod fragt. Dabei

---

7   1Thess 4 und 1Kor 15 unterscheiden sich, weil Paulus für verschiedene Gemeinden schreibt, die verschiedene Fragen beschäftigen und für die nicht die genau gleichen Gedanken hilfreich sind.

werden Himmel und Hölle als Orte für gerechte und sündige Menschen mit einer ausgleichenden Gerechtigkeit in Einzelheiten ausgemalt. Im Neuen Testament sind davon nur erste Ansätze zu erkennen, aber schon Mitte des zweiten Jahrhunderts n. Chr. bietet die Petrusapokalypse eine Ausgestaltung der Hölle als Ort der Strafe, in der die Folterungen – oft auf die jeweiligen Sünden abgestimmt – genau beschrieben werden. Das positive Leben der Gerechten wird dagegen weniger ausführlich geschildert.

Diese Darstellungen von Himmel und Hölle werden weiterentwickelt. Ausführlich schildert die in vielen Sprachen überlieferte Paulusapokalypse (auch visio Pauli) vom Ende des vierten Jahrhunderts n. Chr. einerseits das Land der Verheißung und die Stadt Christi in ihrer Schönheit und Lebensfülle, die die Gerechten bewohnen dürfen, andererseits den lebensfeindlichen Ort der Strafen und Qualen, an den die Sünder*innen gelangen. Diese Ideen prägen dann die mittelalterliche und spätere Theologie und die christlichen Vorstellungen über das Leben nach dem Tod bis heute entscheidend. Vom Neuen Testament sind sie aber weit entfernt.

Auch an anderen Punkten gibt es wesentliche Veränderungen. So wird die Unterscheidung zwischen Körper und Seele fester Bestandteil der Anthropologie, die sich auch auf die Sicht des Todes auswirkt. Es sind die Seelen, die nach dem Tod weiterleben, das ist eigentlich ein Widerspruch zur Vorstellung von Tod (des ganzen Menschen) und Auferstehung (auch des ganzen Menschen), besteht aber trotzdem nebeneinander. Die Auferstehung wird zudem nicht nur körperlich, sondern konkret-materiell als Auferstehung des Fleisches gedacht – dies setzt sich schon im zweiten Jahrhundert n. Chr. gegen die Position des Paulus durch.

Aus heutiger Sicht sind manche späteren Sichtweisen ebenso problematisch wie die Schilderung der Parusie bei Paulus. Fremd ist nicht mehr die apokalyptische Naherwartung, sondern das unbarmherzige Gottesbild, das die Schilderungen der Sündenstrafen bedingt (auch die Wohltaten für die Gerechten sind nur teilweise nachvollziehbar – je genauer die Schilderungen, desto weniger überzeugend sind sie in anderen Kontexten). Trotzdem ist auch in diesen Schriften immer noch der Grundgedanke erkennbar, dass Gott das Schicksal der Menschen in der Hand hat und auch Höllenschilderungen wollen wohl ursprünglich tröstlich sein, indem sie das Vertrauen auf Gottes ausgleichende Gerechtigkeit ausdrücken. Gerade für unterdrückte Minderheiten ist dies ein wichtiger Gedanke. Daneben tritt dann eine pädagogische Absicht, die Warnungen vor der Hölle sollen einen guten Lebenswandel fördern. Aus heutiger Sicht ist das aber kein sinnvolles pädagogisches Konzept!

Auch wenn die Entwicklungen oft nicht einfach übernommen werden können, so ist doch wichtig, dass schon innerhalb der Bibel und dann im frühen Christentum verschiedene Ideen nebeneinanderstehen und es immer neue Ansätze gibt. In veränderten Situationen werden neue Bilder entwickelt und neue Gedanken ausgeführt. Es gibt nicht die eine biblische oder christliche Wahrheit über die Auferstehung oder das Leben nach dem Tod. Das zwingt uns dazu, uns mit den Vorstellungen selbst auseinanderzusetzen, gibt uns aber auch das Recht auszuwählen und zu verwerfen und eigene neue Ideen zu ergänzen. Letztlich müssen wir unsere eigene Sprache finden und sind frei, dabei kreativ zu sein.

Möglicherweise passen gerade die Bilder des Alten Testaments gut in die heutige Zeit, weil sie die Vergänglichkeit und Geschöpflichkeit der Menschen ernst nehmen und oft ein Fortbestehen dieser Welt erwarten; nicht einen apokalyptischen Umbruch wie das Neue Testament, aber auch keine Parallelwelten (Himmel und Hölle) neben der Erde. Die alttestamentlichen Sprachbilder sind die Grundlage der neutestamentlichen Vorstellungen von Auferstehung (Janowski 2009, 472), sie behalten ihre Bedeutung zu ihrer inhaltlichen Füllung. Ich halte auch Zweifel und Offenheit in den Anschauungen über das Weiterleben für angemessener als eine zu präzise Schilderung. Der Glaube aber, dass Gott alles umfasst und auch der Tod nicht von ihm trennen kann, ist inzwischen so weit durchgesetzt, dass auch die älteren Texte vor diesem Hintergrund gelesen werden. Der Begriff Auferstehung betont diese Sicht und das Handeln Gottes sowie das Verständnis des Menschen als eine Einheit, die auch den Körper einschließt, und bleibt deshalb auch dann wichtig, wenn manche Einzelheiten unverständlich erscheinen.

Literatur

BECKER, JÜRGEN (2007), Die Auferstehung Jesu Christi nach dem Neuen Testament. Ostererfahrung und Osterverständnis im Urchristentum, Tübingen.

BIEBERSTEIN, KLAUS (2009), Jenseits der Todesschwelle. Die Entstehung der Auferstehungshoffnungen in der alttestamentlich-frühjüdischen Literatur, in: BERLEJUNG, ANGELIKA / JANOWSKI, BERND (Hg.), Tod und Jenseits im Alten Israel und in seiner Umwelt: theologische, religionsgeschichtliche, archäologische und ikonographische Aspekte (FAT 64), Tübingen, 423–446.

JANOWSKI, BERND (2009), JHWH und die Toten. Zur Geschichte des Todes im Alten Israel, in: BERLEJUNG, ANGELIKA / DERS. (Hg.), Tod und Jenseits im Alten Israel und in seiner Umwelt: theologische, religionsgeschichtliche, archäologische und ikonographische Aspekte (FAT 64), Tübingen, 447–477.

JANOWSKI, BERND (2019), Anthropologie des Alten Testaments: Grundfragen – Kontexte – Themenfelder, Tübingen.

KLAIBER, WALTER (1997), Art. „Auferstehung", in: TBLNT^2 Bd. 1, 89–108.

LINDEMANN, ANDREAS (2000), Der erste Korintherbrief (HNT 9,1), Tübingen.

LINDEMANN, ANDREAS (2009), Auferstehung. Gedanken zur biblischen Überlieferung, Göttingen.

SCHREIBER, STEFAN (2008), Der erste Thessalonicherbrief, in: EBNER, MARTIN / DERS. (Hg.), Einleitung in das Neue Testament, Stuttgart, 384–396.

WENGST, KLAUS (2010), „Wie lange noch?" Schreien nach Recht und Gerechtigkeit – eine Deutung der Apokalypse des Johannes, Stuttgart.

ZELLER, DIETER (1998), Hellenistische Vorgaben für den Glauben an die Auferstehung Jesu?, in: HOPPE, RUDOLF / BUSSE, ULRICH (Hg.), Von Jesus zum Christus. Christologische Studien. Festschrift für Paul Hoffmann (BZNW 93), Berlin / New York, 71–91.
ZELLER, DIETER (2010), Der erste Brief an die Korinther (KEK 5), Göttingen.
ZÜRCHER BIBEL (2007), Zürich.

„Hie lieg' ich armes Würmelein."
Sterben und Tod in 2000 Jahren Christentum

Ulrich A. Wien

Der Tod Jesu auf Golgatha ist eine – weitestgehend unbestrittene – historisch gesicherte Tatsache (Ritter 2021). Zugleich ist Jesu Tod am Kreuz nicht nur ein historisches Faktum, sondern auch eine – für Deutungen offene – Tatsache des Glaubens. Sie begründet die christliche Verkündigung seit Ostern – immerhin seit rund 2000 Jahren. Diese – in Variationen – formulierte Auferstehungshoffnung überzeugte in wachsendem Maße Menschen der antiken *Oikumene* (griechisch: bewohnte und bekannte Welt). Christlicher Glaube vermittelte angesichts des täglich drohenden Todes sowohl *Trost* in dem oft als Pilgerschaft im irdischen Jammertal erfahrenen Alltagsleben als auch *Gewissheit* und *Zuversicht* – über den biologischen Tod hinaus.

1. „Vater, in deine Hände befehle ich meinen Geist" (Lk 23,46) – ein pneumatologischer Ansatz

1.1 Deutungen von Jesu Tod

Die historisch analogielose Auferstehung Jesu Christi bestimmt die Wirklichkeit, verändert radikal die Welt sowie menschliches Sein und Leben. Jesus lebt, er ist der *kyrios* (griechisch: Herr; Phil 2,11). Sein Tod war nicht endgültig. In seiner Auferweckung wird deutlich, „wie ein Tod den anderen fraß" (Martin Luther [1483–1546]: „Christ lag in Todesbanden", Strophe 4).

Deutungen des Todes Jesu, das Zeugnis des Osterereignisses, deren Interpretation, Hoffnungen, Erwartungen und Ängste im Blick auf die *letzten Dinge* oder den *Jüngsten Tag* (Eschatologie) haben sich mehrfach verändert und fanden in unterschiedlichen Resonanzräumen, Denkanstrengungen sowie in vielgestaltigen Religionskulturen weltweit ihren Niederschlag.

Im Unterschied zu allen anderen (Welt-)Religionen verkünden die Christ*innen das *Evangelium* (frohe Nachricht) als eine einzigartige, beunruhigende Botschaft: *In der Person Jesu Christi ist Gott selbst am Kreuz gestorben*, eine barbarische Philosophie, wie Clemens von Alexandrien (ca. 150–215 n. Chr.) meinte.

Und selbst im 18. Jahrhundert war diese Aussage so anstößig, dass die Liedstrophe von Johann Rist (1607–1667) „O große Not, Gott selbst ist tot" (Krieg 2013, Nr. 157, 217) sich eine Umformulierung gefallen lassen musste. Nun hieß es: „O große Not, Gott's Sohn liegt tot." Wir kennen zahlreiche Versuche, um diesem anstößigen Denkproblem auszuweichen. Nach meiner Auffassung ist diese verstandesmäßig kaum begreifliche Aussage des Ostergeheimnisses nur mithilfe einer pneumatologischen Deutung wahrzunehmen: *Jesus ist von Gott ans Kreuz dahingegeben und verlassen worden und hat sich selbst stellvertretend geopfert.* In Auftrag und Selbsthingabe hat er *alles vollbracht*. Indem er auf den (aus Gott stammenden und ihm innewohnenden) Geist verzichtete, trat der Tod als – wie Eberhard Jüngel (1993, 145) ihn definiert – vollständige Verhältnislosigkeit ein: „Vater, in deine Hände befehle ich meinen Geist". Doch dieser Leben schaffende Geist Gottes (griech. to zoopoión pneuma; Wohlmuth 1998, 24), Gottes dynamische Präsenz der Liebe, erweckt den in einem Felsengrab liegenden Toten zum neuen Leben in völlig anderer Gestalt.

Paulus bezeugt seine Auferstehung und Jesus als „Herrn" im Heiligen Geist. (1Kor 12,3) Er erhofft für die Gläubigen eine analoge Gottesgegenwart in einem *sóma pneumatikón* (geistlicher Leib, 1Kor 15,44): also als integre, ganzheitliche Person in einer neuen, unvergänglichen, in Liebe beziehungsreichen Wirklichkeit im Heiligen Geist. Diese Auferstehungshoffnung als Missionsverkündigung überzeugte Menschen der antiken Welt.

1.2 Inkulturation

Entscheidend dabei wurde die Inkulturation der christlichen Glaubensgehalte, die im jeweiligen Missionskontext transformiert wurden. Gewinn der Hellenisierung war intellektuelle Plausibilisierung (Apologetik), und Latinisierung förderte präzise Begriffsbestimmungen. Diese Anpassungen, die unter anderem auch die Religionspraxis betrafen bzw. nachhaltig beeinflussten, wichen aber von der urchristlichen oder jesuanischen Botschaft in einigen, wesentlichen Teilen ab. Die anfängliche *Mimesis Christou* (griechisch: Nachahmung Christi) mit ihrer radikalen, asketischen Nachfolge-Ethik und apokalyptischer Naherwartung hielt sich nur noch in besonderen Gruppen (z.B. im klösterlichen Kontext). Transformation betraf nicht zuletzt auch die Vorstellungen und Rituale von Sterben und Tod. Ein zusätzlicher Transformationsschub erfolgte durch die Germanisierung, welche u.a. die Ideale von Gefolgschaft und Treue im Kollektivverband akzentuierte.

1.3 Bestattungsbräuche in der Antike

Die Verzögerung bzw. das Ausbleiben der Parusie (griechisch: Ankunft) nötigte die Christ*innen zum Umdenken. Die endzeitliche Wiederkehr Christi wurde weiterhin als bald bevorstehend erwartet, aber Gemeindeglieder starben und mussten begraben werden. Die in der gesellschaftlichen Umwelt praktizierten Bräuche wurden oft übernommen.[1] Im römischen Reich (wozu Teile des heutigen Deutschlands zählten) lagen die Begräbnisstätten (Nekropolen) außerhalb der Siedlungen (an den Ausfallstraßen). Eine im römischen Kontext übliche Einäscherung wurde im Christentum abgelehnt. Leichname wurden in der Erde bestattet. Je nach gesellschaftlicher Stellung wurden dafür auch künstlerisch aufwendig gestaltete Sarkophage (Stein- oder Marmor-Särge) verwendet. Anfänglich erhielten die Toten auch im christlichen Milieu Grabbeigaben, welche christliche Auferstehungshoffnung ausdrückten. Archäologische Funde dokumentieren diesen Glaubensinhalt: Gläser mit Inschriften, *Vivas in Deo* (lateinisch: Du mögest leben in Gott), und Bildmotive mit biblischen Bezügen kennzeichnen die Grabbeigaben, aber auch Außenwände der (Fries-)Sarkophage oder Grabstelen, selbst bei christianisierten Germanenstämmen: Sie symbolisierten unmissverständlich die Auferstehungshoffnung. Auf Kindergräbern lesen wir: „Hier liegt in Frieden Barbarius, der [über den Tod] gesiegt hat." (Schwinden 2007, 270) Bei der breiten Bevölkerung setzt sich beigabenlose Bestattung schließlich durch. Es wird erkennbar, dass eine individuelle Personalität – mit Namensnennung – und körperliche Integrität für die erwartete leibliche Auferstehung am Jüngsten Tag vorausgesetzt werden. In dieser Anfangszeit werden keine Toten in Kirchenräumen bestattet.

2. Das Grab Jesu

Jesu Leichnam war in einem Jerusalemer Felsengrab abgelegt worden. Diese Grabkultur war auch im hellenisierten Jerusalem vertreten (Steingräber 2015, 107–109). Das Felsengrab konnte z.B. mit einem Rollstein verschlossen werden (Küchler 2014, 293–297). Das zuvor unbenutzte *neue Grab* Christi war am übernächsten Tag, als Frauen aus der Gefolgschaft Jesu seinen Leichnam für die Beisetzung vorbereiten wollten, aber leer. Christi Auferstehung wurde vielfach be-

---

[1] In Ägypten sind viele Mumien-Porträts von verstorbenen Christ*innen (in einer besonderen Wachsmaltechnik/Enkaustik, die eine besondere Lebendigkeit der Dargestellten vermittelt) erhalten, die auf das unvergängliche Leben verweisen (vgl. Links zur Online-Präsentation [Berlin] in der Bibliographie) (Stand: 28.03.2022).

zeugt (1Kor 15,6). Wohl ortskundiger Überlieferung in Jerusalem ist es zu verdanken, die absichtlich überbauten, also raumsoziologisch umcodierten religiösen Erinnerungsorte *wiederzuentdecken*, darunter auch das Grab Christi. Seit der Alleinherrschaft des Kaisers Konstantin (324 n. Chr.) wurde das *Heilige Land* für christliche Pilger*innen attraktiv. Jerusalem erhielt einen byzantinisch-christlichen Charakter mit (Wallfahrts-)Kirchen, Klöstern, Grabkapellen, also Bestattungen auf *heiligem Boden* (Lewin 2004, 61–65).

Über die Auffindung des Grabes und des wahren Kreuzes bestehen legendarische Berichte. Die übriggebliebene Hülle der freigelegten Grabkammer als Grabmal (Aedikula) bildet das Zentrum einer Rundkirche mit einer oben offenen Kuppel, Anastasis (griechisch: Auferstehung) genannt. Richtung Osten lag der Vorhof (Atrium), in dem *Golgatha* lokalisiert wird. Hier wird das mit Gemmen besetzte, vergoldete Kreuz aufgestellt (Küchler 2014, 297–305) und über dem Fundort der Kreuze die Grabeskirche als Basilika errichtet (Krüger 2000; Lewin 2004, 62f.). Ihr Besuch ist Höhepunkt der Heilig-Land-Wallfahrt samt der Reliquienverehrung.[2] Die lateinischen Kreuzfahrerkönige Jerusalems gründeten ihre Grablege bei Christi Grab (Folda 1999, 168.180). Außerhalb des Heiligen Landes sind Nachbildungen des Heiligen Grabes errichtet worden.

3. Missionserfolg: Hoffnung auf ewiges Leben

3.1 Ostern ist der Tod des Todes

Die christliche Missionsverkündigung hatte in der Antike Erfolg! Die Hoffnung auf ewiges Leben war für viele Menschen in der Antike das ausschlaggebende Motiv, sich zu bekehren und taufen zu lassen: also Christ*in zu werden. Die christliche Missionsverkündigung führte in die Gewissheit: Der Tod ist das Tor zum ewigen Leben. Ostern bedeutet das Ende der Macht der Sünde und der Macht des Todes: Die Sündenexistenz[3] – fern von Gott – ist vorbei. Jesus Christus hat in seinem die Sünder*innen inkludierenden stellvertretenden Leiden und

---

2   Ampullen mit heiligem Öl, z.B. in Monza, deren jeweiliges Bildprogramm auf Grab Christi und die Auferstehung verwiesen; Kreuzreliquien werden in Staurotheken gezeigt. Mit dem Ende der Kreuzfahrerstaaten (Riley-Smith 2015, 187f.; Küchler 2014, 308f.) wird aus der Fern- eine Nahwallfahrt. Beispiele sind die Nachbauten in Eichstätt, Bologna, Gernrode, Görlitz oder in Lalibela (Dornisch 2019, 162–169) bzw. Tordan (Thierry 2002, 22.46 mit Abb. 6+7). Anklänge: Sarazenentürme von St. Viktor in Guntersblum sowie bei der russisch-orthodoxen Gedächtniskirche in Leipzig.

3   Martin Luther: Lat. homo incurvatus in seipse, Deutsch: der in sich verkrümmte Mensch, d.h. die (egoistisch) auf sich selbst und die physische Existenz fixierte Person.

Kreuzestod die von Gott gewirkte Sühne vollzogen und damit die in ihren Lebensverhältnissen gescheiterten *Menschen* im Glauben mit Gott *versöhnt*. Der Tod ist im Akt der Taufe, die als Herrschaftswechsel verstanden wird, durch Gottes Eingreifen als Neuschöpfung im Heiligen Geist kategorial umgekehrt und umgewertet: „aber die Gabe Gottes ist das ewige Leben" (Vers 23b). *Ostern ist der Tod des Todes.* Mit der Inkulturation des Christentums in die römisch-hellenistische Welt transformieren sich auch die Vorstellungen vom eschatologischen Sein in Christus. Märtyrer*innen gewinnen ewiges Leben, leben und herrschen mit Christus (Angenendt 2000, 685). Unter diesen Voraussetzungen wird die Bestattung von Toten im Kirchenraum nicht mehr abgelehnt (ebd., 680).

3.2 Martyrium als dies natalis und das Kirchengrab

In christlichen Kreisen gelten Tod und Todesdatum der Märtyrer*innen ([Blut-]Zeuginnen) als *dies natalis* (lateinisch: Geburtstag [im Himmel]). Der Ort ihres Todes verbindet Diesseits und Jenseits. Leichnam und (innerörtliche) Grabstätte von Märtyrer*innen bilden künftig das spirituelle und liturgische Zentrum eines Kirchengebäudes. Die sterblichen Überreste (Reliquien, Angenendt 2000, 691–694) der als *Heilige* verehrten Glaubenszeugen finden ihr *sepulcrum* (lateinisch: Grab) unter dem Altar (gemäß Apk 6,9).[4] Es wird zum Wallfahrtsziel. Die als heilsam geglaubte Mittlerfunktion der Heiligen zum Jenseits fördert den Wunsch von (bevorzugten) Christ*innen, sich in der Nähe des Altars beziehungsweise Heiligengrabes bestatten zu lassen (Angenendt 2000, 682).

Aus allen Teilen der christianisierten Welt liegen Martyrien-Berichte vor. Sie sind besonders für Flüchtlinge oder Verfolgte von z.T. existenzieller und spiritueller Bedeutung, was als emotionaler Anknüpfungspunkt im Unterrichtsgeschehen relevant sein kann.[5] Märtyrer*innen gelten im Protestantismus als Glaubenszeug*innen, werden aber nicht – wie in anderen Konfessionsgruppen – als Heilige verehrt.

---

4   In der (byzantinischen) Ostkirche entwickelt sich der Brauch, Reliquien zu translozieren, also i.d.R. die Gebeine der als Heilige verehrten Personen zu exhumieren und unter dem Altar in einem neuen Sepulcrum zu deponieren. Ja, die Verehrung einer als heilig angesehenen Person an verschiedenen Orten, und damit die Aufteilung der Reliquien auf auseinanderliegende Orte, wird Teil der Religionspraxis auch in der Westkirche. Im Hoch- und Spätmittelalter werden diese Reliquien in kunstvollen, aus wertvollen Materialien hergestellten Schaubehältern (Reliquiaren) gezeigt, z.B. in Kopf- oder Armreliquiaren oder Staurotheken (Reliquien vom Kreuz Christi).

5   Hier einige auch weniger bekannte Namen: Ignatius, Irenäus, Katharina, Ursula oder die armenischen Märtyrerinnen Hripsime und Gajane (Wallfahrtskirchen; Thierry 2002, 58). Die Heilige Paraschiva/Paraskeva wird in ganz Südosteuropa verehrt. Aus dem Täufermilieu Hans Hut, in der Zeitgeschichte die Anglikanerin Esther John, Protestanten wie Paul Schneider, Dietrich Bonhoeffer, sowie aus der katholischen Kirche Edith Stein oder Oscar Romero (Schultze 2006; Moll 1999).

4. Bestattungen in Kirche, Krypta, Kirchhof (Karner) sowie außerhalb der Kirchhofmauer

4.1 Spätantike

Die Sarkophage werden in der Spätantike zum Teil in mehreren Lagen übereinander in den Unterkirchen oder unter dem Fußboden des Kirchenraums platziert. Wallfahrt zu den Reliquien, oft in einer Krypta [Unterkirche], wird üblich. Bestattung in der Nähe zum Heiligengrab wird (auch unter Berücksichtigung des sozialen Ranges) entscheidend – sowohl innerhalb des Gebäudes, was zwar unter Karl dem Großen verboten, aber gegenüber dem Adel kaum konsequent durchgesetzt wird (Angenendt 2000, 682), als auch außerhalb der Kirchenmauern: Außerhalb und in der Erde bestattet werden die Weniger- bzw. Nichtprivilegierten auf dem für das Mittelalter typischen Kirchhof. Dieser wird neben und trotz seiner Funktion als Kommunikationsraum (der Lebenden und Toten) auch zu einem unmissverständlich durch Tor und Zaun/Mauer abgegrenzten *Gottesacker* bzw. *Friedhof* (lateinisch: coemeterium, Schlaf-, Ruhestätte). Er ist auch Ort für Asyl (Ariès 1985, 90)! Die Bestattung der Toten mit Blickrichtung Osten wird bis ins Hochmittelalter beibehalten. Alle Gemeindeglieder werden bestattet (Sörries 2002, 89), was bedeutete, dass es auch ein Grab für Arme gab: eine soziale Errungenschaft! Eine Revitalisierung erfuhr diese Praxis im 14. Jahrhundert (Gründung von geistlichen Bruderschaften).

4.2 Mitten im Leben – vom Tod umfangen

Media vita in morte sumus (lateinisch: Mitten im Leben sind wir vom Tod umfangen) drückt als Lied Lebensgefühl und Wirklichkeit der Menschen aus. Der Friedhof im Mittelalter wird geweiht und als *terra sancta* (heiliger Boden) verstanden. Ein Begräbnis innerhalb des Kirchenraums oder außen entlang der Kirchenmauer ist ein Privileg meist der Adligen, in den Städten seit dem Spätmittelalter auch der Patrizier – samt den dazugehörigen Gedenktafeln/Epitaphien (Hentschel 2021, 75). Einzelgräber können auch mit Holzkreuzen gekennzeichnet sein. Beisetzung in einem vernähten Leichentuch ist selbstverständlich. Der Leichnam wird entweder im Sarkophag oder wie im Mittelalter bis ins 18. Jahrhundert besonders in größeren Orten üblich auf einem Gemeinschaftsfriedhof (in Massengräber-Gruben) bestattet, weil aufgrund der vorherrschenden Kollektivvorstellungen die Individualität kaum Relevanz besitzt. Dennoch wird (ansatzweise seit dem 11. Jahrhundert wieder in Einzelgräbern) im Spätmittelalter die/der auf einer Bahre ruhende und auf den Friedhof getragene Tote – *in einem Sarg!* – den Blicken entzogen und darin beerdigt. Bestattung ohne Sarg gilt als unehrenhaft, wogegen Bruderschaften Abhilfe schaffen (Ariès 1985, 264–268). Die Ruhefrist beträgt oft nur zwischen fünf bis sieben Jahren, dann erfolgt die Exhumierung der Gebeine und eine Zweitbestattung in einem Beinhaus (Karner).

4.3   Angst vorm Fegefeuer und Jüngsten Gericht

Weit verbreitet war die Fegefeuer-Vorstellung.[6] Im Spätmittelalter werden die (auf die Erquickung [refrigerium, Angenendt 2000, 686] und im reinigenden Fegefeuer [purgatorium, 710f.] auf Erlösung wartenden) „Armen Seelen" (ebd., 708-711) durch Stiftungen vermögender Familien zugunsten der Verstorbenen unterstützt (Totenleuchten auf dem Friedhof; Seelgerät [Mess-Stiftungen liturgischer Gedenk- und Fürbittgottesdienste für die Verstorbenen], Almosen oder Ablässe, 712–716; Ariès 1985, 233–241). Nichts werde vor dem Richterstuhl Christi ungestraft bleiben (lateinisch: „Nil inultum remanebit", so das Zitat aus dem *Dies irae* der Totenmesse), was auch die erschreckenden Gerichtsdarstellungen über den (romanischen) Kirchenportalen (im Tympanon oder auf Gemälden) des Hochmittelalters versinnbildlichen. Gegen den Teufel als Ankläger – so Caesarius von Arles – bräuchten die Gläubigen eine gute Verteidigung: Diese konnte nur eine – zu Lebzeiten – christlich geübte Barmherzigkeit sein: als „Aktivposten" (Angenendt 2000, 728) im Jüngsten Gericht. Dreifach war die Botschaft: didaktisch-ethisch wurde eine christliche Lebensführung angemahnt, drohend wurde das schreckliche Ende ausgemalt, tröstlich war die Perspektive, dass wenigstens im Jenseits die ausgleichende Gerechtigkeit gelte (durch die Bestrafung vor allem der bösen Tyrannen). Stellvertretend soll hier ein herausragendes Gemälde genannt werden: das für das Hôtel dieu (französisch: Krankenhaus/Gotteshaus) in Beaune gestiftete Polyptychon (Klappaltar-Retabel) mit dem „Jüngsten Gericht" des Malers Rogier van der Weyden (1399–1464 n. Chr.), auf dem Christus als Weltenrichter erscheint. Prägend war auch das Motiv des St. Michael mit der Seelenwaage sowie die ebenfalls auch in der ostkirchlichen Tradition vorkommende Vorstellung, dass die Seelen der Gerechten in Abrahams Schoß ruhen (Lk 16,19–31) (Wikipedia: Kloster Voroneț), aber die Sünder Flammenpein erleiden müssen (Angenendt 2000, 686).

---

6   Es bleibt festzuhalten (Angenendt 2000, 711): „Das Fegefeuer ist im Mittelalter weit mehr als eine dogmatisch offizielle Glaubensaussage gewesen, stellte vielmehr ein plausibles und mit größten Opfern praktiziertes Religionselement dar. [...] Entstanden ist sie aus einer Wechselwirkung von nachsehender Barmherzigkeit und strenger Gerechtigkeit. [...] So musste Gottes Gerechtigkeit sich mit Barmherzigkeit verbinden und im Jenseits einen Bußort zwischen Himmel und Hölle gewähren, an dem der göttlichen Gerechtigkeit Genüge getan werden konnte, letztlich aber doch Vergebung geschah. Tröstlicherweise vermochten die Lebenden den Toten zu Hilfe zu kommen. So bewährte sich die Solidargemeinschaft der ‚Lebenden mit den Toten'."

4.4 Memento mori: Heute mir – morgen Dir

Großformatige, überlebensgroße (Wand-)Gemälde von Heiligen (Rochus oder Christophorus), deren Fürbitte für die Toten begehrt wird, gehören in den Kontext der Hoffnung, aus dem Tod gerettet zu werden. Totentanz-Darstellungen als *memento mori* (Vergegenwärtigung des niemanden aussparenden Todes) sind vielfach (Wolgast[7]) – situationsspezifisch aber auch auf den Innenseiten der Friedhofsmauern (Basler Totentanz[8]) – anzutreffen. Ungetaufte (Totgeburten, Säuglinge), aber auch Suizidfälle, unversöhnt Hingerichtete oder „Häretiker" werden außerhalb des geweihten Friedhofs entlang der Friedhofsmauer beerdigt. Am Kirchhofportal findet sich oft der nüchterne Hinweis: *Heute* [geschieht's] *mir – morgen Dir*.

Pest- und Leprosenfriedhöfe liegen außerhalb der Ortschaft, analog werden seit dem 14. Jahrhundert erste Ansätze zur Verlagerung von Gemeindefriedhöfen aus dem Ortskern erkennbar. Infolge der Reformation werden die Friedhöfe konsequent außerhalb der Ortschaft angelegt (z.B. Stadtgottesacker in Halle [Krüger 2021] mit herausgehobenen, teils aufwändigen Familiengrüften entlang der Mauer), bilden jedoch unverändert die Sozialstruktur der Gemeinde ab. Martin Luther hatte dafür plädiert, anstelle der geschäftigen, zentral gelegenen innerstädtischen Kirchhöfe für einen Ort der Ruhe und Besinnung zu sorgen, was künftig dem Konzept außerhalb der Wohngebiete liegender Friedhöfe einen kräftigen Schub gab (Sörries 2002, 90). Bei den Schweizer Reformatoren Ulrich Zwingli (Sörries 2016, 239) und Johannes Calvin (ebd., 40) war die Bestattung eine weltliche Angelegenheit; konsequenterweise war jeder „Gräberluxus" verpönt (Sörries 2002, 76).

5. Theologiegeschichtliche Blitzlichter

Die „höchst paradoxe Identität […] zwischen dem lebendigen Gott und dem toten Jesus" (Jüngel 1993, 137) begründet den Glauben an die Menschwerdung Gottes. Tod und Auferstehung Jesu sind (im Kontext der Menschwerdung Gottes) für die Glaubenden ein Geschehen „für uns" (für unser Heil: Wohlmuth 1998, 85). Sterbenden, die um den Empfang der Eucharistie bitten, soll nach entsprechender Prüfung das Abendmahl gewährt werden (Tomus 13 des Konzils von Nizäa: Wohlmuth 1998, 12f.).

---

[7] https://de.wikipedia.org/wiki/Wolgaster_Totentanz (Stand: 28.03.2022).
[8] https://de.wikipedia.org/wiki/Basler_Totentanz (Stand: 28.03.2022).

Augustin (353–429 n. Chr.) prägt den in jüngster Zeit überwundenen Begriff der „Erbsünde", der die theologische Diskussion bis in die frühe Neuzeit bestimmt. Unter Rückgriff auf den Platonismus vertritt der aus Nordafrika stammende hochgebildete Kirchenvater auf der Basis einer dichotomischen Anthropologie (Konstitution des Menschen aus Leib und Seele) die Trennung von Leib und (ewiger) Seele – nach dem Tod – und wurde zum „wahren Vater des Fegefeuers" (LeGoff 1984, 84). Nach der von ihm geteilten unbiblischen Meinung, die einem pneumatologischen Wirklichkeitsverständnis entgegengesetzt, jedoch philosophisch begründet ist, müsse die vom Leib getrennte, ewige Seele in einem Zwischenzustand (vor dem Jüngsten Gericht) geläutert werden. Diese Vorstellung führte in der katholischen Westkirche über mehr als 1000 Jahre zu vielfältigen, vor allem aber Angst einjagenden und wenig tröstlichen Spekulationen. Sie wurden erst in dem von der Reformation geprägten Christentum (im Wesentlichen) überwunden. Die diesem Konzept Augustins folgenden theologischen Konstruktionen und kirchenamtlichen Lehren bestanden auf besonderen, für das Heil nötigen Vorleistungen, die im Leben als diakonische Grundhaltung erbracht bzw. auf dem Totenbett sowie in Testamenten geregelt werden mussten. Diese Konzepte grenzten an (moralische) Erpressung. Unter einem Großteil der Gläubigen führten sie zu einer nachhaltigen Verunsicherung über einen partiell auch als „Willkürgott" verdächtigten Allmächtigen. Mit kalkulierbaren „Vorleistungen" *jetzt und in der Stunde des Todes* suchten die Menschen strategisch für sich (und ihre Ahnen) das ewige Heil zu sichern.

Im Protestantismus wird das Evangelium als Befreiung aus der Angst (vor Dämonen, vor dem Scheitern an ethischen Maximen und daraus resultierendem ungewissen Schicksal nach dem Tod) verkündet. Dazu dienen muttersprachliche Predigten (Luther 1519) und Traktate (Schilling 2020), Gesangbuchlieder, Lehrbücher (Katechismen), bebilderte Kinderbibeln (für die „Einfältigen": Luthers Passional 1529), Schulunterricht und -theater, didaktische Gemälde (für den häuslichen oder kirchlichen Gebrauch sowie auf Epitaphien), innergemeindliche und häusliche Seelsorge – und nicht zuletzt – die „Leichenpredigten" anlässlich der Trauergottesdienste.[9] Zentral wird der christliche Trost der Rechtfertigungslehre (für die Lebenden und Hinterbliebenen) – schließlich stärker individualisiert, dass Christus *pro me* (für mich) gestorben ist (*fröhlicher Wechsel*). Das geschieht zeit des Lebens und besonders in der Seelsorge an Sterbenden. Zwar

---

9   Für interdisziplinäre Projektwochen interessant sind beispielsweise Traktate/ Sermones der Reformatoren, historische und aktuelle Gesangbücher, die vergewissernde Trost-Schätze bereithalten, Katechismustexte, Schultheaterstücke, deren Texte weitestgehend im Internet greifbar sind, die vielfältigen Bildinnovationen der Frühen Neuzeit und die in vielen Dorf- und Stadtkirchen hängenden Epitaphien bzw. mehr oder weniger geschützten Grabsteine oder die Friedhofskultur der Vergangenheit und Gegenwart sowie die entsprechenden Kasualansprachen (siehe Abschnitt 6). Sie können mit aktuellen Texten konfrontiert werden.

stirbt jede Person für sich allein (Luther 1522, WA 10/3, 1), aber der Tod ist das Tor zum ewigen Leben im Glauben der Gerechtfertigten.

„Die Frage, wie er [Luther] im Gericht vor Gott bestehen könne, hatte in seiner Biografie eine entscheidende Rolle gespielt. Die reformatorische Erkenntnis über die Gerechtigkeit Gottes und die Rechtfertigung des Menschen ist ohne den Zusammenhang mit der Eschatologie nicht verständlich. In Luthers Rechtfertigungslehre ist der Gedanke an den Tod und an das Jüngste Gericht von fundamentaler Bedeutung: es geht um die Rechtfertigung, die zwar hier und jetzt empfangen wird, die aber ihre volle Verwirklichung erst in der Stunde des Gerichts vor dem ewigen Gott erhalten wird. Tod und Jüngstes Gericht sind von daher auch für seine Anthropologie, aber natürlich auch für seine Geschichtsauffassung stets zu berücksichtigen. [...] Luther ist also der Überzeugung, daß [sic!], weil Gott den Menschen erschaffen hat und mit ihm redet, die Beziehung zwischen Gott und Mensch niemals zu Ende ist." (Lohse 1995, 345-347)

Abbildung 1: Lemgo, Evangelische Kirche St. Nicolai (Lippe/Westfalen) aus dem 12.-14. Jahrhundert. Epitaph für Moritz von Donop, 1543-1585. Das Hauptfeld ist nach dem typologischen Bildmotiv „Gesetz und Gnade" (Lucas Cranach d. Ä.) gestaltet; darüber im Aufsatz wird das Jüngste Gericht dargestellt. Das Gesamtkonzept präsentiert die lutherische Rechtfertigungslehre. (Alle Fotos: Ulrich A. Wien)

„Also ist Christus das Bild des Lebens und der Gnade und unser Trost gegen das Bild des Todes und der Sünde" (Luther 1519, WA 2, 629 oder 2012, 57, Z. 36f.), welches Luther in seiner pneumatischen Hermeneutik hervorhebt (Leppin 2019, 95f.). Dies gilt besonders in der Zeit der Glaubensanfechtung! Schließlich wird der den Tod erwartende und das Abendmahl begehrende Mensch in der Feier des Krankenabendmahls zuhause mit einem *Hausgottesdienst* getröstet, im Sakrament von seiner Schuld entlastet und im Glauben gestärkt.

Das zeigt sich auch liturgisch: Nicht mehr das *Viaticum* (lateinisch: Wegzehrung), eine dem Sterbenden quasi magisch auf die Zunge gelegte Hostie, sondern die im Akt des vertrauenden Glaubensbekenntnisses empfangene und gereichte Gnadenzusage und -gabe im Abendmahl bieten die Heilsgewissheit. In Luthers Großem Katechismus wird die Herrschaft Christi tröstend als „Freiheit" der Gläubigen beschrieben, weil Christus uns *vom Teufel zu Gott, vom Tod zum Leben, von Sünd' zur Gerechtigkeit gebracht hat und dabei erhält*. (BSLK 1930, 652)

Der für die evangelisch-reformierte Tradition weltweit bestimmende Heidelberger Katechismus (1563) eröffnet mit einer Trostabsicht und Vergewisserung. Diese ist pneumatologisch (also mit dem Wirken des Heiligen Geistes) begründet! Dementsprechend lautet die Antwort auf die erste Frage („Was ist dein einziger Trost im Leben und im Sterben?"):

> „Dass ich im Leben und im Sterben [...] nicht mir, sondern meinem getreuen Heiland Jesus Christus gehöre. Er hat mit seinem teuren Blut für alle meine Sünden vollkommen bezahlt und mich aus aller Gewalt des Teufels erlöst; und er bewahrt mich so, [...] dass mir alles zu meiner Seligkeit dienen muss. Darum macht er mich auch *durch seinen Heiligen Geist* des ewigen Lebens gewiss."[10]

Daneben ist eine generelle Entwicklung zu beobachten. Seit der europäischen, besonders auch der deutschen Aufklärung des 18. Jahrhunderts kommt eine Dynamik in die Diskussion um Ethik, Menschenrechte und Zusammenhang von Lebenden und Toten sowie die Erwartung bzw. Bestreitung eines ewigen Lebens, die das Verständnis in weiten Teilen der nördlichen Hemisphäre bestimmt, aber weder religionsgeschichtlich noch im aktuellen religiösen Verständnis einer überwiegenden Mehrheit der Menschheit geteilt wird. Die Entwicklung und Denkwelt hat sich also vereinseitigt und ist relativ, das heißt, sie ist nicht selbstverständlich bzw. automatisch in allen Kulturen (nicht einmal in einer Mehrzahl der christlichen Religionskulturen der Ökumene) vertreten. Soll es zum Dialog und gegenseitigen Lernen kommen, sind diese Differenzen zu klären und differenzsensibel im Unterrichtsgeschehen zu berücksichtigen.

6. „Hie lieg ich ...": Hinweise für den Unterricht

6.1 Ars moriendi – Sterbekunst

Im Mittelalter, Früher Neuzeit und noch bis zum Beginn des 20. Jahrhunderts (im Katholizismus länger als im Protestantismus) war die Haltung weiter Teile der Bevölkerung geprägt von alltäglich drohendem Tod: „[B]rutal wie das Leben war das Sterben" (Angenendt 2000, 661). Ein Jammer- oder Tränental war die irdische Existenz. Der Tod vollzog sich öffentlich (Angenendt 2000, 674). Gefürchtet war der *schnelle Tod* ohne Vorbereitung und sakramentale Seelsorge.

---

10 https://www.ekd.de/Heidelber-Katechismus-erste-und-zweite-Frage-13500.htm (Stand: 28.3.2022); vgl. Niesel 1938, 149. Vor diesem Hintergrund ist nachvollziehbar, dass im Protestantismus der Karfreitag als der höchste Feiertag gilt. Umso bitterer ist es bei Gemeindegliedern in Österreich empfunden worden, dass die Parlamentsmehrheit ihn 2019 als Staatsfeiertag abgeschafft hat.

Ratgeber-Literatur instruierte über die *Ars moriendi* (lateinisch: Kunst des Sterbens), nämlich „Wie man sterben lernen soll [...]." Totentanz-Darstellungen zeigen, dass der personifizierte Tod jeden unterschiedslos betraf (Angenendt 2000, 663; Zentralinstitut 1998, 9–51).

Ungemein hilfreich ist das fünfbändige Große Lexikon zur Bestattungs- und Friedhofskultur (Sörries 2002, 2005, 2010, 2016, Zentralinstitut 2020). Darüber hinaus bieten sich außerschulische Lernorte wie Kirchengebäude (Krypten), Klöster (und ihre Kreuzgänge!) und Friedhöfe, Mausoleen bzw. Grüfte von Schlosskapellen oder andere Grablegen und Museen an. An Materialkultur bieten sich in ökumenischen Kontexten regionale, aber selbstverständlich auch überregionale Objekte an. Hier einige Hinweise: Kinderepitaphien – das „Prinzle von Weikersheim"[11] oder in Stadthagen bzw. in Sachsen-Anhalt (Seyderhelm 2021, 17–40): Für diese Trauersituation galt der Spruch und Lied-Titel: „Hie/Nu lieg' ich armes Würmelein" (Krieg 2013, Nr. 208, 303–305); dazu Vesper-Bild oder Pietà (Kontext der Todesmeditation und Compassio-Theologie); Marientod; Tympanon-Darstellungen des Jüngsten Gerichts thematisieren Tod und Auferweckung, ebenso Gemälde.

Abbildung 2a: Evangelische Stadtkirche St. Georg in Weikersheim: Farblich gefasstes Kinderepitaph des 1435/36 regierenden kindlichen Herzogs Heinz von Sachsen-Lauenburg (1430-1436) aus gebrannten Tonplatten mit einer aus Blei gegossenen Figur, die in frommer Gebetshaltung zwischen vier Wappenschilden dargestellt ist.

Abbildung 2b: Evangelisch-lutherische Kirche St. Martini in Stadthagen, südliche Außenwand. Sandsteinepitaph mit der Umschrift „Anna Catharina Sarckhausen ist gestorben Anno 1710 den 23. Septembris". Der Säugling trägt ein Totengewand mit Kapuze bzw. Haube mit Schleife und ist (in Leinen) gewickelt. Der Kopf ruht (wie schlafend) auf einem Kissen.

---

11 https://blog.wkgo.de/2020/06/02/das-prinzle-epitaph-in-der-stadtkirche-st-georg-in-weikersheim-und-vorankuendigung-der-neuerscheinung-des-kirchenfuehrers/ (Stand: 28.3.2022).

In der ostkirchlichen Orthodoxie tritt neben die Paränese mit der Leiter des Johannes Klimakos (z.B. in Sucevița/Bukowina) die Gerichtsdarstellung mit dem feurigen Fluss und den Gerechten in Abrahams Schoß. Die Figur des Tödlein, das Motiv von *Tod und das Mädchen* (Hans Baldung Grien 1517; Matthias Claudius' Gedicht, Schuberts Vertonung) oder die gewaltsamen Todesbilder von Hans Holbein bieten für fächerübergreifende Projekte und Analysen breiten Raum. Kreuzigungsthematik: (spät)mittelalterliche Triumphkreuze und emaillierte Lebensbaumkreuze (Schwerin oder Bad Doberan); herausragend der Isenheimer Altar (in Colmar) und der Bordesholmer Altar (in Schleswig). Revolutionär in der Renaissance ist Andrea Mantegnas (1431-1506) Darstellung des Cristo morto (Toter Christus). Albrecht Dürers (1471-1528) Passionen haben vielfach andere Künstler*innen inspiriert.

6.2   Verstärktes Individualitätsbewusstsein

Individualität wird in der Renaissance wieder betont (Ariès 1985, 332–342) u.a. in Porträt und Totenmaske: Exemplarisch sind Lorenzo de Medicis Totenmaske (Hoffmann 2011, 182–184) sowie das Porträt von Bernhardin von Siena (Christiansen 2011, 322–324). Stiftungen sind Heilsvorsorge, dazu zählen (die auch heute zugänglichen) Einrichtungen (z.B. Heilig-Geist-Spital Lübeck oder in Beaune), aber auch Sozialbauten (Fuggerei in Augsburg), denn die Insassen sind zur Fürbitte für die Sponsoren verpflichtet.

6.3   Epitaphien: Heil und Unheil

Im protestantischen Milieu sind Darstellungen der Bildenden Kunst stark auf die gepredigte Hoffnung ausgerichtet: Lucas Cranachs d. J. (1515-1586) Kreuzigungsgemälde zeigt den Gekreuzigten bereits vor dem Hintergrund des dämmernden Ostermorgens, belegt auch als Motiv eines Kinderepitaphs.[12] Eine Vielfalt von Motiven auf Epitaphien (Meys 2009) zeigen Taufe oder Kreuzigung Jesu, Christi Auferstehung/Ostersieg, aber auch das didaktische Thema von *Gesetz und Gnade* bzw. *Unheil und Heil* (Schwarz 2015, 84–95), so in Lemgo[13] (Abb. 1) oder in Weimar (Rohls 2020, 260–262) als Versinnbildlichung der Rechtfertigungslehre. Andernorts beziehen sich Taufanlage und Epitaph aufeinander. Luther insistierte – gegen die Anfechtung des Glaubens – auf der Gewissheit der bereits sakramental erfolgten Rettung: *Ich bin getauft!* Adriaen de Vries (ca. 1556-1626)

---

[12] https://lucascranach.org/DE_EPSW_05   und   https://lucascranach.org/DE_StMK_001 (Stand: 28.03.2022).

[13] https://www.uni-muenster.de/Staedtegeschichte/reformation-in-westfalen/Routen_der_Reformation/lemgo/index.html (Stand: 28.3.2022).

unterstreicht diese christliche Zuversicht und gestaltete meisterhaft das Mausoleum des Ernst von Schaumburg in Kombination von Anastasis-Architektur und sieghaftem Christus.[14] Das Epitaph der von Gemmingen an der Außenwand der Burgkapelle Guttenberg (Neckarmühlbach) bezieht sichtbar die tröstenden Bibelzitate Joh 10/Hos 13 ein und bringt diese plastisch im Ostersieg Christi zur Geltung! Auch internationale Vergleiche lohnen sich. Hinweis: dreisprachiges (nestorianisches) Epitaph in China! (Geng u.a. 1996, Baumer 2005, 170 / mit Abbildung!)

Abbildung 3: Evangelisch-lutherische Kirche St. Martini in Stadthagen, Mausoleum. Grabsteindenkmal des Fürsten Ernst von Holstein-Schaumburg von Adriaen de Vries. Das Sarkophag-Ensemble aus Marmor und Bronze wird bekrönt vom überlebensgroß dargestellten auferweckten Heiland mit Siegesfahne.

6.4 „Wer weiß, wie nahe mir mein Ende"

Gesangbuchlieder und Kirchenmusik: Über die eindrücklichen Epitaphien in Rudolstadt hinaus lohnt sich auch die Beschäftigung mit der in der dortigen Grablege bestatteten Liederdichterin Aemilie Juliane von Rudolstadt-Schwarzburg (1637–1706).[15] Sie hat das Lied *Wer weiß, wie nahe mir mein Ende* (EG 530) verfasst. Johann S. Bach (1685–1750) bezog sich darauf. Diese „Volksliteratur" (Krieg 2013, 596) vermittelte „Hilfen zur symbolischen Frömmigkeitsvermittlung" (ebd., 598). Weitere Lieder – in unterschiedlichen Kontexten – nehmen systematisch reflektiert Bezug auf Christi Tod, das ihm zu verdankende Heil, die Vorbereitung auf das ewige Leben, Stärkung in Anfechtung und Sterben. Dazu gehören Lieder des Weihnachts-, Oster- und Pfingstfestkreises, Trauer-, Vertrauens- und Loblieder, darüber hinaus Motetten, Kantaten, Passionen oder Oratorien.[16] An

---

14 https://de.wikipedia.org/wiki/Fürstliches_Mausoleum_(Stadthagen) (Stand: 28.03.2022).
15 Auch Biographien mit der eindrücklichen Schilderung des Sterbens und Todes können als Unterrichtsthema in Betracht gezogen werden. Dazu zählen die hier erwähnte Aemilie von Rudolstadt, Martin Luther (Selderhuis 2017), Johannes Calvin (Selderhuis 2009), Martin Bucer (Greschat 2009), Paul Gerhardt und viele andere.
16 Eine Auswahl muss hier genügen: *Gelobet seist Du, Jesus Christ; Es ist ein Ros' entsprungen; Fröhlich soll mein Herze springen, Ich steh an Deiner Krippen hier; Wie schön leuchtet der Morgenstern, Nun bitten wir den Heiligen Geist; Komm, Heiliger Geist; O Traurigkeit, o Herzeleid; O Haupt voll Blut und Wunden; Kommt und lasst uns Christum ehren; Jesu, geh voran*; dieses Lied endet dann mit der Aufforderung: „Führ uns an der Hand, bis ins Vaterland." Analog formuliert das Lied *Kommt und lasst uns Christum ehren* in Str. 3: „Sehet, was hat Gott gegeben! Seinen Sohn zum ew'gen Leben, dieser kann und will uns heben aus dem Leid ins Himmels Freud." Die historischen Texte (auch der Böhmischen Brüder oder der Täufergemeinden) sind bei G. A. Krieg (in Auswahl) zusammengestellt – auch die katholischen Versionen!

diesen lässt sich fachübergreifend frömmigkeits- und kulturgeschichtlich viel erkennen, sofern Interdependenzen mit Literatur und Bildender Kunst (vgl. Rohls 2020) und die bis in die Gegenwart (!) reichende Wirkungsgeschichte und Prägekraft trotz Traditionsabbrüchen und Fremdheitserfahrungen erschlossen werden. Zugleich bieten diese Kunstwerke der Hochkultur auch reichhaltiges Vergleichspotential für moderne Auseinandersetzungen mit dem Thema (Zentralinstitut 2020).

6.5 *Leichenpredigten/Beerdigungsansprachen*

Beerdigungsansprachen anlässlich des Todes von Kindern bis zu Greis*innen (Dingel 2004; Kolb 2014) sind auf die Adressat*innen (im protestantischen Milieu: die Trauergemeinde) bezogen und enthalten in zeitgenössischer Profilierung ein breites Spektrum von Trost und Lehre, geistlicher Mahnung, Buße und ethischen Maximen (Nikolaus Selnecker 1591). Nikolaus Ludwig von Zinzendorf spricht im Kontext des Trostes sogar vom „Mutteramt des Heiligen Geistes" (1963, Anhang, 2-5). Aktuelle, auch literarisch ausgezeichnete Ansprachen (Bohren 1990, 69–76 sowie Bohren 1983, 46–54.144–154) verweisen auf ethische Herausforderungen der Gegenwart. (Bohren 1983, 154)[17]

6.6 *Der Tod von der Aufklärung bis zur Gegenwart*

Folgen der Aufklärung: Waren in der Renaissance (illegal) Untersuchungen an Leichen vorgenommen worden, wandelte sich mit der Aufklärung im 18. Jahrhundert das Todesverständnis. Leichen wurden als unbelebte Gegenstände betrachtet, Sektionen aus medizinisch-wissenschaftlichem Interesse waren möglich. „Insgesamt verlor der Tod in aufklärerischer Perspektive an Schrecken" (Fitschen 2002, 612). Vielfach beschäftigte sich der (gemäßigt aufgeklärte) Diskurs anstelle des christlichen Verständnisses von Tod und Eschatologie mit der Unsterblichkeit der Seele und deren Glückseligkeit. Nachruhm und Totenkult (Einrichtung des Panthéon!) erfuhr im deutschen Kontext mit der Einführung des Totensonntags 1816 in Preußen – und später mit den Gefallenen- und Siegesdenkmälern (von 1870/71, Niederwalddenkmal oder schließlich im monumentalen Völkerschlacht-Denkmal in Leipzig 1913) eine Intensivierung.

Die Nation wurde vielfach zur Ersatzreligion des oberflächlich noch christlich gesinnten Bürgertums. Romantische Todessehnsucht kam zeitweise auf. Der Tod wurde wie schon in der Barockzeit als „Schlafes Bruder" (Johann Franck) verstanden und auf monumentalen bürgerlichen Grabmälern der inzwischen

---

17 Hingewiesen sei auch auf andere Predigten (von Galen 2015; Desmond Tutu 2015).

oftmals kommunalen Simultanfriedhöfe (für alle Konfessionen sowie des Judentums) entsprechend dargestellt – mit monumentalen Familiengräbern und -grüften als *Hochmutsalleen* des Nachruhms. Die historischen Friedhöfe bieten hier ein breites Spektrum an Anschauungsmaterial. Der Herrnhuter *Gottesacker* steht am Anfang einer Friedhofsgestaltung im 18. Jahrhundert (Sörries 2002, 141), der die „egalitäre", symmetrisch-genormte Gestaltung bis in die Gegenwart prägt. Park- oder Waldfriedhöfe wurden um 1900 realisiert.

Während dort die Vielfalt des philosophischen, aber auch individuellen Todes- und Jenseitsverständnisses in der Materialkultur ausgedrückt wurde, trat mit der Religionskritik sowie dem *historischen Materialismus* ein kategorialer Kontrast zu christlichen Glaubensüberzeugungen und -traditionen zutage, ja bestritt deren Plausibilität. Gemäß dieser Abkehr von Jenseitsvorstellungen zielten die Bestrebungen auf eine Feuerbestattung, die Einrichtung von entsprechenden Krematorien, Trauerhallen und das Aufkommen von Urnenhainen. In christlichen Kreisen erst abgelehnt, wurden in den letzten Jahrzehnten dafür auch liturgische Formulare entwickelt, und die Tendenz zur Urnenbestattung nimmt in den christlichen Gemeinden stark zu. Parallel dazu sind moderne Entwicklungen festzustellen: Bestattungen im Friedwald, auf See, in Kolumbarien innerhalb von Kirchengebäude(teilen) oder in Grabfeldern für *Sternenkinder*. Sonderformen bestehen in den teils riesigen Soldatenfriedhöfen, Teilen der Ortsfriedhöfe oder in Gedenkstätten für die NS-Opfer. Als Symbol architektonisch überaus gelungen ist die demütig in die Erde versenkte, mit einem gebrochenen Kreuz überspannte Kapelle in der KZ-Gedenkstätte Dachau.

Die jüngste Theologiegeschichte zeigt in pneumatologischer Konsequenz die Bedeutung von Jesu Tod und die davon ausgehenden geistlichen und ethischen Perspektiven auf, so Michael Welker (1990, 285–287) oder Jürgen Moltmanns Christologie – mit Blick auf Hebr 9,14:

> „Am Kreuz sind der Vater und der Sohn so sehr getrennt, daß [sic!] ihre direkten Beziehungen abbrechen. Jesus starb »gottlos«. Am Kreuz sind der Vater und der Sohn zugleich so einig, daß [sic!] sie eine einzige Bewegung der Hingabe darstellen. [...] Die Hingabe des Vaters und des Sohnes geschehen »durch den Geist«. Der Heilige Geist ist der Verbindende in der Trennung, der die ursprüngliche gelebte Verbindung und die am Kreuz erlittene Trennung des Vaters und des Sohnes miteinander verbindet. [...] Allen Sterbenden wird folglich durch den getöteten Christus unzerstörbares Leben eröffnet." (Moltmann 1989, 196).

Dieses Geheimnis der weltgestaltenden und den Tod überwindenden Gotteskraft preist der Liederdichter Paul Gerhard.

> „Seinen Geist, den edlen Führer, gibt er mir in seinem Wort, daß [sic!] er werde mein Regierer durch die Welt zur Himmelspfort; daß [sic!] er mir mein Herz erfülle mit dem hellen Glaubenslicht, das des Todes Macht zerbricht und die Hölle selbst macht stille. Alles Ding währt seine Zeit, Gottes Lieb' in Ewigkeit" (Krieg 2013, Nr. 198, 289–292; EG 325, Strophe 4).

Literatur

DINGEL, IRENE (Hg.) (2014), Von den altkirchlichen Symbolen bis zu den Katechismen Martin Luthers (Bekenntnisschriften der evangelisch-lutherischen Kirche 1), Göttingen.

ANGENENDT, ARNOLD (1997), Geschichte der Religiosität im Mittelalter, Darmstadt.

ARIÈS, PHILIPPE (1985), Geschichte des Todes (L'homme devant la mort. Paris 1978), 2. Aufl. München.

BAUMER, CHRISTOPH (2005), Frühes Christentum zwischen Euphrat und Jangtse. Eine Zeitreise entlang der Seidenstraße zur Kirche des Ostens, Stuttgart.

BEUTEL, ALBRECHT (Hg.) (2017), Luther Handbuch, 3. Aufl. Tübingen.

BOHREN, RUDOLF (1983), Trost. Predigten, 2. Aufl. Neukirchen.

BOHREN, RUDOLF (1990), Texte zum Aufatmen. Seligpreisungen der Bibel, Freiburg.

BRECHT, MARTIN (1987), Die Erhaltung der Kirche 1532–1546 (Martin Luther 3), Stuttgart.

VON SAUCKEN, PAOLO CAUCCI (Hg.) (1999), Pilgerziele der Christenheit: Jerusalem, Rom, Santiago de Compostela, Stuttgart.

CHRISTIANSEN, KEITH (2011), Jacopo Bellini, Porträt des heiligen Bernhardin von Siena: Katalog-Nummer 140, in: DERS. / WEPPELMANN, STEFAN (Hg.), Gesichter der Renaissance. Meisterwerke italienischer Porträt-Kunst, Berlin, 322–324 (Ausstellungskatalog für staatliche Museen Berlin und Metropolitan Museum of Art, New York).

DAXELMÜLLER, CHRISTOPH (1999), Art. „Tod, Sterben. V. Volkskunde", in: Lexikon des Mittelalters VIII, 832–833.

DINGEL, IRENE (2004), „Recht glauben, christlich leben und seliglich sterben". Leichenpredigt als evangelische Verkündigung im 16. Jahrhundert, in: LENZ, RUDOLF (Hg.): Viertes Marburger Personalschriften-Symposion: Forschungsgegenstand Leichenpredigten. Eine internationale Fachkonferenz der Deutschen Forschungsgemeinschaft (Leichenpredigten als Quelle historischer Wissenschaften 4), Stuttgart, 9–36.

DINZELBACHER, PETER (1999), Art. „Tod, Sterben. IV. Sozial- und Mentalitätsgeschichte", in: Lexikon des Mittelalters VIII, 829–831.

DORNISCH, KLAUS (2019), Sagenhaftes Äthiopien. Archäologie, Geschichte, Religion, 2. durchgesehene und aktualisierte Aufl. Darmstadt.

DÜRR, ALFRED (1995), Die Kantaten von Johann Sebastian Bach: mit ihren Texten, München.

FITSCHEN, KLAUS (2002), Art. „Tod. IV. Kirchengeschichtlich", in: TRE 33, 605–614.

FOLDA, JAROSLAV (1999), Die Kunst im Lateinischen Orient 1098 bis 1291, in: RILEY-SMITH, JONATHAN (Hg.), Illustrierte Geschichte der Kreuzzüge, Frankfurt / New York, 167–187.

VON GALEN, CLEMENS AUGUST (2015), Predigt über Lukas 19,41-47, in: CLAUSSEN, JOHANN HINRICH / RÖSSLER, MARTIN (Hg.), Große Predigten. 2000 Jahre Gottes Wort und christlicher Protest, Darmstadt, 287–300.

GENG, SHIMIN u.a. (Hg.) (1996), Eine neue chinesische Grabinschrift aus China, in: Ural-Altaische Jahrbücher 14, 164–175.

GRAMS-THIEME, MARION (1999), Art. „Tod, Sterben. VI. Ikonographie", in: Lexikon des Mittelalters VIII, 834–835.

GRESCHAT, MARTIN (2009), Martin Bucer. Ein Reformator und seine Zeit (1491-1551), 2. überarbeitete und erweiterte Aufl. Münster.

HARASIMOWICZ, JAN / SEYDERHELM, BETTINA (Hg.), Cranachs Kirche. Begleitbuch zur Landesausstellung Sachsen-Anhalt: Cranach der Jüngere, Beucha / Markkleeberg.

HENTSCHEL, JUDITH (2021), Zwischen Verdienst und Verlust. Zwei Nürnberger Gedächtnisstiftungen für Minderjährige im Spiegel der lokalen Stiftungspraxis des 15 Jahrhunderts, in: Sachsen und Anhalt 33, 73–90.

HOFFMANN, SABINE (JAHR): Orsino Benintendi (?), Abguss der Totenmaske des Lorenzo de' Medici. Katalog-Nummer 56, in: CHRISTIANSEN, KEITH / WEPPELMANN, STEFAN (Hg.), Gesichter der Renaissance. Meisterwerke italienischer Porträt-Kunst, Berlin, 182–184 (Ausstellungskatalog für staatliche Museen Berlin und Metropolitan Museum of Art, New York).

JÜNGEL, EBERHARD (1993), Tod, 5. Aufl. Gütersloh.

JÜNGEL, EBERHARD (2005), Art. „Tod. VI. Religionsphilosophisch", in: RGG⁴ 8, 437–439.

JÜNGEL, EBERHARD (2005), Art. „Tod. VII. Dogmengeschichtlich und dogmatisch", in: RGG⁴ 8, 439–441.

KOLB, ROBERT (2014), [...] da jr nicht trawrig seid wie die anderen, die keine hoffnung haben. Der Gebrauch der Heiligen Schrift in Leichenpredigten der Wittenberger Reformation (1560–1600), in: DICKHAUT, EVA-MARIA (Hg.), Leichenpredigten als Medien der Erinnerungskultur im europäischen Kontext (Leichenpredigten als Quelle historischer Wissenschaften 5), Stuttgart, 1–25.

KRIEG, GUSTAV ADOLF (2013), Deutscher Kirchengesang in der Neuzeit. Eine Anthologie, Berlin.

KRÜGER, JÜRGEN (2000), Die Grabeskirche zu Jerusalem. Geschichte, Gestalt, Bedeutung, Regensburg.

KRÜGER, KLAUS (2021), Olim delicium, nunc cordolium. Kinderepitaphien am Stadtgottesacker in Halle, in: Sachsen und Anhalt 33, 53–72.

KÜCHLER, MAX (Hg.) (2014), Jerusalem. Ein Handbuch und Studienreiseführer zur Heiligen Stadt, 2. vollständig überarbeitete Aufl.

LEGOFF, JACQUES (1984), Die Geburt des Fegefeuers, Stuttgart.

LEPPIN, VOLKER (2019), Wie legt sich nach Luther die Schrift selbst aus? Luthers pneumatische Hermeneutik, in: ALKIER, STEFAN (Hg.), Sola Scriptura 1517-2017. Rekonstruktionen – Kritiken – Transformationen – Performanzen, Tübingen, 83–102.

LEWIN, ARIEL (2004), Palästina in der Antike, Stuttgart.

LOHSE, BERNHARD (1995), Luthers Theologie in ihrer historischen Entwicklung und in ihrem systematischen Zusammenhang, Göttingen.

LUTHER, MARTIN (1519), Eyn Sermon von der Bereytung zum Sterbenn, Wittenberg 1519, in: WA 2, 685–697.

LUTHER, MARTIN (1522), Invokavitpredigt, in: WA 10/3, 1.

LUTHER, MARTIN (2012), Ein Sermon von der Bereitung zum Sterben, übertragen von THORSTEN DIETZ, in: SCHILLING, JOHANNES (Hg.), Glaube und Leben (Martin Luther. Deutsch-Deutsche Studienausgabe 1), Leipzig, 46–73.

MEYS, OLIVER (2009), Memoria und Bekenntnis. Die Grabdenkmäler evangelischer Landesherren im Heiligen Römischen Reich Deutscher Nation im Zeitalter der Konfessionalisierung, Regensburg.

MODALSLI, OLE (1983), Luther über die Letzten Dinge, in: JUNGHANS, HELMAR (Hg.), Leben und Werk Martin Luthers von 1526–1546 (Festgabe zu seinem 500. Geburtstag I), Göttingen, 331–345.

MOLL, HELMUT (2006), Zeugen für Christus. Das deutsche Martyrologium des 20. Jahrhunderts, 2. Aufl. Paderborn.

MOLTMANN, JÜRGEN (1989), Der Weg Jesu Christi. Christologie in messianischen Dimensionen, München.

MÜNCH, BIRGIT ULRIKE (2009), Geteiltes Leid. Die Passion Christi in Bildern und Texten der Konfessionalisierung. Druckgrafik von der Reformation bis zu den jesuitischen Großprojekten um 1600, Regensburg.

Niesel, Wilhelm (Hg.) (1938), Bekenntnisschriften und Kirchenordnungen der nach Gottes Wort reformierten Kirche, Zürich.

von der Nahmer, Dieter (2013), Der Heilige und sein Tod. Sterben im Mittelalter, Darmstadt.

Rieger, Reinhold (2017), Martin Luthers theologische Grundbegriffe: Von „Abendmahl" bis „Zweifel", Tübingen.

Riley-Smith, Jonathan (1999), Illustrierte Geschichte der Kreuzzüge, Frankfurt.

Riley-Smith, Jonathan (2015), Die Kreuzzüge, Darmstadt.

Ritter, Adolf Martin (2021), Kein Tod auf Golgatha? Von der (höchst wahrscheinlich) müßigen „Suche nach dem überlebenden Jesus", in: Krüger, Malte Dominik (Hg.) unter Mitwirkung von Gaiser, Ruth Eleonoor / Niemeck, Anna: Religion, Fiktion, Wirklichkeit: philosophische und theologische Beiträge zum Gottesverständnis in der Moderne, Leipzig, 113–157.

Rohls, Jan (2021), Kunst und Religion zwischen Mittelalter und Barock (Von Dante bis Bach 2: Reformation und Gegenreformation), Berlin / Boston.

Scheffczyk, Leo (1999), Art. „Tod, Sterben. II. Theologie und religiöse Vorstellungen, b) Scholastik", in: Lexikon des Mittelalters VIII, 823–824.

Schilling, Johannes (2020), Gott in allem vertrauen und dem Nächsten dienen. Martin Luthers Ermutigung zu humanem Verhalten von Christen in Zeiten der Pandemie, in: Luther 91, 128–141.

Schultze, Harald / Kurschat, Andreas (Hg.) unter Mitarbeit von Bendick, Claudia (2006), „Ihr Ende schaut an …". Evangelische Märtyrer des 20. Jahrhunderts, Leipzig.

Schwarz, Reinhard (2015), Martin Luther. Lehrer der christlichen Religion, Tübingen.

Schwinden, Lothar (2007), Christliche Bestattungen und Grabinschriften, in: Demandt, Alexander / Engelmann, Josef (Hg.), Konstantin der Große. Ausstellungskatalog, Darmstadt, 263–276.

Selderhuis, Herman J. (2009), Johannes Calvin: Mensch zwischen Zuversicht und Zweifel. Eine Biografie, Gütersloh.

Selderhuis, Herman J. (2017), Luthers Tod, in: Melloni, Alberto (Hg.), Martin Luther. Ein Christ zwischen Reformen und Moderne (1517–2017) 1, Berlin, 397–406.

Seyderhelm, Bettina / Helten, Leonhard (Hg.), Hie lieg' ich armes Würmelein. Epitaphien für Kinder. Sonderdruck aus Sachsen und Anhalt. Jahrbuch der Historischen Kommission für Sachsen-Anhalt 33, Halle, 13–90.

Selnecker, Nikolaus (1591), Christliche Leychpredigten …, Magdeburg.

Sörries, Rainer (2008), Alternative Bestattungen: Formen und Folgen. Ein Wegweiser, Frankfurt.

Sörries, Rainer (Bearbeiter) (2002), Großes Lexikon der Bestattungs- und Friedhofskultur. Wörterbuch zur Sepulkralkultur (1: Volkskunde, Kulturgeschichte), Volkskundlich-kulturgeschichtlicher Teil: Von Abdankung bis Zweitbestattung, hg. v. Zentralinstitut für Sepulkralkultur Kassel, Braunschweig.

Sörries, Rainer (Bearbeiter) (2005), Großes Lexikon der Bestattungs- und Friedhofskultur. Wörterbuch zur Sepulkralkultur (2: Archäologie, Kunstgeschichte), Archäologisch-kunstgeschichtliche Teil: Von Abfallgrube bis Zwölftafelgesetz, Braunschweig.

Sörries, Rainer (2009), Offene Kirche oder Kirchenwald? Kirchliche Friedhofskultur heute, Frankfurt.

Sörries, Rainer (Bearbeiter) (2010), Großes Lexikon der Bestattungs- und Friedhofskultur. Wörterbuch zur Sepulkralkultur (3: Praxis, Gegenwart), Praktisch-aktueller Teil: Von Abfallbeseitigung bis Zwei-Felder-Wirtschaft, Frankfurt.

Sörries, Rainer (Bearbeiter) (2016), Großes Lexikon der Bestattungs- und Friedhofskultur. Wörterbuch zur Sepulkralkultur (5: Biographischer Teil), Frankfurt.
Steingräber, Stephan (2015), Antike Felsgräber, Darmstadt.
Strohl, Jane E. (2014), Luthers Eschatology, in: Kolb, Robert u.a. (Hg.), The Oxford Handbook auf Martin Luther's Theology, Oxford, 353–363.
Thierry, Jean-Michel (2002), Armenien im Mittelalter, Regensburg.
Thümmel, Hans Georg (2005), Art. „Tod. X. In der Kunst", in: RGG⁴ 8, 444f.
Tutu, Desmond (2015), Gottes unglaublicher Humor. Predigt bei der Trauerfeier für Christiaan Frederick Beyers Naudé, in: Claussen, Johann Hinrich / Rössler, Martin (Hg.), Große Predigten. 2000 Jahre Gottes Wort und christlicher Protest, Darmstadt, 383–394.
Welker, Michael (1992), Gottes Geist. Theologie des Heiligen Geistes, Neukirchen.
Wohlmuth, Josef (Hg.) (1998), Konzilien des ersten Jahrtausends. Vom Konzil von Nizäa (325) bis zum Vierten Konzil von Konstantinopel (869/70) (Conciliorum Oecumenicorum Decreta 1), 2. Aufl. Paderborn u.a.
Zentralinstitut und Museum für Sepulkralkultur (Hg.) (1998), Tanz der Toten – Todestanz. Der monumentale Totentanz im deutschsprachigen Raum, Kassel.
Zentralinstitut und Museum für Sepulkralkultur (Hg.) (2020), Großes Lexikon der Bestattungs- und Friedhofskultur. Wörterbuch zur Sepulkralkultur (4: Literatur, Musik, Theater, Film, Fotografie), Frankfurt.
von Zinzendorf, Nikolaus Ludwig (1963), Hauptschriften Bd. IV. Gemeinreden. Der öffentlichen Gemeinreden im Jahr 1747 1. u. 2. Teil, Hildesheim.

https://jochenteuffel.com/2022/03/06/martin-luthers-erste-invokavitpredigt-am-sonntag-invokavit-9-marz-1522-wir-sind-allesamt-zu-dem-tod-gefordert-und-keiner-wird-fur-den-andern-sterben-sondern-jeder-in-eigener-person-fur-sich-mit-dem-to/ (Stand: 28.3.2022).
https://www.ekd.de/Heidelber-Katechismus-erste-und-zweite-Frage-13500.htm (Stand: 28.3.2022).
https://de.wikipedia.org/wiki/Basler_Totentanz (Stand: 28.3.2022).
https://de.wikipedia.org/wiki/Wolgaster_Totentanz (Stand: 28.3.2022).
https://www.wissen.de/bildwb/andrea-mantegna-der-tote-christus-perspektive-als-konzept (Stand: 28.3.2022).
https://www.the-artinspector.de/post/mantegna-christuser-tote-christus (Stand: 28.3.2022).
https://cranach.ub.uni-heidelberg.de/wiki/index.php/CorpusCranach:Kreuzigung#CC-BNT-400-052 (Stand: 28.3.2022).
https://cranach.ub.uni-heidelberg.de/wiki/index.php/CorpusCranach:Kreuzigung#CC-BNT-400-059 (Stand: 28.3.2022).
https://www.deutsches-martyrologium.de/martyrer/aus-der-zeit-des-nationalsozialismus/index.html (Stand: 28.3.2022).
https://de.wikipedia.org/wiki/Fürstliches_Mausoleum_(Stadthagen) (Stand: 28.3.2022).
https://blog.wkgo.de/2020/06/02/das-prinzle-epitaph-in-der-stadtkirche-st-georg-in-weikersheim-und-vorankuendigung-der-neuerscheinung-des-kirchenfuehrers/ (Stand: 28.3.2022).

Weiterführend empfehlenswert die Online-Datenbank der Sammlung der Staatlichen Museen zu Berlin, https://smb.museum-digital.de.

Was kommt nach dem Tod?
Christlich-theologische Orientierung

Anja Lebkücher

1. Den Tod annehmen? Biblische Perspektiven

Wir erleben das Sterben anderer und wissen um die Unausweichlichkeit unseres eigenen Sterbens. Das gehört zur Verfasstheit menschlichen Lebens. Wie über alle existentiellen menschlichen Erfahrungen, so reflektieren die biblischen Schriften und das theologische Nachdenken von Anfang an auch darüber. Es finden sich dabei gegensätzliche Beurteilungen des Todes.

Einerseits kann der Tod, gerade in den Schriften des Alten Testaments, als natürliche, gottgewollte Begrenzung unseres Lebens angenommen werden. Der Tod ist dann Teil unserer Endlichkeit als Menschen und Teil von Gottes guter Schöpfung. Das bekannteste Beispiel dafür ist Abraham, von dem gesagt wird: „Und Abraham verschied und starb in einem guten Alter, als er alt und lebenssatt war." (Gen 25,8a)

Andererseits wird der Tod in der Bibel klar als „Feind" bezeichnet: „Der letzte Feind, der vernichtet wird, ist der Tod" (1Kor 15,26). Der Schmerz, den der Tod verursacht, wenn jemand ihn erleidet oder einen geliebten Menschen durch den Tod verliert, dieser Schmerz wird ernst genommen und weder beschönigt noch verharmlost oder fromm übermalt. Das gilt gerade auch für die Schilderungen des Todes Jesu selbst, vor allem bei den Synoptikern.

Ob der Tod tatsächlich als gottgegebene Begrenzung und als Teil von Gottes guter Schöpfung gelten kann oder schon eine Beeinträchtigung der ursprünglich guten Schöpfung darstellt, ist sowohl in der Theologiegeschichte als auch in der gegenwärtigen theologischen Diskussion umstritten.[1] Für unseren

---

1 Das macht sich fest an der Frage, ob die in Gen 3,19 benannte Sterblichkeit des Menschen („zum Staub kehrst du zurück") Folge des Sündenfalls oder von Anfang an von Gott so gewollt war. Die Altprotestantische Orthodoxie* zählt die Immortalitas (Unsterblichkeit) unter den Eigenschaften des Menschen vor dem Sündenfall auf; diese, und nicht die Sterblichkeit, wäre demnach für den Menschen „natürlich" (Schmid 1893, 155). Auch Oscar Cullmann (2010, 18) argumentiert, der Tod sei nicht gottgewollt. Die Gegenposition vertritt z.B. Wilfried Härle (1995, 488). Offensichtlich ist es auf dem Hintergrund der Evolution des Lebens kaum möglich, der Argumentation des Paulus (Röm. 5,12 und 6,23) zu folgen, wonach der Tod erst durch die Sünde des Menschen in die Welt gekommen wäre. Bleibend wichtig ist daran jedoch die Intention, in der Sterblichkeit etwas zu sehen,

Zusammenhang genügt es, festzuhalten: Beide Linien – diejenige, welche den Tod als „Feind", als Teil der in Sünde verstrickten, noch nicht vollendeten, nicht in ungestörter Gottesgemeinschaft lebenden Welt betrachtet, und die andere, welche den Tod als Teil der Geschöpflichkeit des Menschen sieht –, beide bilden jeweils einen Teil unserer Erfahrungswirklichkeit mit dem Tod ab.

Schließlich wird der Tod auch als Durchgang zum Ewigen Leben gesehen und kann als solcher sogar erhofft werden: „Ich habe Lust, aus der Welt zu scheiden und bei Christus zu sein, was auch viel besser wäre" (so Paulus in Phil 1,23b). Wichtig ist an diesem Aspekt, dass der christliche Glaube tatsächlich auf etwas hofft, was nach dem Tod kommen soll und nur durch den Tod hindurch erreicht wird,[2] im Gegensatz zu Hoffnungen, die sich darauf richten, menschliches Altern und Sterben durch medizinischen Fortschritt zu besiegen und somit ein ewiges irdisches Leben möglich zu machen.

Die Erfahrung, dass jemand „alt und lebenssatt" stirbt, ist uns auch heute zugänglich. Der Tod im hohen Alter, zufrieden mit dem Erlebten, ohne schweres körperliches und seelisches Leid, in der Gemeinschaft der Familie, mit dem Leben und den Mitmenschen versöhnt – ein solcher Tod kann, auch wenn er dennoch schmerzt, als Teil der guten Schöpfung begriffen und als Teil unserer menschlichen Begrenztheit akzeptiert werden.[3]

Ist der Tod dagegen mit körperlichem Leid verbunden, ist er Folge eines Unfalls oder einer Gewalttat, stirbt ein Mensch vor der Zeit oder stirbt gar ein Kind oder der Elternteil eines Kindes (siehe weiterführend hierzu die Beiträge von Stefanie Renz, Lena Sturhan, Aydina Rebholz und Elisabeth Jordan in diesem Band): Dann begegnet uns der Tod als schrecklicher Feind, und wir spüren überdeutlich, dass die Welt nicht so ist, wie sie als Schöpfung eines guten Gottes sein sollte. Der Schmerz und die Verzweiflung darüber sind durch die christliche Auferstehungshoffnung nicht obsolet.

---

das eigentlich nicht sein soll, und das daher auf die Auferstehungshoffnung hinweist.
*„Altprotestantische Orthodoxie" bezeichnet diejenige theologiegeschichtliche Epoche, die nach dem Tod der Reformatoren begann und etwa bis 1800 dauerte. In dieser Zeit wurden die Lehren der Reformation systematisch durchdacht und geordnet.

2 Dieser Gedanke ist z.B. schön entfaltet bei Karl Barth (1948, 768).
3 Auch der Raum auf unserer Erde ist ja begrenzt, so dass die Geburt von Kindern nur dadurch möglich ist, dass wir nicht unbegrenzt auf der Erde leben.

2. Wie kann man sich den Himmel vorstellen? Neutestamentliche Hoffnungsbilder

Die neutestamentlichen Schriften enthalten keine Beschreibung des Himmels bzw. des Ewigen Lebens. Vielmehr sprechen sie vom Ewigen Leben in unterschiedlichen Bildern, welche nicht realistisch beschreiben (*so wird es im Himmel sein*), sondern Aspekte einer Hoffnung bildlich ausdrücken. Am stärksten ins kollektive kulturelle Bewusstsein eingedrungen ist wohl die Vision in Offb 7,9–12, wo Erlöste in weißen Kleidern und mit Palmzweigen in der Hand vor Gottes Thron stehen und ihn loben. Doch das Neue Testament enthält eine ganze Reihe weiterer, reicherer Hoffnungsbilder, die stärkere Beachtung verdienen.

In 1Kor 15 beschreibt Paulus Sterben und Auferstehen mithilfe des Motivkomplexes vom Säen und Ernten. Der verwesliche menschliche Leib wird wie ein Samenkorn in die Erde gelegt. Ein neuer, unverweslicher Leib ersteht auf. Es handelt sich um einen neuartigen, verwandelten Leib, aber immer noch um einen Leib, nicht um eine rein geistige, unkörperliche Existenz.

Mehrere andere neutestamentliche Hoffnungsbilder entstammen der Motivwelt des Wohnens. So sagt Jesus in Joh 14,2 beim Abschied zu seinen Jünger*innen: „In meines Vaters Hause sind viele Wohnungen." Paulus spricht in 2Kor 5,1–4 von einem „Haus im Himmel", „von Gott erbaut", in dem ein Mensch, wenn er aufersteht, wohnen darf.[4] Und in Offb 21,2f. heißt es: „Siehe da, die Hütte Gottes bei den Menschen! Und er wird bei ihnen wohnen", nämlich in der „heiligen Stadt" (V. 2).

Schließlich wird das Sein im Himmel verglichen mit einem Fest (z.B. Mt 8,11 par.), insbesondere einem Hochzeitsfest (z.B. Offb 19,7–9). Zu diesem Motiv gehören auch die Stellen, an denen Jesus verheißt, dass er im Reich Gottes die Tischgemeinschaft mit seinen Jünger*innen wieder aufnehmen wird, die er schon während seines irdischen Lebens gepflegt hat (Mt 26,29 par.). Umgekehrt ist Jesu gemeinsames Essen und Trinken mit seinen Jünger*innen, aber auch Zöllnern und Sünder*innen, eine Vorausschattung des anbrechenden Gottesreiches.

Hier ist auch der Ort, auf die Frage nach dem *Wiedersehen mit geliebten Mitmenschen* einzugehen, die für viele Menschen wichtig ist. In der Theologie wird sie erstaunlich wenig behandelt, dort steht die Gemeinschaft mit Gott im Vordergrund (Lang 2000, 1742). Die neutestamentlichen Hoffnungsbilder vom Zusammenwohnen und gemeinsamen Feiern lassen aber keineswegs den Eindruck aufkommen, als gehe es um die selige Gottesschau eines Individuums. Natürlich geht es auch nicht um eine rein menschliche Gemeinschaft, sondern um

---

4   Im Gegensatz zum „irdischen Haus, diese[r] Hütte", die „abgebrochen wird" (ebd.) – ein Bild für den vergänglichen irdischen Leib.

eine Gemeinschaft der Auferstandenen mit Gott *und* miteinander, oder anders gesagt: um ein Zusammensein von Menschen in der Gemeinschaft mit Gott.

Die Hoffnung, im Himmel andere Menschen wiederzusehen, hat somit durchaus Anhalt am Neuen Testament. Die Evangelien erwecken sogar den Eindruck, dass Jesus selbst den Wunsch und die Zuversicht ausgedrückt hat, seine Jünger*innen in der Auferstehung wiederzusehen und bei sich zu haben (Joh 14,3; Mt 26,29 par.). Konkrete Schlussfolgerungen darüber, *wie* die Gemeinschaft mit den Menschen, die einem im Leben nahestehen, in der Auferstehung aussehen wird, erlaubt das Neue Testament dagegen kaum. Einzige Ausnahme ist die – wenn auch nur negative – Aussage über die Ehe (siehe hierzu den Beitrag von Judith Hartenstein in diesem Band). Diese wird nach einer Aussage Jesu in Mk 12,25 par. im Himmel nicht fortbestehen.[5] Immerhin wird jedoch auch nicht gesagt, dass es im Himmel keinerlei Gemeinschaft zwischen denen gibt, die auf Erden miteinander verheiratet waren, sondern nur, dass es keine eheliche Gemeinschaft sein wird.

Über andere enge menschliche Beziehungen wird nichts Bestimmtes gesagt, etwa die zwischen Eltern und Kindern, zwischen Freund*innen etc. Es gibt jedoch keinen Grund, diese Beziehungen nicht als inbegriffen zu denken in die zwischenmenschliche Gemeinschaft vor Gott, die mehrere neutestamentliche Hoffnungsbilder zeichnen, zumal Jesus in den genannten Abschiedsworten an seine Jünger*innen offensichtlich an ein Wiedersehen und wieder Zusammensein mit diesen konkreten, ihm nahestehenden Menschen gedacht hat.

Manche Theologen haben den Himmel im Sinne einer Fülle des Gewesenen bzw. „Verewigung gelebten Lebens" (Jüngel 1990, 153f.; Lang 2000, 1742f.) gedacht. Die Alternative dazu wäre eine Vorstellung, wonach das Sein im Himmel auch neue Erfahrungen und Erlebnisse ermöglicht. Aus den biblischen Aussagen lässt sich dazu nur schwer etwas ableiten, daher ist Zurückhaltung angebracht. Auf folgenden Widerspruch soll jedoch hingewiesen werden: Wenn der Himmel Fülle dessen, was auf Erden war, bzw. „Verewigung gelebten Lebens" wäre, dann wären die Menschen im Himmel sehr ungleich. Diejenigen, die ein erfülltes, langes Leben hatten, wären im Himmel dann wieder viel reicher als die, denen das auf Erden vorenthalten wurde. Daher erscheint es mir angemessener, das Sein im Himmel so zu erhoffen, dass Menschen dort ggf. noch das Leben bekommen, das sie auf Erden nicht hatten, weil sie z.B. sehr jung sterben mussten oder in Elend und Unterdrückung gelebt haben. Das ist nur denkbar, wenn man die Möglichkeit neuer Erfahrungen annimmt.

---

5 Aufgrund dessen binden sich Christ*innen im Eheversprechen nur, „bis der Tod euch scheidet". Die/der überlebende Ehepartner*in erhält so die Freiheit, sich neu zu binden; sie oder er verletzt dadurch nicht die Liebe und Treue, die der oder dem Verstorbenen einst versprochen wurde.

3. Wo sind die Toten? Traditionelle Antwortmodelle

Eine andere existenzielle Frage, die Menschen beschäftigt, wenn sie um jemanden trauern oder an schon länger verstorbene Nahestehende denken, ist: *Wo sind die Verstorbenen jetzt?*

In der christlichen Theologie finden sich zwei Sichtweisen, die nicht leicht zur Deckung zu bringen sind: zum einen die Vorstellung, dass ein Mensch bzw. seine Seele direkt nach dem Tod Gott begegnet, zum anderen die Vorstellung von der Auferstehung der Toten am Ende der Zeit.

3.1 Gleich nach dem Tod oder am Jüngsten Tag?

Die Vorstellung, dass die Seele direkt nach dem Tod zu Gott (oder auch in die Gottesferne) gelangt, impliziert, dass der Mensch aus einem sterblichen, verweslichen Körper und einer Seele, die den Tod überdauert, besteht. Das war die traditionelle Vorstellung auch der Altprotestantischen Orthodoxie und der evangelischen Theologie bis ins 20. Jahrhundert. Es ist noch immer die vorherrschende Position in der katholischen Theologie (s.u. Anm. 122). Diese Konzeption entstand durch die (modifizierte) Aufnahme platonischer Vorstellungen in den ersten Jahrhunderten des christlichen Denkens.[6] Am Neuen Testament hat sie allerdings nur wenig Anhalt.[7]

Die Vorstellung von der Auferstehung der Toten am Ende der Zeit, nämlich am Jüngsten (d.h. letzten) Tag, wenn Gott Himmel und Erde neu schafft und so

---

[6] Für eine ausführliche Darstellung und Diskussion dieses Themas siehe Pannenberg 1993, 616–618.

[7] Beinah der einzige neutestamentliche Beleg für die Auffassung einer Seele, die den Tod des Leibes überdauert, ist Mt 10,28 (für die Parallele in Lk 12,4.5 gilt das nicht): „Fürchtet Euch nicht vor denen, die den Leib (σῶμα/soma) töten, doch die Seele nicht töten können; fürchtet viel mehr den, der Leib und Seele (ψυχή/psyche) verderben kann in der Hölle." Die Vokabel ψυχή ist zwar im Neuen Testament sehr häufig, trägt aber nicht die Bedeutung einer Seele im platonischen Sinn und ist oft am besten mit „Leben" zu übersetzen. (Inwangen 2010, 108f.) Des Weiteren kann auf das Gleichnis vom reichen Mann und armen Lazarus verwiesen werden (Lk 16,19–31). Es ist offensichtlich erzählt auf dem Hintergrund der Vorstellung, dass ein*e Verstorbene*r direkt nach dem Tod in Himmel oder Hölle gelangt, während der Leib noch im Grab liegt und die Zeitgenoss*innen noch am Leben sind. Andere Stellen, die gern als Belege für die Existenz einer unsterblichen Seele genannt werden, wie etwa Koh 12,7 (Schmid 1893, 64), belegen diese Auffassung keineswegs. „Denn der Staub muss wieder zur Erde kommen, wie er gewesen ist, und der Geist wieder zu Gott, der ihn gegeben hat": Hier wird im Gegenteil die Anthropologie aus der Schöpfungsgeschichte in Gen 2 vorausgesetzt, wonach der Mensch aus Erde geschaffen ist und durch das Einhauchen des göttlichen Geistes – nicht etwa einer menschlichen Seele – zu einem lebendigen Wesen wird.

vollendet, ist weithin die Vorstellung des Neuen Testaments. Sie wurde dort nicht neu hervorgebracht, sondern war schon im zeitgenössischen Judentum verbreitet; in den jüngsten Schriften des Alten Testaments kommt sie bereits vor (v.a. Dan 12,2), während der größere Teil der alttestamentlichen Überlieferungen noch keine Hoffnung auf Auferstehung kennt[8] (siehe hierzu auch den Beitrag von Judith Hartenstein in diesem Band). Die bereits verbreitete Auferstehungshoffnung (siehe z.B. Joh 11,24) wurde im Neuen Testament verbunden mit der Auferweckung Jesu: „Nun aber ist Christus auferweckt von den Toten als Erstling unter denen, die entschlafen sind" (Paulus in 1Kor 15,20). Die Auferweckung Jesu begründete die Gewissheit, dass auch alle anderen Menschen auferstehen würden. Ebenso wurde der Leib, den die Menschen bei ihrer Auferweckung haben würden, analog zum Auferweckungsleib Jesu gedacht, der nach den neutestamentlichen Zeugnissen nicht einfach wiederbelebt, sondern verwandelt worden ist.[9]

3.2 Auferweckung zum Leben oder zum Weltgericht?

Das Neuen Testament enthält zwei Varianten der Auferstehungshoffnung: zum einen das Modell der Auferweckung nur zum Leben. Demnach ist die Auferweckung selbst bereits Heil; es werden nicht alle auferweckt, sondern nur die, welche am Ewigen Leben Anteil erhalten. Die übrigen Verstorbenen bleiben im Tod. Dieses Modell ist im Neuen Testament gut belegt (z.B. 1Thess 4,13–18, 1Kor 15),[10] hat sich in der Theologiegeschichte aber wenig ausgewirkt (Härle 1995, 637–639 und Pannenberg 1993, 612–614; bei beiden weitere ntl. Belege).

Das andere Modell ist dagegen in der Theologiegeschichte bestimmend geworden: Demnach werden alle Verstorbenen am Jüngsten Tag auferweckt und treten vor das Weltgericht (Apg 24,15; Mt 25,31–44). Die Auferweckung versetzt den Menschen also zunächst nur in die Lage, am Weltgericht teilzunehmen; dort erhält er sein Urteil und bringt sodann die Ewigkeit entsprechend im Himmel oder in der Hölle zu.[11]

---

8 Genauer ausgeführt bei Jüngel 1990, 98–103.
9 Vgl. die Erscheinungsberichte in den Evangelien, die einerseits betonen, dass Jesus kein bloßer Geist ist (Lk 24,36–43), andererseits eindeutig keine Rückkehr in das Leben vor der Kreuzigung schildern. Für eine genauere Ausführung dieser Zusammenhänge siehe Welker 2002, 34–39. Die Konzeption der leiblichen Auferstehung bei Paulus (1Kor 15) ist nicht genau deckungsgleich mit der Darstellung des Auferstehungsleibes Jesu in den Evangelien, und auch die Schilderungen der verschiedenen Evangelisten weisen Unterschiede auf. Alle denken jedoch die Auferstehung im Sinne einer Leiblichkeit, die sich vom vorangegangenen irdischen Leib unterscheidet und zugleich in Kontinuität zu ihm steht.
10 Die nicht Auferweckten werden dabei meist nicht erwähnt und nicht weiter bedacht.
11 Es gibt im Neuen Testament noch weitere Varianten, die die beiden genannten modifizieren oder zu verbinden suchen. Nach der Darstellung des Johannesevangeliums

Problematisch an dieser Vorstellung ist, dass Gott demnach allen Verstorbenen einen Auferstehungsleib schenkt, also einen geistlichen Leib, einen σῶμα πνευματικός/soma pneumatikos (1Kor 15,44) – die Verurteilten ihn aber nur erhalten, um direkt danach in die Gottesferne geschickt zu werden. Offenbar liegt ein Widerspruch darin, sich das Sein in der Hölle als Existenz mit einem vom göttlichen Geist gewirkten Leib zu denken (Härle 1995, 638f.).

3.3 Wie geht das zusammen? Klassische Kombinationslösung

Man hat in der Theologiegeschichte versucht, die Vorstellung von der Seele, die gleich nach dem Tod vor Gott tritt, zusammenzudenken mit der Erwartung einer allgemeinen, leiblichen Totenauferstehung am Jüngsten Tag. Ergebnis war eine etwas komplizierte Vorstellung: Die Seele tritt demnach direkt nach dem Tod des Menschen vor Gott und empfängt ihr Urteil. Dann wartet sie im Himmel, im Fegefeuer oder in der Hölle auf den Jüngsten Tag. An diesem wird sie wieder mit ihrem Leib vereinigt und tritt vor das Weltgericht, wo ihr Urteil bestätigt wird.[12] Das Fegefeuer ist dabei ein temporärer Durchgangsort auf dem Weg zum Himmel für diejenigen, die noch der Läuterung bedürfen. In diesem Modell ist das Weltgericht eigentlich sinnentleert, denn es wiederholt nur das Urteil, das schon direkt nach dem Tod über jede Seele gefällt wurde.

Im Blick auf das Fegefeuer besteht ein konfessioneller Gegensatz, weil die Reformatoren die Vorstellung des Fegefeuers, auf der ja der Ablasshandel beruhte, abgelehnt haben. Die Seele ist daher nach traditioneller evangelischer Auffassung direkt nach dem Tod „selig oder unselig", also entweder in Gemeinschaft mit Gott oder fern von Gott.[13] Das ist der Grund dafür, warum in evangelischen Gottesdiensten im Vergleich zur katholischen liturgischen und

---

gibt es zwar ein Jüngstes Gericht, aber die Gläubigen entgehen ihm und kommen direkt in den Himmel, ohne sich dem Gericht stellen zu müssen, da sie bereits gerettet sind (Joh 5,24–29). Möglicherweise versucht die Offenbarung des Johannes auf andere Weise beide Vorstellungen (Auferstehung als Heilsteilhabe und Auferstehung als Vorbedingung zum Gericht) zu verbinden, nämlich durch die „Unterscheidung zwischen einer ersten Auferstehung nur der mit Christus verbundenen Gerechten und einer zweiten, allgemeinen Auferstehung zum Gericht" (Pannenberg 1993, 613f. mit Bezug auf Offb 20,5f. und 20,12).

12 Dieses Modell findet sich noch heute im Katechismus der Katholischen Kirche (1993), Nr. 988–1060; es beruht u.a. auf einer Entscheidung Benedikts XII. von 1336 (DH 1000). Zum protestantischen Äquivalent aus der Altprotestantischen Orthodoxie siehe Schmid 1893, 461–482.

13 So war Überzeugung der Altprotestantischen Orthodoxie „in Betreff des Zustandes der Seele nach dem Tode, daß [sic!] ihr Los sogleich nach dem Tod ein seliges oder unseliges ist" (Schmid 1893, S. 461f.; Hervorhebung im Original).

spirituellen Praxis nur sehr zurückhaltend für Verstorbene gebetet wird: Eigentlich kann man für die Verstorbenen, so die dahinterstehende Logik, nichts mehr tun, da die Sache schon entschieden ist.[14]

Denkt man das Leben nach dem Tod ausschließlich so, dass der oder die Verstorbene direkt nach dem Tod in die Gegenwart Gottes eingeht, dann stellt sich die Frage nach dem *Zwischenzustand* nicht, also die Frage, wo die Seele bzw. der verstorbene Mensch jetzt, in der Zeit zwischen seinem individuellen Tod und dem Jüngsten Tag, ist. Damit würde man aber auf zwei im Neuen Testament zentrale Aspekte der Auferstehungshoffnung verzichten: die Hoffnung auf Vollendung der Welt – und nicht nur der einzelnen Menschen – sowie die Vorstellung einer leiblichen Auferstehung. Will man diese Aspekte festhalten, scheint es allerdings, als müsse man alle Hoffnung auf ein Leben nach dem Tod auf den Jüngsten Tag und damit in unzugängliche Ferne verschieben.

Martin Luther verglich in seinen Genesisvorlesungen den Zustand der Seele nach dem Tod eines Menschen mit einem tiefen Schlaf (WA 43.360,24–41). Diese Vorstellung impliziert, dass es dem Menschen am Jüngsten Tag vorkommen wird, als wache er aus dem Schlaf auf, ohne dass ihm bewusst ist, welch lange Zeit möglicherweise inzwischen vergangen ist. Auch wenn diese Metapher vom Schlaf später von der Altprotestantischen Orthodoxie häretisiert wurde (Schmid 1893, 462), ist sie doch ein tragfähiger Gedanke. Schlaf ist offensichtlich eine naheliegende Metapher für den Tod. Auch Paulus verwendet sie (1Thess 4,15). Das Sterben mit dem Einschlafen zu vergleichen, verbunden mit der Hoffnung, wieder geweckt zu werden – dieses Bild stimmt recht gut zu unserer Erfahrung des Todes anderer, denn im günstigsten Fall ‚schläft' jemand friedlich ‚ein', oder es sieht zumindest der würdig zurechtgemachte Leichnam so aus, als würde der Mensch nur schlafen.

3.4 Lebt die Seele weiter oder sind die Verstorbenen ganz tot?

In der ersten Hälfte des 20. Jahrhunderts entwickelten deutschsprachige evangelische Theologen ein Gegenmodell zur Vorstellung einer Seele, die den Tod überdauert: Das Modell vom sog. *Ganztod*.[15] Demnach gibt es überhaupt keine Seele, die den Tod überdauert, sondern der ganze Mensch stirbt und wird

---

14 Bei evangelischen Beerdigungen sind sehr zurückhaltende Gebetsformulierungen üblich, in welchen die Verstorbenen Gott anvertraut werden (Bestattungsagende Pfalz 2019, 266–307), oder es wird ganz auf Bitten verzichtet und stattdessen dem Vertrauen Ausdruck gegeben, dass der verstorbene Mensch von Gott aufgenommen werde, z.B.: „Wir vertrauen darauf, daß [sic!] du die Verstorbene/den Verstorbenen aufnimmst in deinen Frieden." (Bestattungsagende EKHN 1993, 145)

15 Siehe hierzu die pointierte Darstellung durch Oscar Cullmann (2010, 13–24). In der Diskussion wird auch häufig von „Auferstehung [des Leibes] versus Unsterblichkeit der Seele" gesprochen (Brüntrup u.a. 2010).

von Gott am Ende der Zeiten (leiblich) auferweckt, zugleich mit allen Menschen, die je gelebt haben. Auch hier besteht ein Unterschied zwischen den Konfessionen, da das *Ganztodmodell* evangelischen Ursprungs ist und sich in der evangelischen Theologie überwiegend durchgesetzt hat,[16] während auf katholischer Seite weiterhin häufig ungebrochen das *Leib-Seele-Modell* vertreten wird.[17] Es gibt jedoch auch vermittelnde Positionen (s.u. zu Gisbert Greshake).

Nicht alle biblischen Aussagen über Auferstehung passen mit der Vorstellung von Ganztod und Auferweckung am Jüngsten Tag zusammen. Das ist angesichts der Vielstimmigkeit des biblischen Zeugnisses auch nicht zu erwarten. Hierher gehört etwa die Vorstellung, dass, wie Jesus in Mk 27,12 par. sagt, Abraham, Isaak und Jakob schon bei Gott sind.[18] Zum Gleichnis vom reichen Mann und armen Lazarus (Lk 16) siehe Anm. 7.[19]

Das Hauptproblem der Ganztod-Position besteht darin, die Identität zwischen dem verstorbenen und dem auferweckten Menschen festzuhalten. Sicher ist der Auferstehungsleib, wie schon seit Paulus (1Kor 15) durchgängig in der Theologiegeschichte, als verwandelter Leib gedacht und nicht etwa als bloß wiederbelebter Leichnam. Doch anders als für die Christ*innen der ersten und vielleicht noch der zweiten Generation, die davon ausgehen konnten, dass die Leiber der Verstorbenen noch in ihren Gräbern lagen, stellt sich für spätere Generationen von Christ*innen bis zu uns heute das Problem, dass die Leiber der Verstorbenen oft restlos vergangen sind. Die Ganztodtheorie denkt die Auferstehung tendenziell als Neuschöpfung (Cullmann 2010, 17). Doch inwiefern ist dann der auferweckte Mensch noch die Person, die einst gestorben ist, und nicht einfach eine neu erschaffene?

Der beste Weg scheint mir an dieser Stelle der, die Identität des Verstorbenen im Gedenken Gottes zu verorten. Somit würde Gott die Eigenschaften

---

16 Im Blick auf die evangelische Seite muss man festhalten, dass es hier einen auffallenden Gegensatz zwischen den theologischen Überzeugungen der Pfarrer*innenschaft und der Gemeindeglieder gibt. Die studierten Theolog*innen sind zum großen Teil vom Modell Ganztod und Auferweckung überzeugt; nicht theologisch ausgebildete Protestant*innen stellen sich dagegen die Auferstehung häufiger so vor, dass die Seele im Moment des Todes den Körper verlässt und zu Gott geht (Bedford-Strohm 2007, 8). Heinrich Bedford-Strohm bezieht sich auf eine in Deutschland durchgeführte Umfrage, Peter van Inwangen berichtet Vergleichbares über Studierende in den USA (Inwangen 2010, 209f.).

17 So wird im Katechismus der Katholischen Kirche eindeutig und unproblematisiert von der unsterblichen Seele und ihrer Trennung vom Leib gesprochen (s. Anm. 12).

18 Die damalige jüdische Vorstellung, dass die Patriarchen jetzt bei Gott leben (Mt 22,31f.), ist (schon damals) nicht mit der Vorstellung der späteren Totenauferstehung in Einklang (Luz 1997, 266).

19 Auf das Wort Jesu an den reuigen Mitgekreuzigten, „Heute wirst du mit mir im Paradies sein" (Lk 23,43), geht van Inwangen überzeugend und humorvoll ein (2010, 111).

und Erfahrungen eines Menschen[20] in seiner [Gottes] Erinnerung, seinem ‚Bewusstsein' bewahren. Man müsste außerdem annehmen, dass der Mensch, wenn Gott ihn auferweckt und ihm einen verwandelten Leib schenkt, von Gott auch sein Selbstbewusstsein und seine Erinnerungen wiedererhält, so dass er sich auch selbst als derjenige wiedererkennt, der er auf Erden war, der nun freilich eine Verwandlung durchgemacht hat.

Man muss allerdings bedenken: Wenn es keine Seele gibt, die im Tod den Leib verlässt, sondern der ganze Mensch tot ist und auf die leibliche Auferweckung in möglicherweise sehr ferner Zukunft wartet, dann lässt sich die Frage, wo die Verstorbenen jetzt sind, nur noch mit dem Verweis auf das Gedenken Gottes beantworten – seelsorgerisch ist das recht unbefriedigend.

3.5 Ohne Zwischenzustand: Auferstehung im Tod

Um die Probleme des Zwischenzustandes zu vermeiden, wurde in der ersten Hälfte des 20. Jahrhundert ein Lösungsversuch entwickelt, der gern mit dem Begriff *Auferstehung im Tod* bezeichnet wird und Vertreter*innen in beiden großen Konfessionen hat[21]. Damit ist gemeint, dass individueller Tod und Jüngster Tag in eins fallen. Ein Mensch würde demnach im Moment seines Todes direkt in die Wirklichkeit des Jüngsten Tages eintreten (Pannenberg 1993, 622). Aber kann die Auferstehung dann noch als Auferweckung des Leibes gedacht werden, wenn der Leib doch offensichtlich noch nach dem Eintritt des Todes in unserer Welt verbleibt?[22] Man mag darin kein Problem sehen, da man die Auferweckung des Leibes sachgerecht doch nicht so denken wird, als gebrauche Gott die materiellen Partikel des Leibes, etwa die Atome, um den Auferstehungsleib

---

20   Diese Erfahrungen dürfte man sich nicht beschränkt denken auf die Erinnerungen, die ein Mensch kurz vor seinem Tod hat. Denn diese können, etwa im Falle von Demenzkranken, sehr reduziert sein. Es wäre umfassend an die Erfahrungen zu denken, die dieser Mensch in seinem Leben gemacht hat. Auch wenn der Mensch sie vergessen hat, kann Gott sie in seinem Gedenken bewahrt haben. Bedenkenswert ist hier die Frage, ob nicht leidvolle und schuldverstrickte Erinnerungen bei der Auferstehung ins Vergessen fallen dürfen, wie ja häufig in der Bibel davon gesprochen wird, dass Gott einer Schuld „nicht mehr gedenkt" und die schuldigen Menschen dessen „nicht mehr gedenken" müssen (vgl. auch Jes 54,4 und 65,17; Etzelmüller 2001, 309f.). Alternativ müsste man zumindest annehmen, dass die in der Auferstehung verwandelten Menschen ihre leidvollen Erinnerungen dann ohne Schmerz ansehen können.
21   Nähere Darstellung und Beispiele für evangelische und katholische Vertreter dieser Position: Pannenberg (1993, 622) und Greshake (2010, 28).
22   Hierzu passt ein Erlebnis mit einer meiner Töchter, die damals etwa vier Jahre alt gewesen sein mag: Wir hatten im Garten eine tote Maus gefunden und begraben. Ich muss wohl versucht haben, meiner Tochter den Gedanken der leiblichen Auferstehung zu vermitteln. Ein paar Tage später schlug sie vor, wieder an derselben Stelle zu graben und nachzusehen, ob Gott die Maus schon in den Himmel geholt habe.

daraus zu schaffen. Aber: Die Auferstehungsvorstellung wäre nicht mehr nach dem Vorbild der Auferweckung Jesu modelliert, wenn man die gleichzeitige Existenz des Leichnams im Grab als unproblematisch ansehen wollte.[23] Zu dem Gedanken, dass Jesus der *Erstling der Entschlafenen* ist, gehört konstitutiv das leere Grab.[24]

4. Heutige Antwortmöglichkeiten

Die Aporien sowohl des klassischen Kombinationsmodells (s.o.) als auch des Modells der Auferstehung im Tode lassen sich durch heutige Denkmöglichkeiten auflösen. Dabei hilft insbesondere die aus der Relativitätstheorie folgende Überlegung, dass es schon innerweltlich keine absolute Gleichzeitigkeit gibt.[25] Somit lässt sich Auferstehung tatsächlich so denken, dass jeder Mensch im Augenblick seines Todes beim Tag des Weltgerichts und der Vollendung der Welt ‚ankommt', also in die Ewigkeit eintritt. Die Ewigkeit ist damit so gedacht, dass sie jedem Moment der Geschichte, jedem dieser Momente gleich nah ist und von jedem dieser Momente aus durch das Sterben hindurch zugänglich ist. Die lineare Zeit ist endlich; an ihrem Ende mündet sie in die Ewigkeit ein.

Beim Eintritt in die Ewigkeit erhielte der oder die Auferstehende einen verwandelten Leib, der zum irdischen Leib in Kontinuität und Diskontinuität steht (Härle 1995, 634). Besteht dann aber nicht weiterhin das Problem, dass gleichzeitig der Leichnam noch im Grab liegt? Nein, denn *gleichzeitig* gibt es nicht, wenn wir uns auf so unterschiedliche Orte und Zeiten wie das geschichtliche Leben auf der Erde einerseits und die Ewigkeit im Himmel andererseits beziehen. Oder anders gesagt, *gleichzeitig* für die Hinterbliebenen auf der Erde ist nicht *gleichzeitig* für die Verstorbenen.

Ein bereits erwähntes Problem bleibt allerdings, wenn auch abgemildert, erhalten, nämlich, dass man auch unter diesen Voraussetzungen nicht unbedingt sagen kann, die Verstorbenen seien *jetzt schon* bei Gott. Denn dieses *jetzt schon*

---

23 Greshake vertritt die Auferstehung im Tode und versucht sie zugleich als leibliche Auferweckung zu denken (2010, v.a. 36–39). Allerdings fasst er die Leiblichkeit der Auferstehung so, dass sie nur noch wenig mit dem Leib, der auf Erden ins Grab gelegt wird, zu tun hat; sein Modell der Auferstehung ist nicht kongruent mit der Vorstellung von Jesus als Erstling der Entschlafenen.
24 Andernfalls wäre die Identität des Auferstandenen mit dem irdischen Jesus nicht eindeutig; läge zugleich mit den Ostererscheinungen der Leichnam Jesu im Grab, würde der Auferstandene wie ein Doppelgänger wirken. Vgl. hierzu auch Anm. 9.
25 Ob zwei Ereignisse gleichzeitig eintreten, kann nicht absolut beantwortet werden, sondern nur relativ zu einem Bezugskörper, d.h. zwei Ereignisse, die in einer Hinsicht gleichzeitig sind, müssen es in einer anderen Hinsicht keineswegs sein. Eine allgemeinverständliche Erklärung gibt Albert Einstein (1988, 16f.).

gibt es so nicht, bzw. *jetzt schon* für sie ist nicht gleichbedeutend mit *jetzt schon für uns.*[26] Dieser Punkt ist natürlich seelsorgerlich sensibel. Statt „jetzt schon" ist es vielleicht angemessener, „von hier aus gesehen" und „von dort aus gesehen" zu sagen. *Von hier aus* oder *von uns aus gesehen* ruht der oder die Verstorbene noch im Grab und wartet noch auf die Auferweckung. Aber aus der Perspektive der Ewigkeit gesehen ist er oder sie in der Gegenwart Gottes.

In aller Vorsicht möchte ich hier kurz auf eine Frage eingehen, die ebenfalls viele Hinterbliebene beschäftigt, nämlich die Frage, ob die Verstorbenen uns vom Himmel aus sehen können. Das Neue Testament sagt hierzu nichts, so dass große Zurückhaltung angebracht ist. Grundsätzlich wäre es im skizzierten Modell ohne Widerspruch denkbar, wenn auch keineswegs zwingend, dass die Auferstandenen im Himmel die Menschen auf der Erde sehen könnten, ebenso wie ihr eigenes vergangenes Leben.

5. Himmel und Hölle?

Auf den ersten Blick scheint es, als würden wir nicht mehr in einer Zeit leben, in der die Angst vor der Hölle Menschen stark beschäftigt. Doch sollte man die Frage, ob es neben einem Himmel auch eine Hölle gibt, nicht vorschnell für obsolet erklären; seelsorgerlich relevant ist sie für manche Menschen durchaus. Auch die theologische Redlichkeit gebietet, dass man sich dieser Frage stellt, angesichts der breiten Verankerung der Himmel-und-Hölle-Thematik im Neuen Testament, in der Kirchengeschichte, in den Glaubensüberzeugungen vieler Denominationen und im kulturellen Gedächtnis aller, deren Gesellschaften von christlichen Traditionen geprägt sind.

Im Alten Testament, soweit es die Hoffnung auf Auferstehung und damit auf einen Himmel als Ort der Gottesgemeinschaft nach dem Tod noch nicht kennt, ist lediglich von der Unterwelt (hebr. Scheol) die Rede. Diese ist kein Ort der Strafe oder des Leidens, sondern ein Ort, an dem alle Verstorbenen eine Art neutrales Schattendasein fristen. Das Gericht Gottes wird eher innerweltlich erwartet, aber was für unseren Zusammenhang wichtiger ist: Das Gericht wird weniger verstanden im Sinne eines Richters, der durch die Bestrafung der Bösen Gerechtigkeit herstellt, sondern viel eher in dem Sinn, dass Gott gerechte Verhältnisse herstellt, von Unterdrückung befreit und so alles gut macht. Das Gericht wird deshalb mit Freude erwartet (z.B. Ps 96).

Ebenso wie die Hoffnung auf Auferstehung entsteht die Erwartung einer Hölle als Strafort erst in den jüngsten Schichten des Alten Testaments (Dan 12,2),

---

26 Im Falle des auferstandenen Jesus lag die Sache etwas anders, da ein Grab und sein Auferstehungsleib bei den Erscheinungen sowohl im Raum als auch in der Zeit sehr nah beieinander waren.

ist damit zur Zeit Jesu im Judentum schon existent und geht so auch ins Neue Testament ein. Das Thema Hölle steht im Zusammenhang mit der Vorstellung des Weltgerichts oder Jüngsten Gerichts, bei dem zwei Urteilssprüche möglich sind: Freispruch bzw. Himmel einerseits und Schuldspruch bzw. Verdammnis oder Hölle andererseits. Man bezeichnet das üblicherweise mit dem Begriff *doppelter Ausgang*. Die wichtigsten neutestamentlichen Texte dazu sind die beiden Schilderungen des Weltgerichts in Mt 25,31-46 sowie in Offb 20,11-15.

Angesichts der neutestamentlichen Erwähnungen des Weltgerichts sollte man den Gedanken einer Hölle nicht leichtfertig ablehnen. Doch es gibt gute theologische Argumente, eine ewige Hölle nicht anzunehmen.

So ist schwer zu sehen, wie man eine ewige Verdammnis vereinbaren kann mit dem Bekenntnis zu einem liebenden Gott. Zu Recht fragt J. Christine Janowski, „ob Gottes in Jesus Christus offenbare Liebe für irgendwen endgültig (!) umsonst ist" (2000, 55). Natürlich ließe sich einwenden, dass Gott zwar das Heil aller Menschen wolle, sie aber nicht dazu zwinge (Rosenau 2005, 944f.). Doch dieser Einwand würde allenfalls für das Modell *Auferstehung nur zum Heil plus Annihilatio* sprechen, aber nicht für das Modell *Himmel und Hölle*. Denn für einen Aufenthalt in der Hölle als Ort der ewigen Qual würde sich wohl kaum jemand entscheiden wollen. Um Gott nicht als Subjekt der Verdammung betrachten zu müssen, wird gerne argumentiert, die Verdammten schlössen sich ja selbst gegen die Liebe Gottes ab.[27] Doch im Modell *Himmel und Hölle* ist es trotz allem Gott, der sie auferweckt, um sie in die Hölle zu schicken, er lässt sie gewissermaßen „nicht in Ruhe" (Janowski 2000, 259.272).

Die Annahme, dass ein Teil der Menschheit auf ewig in der Hölle bestraft wird, würde es außerdem Gott zuschreiben, die Sünde und das Böse zu „verewigen" (ebd., 11). Die Welt würde so nur zum Teil erneuert und vollendet, nur zum Teil zu ihrem gottgewollten Ziel kommen; der andere Teil bliebe in Ewigkeit eine Art Schreckenszone. Das Gebot der Liebe impliziert, gegenüber dem Leid anderer nicht gleichgültig zu sein; kann man dann annehmen, dass die Menschen im Himmel – die Gerechten – sich ihre ewige Freude nicht trüben lassen sollten vom Leid derer auf der anderen Seite? (So auch Härle 1995, 618 mit Bezug auf Friedrich Schleiermacher.)

Das Konzept vom doppelten Ausgang birgt viele Gerechtigkeitsprobleme. Christ*innen werden zum Verzeihen aufgefordert, Gott sollte das nicht tun (Janowski 2000, 88f.)? Es ist auch zu Recht gefragt worden, ob ewige Strafe für zeitliche Vergehen gerecht sein kann oder ob nicht vielmehr ein Quälen in Ewigkeit jede menschliche Grausamkeit übersteigt (Härle 1995, 617). Und schließlich:

---

27 Die Schwächen dieser Argumentation zeigt Hartmut Rosenau treffend auf: „Nicht Gott und sein eschatisches Heil selbst werden mit der möglichen Konsequenz einer Selbstverdammung zurückgewiesen, sondern nur die Art und Weise, wie dieses Heilsangebot Gottes durch Menschen [...] vermittelt und repräsentiert wird." (2005, 944f.) Die Kirche vermittelt dieses Heilsangebot offensichtlich auf sehr unvollkommene Weise.

Es gibt kaum jemanden, der immer liebevoll gehandelt hat, aber auch nur wenige, die niemals Liebe erwiesen haben (ebd., 613); fast jeder Mensch müsste in dem Gericht, wie Matthäus es schildert, eigentlich auf beiden Seiten stehen, auf der Seite der Gerechten wie auf der Seite der Verurteilten (Janowski 2000, 210).[28]

Das Modell, wonach Gott schließlich alle Menschen errettet – es also einen Himmel für alle und keine Hölle gibt – wird als *Allversöhnung*, gelegentlich auch als *Allerlösung* (Janowski) bezeichnet, griechisch „ἀποκατάστασις πάντων/ apokatastasis panton" (Wiederbringung/Wiederherstellung aller, Apg 3,21). Man wird nicht behaupten können, diese Position sei einhellig aus dem Neuen Testament ableitbar (Janowski 2000, 56). So breit, wie man aufgrund der Wirkungsgeschichte in Kunst und Kirchengeschichte meinen könnte, ist die Bezeugung einer Hölle im Sinne eines Ortes ewiger Strafe und Qual im Neuen Testament allerdings auch nicht (ebd., 70).

Die Position der Allversöhnung hat durchaus Anhalt am Neuen Testament, so etwa bei Paulus (Röm 11,32): „Gott hat alle eingeschlossen in den Ungehorsam, damit er sich aller erbarme." Paulus entwickelt diesen Gedanken im Zusammenhang seiner Reflexion über seine nicht an Jesus glaubenden Mitjüdinnen und Mitjuden. In der Sache gibt es aber keinen Grund, warum dieses Argument nicht ebenso im Blick auf alle Menschen gelten sollte. Des Weiteren gehört hierher das paulinische Argument in Röm 5,18, wonach die Sünde Adams (verstanden als der Mensch schlechthin) durch die Gerechtigkeit Jesu aufgehoben wird. Nicht zuletzt ist an 1Tim 2,4 zu denken: „[Gott] will, dass alle Menschen gerettet werden und sie zur Erkenntnis der Wahrheit kommen."[29]

Für auch seelsorgerlich relevant halte ich eine Passage aus dem Markusevangelium (Mk 10,23–27 par.). Jesus erklärt, wie schwer es sei, ins Reich Gottes zu kommen, insbesondere für reiche Menschen. Die Jünger sind darüber entsetzt und fragen: „Wer kann dann selig werden?" Im Folgenden scheint es, als merke Jesus selbst, dass er zu hart gesprochen hat, und revidiere deshalb seine Aussage: „Jesus sah sie an und sprach: Bei den Menschen ist's unmöglich, aber nicht bei Gott; denn alle Dinge sind möglich bei Gott."

Sicher ist die *Allversöhnung* diejenige Position, die der Liebe Gottes am meisten zutraut. Man wird außerdem guten Gewissens sagen können, dass dieses Konzept das Evangelium von der Gnade und dem universalen Heilswillen Gottes am konsequentesten zu Ende denkt.

---

28 Das ändert sich auch nicht, wenn man im Sinne der Reformation statt der Werke den Glauben für das ausschlaggebende Kriterium im Gericht hält, denn auch hier lässt sich kaum eine scharfe Trennlinie ziehen zwischen den Glaubenden einerseits und den nicht (oder nicht genug?) Glaubenden anderseits.

29 Weitere relevante Texte sind z.B. Kol 1,20a; Eph 1,10; 1Tim 2,6; 1Joh 4,17f.; 1Petr 4,6.

Anders als an der Vorstellung einer ewigen Hölle sollte am Gerichtsgedanken festgehalten werden. Er ist breit in der Bibel verankert[30] und, wie bereits dargestellt wurde, ursprünglich ein hoffnungsvolles Konzept. Diese hoffungsvolle Natur des Gerichts gilt es wiederzugewinnen. Gerade die Position der Allversöhnung braucht sogar die Vorstellung eines – reinigenden, verwandelnden – Gerichts, da sonst die Menschen mit ihrer Schuld, ihren Lieblosigkeiten und ggf. ihrer Bosheit in den Himmel gelangen würden, der doch als Ort bzw. Zustand heilvollen, versöhnten Zusammenlebens vorgestellt werden soll. Auf der Grundlage von 1Kor 3,11–15 lässt sich das göttliche Gericht denken als reinigende, und sei es schmerzhafte, Konfrontation des Menschen mit seinem Leben, in dem alles weggenommen („verbrannt") wird, was dem Willen Gottes nicht gemäß ist bzw. war.[31]

Im Zusammenhang mit dem weiter oben Gesagten, wonach der Jüngste Tag jedem Moment der linearen Zeitlinie gegenübersteht, wäre das so zu denken, dass ein Mensch bei seinem Tod, also beim Übergang aus der Welt in die Ewigkeit, durch dieses Reinigungsgericht hindurchgeht. Dieses Gericht ist nicht nur individuell zu verstehen, sondern fiele zusammen mit der Verwandlung der ganzen Welt, die traditionell am Ende der Zeit verortet wurde.

Literatur

BARTH, KARL (1948), Die Kirchliche Dogmatik III / 2: Die Lehre von der Schöpfung, Zollikon-Zürich.
BEDFORD-STROHM, HEINRICH (2007), Auferstehung, Gericht und ewiges Leben. Einführende Überlegungen, in: DERS. (Hg.), „… und das Leben der zukünftigen Welt". Von Auferstehung und Jüngstem Gericht, Neukirchen-Vluyn, 7–13.
CULLMANN, OSCAR (2010), Unsterblichkeit der Seele oder Auferstehung der Toten? Die Antwort des Neuen Testaments, in: BRÜNTRUP, GODEHARD u.a. (Hg.), Auferstehung des Leibes – Unsterblichkeit der Seele, Stuttgart, 13–24.
DENZINGER, HEINRICH (2001), Kompendium der Glaubensbekenntnisse und kirchlichen Lehrentscheidungen, 39. Aufl. Freiburg i. Br. u.a.
DEUTSCHE BISCHOFSKONFERENZ (Hg.) (2005), Katechismus der Katholischen Kirche. Kompendium, Bonn.
EINSTEIN, ALBERT (1988), Über die spezielle und die allgemeine Relativitätstheorie, 23. Aufl. Berlin u.a.

---

30 Härle bietet eine umfangreiche Auswahl an Belegstellen aus Bibel und Bekenntnistexten zum Jüngsten Gericht (1995, 639).
31 Bei dieser Konzeption liegt insofern eine Nähe zum Gedanken des Fegefeuers vor, als das berechtigte Grundmotiv der Läuterung im Durchgang zum Himmel aufgenommen wird. Für eine genauere Ausführung der Konzeption eines Reinigungsgerichts auf der Grundlage von 1Kor 3,11–15 siehe Pannenberg 1993, 657.663.665 sowie Härle 1995, 644.

ETZELMÜLLER, GREGOR (2001), ... zu richten die Lebendigen und die Toten. Zur Rede vom Jüngsten Gericht im Anschluß an Karl Barth, Neukirchen-Vluyn.

GRESHAKE, GISBERT (2010), Das Verhältnis „Unsterblichkeit der Seele" und „Auferstehung des Leibes" in problemgeschichtlicher Sicht, in: BRÜNTRUP, GODEHARD u.a. (Hg.), Auferstehung des Leibes – Unsterblichkeit der Seele, Stuttgart, 25–42. [Zuvor abgedruckt in: Theologisches Jahrbuch (1985): Leben der kommenden Welt, Leipzig, 247–273.]

HÄRLE, WILFRIED (1995), Dogmatik, Berlin / New York.

VAN INWANGEN, PETER (2010a), Dualismus und Materialismus: Athen und Jerusalem?, in: BRÜNTRUP, GODEHARD u.a. (Hg.), Auferstehung des Leibes – Unsterblichkeit der Seele, Stuttgart, 101–116. [Englischer Originaltext erschienen unter: DERS., Dualism and materialism. Athens and Jerusalem?, in: DERS. (Hg.), The Possibility of Resurrection and other Essays in Christian Apologetics, Boulder 1998, 53–68.]

VAN INWANGEN, PETER (2010b), „Ich erwarte die Auferstehung der Toten und das Leben der kommenden Welt", in: BRÜNTRUP, GODEHARD u.a. (Hg.), Auferstehung des Leibes – Unsterblichkeit der Seele, Stuttgart, 209–225.

JANOWSKI, J. CHRISTINE (2000), Allerlösung. Annäherungen an eine entdualisierte Eschatologie (Neukirchener Beiträge zur Systematischen Theologie 23/1), Neukirchen-Vluyn.

JÜNGEL, EBERHARD (1990), Tod, 4. Aufl. Gütersloh.

KIRCHENVERWALTUNG DER EVANGELISCHEN KIRCHE IN HESSEN UND NASSAU (Hg.) (1993), Schriftworte und liturgische Texte (Teil IV) für den Bestattungsgottesdienst, Darmstadt.

LANDESKIRCHENRAT DER EV. KIRCHE DER PFALZ (Hg.) (2019), Kirchenagende. Kirchenbuch für die Evangelische Kirche der Pfalz (Protestantische Landeskirche), VII: Die Bestattung, Speyer.

LANG, BERNHARD (2000), Art. „Himmel. IV. Kirchengeschichtlich", in: RGG⁴ 3, 1742f.

LUTHER, MARTIN (1912), Vorlesungen über 1. Mose von 1535–45, in: HERMANN BÖHLAUS NACHFOLGER (Hg.), D. Martin Luthers Werke. Kritische Gesamtausgabe 43, Weimar.

LUZ, ULRICH (1997), Das Evangelium nach Matthäus, (EKK I/3), Zürich u.a.

PANNENBERG, WOLFHART (1993), Systematische Theologie 3, Göttingen.

ROSENAU, HARTMUT (2005), Art. „Verdammnis. III. Dogmatisch", in: RGG⁴ 8, 944f.

SCHMID, HEINRICH (1893), Die Dogmatik der Evangelisch-Lutherischen Kirche. Dargestellt und aus den Quellen belegt, 7. Aufl. Gütersloh.

WELKER, MICHAEL (2002), Theological Realism and Eschatological Symbol Systems, in: PETERS, TED u.a. (Hg.), Resurrection. Theological and Scientific Assessments, Grand Rapids/ Michigan u.a., 31–42.

IV. Jüdische, muslimische und philosophische Sichtweisen

Tod – Weisung – Leben
Endlichkeit und Unendlichkeit in der jüdischen Tradition

Asher J. Mattern

1. Hinführung

Während das Sterben von Familienangehörigen und der Tod bis ins letzte Jahrhundert Teil des Lebens und noch nicht in Altersheime und Krankenhäuser ausgelagert war, bemühte sich das philosophische Denken seit seinen Anfängen dem Tod seinen Stachel zu nehmen und ihn als nur von scheinbarer Bedeutung zu entwerten. Im 20. Jahrhundert hingegen, in dem es möglich geworden ist, sein Leben zu führen, ohne jemals einer/einem Sterbenden ins Auge zu blicken und den Tod konkret zu erleben, führt das philosophische Denken in die entgegengesetzte Richtung. Das Denken des 20. Jahrhunderts mit seiner Wende auf die konkreten Existenzvollzüge zeichnet sich durch eine ausdrückliche Hinwendung zum Tod in seiner uns unmittelbar betreffenden und beängstigenden Dimension aus, zum einen im Denken Martin Heideggers, zum anderen und in entscheidend anderer Tendenz bei jüdischen Denkern wie Franz Rosenzweig oder Emmanuel Lévinas (Heidegger 1986; Rosenzweig 1988; Lévinas 1994).

Heidegger verdeutlichte, dass die Flucht vor dem eigenen Tode die menschliche Existenz aus der ihr wesentlichen dynamisch-ekstatischen Zeitlichkeit heraus kehrte und sie dazu führte, sich selbst nach Art vorhandener Dinge, die sich nicht wesentlich auf ihren Tod hinbewegen, zu missdeuten. Entgegen dieser aus ihrer Eigentlichkeit herausgefallenen Existenzweise – dem Modus der Verfallenheit im Jargon Heideggers –, gilt es für ihn, die Ausrichtung auf den Tod – die Existenz hin zum eigenen Tod – als Ursprung der authentische Menschlichkeit begründenden Sinnhaftigkeit aus der Verdrängung zurückzuholen. Der Tod bzw. die bewusste Verankerung des *Daseins in der Möglichkeit des Todes* führt nach Heidegger mithin erst zu einer wahrhaften Sinnhaftigkeit menschlicher Existenz.

In ähnlicher Weise sehen Rosenzweig und Lévinas in einer Anerkennung der konkreten Bedeutung des Todes einen neuen Weg ins Leben und die ihm eigene Sinnhaftigkeit. Es gibt jedoch im Vergleich zu Heidegger zwei entscheidende Differenzen in diesen beiden jüdisch konnotierten Denkansätzen. Für Rosenzweig dient die Erfahrung des Todes bzw. genauer die konkrete Todesangst zwar dazu, die Abstraktheit eines Denkens zu überwinden, das den Tod zu einem irrelevanten Schein erklären kann. Doch die von ihm angestrebte Rückkehr ins wirkliche, von der Philosophie verdrängte Leben zielt auf ein Leben, das seine Wahrheit nicht in erster Linie über die Ausrichtung am eigenen Tode erfährt. Es geht um ein nicht den Tod selbst, aber die Bedeutsamkeit des Todes transzendierendes Leben, ein Leben, das seine konkrete Wahrheit in der Liebe findet, die die/den einzelne*n ihre/seine Vereinzelung überwinden lässt, in die sie/ihn die alleinige Ausrichtung am je eigenen Tode führt: In der offenbarten Liebe Gottes, die uns in die Liebe zum Mitmenschen führt und uns in dieser verwirklichen lässt, gelingt es, den eigenen Tod zu transzendieren, statt ihn zu leugnen.

Auch für Lévinas lässt sich der Tod in seiner Unberechenbarkeit und radikal jedem Verstehen entzogenen Fremdheit, in seinem Nicht-Sinn, als sinnstiftend für die menschliche Existenz verstehen, zugleich aber als Auflösung jeder wirklichen Sinnhaftigkeit. In ähnlicher Weise wie Rosenzweig zeigt er, dass die Andersheit des Todes nicht das letzte Wort hat: Seine Andersheit wird durch die Andersheit des anderen Menschen überboten, der genauso wie der Tod jedem Verstehen entzogen ist, uns zugleich aber in ethischer Weise anspricht. In der ethischen Weisung, die eins ist mit der wirklichen Begegnung mit einem anderen Menschen, werde *ich* in eine ethische Sinnhaftigkeit katapultiert, die *meinem* eigenen Tod die letzte Bedeutung entzieht: Ich weiß mich in einer Weise als der Existenz der/des anderen verpflichtet, in der ihr/sein Tod für mich entscheidender wird als mein eigener. Ähnlich wie für Rosenzweig führt bei Lévinas die Anerkennung der Endlichkeit meiner Existenz zu einer Transzendierung derselben, die diese nicht aufhebt, sondern eine ethische Unendlichkeit in der Endlichkeit selbst erkennen lässt.

2. Die Endlichkeit in der jüdischen Tradition

In dieser Weise, den Tod und die Endlichkeit als fundamental für die menschliche Existenz anzuerkennen, der Vereinzelung im Gegenüber mit dem eigenen Tod aber nicht das letzte Wort zu lassen, sondern sie ethisch zu transzendieren, können Rosenzweig und Lévinas als genuin jüdische Denker verstanden werden. Jüdisch ist ihr Denken dabei nicht dadurch, dass es sich von religiösen oder theologischen Inhalten der jüdischen Tradition – von „Judaica", wie Rosenzweig etwas abwertend sagt – bestimmen lässt, sondern vielmehr als „[ihre] Methode, nicht [ihr] Gegenstand" (Rosenzweig 1935, 207) in der Dynamisierung der Endlichkeit, die die Transzendenz in ihr als wirklich, d.h. als wirkend, anerkennen lässt. Sowohl Rosenzweig als auch Lévinas zeigen, dass die ethische Bestimmung des Menschen die Unendlichkeit in der Endlichkeit in einer Weise konkretisiert, die sie von jeder Endlosigkeit unterscheidet, die im Hegelschen Sinne als schlechte Unendlichkeit verstanden werden müsste.

Die jüdische Tradition selbst ist seit der Torah geprägt von der Anerkennung der Sterblichkeit des Menschen und dem Bewusstsein, dass der Tod das natürliche Ende des menschlichen Lebens darstellt. Denn auch wenn Überlegungen zu einem Jenseits des Todes, zu einer kommenden Welt, eine zentrale Stellung im rabbinischen Denken haben, so führt dies nie dazu, das diesseitige, das endliche Leben seiner Bedeutsamkeit zu berauben – die Torah ist die Weisung für unser Leben in dieser, von unserer Endlichkeit bestimmten, Welt. Für diese Welt ist dabei bei aller Anerkennung unserer unweigerlich auf den Tod hinführenden Existenz die rabbinische Sichtweise entscheidend, dass der Tod keine absolute Bedeutung hat, sondern aufs engste mit dem sündhaften Leben verbunden ist: „Es gibt keinen Tod ohne Sünde, wie es heißt: Die sündigende Seele, sie wird sterben (Hes, 18:20)." (Talmud Bavli, *Shabbos* 55a/b) Damit stellt sich jedoch unmittelbar die aus rabbinischer Perspektive rein theoretische Frage, was es für das Leben hieße, wenn es ohne Sünde wäre. Rein theoretisch ist diese Frage, da seit dem ersten Menschen kein Mensch gänzlich ohne Sünde ist: Nach einem im *Zohar* zitierten Midrasch – einer sinnstiftenden Auslegung der Torah – erscheint Adam jedem Menschen im Moment seines Todes und wird von diesem für seinen Tod verantwortlich gemacht, worauf der erste Mensch antwortet: „Es ist wahr, dass ich einst sündigte, eine Sünde, für die ich streng bestraft wurde. Doch du, mein Sohn, wieviele Sünden hast Du begangen?" (Zohar, *Bereshit* 57b)

Die Verbindung von Tod und Sünde und die theoretische Möglichkeit eines sündenfreien Lebens werfen uns unmittelbar zurück auf die Situation des Menschen vor dem Sündenfall. Vor dem Sündenfall, d.h. in einer von der Sünde unberührten Existenz, steht der Mensch unter einem Gesetz, das ihn klar zwischen Gut und Böse unterscheiden lässt: Er weiß, was er tun und was er nicht tun soll. Diese sündfreie Existenz, in der Adam das Gute ohne jede Kontaminierung durch das Falsche erkennt, ist nach jüdischem Verständnis das in sich unendliche Leben, das volle Leben, in dem die Früchte vom Baum des Lebens genossen werden können, ja sogar sollen: „Und es befahl der Herr, G-tt, dem Menschen: von jeglichem [!] Baum des Gartens wirst du essen. Aber vom Baum der Erkenntnis des Guten und des Bösen wirst du nicht essen." (Bereshit/Gen 3,16f.) Die Adam gegebene Anordnung, von allen Früchten im Garten Eden zu essen, schließt nicht nur zufällig auch den Baum des Lebens ein. In ihr zeigt sich zugleich, dass die Befolgung der göttlichen Weisung unmittelbar im Gegensatz zu einer nur endlichen Existenz steht und in der Endlichkeit eine wahre Unendlichkeit verwirklicht.

Klassische jüdische Interpretationen – etwa im *Zohar* – weisen darauf hin, dass wir das Adam gegebene Verbot, vom Baum der Erkenntnis des Guten und Bösen zu essen, keinesfalls so verstehen dürfen, dass dem Menschen damit diese Erkenntnis vorenthalten werden sollte. Hätte der Mensch vor dem Genuss dieser Frucht keine Erkenntnis des Guten und Bösen gehabt, hätte Gott ihm nicht nur keine gesetzliche Anordnung geben können, er wäre zudem nicht für eine Übertretung derselben verantwortlich und zu bestrafen gewesen. Nach jüdischem

Verständnis hatte Adam nicht nur ein wesentliches Verständnis der Welt – wie sich in der an ihn gerichteten Aufforderung zeigt, er möge den Tieren ihre Namen geben –, sondern er studierte im Gan Eden Gottes Weisung und reflektierte diese: Der Mensch in seiner Menschlichkeit – Adam – ist schlicht nicht ohne die Offenheit und das Verständnis für die Unterscheidung zwischen Gut und Falsch denkbar.

Der Baum der Erkenntnis von Gut und Böse steht mithin nicht für diese Erkenntnis als solche, sondern vielmehr für eine bestimmte Form von Erkenntnis, nämlich des fusionierenden Aufnehmens von Gut und Böse in den Menschen, einer Aufnahme, die die klare Differenzierung gerade unterläuft und eine unmittelbare Vertrautheit mit Gut und Böse impliziert. Während Adams Kenntnis vor dem Verzehr der Frucht von abstrakter Natur war, ist seine Kenntnis jetzt intimer, konkreter Art, verliert durch diese Intimität aber die Klarheit der Distinktion. Die Frucht des Baumes der Erkenntnis von Gut und Böse steht also nicht für das Erwerben der Fähigkeit zur Differenzierung, sondern für die Subversion dieser Differenzierung. Der Baum der Erkenntnis von Gut und Böse heißt auf Hebräisch *Baum Daat Tov vaRa*: Kenntnis im Sinne von *Daat* impliziert die erotische Dimension der Vereinigung, des Fusionierens. Der Verzehr der Frucht dieses Baumes lässt Adam mit dem Guten und dem Bösen fusionieren, so dass es in ihm, d.h. in seiner konkreten Existenz, zugleich zu einer Vermischung des Guten und Bösen kommt.

Mit der Aufhebung der klaren Distinktion des Guten, die Adams unmittelbar unter der göttlichen Weisung vollzogenen Existenz auszeichnet, verliert er die wahre oder qualitative Unendlichkeit des Lebens: Er wird endlich, d.h. er ist nicht mehr allein vom Guten, der in sich unendlichen göttlichen Weisung bestimmt, sondern lebt von nun an, endlich, sterblich, auf den Tod zu. An die Stelle einer von der Unendlichkeit der göttlichen Weisung bestimmten Existenz tritt infolge der Fusion mit dem Guten und Bösen die Endlichkeit einer existenziellen Konfusion, in der es dem Menschen nicht mehr gelingt, ohne Sünde zu leben, weil er nicht mehr klar zwischen *richtig* und *falsch* unterscheiden kann und sich ihm das Böse als das Gute zeigen kann. Mit der Verdrängung der qualitativen Unendlichkeit des Lebens infolge der Vermischung von Gut und Böse im menschlichen Bewusstsein und seinen Existenzvollzügen wird der Mensch in einer so beängstigenden Weise auf seine Sterblichkeit zurückgeworfen, dass er diese nur noch verdrängen kann oder sich ihre Überwindung in einem unendlich verlängerten Leben vorstellen kann: *von der wahren zur falschen Unendlichkeit.*

3. Weisung und sinnhafte Existenz

Aus Sicht der jüdischen Tradition kann uns allein die Torah aus diesem existenziellen Dilemma, in dem wir den Weg zum Guten nicht mehr erkennen, aus unserer Konfusion des Guten mit dem Bösen heraushelfen. Die Torah weist uns an, in einer Weise vom Guten bestimmt zu existieren, die die endliche Vermischung von Gut und Böse zu überwinden trachtet und der dieses, wenn wir uns wirklich lernend und praktizierend von Gottes Weisung bestimmen lassen, auch zu einem hohen Grade gelingen kann. Es ist das Gesetz der Torah, das das endliche Leben über sich hinaus hebt, indem es die Sünde bzw. die Vermischung von Gut und Böse überwinden lässt: Die Unendlichkeit schreibt sich im Hören auf das Gesetz und im Umsetzen des Gesetzes in die konkreten Existenzvollzüge in die endliche Existenz ein und lässt diese sich selbst transzendieren.

Im Buch *Devarim* (Dtn 20,19) wird die Frage von Leben und Tod unzweideutig mit der menschlichen Existenzweise verbunden und damit jeder natürlichen Fatalität entzogen: „Himmel und Erde habe ich heute zu Zeugen wider euch bestellt, ich habe das Leben und den Tod vor dich gegeben, den Segen und den Fluch. Wähle das Leben, damit du lebst, du und deine Nachkommen."[1] Gegen Ende der Offenbarung der Torah, nachdem diese Torah, diese göttliche Weisung, dem Menschen gegeben wurde, ist es seine Entscheidung, ob er das Leben, die Unendlichkeit, oder den Tod, die Endlichkeit wählt. Im Hören auf die Torah, in der Entscheidung für eine Lebensweise in der göttlichen Weisung, überwindet der Mensch dabei keineswegs seine Sterblichkeit, doch die Einarbeitung des ethischen Imperativs in die konkrete Existenz bringt den Segen des Lebens in die sterbliche Existenz und lässt so das Leben den Tod überwinden.

Damit öffnen sich tatsächlich zwei Perspektiven bezüglich der Transzendierung des natürlich-endlichen Lebens. Die eine ist die bekanntere, nach der das diesseitig endliche Leben nach dem Tod in einer anderen Existenzform weiterführt, in der kommenden Welt. Durch die Arbeit an der eigenen Menschlichkeit mit Hilfe der göttlichen Weisung wird es möglich, dass der unendliche Aspekt unserer Existenz, unsere göttliche Seele, nach dem Tode zu Gott zurückfindet. Die Vermischung von Gut und Böse löst sich nach dem Tode, sofern die Einarbeitung der göttlichen Weisung in der konkreten Existenz der sündhaften Fusion beider entgegenwirkte.

Die andere Perspektive versteht die kommende Welt nicht als eine Welt, in der die Seele existiert, nachdem sie mit dem Tod diese Welt verlässt. Vielmehr ist die kommende Welt in dem Sinne kommend, dass sie durch die Befolgung der Weisung kommt – und zwar hier und jetzt. Diese Welt kehrt sich in jene Welt, in

---

1 Ähnlich: „Nach Meinen Geboten sollt ihr handeln und Meine Gesetze bewahren: Ich, der Herr, bin euer Gott. Ihr sollt Meine Gesetze und Meine Anordnungen bewahren, die der Mensch tun wird und durch die er lebt: Ich bin der Herr." (Wajikra/Lev 18,4f.)

dem Maße, wie wir auf Gottes Wort hören: Der Ausdruck *Olam haba – die kommende Welt* drückt mit seinem Partizip Präsenz *ba/kommend* aus, dass es sich nicht um eine zukünftige Welt handelt, sondern um eine Welt, die jederzeit geschieht oder geschehen kann, wenn wir auf Gottes Wort hören. Denn genau dann ist unsere Welt eine andere Welt, unsere Existenz eine andere Existenz.[2] Die kommende Welt ist diese Welt, sofern sie durch unser Hören auf Gottes Wort ganz von Gottes Willen bestimmt und somit in die Unendlichkeit gehoben wird.

Hajjim Volozhin bindet in seinem *Ruach Hajjim* (*Geist des Lebens*) beide Perspektiven zusammen:

> „Aus diesem Grund heißt es in der Mischna nicht, ganz Israel habe einen Anteil *in der kommenden Welt*, sondern *zur kommenden Welt*. *In der kommenden Welt* ließe annehmen, dass diese Welt wie ein Ding an sich existierte, vorbereitet für diejenigen, die die Gebote erfüllen. *Zur kommenden Welt* bedeutet vielmehr, dass der Mensch die kommende Welt hervorbringt, indem er gemäß der Gebote handelt. Die kommende Welt ist das Werk des Menschen selbst, das Gebot ist selbst die Belohnung. Das Licht, das das Gebot mit sich bringt, ist der Garten des Menschen *in seinem Leben* und seine Belohnung in der Zukunft."[3]

4. Der Tod und das Gesetz des Lebens

Wenn die göttliche Weisung eine Möglichkeit bietet, in der Endlichkeit ein ins Unendliche potenziertes Leben zu führen, so heißt dies nicht, dass damit die Sterblichkeit bedeutungslos würde, sei es unsere eigene, sei es die unserer Mitmenschen. Im Gesetze lebend, auf die Erfüllung des göttlichen Willens ausgerichtet zu existieren, mag tatsächlich die Bedeutsamkeit der eigenen Sterblichkeit, die Angst vor dem eigenen Tode in hohem Maße relativieren. Der Tod des anderen, der Tod des geliebten Menschen öffnet dennoch unweigerlich einen Abgrund und droht die sinnhafte Welt, in der wir leben, zu zerreißen.

Das Gesetz der Torah als Gesetz des Lebens kann dies nicht leugnen, sondern muss gerade darauf zielen, mit diesem Riss umzugehen und uns ins Leben und in die Sinnhaftigkeit unseres Lebens zurückführen.

Es ist deshalb notwendig, dass die Torah Weisungen enthält, wie wir uns mit dem Tod, mit der/dem Verstorbenen und mit uns selbst zu verhalten haben, um den Riss wieder zu schließen und in die volle Lebendigkeit zurückzukehren. Es ist hier nicht möglich, die sehr präzisen Anordnungen im Detail zu erläutern, die dem jüdischen Menschen dabei helfen sollen, sich in der Begegnung mit dem Tod nicht zu verlieren. Der Ritus begründet einerseits ein dauerhaftes Erinnern

---

2   Fleg, Edmond hat dies sehr schön im Titel seines Buches *Vers le monde qui vient* (1960) verdeutlicht.
3   Hajjim Volozhin, Ruach Hajjim, Präambel (Hervorhebung von mir); vgl. auch in seinem Hauptwerk Nefesh haHajjim (Die Seele des Lebens), 1. Portal, Abschnitt 12.

der/des Toten und setzt dabei andererseits zugleich der Trauer Grenzen, indem er schrittweise wieder einen erfüllenden Lebensrhythmus herbeiführt.

4.1 Der Trauerprozess in der Rabbinischen Tradition

Es fällt auf, wie präzise die Anordnungen dabei die konkrete Situation des Trauernden beachten und über verschiedene Stadien eine Dynamik der Trauerarbeit instituieren. Tatsächlich können in diesen Schritten der Trauerarbeit Formen der Auseinandersetzung mit bzw. der Bearbeitung der Stufen des Trauerns erkannt werden, wie sie ähnlich im Kübler-Ross-Modell als *Five stages of grief*, als die fünf Phasen des Trauerns, beschrieben werden, die die Reaktion auf die Ankündigung des eigenen Todes oder aber den Verlust eines geliebten Menschen kennzeichnen: Verleugnung, Wut, Verhandeln, Depression und schließlich Akzeptanz (Kübler-Ross 1969). Auch wenn dieses Modell zurecht in seinem Anspruch auf Allgemeingültigkeit kritisiert wurde, so bleibt der Hinweis relevant, dass es wiederkehrende Muster im Verlauf der Reaktion auf einen Verlust gibt, die eine Grundlage für eine gezielte Trauerarbeit bieten können. Tatsächlich scheint die rabbinische Dynamisierung der Trauerarbeit auf einer ähnlichen Beobachtung und Bewertung zu beruhen, dass die Reaktionen auf einen Todesfall verschiedene Stadien durchlaufen, auf die mit entsprechenden Schritten zu reagieren ist, um ein allmähliches Herausarbeiten aus der Trauer zu ermöglichen. Die Trauerarbeit muss vom jüdischen Gesetz in systematischen Schritten instituiert werden, wenn die Trauer selbst bestimmten Rhythmen folgt.

Zunächst ist zu betonen, dass der Umgang mit der/dem Toten selbst einerseits durch einen hohen Respekt charakterisiert ist, zum anderen jede Konzentration auf den Tod, jede Möglichkeit eines Totenkults, vermeidet. So ist ein*e Verstorbene*r, nachdem sie/er für die Beerdigung durch rituelle Waschungen vorbereitet wurde, idealerweise noch an ihrem/seinem Todestag, zumindest aber innerhalb von 24 Stunden in einem einfachen Leinenhemd direkt in der Erde zu bestatten. Diese Pflicht, sich um die Bestattung einer/eines Verstorbenen zu kümmern, gilt normalerweise nur für die nahen Verwandten, aber sie gilt bzw. galt sogar für die *Kohanim*, die eigentlich jeden Kontakt mit Verstorbenen vermeiden mussten, wenn diese etwa auf eine*n unbekannte*n Tote*n stießen, um die/den sich niemand sonst kümmerte – der Respekt selbst vor einem unbekannten Toten war wichtiger als die Pflicht zur rituellen Reinheit, die der Tempeldienst verlangte.

Sowohl die kurze Zeitspanne als auch die einfache Bekleidung der/des Verstorbenen zielen ebenfalls auf den Respekt vor der/dem Toten: Es wäre aus jüdischer Perspektive respektlos, eine*n Tote*n nicht schnellstmöglich zu bestatten und etwa über mehrere Tage aufzubahren. Hierin lässt sich zugleich eine Gegenmaßnahme gegen mögliche Formen des Totenkults erkennen, wie er viele Formen des Götzendienstes – etwa im alten Ägypten – auszeichnete. Die einfache

Kleidung zielt darauf, keine Unterschiede zwischen reichen und armen Verstorbenen möglich werden zu lassen und eventuell arme Familien unter Druck zu setzen, wenn sie ihren Verstorbenen keine wertvollen Todeskleider kaufen können.

4.2 Rabbinische Dynamisierung der Trauerarbeit

Die rabbinischen Bestimmungen bezüglich eines Todesfalls beziehen sich allerdings insbesondere auf die Situation und Handlungen der Trauernden, wobei Trauernde im Sinne des religiösen Gesetzes nur die engen Angehörigen Vater, Mutter, Geschwister, Kinder und Ehepartner*in sind. Dabei sind, wie oben erwähnt, verschiedene Stadien zu unterscheiden, die je unterschiedliche Umgangsweisen mit den Trauernden sowie Handlungen der Trauernden verlangen.[4] Das erste Stadium, das vom Todesfall bis zur Beerdigung dauert, wird als *Aninut* bezeichnet. Es ist die Situation der Sprachlosigkeit, des Schocks, in der die traurige Wahrheit noch gar nicht realisiert ist und in gewisser Weise wohl auch verleugnet wird – die Phase des *Es kann nicht wahr sein*: In dieser Phase ist ein*e Trauernde*r von jedem positiven Gebot befreit – die Gesetzgebung erkennt damit in gewisser Weise an, dass die Erfüllung dieser Gebote in dieser Situation schlicht sinnlos ist.[5] Da niemand in dieser Phase des Schocks das Anlegen seiner Tefillin (der Gebetsriemen) oder das Sprechen des *Schma Israel* in einer Weise durchführen wird, die diese Handlung anders als formal sein ließe, wird der Verzweiflung Raum bzw. Zeit gegeben, und in gewisser Weise auch kein Versuch gemacht, dieser entgegen zu arbeiten. So werden dem *Onen*/der *Onenet* (d.h. dem/der Trauernden im Stadium der *Aninut*) in dieser Phase des Schocks auch keine tröstenden Worte gesagt, da diese für ihn/sie sinnlos sind und eher der/dem Tröstenden selbst helfen, die/der nicht weiß, was sie/er sagen soll. Es geht in gewisser Weise vor allem darum, sich den Riss in der Existenz ins

---

4   Ich spreche im Folgenden nur vier Phasen an, obwohl sich ähnlich wie im Kübler-Ross-Modell five stages of grief unterscheiden lassen: 1. die Aninut bis zur Beerdigung; 2./3. die Schiwa, bis zum siebten Tag, wobei sich hier zwischen den ersten drei Tage (den Tagen des Weinens) und den darauffolgenden vier Tagen (den Tagen des Lobredens) differenzieren lässt; 4. den Schloschim, der 30-tägigen Trauerzeit. 5. die Jud Beis (12) Monaten nach der Bestattung. Bezüglich der Differenzierung innerhalb der Schiva ließe sich der Gedanke anführen, dass wir nach dem dritten Tag mit dem Weinen aufhören sollten, denn ab diesem Zeitpunkt weinen wir weniger um den Verstorbenen als für unser eigenes Leid. Auch hier geht es also um einen Prozess der Bewusstwerdung und der Dynamisierung.

5   Die jüdische Tradition unterscheidet in ihren 613 Geboten 248 positive, die eine Handlung anordnen, und 365 negative, die eine Handlung verbieten. Positive Gebote, ausdrücklich angewiesene Handlungsvollzüge, sind für den Onen/die Onenet nicht auszuführen, aber er darf sich nicht über Verbote hinwegsetzen und in dieser Zeit etwa unkoschere Speisen verzehren.

Bewusstsein treten zu lassen, ihn als wirklich anzuerkennen. Entsprechend erfolgt in dieser Phase der *Aninut* als Zeichen der Trauer die *Kria*, das Einreißen der Kleidung, zumeist direkt im Kontext der Bestattung.

Nach der Beerdigung des Verstorbenen beginnt die Trauerarbeit im engeren Sinne, die eine Dynamik der Rückkehr ins Leben institutionalisiert. Die intensivste Phase ist die der *Schiva*, der sieben (*schiva*) Tage, die mit dem Tag der Beerdigung beginnt. In dieser Phase findet die Trauer während eines siebentägigen Verweilens im eigenen Heim im Kreis der Familienmitglieder unmittelbaren Ausdruck durch jeglichen Verzicht der Aufmerksamkeit auf das eigene körperliche Wohlbefinden, die eigene Körperlichkeit: Die Trauernden sitzen auf dem Boden oder niedrigen Schemeln, sie duschen und rasieren sich nicht, sie tragen keinen Schmuck, üben keine berufliche Tätigkeit aus. Diese Zeit ist Gesprächen über die Verstorbenen gewidmet, es geht um eine intensive Erinnerung, in der über die gemeinsame Trauer zugleich die bleibende Bedeutung der Verstorbenen in gewisser Weise abgesichert wird. Während das Trösten in der ersten Phase, der *Aninut*, nicht angemessen, da sinnlos war, ist die Trauerarbeit der *Schiva* eine Zeit des Trostes – *Nihum Avelim* –, die durch den regelmäßigen Besuch von Verwandten, Freund*innen und Gemeindemitgliedern intensiviert wird, deren Aufgabe es ist, sich um das Wohl der Trauernden zu sorgen und etwa Lebensmittel mitzubringen und zuzubereiten, da die Trauernden sich nicht um ihre körperlichen Bedürfnisse kümmern sollen. Da die Trauernden das Haus nur für die Schabbatgottesdienste verlassen, werden die drei werktäglichen Gottesdienste von den Gemeinden im Hause der Trauernden organisiert, wobei idealerweise ein Trauernder als Vorbeter das Gebet führt.

An die sieben *Schiva*-Tage schließt sich der Zeitraum der *Schloshim*, der bis zum Ablauf von *dreißig* Tagen nach der Bestattung reicht. In dieser Zeit, beginnend am achten Tag, kehren die Trauernden allmählich in ein aktives Leben zurück. Die Trauer findet weiter ihren Ausdruck darin, dass die Beteiligung an frohen Ereignissen stark eingeschränkt ist: Trauernde in der Phase der *Schloschim* dürfen z.B. nicht heiraten oder an einer feierlichen religiösen Pflichtmahlzeit teilnehmen. Selbst das Haareschneiden oder das Rasieren ist in dieser Zeit weiter verboten. Die Trauernden kehren aber während der *Dreißig Tage* in die Öffentlichkeit zurück, nehmen ihre berufliche Tätigkeit wieder auf und begeben sich nun wieder zu den täglichen Gottesdiensten in die Synagoge.

Die Rückkehr in die Öffentlichkeit wird den Trauernden erleichtert oder, genauer, es wird systematisch verhindert, dass sie sich in ihrer Trauer isolieren, indem die religiöse Pflicht der Teilnahme am gemeinsamen Gebet für sie verstärkt wird, da sie zu Ehren der/des Verstorbenen das *Kaddisch* zu sprechen haben, das nur bei einem *Quorum* von zehn Betenden gesagt werden kann. Mit diesem Gebet, das oft als ein Trauergebet missverstanden wird, wird während des gemeinschaftlichen Gottesdienstes wiederholt Gott, der Schöpfer, geheiligt, und es ist für die existenzielle Adjustierung der/des Trauernden wichtig, diese Anerkennung Gottes aktiv und in großer Regelmäßigkeit zu formulieren und sich dadurch in seinem Gegenüber mit Gott neu zu finden und zu positionieren. Die Verpflichtung, das *Kaddisch* zu sprechen, dauert ausgehend von der Bestattung elf Monate und bestimmt damit den Großteil der nächsten Phase, der *Zwölf Monate* (*Yud Bais Chodesh*). In dieser *Yud Bais*-Phase erfolgt die Rückkehr zur Normalität, obwohl es nach wie vor Einschränkungen etwa bezüglich der Teilnahme an festlichen Anlässen und großen Versammlungen mit Musik gibt. Nach zwölf Monaten endet die Trauerzeit mit dem Errichten eines Grabsteins, der *Matzeva*, und wird formal in einem jährlichen Erinnern am Todestag überführt.

4.3 Die Rückkehr der Trauernden in die Bejahung des Lebens

An diesen – hier nur sehr oberflächlich und ohne Details umrissenen – Verpflichtungen im Kontext der verschiedenen Phasen der Trauerarbeit wird sehr deutlich, dass das Gesetz die Rückkehr der Trauernden in die Bejahung des Lebens fördert, indem es genau darauf achtet, was in der jeweiligen Situation möglich ist. Während dem *Onen*/der *Onenet* zunächst alles sinnlos erscheinen muss und dies auch vom Gesetz anerkannt wird, zielt die zweite Phase der *Schiva* auf eine Verarbeitung, die zunächst vor allem auf den Ausdruck des Schmerzes und den Trost setzt, dabei aber eine Gesprächsdynamik erzeugt, die diesen Schmerz zu verarbeiten beginnt. Der Besuch der Trauernden verhindert, dass die Trauernden sich in der Dunkelheit des Verlustes einschließen können, und hilft ihnen, die neue Realität des Lebens ohne die Verstorbenen in und mit ihrem sozialen Umfeld anzunehmen und in ihre gemeinschaftlichen Bezüge zu integrieren.

Tatsächlich wird in der *Schiva* durch das Gespräch über die Verstorbenen und durch das gemeinsame Erinnern deren Existenz und ihre Bedeutung für uns aktiv aufgehoben und vor Augen geführt, wie sie in uns weiterwirken, aber nicht nur in uns, sondern auch im weiteren Umfeld. Im intensiven und meditativ wirkenden Gespräch holen wir das Leben der/des Verstorbenen über ihren/seinen bzw. ihren Tod hinweg in unser Leben hinein, so dass es für uns sinnhaft und sinnstiftend bleibt – wir entreißen dem Tod sein letztes Wort und geben es der/dem Verstorbenen zurück. Wenn wir – wie in der jüdischen Tradition – davon ausgehen, dass ein Mensch in die Welt gesetzt wird, um eine Aufgabe, um seine besondere Mission zu erfüllen, dann wird er in der Erfüllung derselben für uns alle bedeutsam. Und solange ein Mensch diese Bedeutsamkeit für uns behält, lebt er weiter, gibt er sich uns weiter: Die Unendlichkeit seines Lebens, seine aus der göttlichen Weisung gewonnene ethische Bedeutsamkeit, überlebt seine Endlichkeit.

Da diese Unendlichkeit aber nur durch die Einarbeitung der göttlichen Weisung in seine Endlichkeit möglich wurde, ist es folgerichtig, wenn die jüdische Tradition uns über die Torah zirkulär mit der/dem Verstorbenen verbindet und in gewisser Weise ihre/seine und unsere Existenz in der Weisung miteinander verwebt: Im traditionellen Judentum ist es üblich und gilt als eine besondere

Ehre, für eine*n Verstorbene*n Torah zu lernen. Der Gedanke, dass dies der Seele der/des Verstorbenen zu Gute kommt, bewirkt, dass die/der Verstorbene uns zum Lernen der Torah führt und so auch nach ihrem/seinem Tode unser Hören auf die göttliche Weisung und damit unsere Wahl des Lebens, die Unendlichkeit in unserer Endlichkeit, intensiviert. Es ist ein traditioneller Brauch, während der Shloshim-Zeit in einer Lerngemeinschaft die gesamte Mischna zu studieren: Das Wort *Mischna* (משנה), der Name des ersten Korpus der jüdischen Gesetzgebung, und das Wort *Neshamah* (נשמה), Seele, haben die gleichen (hebräischen) Buchstaben: Unsere Seelenkraft und unser Lernen der Torah sind zirkulär aneinander gebunden, und im Lernen für eine*n Verstorbene*n verbindet sich unser Lernen zugleich mit ihrer/seiner Seele, der unendlichen Dimension seiner Existenz, und lässt diese unser Leben intensivieren.

Literatur

FLEG, EDMOND (1960), Vers le monde qui vient, Paris.
HEIDEGGER, MARTIN (1986), Sein und Zeit, Tübingen.
KÜBLER-ROSS, ELISABETH (1969), On Death and Dying, Routledge.
LÉVINAS, EMMANUEL (1994), Le temps et l'autre, Paris.
OUKNIN, JAQUES (2002), L'âme immortelle. Précis des lois et coutumes du deuil dans le judaïsme, Paris.
ROSENZWEIG, FRANZ (1988), Stern der Erlösung, Frankfurt am Main.
ROSENZWEIG, FRANZ (1935), Briefe, Berlin.
TALMUD BAVLI, Shabbos.
VOLOZHIN, HAJJIM (1945), Ruach Hajjim, Jerusalem.
VOLOZHIN, HAJJIM (1989), Nefesh haHajjim, Jerusalem.
WITTENBERG, JONATHAN (2017), Épître de la vie. Guide des coutumes traditionelles juives en situation de maladie, fin de vie et de deuil, Adaptation, compléments et rédaction française: Rivon Krygier, Paris.
ZOHAR, Bereshit.

Trauer und Hoffnung angesichts des Todes
Eine muslimische Perspektive

El Hadi Essabah

1. Einleitung

Der Tod als die existenzielle allgemeinmenschliche Erfahrung schlechthin wird von allen Religionen, also auch vom Islam, reflektiert. Der Glaube an das Jenseits, an die Auferstehung nach dem Tod sowie an das Jüngste Gericht und an das Paradies und die Hölle gehören zu den wesentlichen Glaubensgrundsätzen des Islam. Im islamischen Glaubenskonzept betrifft der Tod sowohl die Leiblichkeit als auch die Geistigkeit des Menschen. Dieses Todesverständnis beeinflusst somit auch die Entscheidungen der Muslim*innen vor ihrem Sterben und über ihr Lebensende hinaus.

Zudem „verfolgt der Islam das Ziel, den Menschen sowohl zur körperlichen und geistigen, als auch zur diesseitigen und jenseitigen Glückseligkeit zu führen." In diesem Beitrag wird versucht, das Thema *Trauer und Hoffnung angesichts des Todes* aus muslimischer Perspektive auf zwei Ebenen zu behandeln: einmal theologisch, anderseits aus der Praxis, wie Muslim*innen mit diesem Thema umgehen.

2. Theologie: Der Tod im Islam

Die erste theologische Frage, die man sich in diesem Zusammenhang stellt, ist: *Welche Bedeutung hat der Tod im Islam?*

Leben und Tod bilden in der islamischen Theologie und Tradition eine untrennbare Einheit (Stephenson 1980, IX). Der Tod ist in dieser Vorstellung die Schwelle, an der das anvertraute irdische Leben an den Schöpfer zurückgeht. In der Sure 21:35 des Korans heißt es: „Jedes Lebewesen (nafs) wird den Tod kosten; und euch wird euer Lohn am Tage der Auferstehung vollständig gegeben." (vgl. auch: Sure 3:18; 29:57) Von daher stellt der Koran den Tod nicht als das Ende des Menschen dar, nicht als etwas Negatives oder Böses, auch nicht als Feind in diesem Sinne, sondern als eine notwendige Voraussetzung einer weiteren Form des Lebens – danach gibt es ein *neues* Leben, das Muslim*innen mit dem Begriff *Ewigkeit* beschreiben (vgl. in diesem Sinne die Sure 29:64).

Der Tod wird ebenso in die Schöpfung einbezogen wie die Auferstehung; er ist gottgewollt und gottgegeben. Laut Koran ist Gott der, „der den Tod und das Leben schuf, um zu prüfen, wer von euch besser handelt" (Sure 67:2). Das heißt:

> „Die Schöpfung ist somit nicht ein sinnloser Zeitvertreib oder ohne jeden Zweck hinsichtlich des Menschen. Den Zustand vor unserem gegenwärtigen Leben oder den Zustand danach können wir kaum begreifen. Aber unser gegenwärtiges Leben ist uns eindeutig gegeben worden, um uns in die Lage zu versetzen, durch gute Handlungen nach einem edleren Zustand zu streben." (Ali 1996, 2759)

Jeder Mensch wird einmal sterben, und niemand kann dem Tod entrinnen: „Wo immer ihr seid, der Tod wird euch erreichen." (Sure 4:78) Daher betrachtet der Koran das irdische Leben nur als eine Etappe, die auf das nächste Leben im Jenseits vorbereitet. Demzufolge sind gläubige Muslim*innen dazu aufgerufen, sich um das Gute für sich und die Menschheit zu bemühen und dies zu verwirklichen; ebenso sind sie aufgerufen, das Böse in all seinen Formen zu vermeiden.

Den Willen Gottes anzunehmen, was ja *Islam* bedeutet, heißt auch, den Tod anzunehmen und die Vorbereitung auf den Tod durch die Bewährung im Leben. Dadurch kann der gläubige Mensch vertrauensvoll dem Tod entgegengehen. In diesem Sinne können Muslim*innen – aufgrund ihres Vertrauens auf ihren Schöpfer und seiner absoluten Barmherzigkeit und Vergebung – *in Frieden* sterben, denn Gott verheißt: „Wahrlich, Wir machen die Toten wieder lebendig" (Sure 36:12). Theologisch aber bedeutet der Tod *Trennung*, nicht von Gott, sondern Trennung des Geistes bzw. der Seele vom Körper, ebenso auch von der Welt als Diesseits, von allem Vertrauten und Eigenen zu der Welt des Jenseits. Von daher wurde der Tod in diesem Sinne als die *conditio sine qua non* der Erreichung des Schöpfungsziels, nämlich als *das andere* und *das ewige* Leben nach dem Tag der Auferstehung, betrachtet. Der Koran weist auf diese Bedeutung hin, wenn er sagt: „Wir gehören Gott, und zu Ihm kehren wir zurück." (Sure 2:156)

3. Seele – Auferstehung – Gericht im Islam

Nach islamischem Verständnis ist eine Person eine Totalität (Lahbabi 2011, 79–81), eine Synthese aus biologischem und geistigem Leben (ebd., 97–101). Diese Einheit von Geist und Körper einer Person (ebd., 25) nennt man im Koran *insan* (ebd., 71).[1] Das heißt, der Mensch besteht nicht nur aus der Materie Körper, sondern auch aus dem Geist Gottes. In der Sure 15:28-31 heißt es: „Und (gedenke

---

[1] *insan* bedeutet *Mensch* und kommt an 65 Stellen im Koran im Singular und 230-mal als *nas* = *Menschen* in Pluralform vor.

der Zeit), als dein Herr zu den Engeln sprach: ‚Ich bin im Begriff, einen Menschen aus Tonerde, aus brackigem, schwarzem Schlamm zu erschaffen. Und wenn Ich ihn geformt und ihm von Meinem Geist eingehaucht habe, dann werft euch in Ehrerbietung vor ihm nieder'. Da warfen sich die Engel allesamt nieder." (vgl. auch die Sure 38:71–74) Viele Kommentatoren des Korans sind sich einig, dass

> „die Seele des Menschen [die im Koran ruh genannt wird] Leben, Wissen, Willen, Unterscheidung und andere menschliche Eigenschaften in sich vereinigt. Diese sind in Wirklichkeit eine Reflektion der göttlichen Eigenschaften, die diesem menschlichen Körper mitgegeben wurden und wodurch der Mensch in die Position eines Statthalters Gottes auf Erden erhoben wurde." (Maududi 1996, Bd. 3, 1160)

Das ist der Grund, warum Muslim*innen glauben, dass

> „der Mensch *anders* [Hervorhebung hier und im Beitrag insgesamt durch den Verfasser] als die übrigen Geschöpfe ist. Er ist dadurch ausgezeichnet, dass er fähig ist, sich geistig und seelisch zu entwickeln. Er ist fähig aus der Vergangenheit zu lernen und für die Zukunft zu planen [...] Durch den Hauch vom Geist Gottes wurde der Mensch erst würdig, von den Engeln durch Niederwerfung ehrerbietig begrüßt zu werden." (Qutb, Bd. 4, 1996, 2220)

Mit dem Tod aber erfährt der materielle Körper eine Umwandlung in der Natur und die Seele lebt in anderen Dimensionen weiter (Mohagheghi 2011, 182) bis zum Tag der Auferstehung (vgl. Sure 20:55; Sure 36:12).

Der Glaube an den Tag der Auferstehung gehört zu den sechs Glaubensgrundsätzen des Islam (vgl. Sure 23:99f.; 36:12, 51–54; 37:16–21; 50:3,15,43f.44). Denn die Auferstehung der Toten und die Abrechnung, bei der nichts in Vergessenheit gerät, wird besonders im Koran aus zwei Gründen betont: einerseits, weil die Araber die Auferstehung vor dem Islam kategorisch geleugnet hatten, andererseits weil sie ein dauerndes Streitthema war. Gott – laut Koran – erweckt die Toten, und Er ist derjenige, der registriert, was sie vorausgeschickt und was sie zurückgelassen haben (Qutb, Bd. 4, 1996, 2129). Die Überlieferung erzählt von einem Dialog zwischen dem Propheten Mohammad einerseits und einer Gruppe damaliger Araber, die die Auferstehung der Toten leugneten, andererseits. Einer von ihnen hat Mohammad einen Tierknochen in seiner Hand gezeigt und gefragt: „Wer wird die Knochen, die vermodert sind, wieder beleben?" Der Koran antwortet auf diese Frage Folgendes:

> „Und er macht uns ein Gleichnis und vergisst seine eigene Schöpfung. Er sagt: ‚Wer wird die Gebeine wieder beleben, nachdem sie zerfallen sind?'
> Sprich: Der wird sie wieder beleben, der sie zum *ersten Mal* geschaffen hat und Er weiß sehr wohl um alles, was die Schöpfung (betrifft), [...]
> Sollte Er, Der den Himmel und die Erde erschuf, nicht imstande sein, ihresgleichen zu schaffen? Doch Er ist der Schöpfer, der Allwissende.
> Wenn Er etwas will, ist nur, dass Er sagt: ‚Sei', und es ist.
> Preis sei Dem, in Dessen Hand die Herrschaft über alle Dinge liegt und zu Ihm werdet ihr zurückgebracht." (Sure 36:78–83, vgl. auch in diesem Sinne die Sure 75:36–40 [Die Auferstehung])

Der Koran teilt uns hier mit, dass die Erschaffung nach dem Tode Gott leichter fällt als die Erschaffung aus dem Nichts. Leichtigkeit und Schwierigkeit sind nur für uns Menschen gültig, nicht aber für Gott. Er braucht nur zu sagen *Sei* und *es wird* (vgl. in diesem Sinne auch die Sure 2:117; Sure 16:40). Und Yusuf Ali schreibt dazu:

> „Seine Schöpfung hängt nicht von Zeit, Mitteln oder Voraussetzungen ab. Die Existenz dient Seinem Willen, Seinem Plan und Seiner Absicht. Sobald Er eine Sache will, wird dies Sein Wort oder Gebot, und die Sache kommt ins Dasein. [...] Denn alle Dinge wurden von Gott erschaffen, Er erhält sie, und zu Ihm kehren sie zurück. Aber der Punkt, der für den Menschen von besonderem Interesse ist, ist der, dass auch er zu Gott zurückgebracht wird und vor Ihm allein Rechenschaft ablegen muss. Diese Botschaft ist das Herzstück aller Offenbarung: Es erklärt die Bedeutung des zukünftigen Lebens [...]". (1996, Bd. 4, 2154)

Nach der Auferstehung der Toten kommt es zur Rechenschaftsablage, der Befragung nach den Taten, dem Aufstellen der himmlischen Waage (als Symbol der absoluten Gerechtigkeit) sowie zu Paradies und Hölle. Denn die Menschen werden an diesem Tag zuerst vor Gott für alle ihre Taten Rechenschaft ablegen müssen (Aymaz 2014, 85).[2] In der Sure 99:6–8 heißt es: „An diesem Tag treten die Menschen hervor in verschiedenen Gruppen, damit ihnen ihre *Taten* gezeigt werden. Und wer *Gutes* im Gewicht eines Stäubchens getan hat, wird es sehen. Und wer *Böses* im Gewicht eines Stäubchens getan hat, wird es sehen." Das heißt, jeder Mensch wird an diesem Tag vollkommen mit seinen Taten konfrontiert werden und sich an sie erinnern lassen. Er kann sie weder verbergen noch ignorieren. Nach Mohammad Asad (Leopold Weiß): „Am Tag des Gerichts sieht der Mensch die Wahrheit über sein gesamtes vergangenes Leben." (1996, Bd. 3, 1258) Und Yusuf Ali schreibt dazu: „Alles wird bei der Abrechnung in Betracht gezogen werden, und diese Abrechnung wird so sein, dass die Betroffenen selbst von ihrer Richtigkeit überzeugt sein werden." (1996, Bd. 5, 2962; vgl. auch Sure 17:13f.)

Es ist wichtig, in diesem Sinne auch zu erwähnen, dass Gott – laut Koran – *gerecht* und *barmherzig* ist, d.h. theologisch gesehen, vertritt Er die absolute Instanz der Gerechtigkeit und der Barmherzigkeit. Aus diesem Grund wird der Mensch an diesem Tag eigentlich zwischen *Gerechtigkeit* und *Barmherzigkeit Gottes* stehen und verurteilt werden. In diesem Sinne verkündet die Sure 21:47 beispielsweise Folgendes:

> „Und Wir [Gott] werden Waagen der Gerechtigkeit errichten am Tag der Auferstehung, und niemandem wird im geringsten Unrecht getan, und sei es vom Gewicht eines Senfkorns, so werden Wir es herbeibringen, und Wir genügen, um Rechenschaft entgegenzunehmen."

---

2 Vgl. hierzu auch Waardenburg 1980, 44.

Demnach gilt einerseits: „Nicht die geringste Handlung oder Neigung oder das kleinste Wort oder Motiv oder der geheimste Gedanke fehlt in Gottes Berechnung" (Ali 1996, Bd. 3, 1490), andererseits: „Damit werden verschiedene heidnische Vorstellungen zurückgewiesen, nach denen eine besondere Gottheit für Gerechtigkeit nach dem Tode zuständig sein soll." (Daryabadi 1996, Bd. 4, 1490)

4. Gerechtigkeit und Barmherzigkeit Gottes im Koran

Die Vorstellung von der umfassenden Gerechtigkeit Gottes, die am Tag der Auferstehung wirksam wird, ist gerade angesichts der Ungerechtigkeiten in dieser Welt tröstlich. Durch sie ist auch gewährleistet, dass niemand ungerecht behandelt wird. Aber der Gedanke, dass Gott wirklich alle Taten kennt und beurteilt, hat auch etwas Bedrohliches – wer hat im Leben nur Gutes getan? Deshalb ist es wichtig, dass neben der Gerechtigkeit die Barmherzigkeit Gottes steht. Sie gibt die Hoffnung, dass es eben nicht nur auf das eigene Verhalten ankommt, sondern Gottes Liebe stärker ist als schlechte Taten und Sünden. Deshalb ist es nötig, genauer zu erläutern, was Gerechtigkeit, Barmherzigkeit und Liebe in islamischer Theologie bedeuten.

Gerechtigkeit, so wie sie als durchgehendes Motiv im Koran aufgefasst wird, geht über eine rein ethische Tugend hinaus. Sie ist mehr als das, nämlich eine Art *Prinzip* oder *Gesetz* (arab. *Qanun*), auf welches grundsätzlich die ganze Schöpfung aufbaut (Az-Zamakhsari 1997, 54.59 mit englischer Übersetzung 16.22). In Sure 55:7–9 heißt es: „Und den Himmel hat Er (über euch) gewölbt und Er hat euch die Waage zur Verfügung gestellt. Damit ihr das Maß nicht überschreitet. Darum haltet das Gleichmaß der Gerechtigkeit und kürzt das Maß nicht." Der Koran versteht das Prinzip der Gerechtigkeit als ein Fundament des Gleichgewichts im Universum, hier symbolisiert durch die *Waage der Gerechtigkeit*.

> „Die Waage der Gerechtigkeit in diesem Vers ist mit der ‚Waage' in den nächsten beiden Versen verbunden, in denen es darum geht, dass Menschen sich gegeneinander gerecht verhalten und ausgewogen handeln sollen, indem sie dem goldenen Mittelweg folgen und keine Ausschreitungen begehen. Die ‚Waage' ist aber auch im übertragenen Sinne mit dem Himmel verbunden, und zwar als Symbol für dreierlei: 1. Gerechtigkeit als himmlische Tugend. 2. Die Himmel selbst werden durch mathematische Ausgewogenheit im Dasein erhalten. 3.[...] Gerechtigkeit ist eine zentrale Tugend, und die Vermeidung von Übertreibungen in *jeder Richtung hält die menschliche Welt im Gleichgewicht, so wie der Himmel durch mathematische Ordnung im Gleichgewicht gehalten wird.*" (Ali 1996, 2598)

Der Historiker, Gelehrte und Exeget Ismai'il ibn Kathir (gest. 1373 n. Chr. in Damaskus) hat schon damals Folgendes geschrieben: „Gott hat Himmel und Erde nach den Prinzipien von Wahrheit und Gerechtigkeit erschaffen, damit alle Dinge nach diesen universalen Prinzipien behandelt werden müssen. Deswegen befiehlt Er uns auch: ‚Darum haltet das Gleichmaß der Gerechtigkeit und kürzt das Maß nicht.'" (Sure 55:9) (Kathir 1991, Bd. 4, 270 [Übersetzung des Verfassers]; siehe auch: Bd. 1, 497f.)

Gerechtigkeit wird im Koran immer wieder als eine der wichtigsten Eigenschaften Gottes hervorgehoben. Gott ist in Wahrheit *der Gerechte*, wie Er ja selbst in Sure 4 (Die Frauen) / 40 verkündete: „Wahrlich, Gott fügt niemandem Unrecht zu, nicht einmal im Gewicht eines Stäubchens. Und wo Gutes (getan worden) ist, vervielfacht Er (den Lohn). Und Er gewährt aus Seiner (Gnadenfülle) einen großartigen Lohn." Nach Az-Zamakhšari ist Gott „[…] wise and *just*, doing nothing but what wisdom requires Him to do. Among His acts are no unjust or futile acts." (1997, 54; englische Übers., 16) Auch die Tradition hat diese Eigenschaft oft betont. In einem *Hadith qudsi* wird überliefert, dass Gott Folgendes gesprochen habe: „O! Meine Knechte, Mir selbst gegenüber habe Ich Unrecht verwehrt und habe es auch zwischen euch für verwehrt erklärt, so tut einander kein Unrecht." (von Denffer 1986, Hadith Nr. 17, 68)

Gerechtigkeit durchzieht als göttliche Eigenschaft die Botschaft Gottes. Alle Offenbarungsreligionen tragen, vermittelt durch die Gesandten Gottes, die Gerechtigkeit als direktes Ziel in ihrer Botschaft. In der Sure 57:25 heißt es: „Wahrlich Wir schickten zuvor schon Unsere Gesandten mit klaren Beweisen und schickten mit ihnen das Buch und die Waage, auf dass die Menschen *Gerechtigkeit* üben möchten." (vgl. in diesem Sinne auch: Sure 42:17) Dazu Maududi:

> „In diesem kurzen Satz wird der gesamte Auftrag der Propheten zusammengefasst, so dass er jedem verständlich werden muß [sic!]. Alle Propheten haben diese drei Dinge gebracht, damit das individuelle und gemeinschaftliche Leben der Menschen auf der Erde nach der Gerechtigkeit ausgerichtet werden kann. Jeder Mensch soll genau Gottes Rechte, seine eigenen Rechte und die Rechte anderer kennen und erfüllen, andererseits muss ein Gemeinschaftsleben auf Grundsätzen aufgebaut sein, die alle Ungerechtigkeit aus der Gesellschaft entfernen und vollkommenes Gleichgewicht herstellen." (1996, Bd. 5, 2645)

Der Koran nimmt besonders Muslim*innen in die Pflicht, im alltäglichen Leben Gerechtigkeit auszuüben, wie er in Sure 4:58 befohlen hat: „Wahrlich, Gott gebietet euch, dass ihr (euch) Anvertrautes an seine Besitzer zurückgebt, und wenn ihr zwischen den Menschen richtet, dass ihr eine gerechte Entscheidung trefft." Der Mensch ist also aufgerufen, ein Maximum an Gerechtigkeit zu verwirklichen, soweit er dies vermag. Sein Rechts- und Unrechtsempfinden ist ein Werkzeug, welches ein Ausfluss des in der Schöpfung inhärent vorhandenen Gerechtigkeitsprinzips ist.

> „Und was das gerechte Richten zwischen den ‚Menschen' anbelangt, so wird es als absolutes Recht aller Menschen bezeichnet. Es ist nicht eine Gerechtigkeit nur unter

den Muslimen, auch nicht nur den Schriftbesitzern gegenüber, sondern ein Recht jedes Menschen." (Qutb 1996, Bd. 1, 264)[3]

Aber noch wichtiger und umfassender als die Gerechtigkeit Gottes ist im Koran seine Barmherzigkeit. Die Formel *ar-rahman ar-rahim (der Barmherzige, der Allerbarmer)* am Anfang fast jeder Sure spricht von der Zuneigung Gottes zu den Menschen. Der deutsche Islamwissenschaftler Johan Bouman stellt in diesem Zusammenhang fest:

> „Es gibt keine Weltreligion, außer dem Islam, die sich auf eine heilige Schrift berufen kann, in der jedes Kapitel mit dem Lobpreis eines barmherzigen Gottes anfängt. Der Koran, der jede Sure – unter Ausnahme der 9. Sure – mit der Formel ‚*Im Namen Allahs, des barmherzigen Erbarmers*' eröffnet, bildet in dieser Hinsicht eine beachtenswerte Ausnahme." (1977, 151f.)

Nach der Bezeugung des Korans hat die Liebe und Barmherzigkeit Gottes keine Grenze. So heißt es in der Sure 7:156: „Meine Barmherzigkeit umfasst alle Dinge" (vgl. in diesem Sinne auch: Sure 6:12 und 54). Auch die Tradition des Propheten betont Liebe und Güte als wichtigste, alles umfassende Attribute Gottes, wie etwa in folgendem Hadith: „Als Gott die Schöpfung beschloss, hat Er sich selbst in seiner Schrift, die bei Ihm niedergelegt ist, vorgeschrieben: ‚Meine Barmherzigkeit besiegt Meinen Zorn'." (von Denffer 1986, Hadit Nr. 1, 24) Zwar wird das Attribut *Liebe* im Koran kaum explizit erwähnt, doch ist es in *Gottesnamen* enthalten, wie in *al-wadud*, „der Liebende/der Liebevolle" (Sure 11:90; Sure 85:14).

In der islamischen Theologie nimmt die Betonung von Gottes Güte und Barmherzigkeit einen breiten Raum ein. Abu Mansur al-Maturidi (gest. 333 n. H./945 n. Chr.) sieht in der Liebe Gottes gegenüber Seinen Geschöpfen, in diesem wie auch im *nächsten* Leben, den Ursprung der göttlichen Weisheit (al-Maturidi 1970, 96f.)[4]. Liebe ist die eigentliche schöpferische Kraft Gottes. Auch für Ibn Arabi ist die Schöpfungstat „ein Werk göttlicher Liebe, aber auch göttlicher Selbst-Liebe – Gott sehnte sich, seine Schönheit im Spiegel der geschaffenen Dinge zu erblicken." (Schimmel 1995, 282) Und der Theologe und Mystiker Jalal ad-Din ar-Rumi schreibt über den Zweck des Schöpfungsaktes:

> „Die Propheten haben von ihrem Herrn Folgendes vermittelt: Meine Absicht für die ganze Schöpfung ist, ihr Wohltätigkeit, Aufrichtigkeit und Güte *entgegenzubringen* (arab.: *Al-Ihsanu ilayhim*) und ihnen meine Gnade zu schenken. Ich habe sie erschaffen, damit sie von Mir einen Nutzen haben und nicht, weil Ich etwas von ihnen brauche [...]. Ich habe sie erschaffen, als Aspekt Meiner Güte, Gnade und Gabe *(arab.:*

---

3 Vgl. auch: Jusuf al-Qaradawi: „Muslime sind verpflichtet, gegenüber allen Menschen gerecht zu sein und zu handeln, auch wenn diese Ungläubige sind." Ghayr al-Muslimin fi al-Mugtama' al-Islami, 6; Übersetzung vom Verf.

4 Vgl. ferner: Yusuf Ali: „Weil Gott in Seiner Macht so erhaben ist, dass Er Seinen Willen und Plan verwirklichen kann, und Sein Plan ist Liebe, Barmherzigkeit und Güte gegenüber Seinen Geschöpfen.", in: Die Bedeutung des Korans, Bd. 5, 2759.

Innama khalaqtuhum ifadatan li al-gud wa izharan li-as-Sakha'i wa al-gud)." (Jalal ad-Din ar-Rumi, zit. nach al-Hasan an-Nadwi 1983, 345)

Was für die islamische Theologie allgemein gilt, trifft nun insbesondere für die islamische Mystik zu: Im Mittelpunkt all ihrer Bemühungen, Aussagen über Gott, Mensch und Welt zu machen, steht die *Liebe*. Sie ist „[...] Wurzel und Fundament des Weges zu Gott. [...] Sie umschließt und übersteigt die Funktion aller Standplätze, sie ist Wurzel und Ursache aller Zustände, wer recht liebt, verwirklicht alle anderen Zustände." (Gramlich 1976, 297f.)

Alles Trennende scheint in der Liebe aufgehoben zu sein. Die Liebe geht *von Gott* aus und erfasst den Menschen, dessen Liebe *zu Gott* wiederum auf alles ausströmt, *was Gott geschaffen hat*. Der sehr bekannte und anerkannte Theologe, Philosoph und Mystiker des Mittelalters Abu Hamid Al-Ghazali schreibt in seinem Werk *Ihya' 'Ulum ad-Din*: „Wenn die Gottesliebe das Herz eines Menschen beherrscht, liebt er alle Geschöpfe Gottes, weil sie Seine Geschöpfe sind." (Gramlich 1976, 311; vgl. auch Al-Ghazali 1986, 323)

Einer der bedeutendsten islamischen Mystiker in diesem Sinne war der persische Dichter Jalal ad-Din ar-Rumi (gest. 1273 n. Chr.). Seine ganze Theologie war auf Betrachtungen über die Liebe gegründet, welche Gott, Menschen und Welt gleichermaßen umfängt. Das zeigt z.B. der mehrfach überlieferte Ausspruch Rumis: „Nur Liebe, nur Liebe - wir haben sonst kein Werk." (Schimmel 1984, 171)

Der Mensch wird – aus der Sicht der islamischen Theologie – am Tag der Auferstehung und des Gerichts zwischen zwei Hauptprinzipien und Eigenschaften Gottes, nämlich zwischen absoluter *Gerechtigkeit* und unbegrenzter *Barmherzigkeit* Gottes, stehen und für seine Taten beurteilt werden. Die Theologen allgemein und die Mystiker unter ihnen im Besonderen, wie z.B. Abu Hamid al-Ghazali (gest. 1111 n. Chr.) und Ibn Arabi (gest. 1240), haben die theologische und philosophische Ansicht vertreten, dass die *Mehrheit* der Menschen an diesem Tag (Tag des Gerichts) – unabhängig von ihren Glaubensrichtungen und Religionen – gerettet werden und ewiges Leben im Paradies Gottes verdienen, wenn sie an *Gott* glaubten und etwas *Gutes* im Diesseits getan haben (Gramlich 1976, 100f.).

Dies bedeutet einerseits, dass die Liebe Gottes und seine unbegrenzte Barmherzigkeit gegenüber seinen Geschöpfen ganz wichtige Voraussetzungen der Liebe und der Akzeptanz zwischen allen Menschen unabhängig von ihrer ganz unterschiedlichen Herkunft, Sprache, Religion, Hautfarbe, Kultur und Weltanschauung sind. Es bedeutet andererseits aber auch, dass alle Menschen durch die unbegrenzte Barmherzigkeit und Liebe Gottes eine große Chance haben, das *neue* Leben – nach dem Tod und der Auferstehung – zu gewinnen und in der *Ewigkeit* in Glück und Frieden weiterzuleben und dies genießen zu dürfen.

Eine Begebenheit aus der Geschichte der islamischen Mystiker zeigt, wie weit die Überzeugung, Liebe könne alle trennenden Mauern überwinden, auch im Alltag tatsächlich interreligiöse Toleranz ermöglichte. Es wird berichtet, dass, als der Mystiker ar-Rumi gestorben war, auch Jüdinnen und Juden, Christ*innen und Anhänger*innen anderer Glaubensrichtungen zusammen mit Muslim*innen im Trauerzug gingen. Während die Muslim*innen den Koran zitierten, lasen Jüdinnen und Juden sowie Christ*innen aus der Bibel, und alle weinten. Der Statthalter der Stadt (Konya) fragte die Priester, Mönche und Vertreter*innen anderer Religionen erstaunt: „Warum weinen sie, wo doch Rumi ein muslimischer Gelehrte war?" Da antworteten sie: „Durch ihn konnten wir die Wahrheit der früheren Propheten erkennen, und mit ihm haben wir die wahre Lehre der Heiligen erblickt." (Al-Hasan an-Nadwi 1983, 331)

5. Wie kann man sich den Himmel/das Paradies/das ewige Leben vorstellen?

Das Paradies ist nach islamischem Glauben der Aufenthaltsort der Seligen bzw. der Aufenthaltsort der Belohnung, der Sicherheit, der Geborgenheit und des Friedens. Gott wird hier die Menschen, die an Ihn geglaubt haben, seine Gebote befolgt und sich von Seinen Verboten ferngehalten haben, eintreten lassen. Dort findet man alle Wohltaten Gottes. Man liest im Koran zahlreiche Passagen, die über das Paradies sprechen und es beschreiben – man darf aber all das nicht wortwörtlich verstehen. Denn der Koran spricht in diesem Zusammenhang einerseits von Gleichnissen, die *nicht real* sind, und durch die man etwas (in Form eines Bildes) *verstehen* kann. Andererseits benutzt der Koran in diesem Sinne auch *Symbole*, die man unbedingt *interpretieren* soll. Das ist der Grund, warum in der Geschichte der islamischen Theologie und Philosophie diesbezüglich zahlreiche Interpretationen vorgenommen worden sind. Beispielsweise in der Sure 47:15 lesen wir:

> „*Das Gleichnis* des (Paradies)gartens, der den Gottesfürchtigen versprochen ist: Darin sind Bäche mit Wasser, das nicht schal wird, und Bäche mit Milch, deren Geschmack sich nicht ändert, und Bäche mit Wein, der köstlich ist für diejenigen, die (davon) trinken, und Bäche mit geklärtem Honig. Und sie haben darin von allen Früchten und *Vergebung* von ihrem Herrn." (Vgl. auch Sure 13:35)

Nach einer anderen Übersetzung heißt es: „Um euch ein *Bild* von dem Paradiesgarten (zu vermitteln), der den Gottesfürchtigen verheißen ward [...]" (Die Bedeutung des Korans 1996, Bd. 5, 2460). Max Henning hat den Vers so übersetzt: „Das *Bild* des Paradieses, das den Gottesfürchtigen verheißen ward [...]" (1980, 458). D.h. all das, was dort beschrieben wurde, ist bloß ein *Bild*, das so formuliert ist, damit wir uns darunter *etwas vorstellen können*, aber *nicht* so gemeint ist, wie wir diese Bilder in unserer Welt kennen. Schon damals haben viele Exegeten und Theologen, wie z.B. Zamahsari (gest. 1144 n. Chr.) und Razi (gest. 1209 n. Chr.), solche Verse des Korans genauso verstanden und interpretiert. Mohammad

Asad (Leopold Weiß) bezieht sich auf Interpretationen der klassischen Kommentatoren zur Stelle:

> „Die Parabel vom Paradies, das den Gläubigen verheißen wurde, [...] Diese Übersetzung gibt wörtlich die Interpretation bei Zamahsari und Razi wieder, nach Zamahsari dient dieser Abschnitt zur gleichnishaften Illustration für etwas, das außerhalb unserer Wahrnehmungsmöglichkeiten liegt, durch etwas, das wir kennen. Wie in der ähnlichen, aber weiter gefassten ‚Paradiesparabel' in Sure 47:15 werden wir hier daran erinnert, dass die koranische Beschreibung dessen, was den Menschen nach der Auferstehung erwartet, zwangsläufig *metaphorisch* ist, denn der menschliche Verstand kann nichts erfassen, was völlig anders ist als das, was in dieser Welt erfahrbar ist." (1996, Bd. 3, 1106)

Er schreibt auch (was die Parabel in Sure 47:15 betrifft): „Der Begriff matal (‚Gleichnis') selbst soll zweifellos den Lesern [und Leserinnen] des Quran einprägen, dass seine Beschreibungen des zukünftigen Lebens rein allegorisch sind." (ebd., 2460)

Im Koran selbst gibt es Hinweise für das Verständnis, wie in Sure 32:17: „Denn keine Seele[5] weiß, was an Augenfreude für sie *verborgen* gehalten wird als Lohn für das, was sie zu tun pflegten." Auch in der Tradition des Propheten Muhammad wurde überliefert: „Gott spricht: Ich habe für Meine rechtschaffenen Diener Dinge bereitgehalten, die kein Auge je gesehen, kein Ohr je gehört und keinem Menschen in den Sinn gekommen sind." Dann wies er auf den Qur'anvers 32:17 hin (Asad 1996, Bd. 4, 1999). Nach Muhammad Hamidullah ist das Paradies „ein bildlicher Begriff zum besseren Verständnis eines Zustands, der jenseits unseres irdischen Denkvermögens liegt." (Khoury 1996, 487)

Andererseits ist das Paradies auch ein *Symbol des ewigen Lebens*, das den Menschen nach dem Tod erwartet. Denn das Leben des Menschen geht laut Koran nach seinem Tod in verschiedenen *Etappen* und *Formen* weiter. Im Paradies selbst wird der Mensch eine weitere *hohe Dimension* und *Entwicklung* seiner *Persönlichkeit* in einer ganz *neuen Form* des Lebens erfahren. Dies wird aber nicht in dieser Welt geschehen, sondern in einer komplett *neuen* Welt, die Gott ganz *neu* erschaffen wird (vgl. in diesem Sinne z.B. Sure 81:1–14; 82:1–4).

Es gibt aber auch andere Stellen im Koran, die eine *neue* Dimension und Perspektive der *Glückseligkeit* ins Paradies eröffnen, wie z.B. die Sure 9:72;

> „Gott hat den gläubigen Männern und den gläubigen Frauen Gärten verheißen, die von Strömen durchflossen sind, in denen sie ewig verweilen werden. Und treffliche Wohnstätten in Gärten der Ewigkeit. Doch *das Wohlgefallen Gottes ist die größte (Gnade). Das ist die höchste Glückseligkeit.*" (vgl. auch Sure 10:26)

Über das Wohlgefallen Gottes bzw. die höchste Glückseligkeit im Paradies haben damalige muslimische Exegeten, Theologen und Philosophen sehr unterschiedliche Meinungen vertreten. Eine davon lautet: „Die höchste Erwartung

---

[5] Keines der Geschöpfe (nach: Al-qurtubi), (nicht einmal ein Engel oder ein Prophet (nach Daryabadi), in: Die Bedeutung des Korans, Bd. 4, 1998.

der Frommen ist nach einer in Hadithen begründeten Exegese dieses Verses die Anschauung Gottes (visio beatifica)." (Khoury 1996, 487) Annemarie Schimmel schreibt dazu:

> „Während die Paradiesbeschreibungen von phantasiebegabten Predigern materialisiert und vergröbert wurden, war eines der wirklichen Probleme für die Frommen, ob man Gott im Paradies erschauen könne. Während die Mu'taziliten eine solche Möglichkeit kategorisch ablehnten, behaupteten die traditionalistischen Muslime, dass es möglich sei, wenn vielleicht auch nur in Abständen." (1995, 295)

Zum Schluss noch zwei kurze Bemerkungen in diesem Zusammenhang:
a) Das Paradies bzw. das ewige Leben ist gedacht und geplant laut Koran „[f]ür diejenigen, die GUTES getan haben [...]: ‚Friede sei mit euch!, Tretet ein in den Paradiesgarten wegen dessen, was ihr zu tun pflegtet.'" (Sure 16:30–32) (Vgl. auch Sure 4:124; Sure 10:26). Sie werden mit einem Friedensgruß in die ewige Glückseligkeit Gottes aufgenommen.
b) Eine Frage, die öfter gestellt wird, ist, ob Frauen auch ins Paradies eintreten werden. Es ist nicht bekannt, dass muslimische Expert*innen diesbezüglich verschiedene Meinungen darüber vertreten hätten. Der Koran lässt keinen Zweifel, dass Frauen selbstverständlich auch die Bewohnerinnen des Paradieses sein werden. Ein Beispiel dafür ist die Sure 40:40, dort heißt es: „wer aber gute Werke tut, sei es *Mann* oder *Frau*, und gläubig ist, die werden in den Garten eintreten. Darin werden sie versorgt ohne zu rechnen". Doch wer sind die Gläubigen, die hier gemeint sind? Auf diese Frage gibt der Koran an zahlreichen Stellen eine klare Antwort. In der Sure 2:62 z.B. heißt es:

> „Wahrlich, diejenigen die glauben (an die Botschaft Muhammads) und die, die Juden sind, und die Christen, und die Sabäer - wer (auch immer) an Gott und den Jüngsten Tag glaubt und Gutes tut - die haben ihren Lohn bei ihrem Herrn und sie brauchen keine Angst zu haben, noch müssen sie traurig sein." (vgl. in diesem Sinne auch: Sure 5:69; Sure 22:17)

> „Der Qur'an verkündet hier den universellen Grundsatz der Einheit im Glauben, demzufolge die Gnade Gottes sich nicht auf eine Rasse oder einen Stamm beschränkt, sondern gleichermaßen alle aufrichtig Gläubigen zu allen Zeiten und überall auf der Welt umfasst." (Qutb 1996, Bd. 1, 42)

6. Muslimische Rituale und Traditionen

6.1 Trauer und Bestattung in der islamischen Tradition

Der Mensch muss im Islam nach seinem Tod genauso ehrenvoll behandelt werden wie er auch zu Lebzeiten in seiner Würde zu respektieren war. Muslimische Gelehrte haben damals von den *Rechten* der Verstorbenen gesprochen und sie in ihren rechtswissenschaftlichen Werken festgeschrieben. Zu solchen Rechten gehört z.B., die Würde des Menschen zu achten und respektvoll mit seinem Körper, seiner Bestattung, seinem Testament und seinem Vermögen umzugehen. Nach dem Tod bekommt der Verstorbene zunächst eine rituelle *Waschung*, die vor dem Begräbnis vorgenommen wird. Der Körper wird auf eine bestimmte ritualisierte Weise mit Wasser gewaschen und parfümiert. Danach wird der Leichnam in ein weißes und sauberes Totentuch gewickelt. Die/Der Verstorbene sollte möglichst einige Stunden am Ort des Hinscheidens aufgebahrt werden. In dieser Zeit wird aus dem Koran rezitiert, es werden Gebete und Bittgebete gesprochen. Vor der Bestattung verpflichtet der Islam die Gläubigen dazu, ein spezielles und gemeinsames Gebet für die Verstorbenen zu organisieren und zu verrichten. Dieses Gebet findet meistens mit Angehörigen, Verwandten und Freund*innen der/des Verstorbenen – aber auch mit anderen Gläubigen – in einer Moschee statt.

> „[A]m Grab wird unmittelbar vor dem Begräbnis ein Gebet verrichtet, an dem alle Personen, die den Verstorbenen zu Grabe tragen, teilnehmen können. Bei der Bestattung wird empfohlen, dass diejenigen, die den Verstorbenen zu Grabe tragen, so lange anwesend bleiben, bis das Grab vollständig mit Erde bedeckt ist. Danach sollen sie dem Verstorbenen nicht schnell den Rücken kehren, sondern sich ruhig und mit Bedacht von ihm verabschieden." (Mohagheghi 2011, 185)

Nach den unterschiedlichen islamischen Richtungen, regionalen Gewohnheiten und kulturellen Sitten kann es dementsprechend auch verschiedene Formen und Traditionen geben. Denn die Religion selbst hat nicht alles erklärt, sondern hat den Menschen die Organisation selbst überlassen, je nach ihrer Lebenssituation, Kultur und Möglichkeiten. Bei uns in Marokko z.B. (dort herrscht die sunnitische Glaubensrichtung) findet eine öffentliche Trauerfeier sofort am Tag nach der Bestattung statt, meistens abends im Haus des Verstorbenen (und nicht in der Moschee). Die Familie und die Angehörigen des Verstorbenen werden von Verwandten, Freund*innen und Nachbar*innen versorgt und ständig begleitet. Hamideh Mohagheghi berichtet, wie die Tradition diesbezüglich im Iran ist (dort herrscht die schiitische Glaubensrichtung); sie schreibt:

> „Am dritten Tag nach dem Tod findet eine öffentliche Trauerfeier – meistens in einer Moschee – statt. Am siebten Tag besuchen Familie und Verwandte gemeinsam das

Grab, ebenso am vierzigsten Tag, der als Abschluss der intensiven Trauerzeit gilt." (ebd.)

Vor tausend Jahren herrschten unter den muslimischen Gelehrten bestimmte Meinungen, die zu ihren Zeiten, Kulturen, regionalen Gewohnheiten und Sitten passten, jedoch heutzutage *nicht mehr* vertreten werden sollten. Hier zwei Beispiele in diesem Zusammenhang: a) Es herrschte damals die Meinung, dass die Bestattung so schnell wie möglich – am besten noch am Todestag – stattfinden solle. Natürlich war diese Meinung damals vernünftig aufgrund der Hitze und des Mangels an hygienischen Voraussetzungen. Heutzutage aber, in unserer modernen Zeit mit ihren Möglichkeiten, ist diese Meinung *nicht mehr* Konsens. Denn wie die muslimischen Experten schon damals festgestellt haben: „Es besteht die Notwendigkeit einer Veränderung der religiösen Meinungen und Interpretationen (sog. Fatwa = Gutachten) je nach der Veränderung der Zeit, des Raumes, der Gewohnheiten und Situationen" (Qayyim al-Gawziyya 1993, Bd. 3, 5f.).[6]

b) Das zweite Beispiel in diesem Sinne wäre, was manche Muslim*innen auch heute noch so denken: „Der muslimische Verstorbene wird ohne Sarg, verhüllt mit dem Totentuch [...]" (Ilkilic 2005, 50) begraben. Es gibt aber weder religiöse Vorschriften noch vernünftige Erklärungen, die einen Sarg verbieten – wie manche muslimischen Laien denken.

Wichtig ist aber, die islamische Lehre und Botschaft immer vor Augen zu behalten und sie zu achten, wie z.B. das *gemeinsame Totengebet* mit den Angehörigen, Freund*innen und Bekannten für den Verstorbenen zu organisieren und für sie/ihn zu verrichten (Al-Buchari, Hadith Nr. 1245–7; Muslim, Hadith Nr. 945f., Ibn Maga, Hadith Nr. 1488). Es gehört auch dazu, dass die/der Verstorbene zum Friedhof von seinen Angehörigen, Verwandten und Freund*innen begleitet wird, um sie/ihn zu verabschieden. Der Islam ermutigt die Gläubigen, daran teilzunehmen.

6.2 Welche Formen des Gedenkens sind in der Zeit danach üblich?

Historisch gesehen haben Muslim*innen im Laufe der Geschichte verschiedene Traditionen entwickelt. Traditionell besuchen die Angehörigen, Verwandten und Freund*innen das Grab der/des Verstorbenen zu verschiedenen Gelegenheiten, wie z.B. am siebten Tag nach dem Tod, und sprechen Bittgebete für die Seele der/des Verstorbenen, damit sie in die unendliche Barmherzigkeit Gottes aufgenommen wird.

---

6   Das ist die Überschrift einer Abhandlung von dem sehr bekannten und anerkannten Theologen Ibn Qayyim al-Gawziyya (gest. 1350 n. Chr.) in seinem bekannten Werk *A'lam al-Muwaqqi'in 'an Rabi al-'alamin*.

Es gibt auch die Tradition, dass man als Angehörige*r oder Verwandte*r das Grab der/des Verstorbenen bisweilen je nach Zeit und Möglichkeit besucht, um es zu pflegen und der/des Verstorbenen zu gedenken sowie ihr/ihm ein Bittgebet zu widmen. Dazu gehört auch, Rituale und Gedenkfeiern 40 Tage nach dem Tod durchzuführen, bei denen die Muslim*innen in der Moschee oder zuhause für ihre Toten beten und gemeinsam Verse oder Suren aus dem Koran sprechen.

Ebenso gibt es in den verschiedenen muslimischen Ländern auch die Tradition, dass die Angehörigen, Verwandten und Freund*innen des Verstorbenen einmal im Jahr die Gräber besuchen, an ihre Toten denken und ihnen Bittgebete schenken. Diese schöne Tradition habe ich selbst als Kind im Marokko mehrmals erlebt. Sie hat immer am 27. Tag im Ramadan stattgefunden, an dem die Eltern ihre Kinder auf den Friedhof mitgenommen haben. Sie pflegen mit ihnen zusammen die Gräber, schenken ihren Toten Bittgebete, manche rezitieren Verse oder Suren aus dem Koran und die Kinder bekommen Süßigkeiten, Datteln oder ein bisschen Geld. Als Kind habe ich dieses fröhliche Miteinander von Verstorbenen und Lebenden erlebt, die sich ganz nah beieinander in einem großen Raum (Friedhof) austauschen.

Literatur

AL-GAWZIYYA, IBN QAYYIM (1993), A 'lam al-Muwaqqi'in 'an Rabi al-'alamin, Kairo.
AL-GHAZALI, ABU HAMID (1986), Ihya' 'Ulum ad-Din, Kairo.
AL-MATURIDI, ABU MANSUR (1970), Kitab at-Tawhid, Beirut.
AN-NADWI, ABU AL-HASAN (1983), Rigal al-Fikr wa ad-Da'wa fi al-Islam 1, Kuwait.
AYMAZ, ABDULLAH (2014), Der islamische Glaube, Istanbul.
AZ-ZAMAKHSARI, MAHMUD IBN OMAR (1997), A mu'tazilite Creed of Zamakhschari (D. 538/1144) (al-Mingag fi Usul ad-Din), edited and translated by SABINE SCHMIDTKE, Stuttgart.
BOUMAN, JOHAN (1977), Gott und Mensch im Koran. Eine Strukturform religiöser Anthropologie anhand des Beispiels Allah und Muhammad, Darmstadt.
DENFFER, AHMAD VON (1986), Vierzig heilige Hadithe (aus dem Arabischen), München.
DIE BEDEUTUNG DES KORANS (Übersetzung des Korans mit Kommentaren in deutscher Sprache) (1996). Die Kommentatoren sind: Yusuf Ali, Mohammad Asad, Abdul Majid Daryabadi, Abu-l-Ala Maududi, Sayyid Qutb, 5 Bände, München.
GRAMLICH, RICHARD (1976), Die Schiitischen Derwischorden Persiens. Zweiter Teil: Glaube und Lehre, Wiesbaden.
HENNING, MAX (ca. 1980), Der Koran, Wiesbaden.
HOFMANN, MURAD WILFRIED (1995), Der Islam als Alternative. Mit einem Vorwort von Annemarie Schimmel, 3. Aufl. München.
ILKILIC, ILHAN (2005), Begegnung und Umgang mit muslimischen Patienten, Bochum.
KATHIR, ISMA'IL IBN (1991), Tafsir al-Qur'an al-azim, 4 Bände, Mekka.
KHOURY, ADEL THEODOR (1996), Lexikon Religiöser Grundbegriffe (Judentum, Christentum, Islam), Köln.
LAHBABI, MOHAMED AZIZ u.a. (Hg.) (2011), Der Mensch: Zeuge Gottes. Entwurf einer islamischen Anthropologie (Georges Anawati Stiftung 5), Freiburg i. Br.

MOHAGHEGHI, HAMIDEH (2011), Sterben und Tod im Islam, in: Katechetische Blätter 3/11, 182–186.

SCHIMMEL, ANNEMARIE (1984), Rumi. Ich bin Wind und du bist Feuer. Leben und Werk des großen Mystikers, Köln.

SCHIMMEL, ANNEMARIE (1990), Sufismus und Volksfrömmigkeit, in: AHMED, MUNIR D. u.a. (Hg.), Der Islam III. Islamische Kultur – Zeitgenössische Strömungen – Volksfrömmigkeit, Stuttgart, 157–241.

SCHIMMEL, ANNEMARIE (1995), Die Zeichen Gottes. Die religiöse Welt des Islam, München.

STEPHENSON, GUNTHER (1980), Leben und Tod in den Religionen, Darmstadt.

WAARDENBURG, JACQUES (1980), „Leben verlieren" oder „Leben gewinnen" als Alternative in prophetischen Religionen, in: Stephenson, Gunther (Hg.), Leben und Tod in den Religionen. Symbol und Wirklichkeit, Darmstadt, 36–60.

„Und jetzt kommst du mich holen?"[1]
Philosophieren als Einübung in den Tod

Andrea Schmieg

1. Hinführung

> „[Es gibt] Themen, die in einem hervorgehobenen Sinn ‚philosophisch' genannt werden müssen – weil es zu ihrer Natur gehört, die Bedenkung des Daseinsganzen zu erzwingen. Unter diesen spezifisch philosophischen Themen ist wiederum von völlig unvergleichlichem Rang das Thema Tod." (Pieper 1999, Tod und Unsterblichkeit).

Der Umgang mit dem Tod ist eine Grundfrage der philosophischen Anthropologie. Wie der Philosoph Josef Pieper eingangs formuliert, erzwingt der Tod den Blick auf das Ganze des Seins. So gehört er zu den Themen der Philosophie, die jeden Menschen in irgendeiner Form betreffen, spätestens wenn das eigene Ende naht. Die Frage nach dem Tod kennt viele Facetten und Spielarten: Was ist der Tod? Woher weiß der Mensch, dass er sterben wird? Was für ein Verhältnis entwickeln wir im Laufe unseres Lebens gegenüber dem Tod? Dabei wird besonders häufig die Todesfurcht thematisiert. Und auch die moralischen Fragestellungen reihen sich hier mit ein, so zum Beispiel, ob man sich selbst oder andere töten darf. (Wittwer, 7–9)

Was kann uns die Philosophie heute noch zum Thema Tod lehren? Um dies zu beantworten, geschieht in einem ersten Teil ein kurzer Streifzug durch die Philosophiegeschichte und deren Umgang mit dem Tod.

Anschließend wird exemplarisch die Auseinandersetzung mit dem Tod im Werk der *Selbstbetrachtungen* des römischen Kaisers Marc Aurel eingehender in den Blick genommen. Aurel ging zu Recht als *Philosophenkaiser* in die Geschichte ein (Horst 2017, 210). Er gehört der philosophischen Strömung der Stoa an. Gerade in der Stoa, und so auch bei Aurel, findet eine besondere Verknüpfung von philosophischer Grundlegung, lebenspraktischer Überzeugungen und Handeln statt. „Seine Gedanken lesen wir ähnlich bei früheren Philosophen, aber nirgends sind sie so eng mit dem Leben verbunden wie hier" (Demandt 2019, 9). Die Aktualität der Stoa zeigt sich auch in aktuellen Auseinandersetzungen. So ist sie ist eng mit der Philosophie der Lebenskunst verbunden. Lebenskunst ist die theoretische Reflexion des Lebens, wie es bewusst gelebt

---

1 Erlbruch 2007, Doppelseite 2 (hier und im Folgenden nach eigener Seitenzählung, beginnend mit der ersten Doppelseite nach Vorsatz- und Titelblatt).

werden könnte, dazu gehört auch der bewusste Umgang mit dem Tod. „Ihren Höhepunkt erreicht die antike Philosophie der Lebenskunst in der Stoa [...]" (Schmid 2020, 31). Der Psychotherapeut Donald Robertson zeigt anhand von Aurel auf, wie das stoische Denken seine gleichbleibende Aktualität in der kognitiven Therapie erhalten hat und immer noch hilfreich sein kann (Robertson 2021). Bei Aurel ist der Umgang mit dem Tod zentral. Der römische Kaiser übt sich in seiner Schrift regelmäßig in den Tod ein und es wird dargestellt, wie eine solche *Einübung in den Tod* gelingen kann.

Eine solche *Einübung* erscheint für Jugendliche in der Oberstufe und auch für Erwachsene geeignet. Eine gute Möglichkeit für Kinder stellt dagegen das gemeinsame Nachdenken, das Philosophieren dar. Dies hat sich zunehmend an Schulen etabliert. An vielen bayerischen Schulen sowie zunehmend Schulen in Baden-Württemberg werden zum Beispiel Workshopreihen zur philosophisch gestützten Berufsorientierung von der *Akademie für philosophische Bildung und WerteDialog* angeboten.

In unterschiedlichen Studien konnten die positiven Effekte des Philosophierens aufgezeigt werden. Dabei erscheint das Philosophieren als Unterrichtsprinzip interessant, denn werden philosophische Gespräche in den Fachunterricht integriert, trägt dies zu einer Vertiefung und Vernetzung der Unterrichtsgegenstände bei (Michalik 2018, 13–28). Das Philosophieren hilft Kindern grundsätzlich, sich im Denken zu orientieren (Martens 1999, 31f.), und dies scheint gerade beim Umgang mit dem Thema Tod hilfreich. „Beim Philosophieren werden Kindern Potentiale für die Entwicklung des eigenen Denkens geboten, als Orientierungshilfe und als Werkzeug, mit vielfältigen Informationen konstruktiv umzugehen" (Helzel 2007, 27).

Anhand des Bilderbuches *Ente, Tod und Tulpe* von Wolf Erlbruch wird in diesem Beitrag aufgezeigt, wie ein gemeinsames Philosophieren und Nachdenken über den Tod mit Kindern gelingen kann. Das dafür skizzierte Vorgehen ordnet sich einem *Nachdenken mit Kindern* zu, das verschiedene Strömungen des Kinder-Philosophierens miteinander verbindet und diese für die Praxis lebendig und fruchtbar werden lässt (Michalik / Schreier 2006, 40f.).

2. Der Tod in der Philosophiegeschichte

Die Thematisierung des Todes in der Philosophie ist von religiösen Überlieferungen oder der Loslösung von ihnen geprägt. Dabei gibt es kein einheitliches, philosophisches Verständnis des Todes.

Die Vorstellung von der Unsterblichkeit der Seele geht vor allem auf Platon zurück. Sein Dialog *Phaidon* gehört mit zu den einflussreichsten philosophischen Werken über den Tod (Wittwer 2017, 31). Darin führt Sokrates kurz vor seinem

Tode ein Gespräch mit seinen Schülern. In diesem erörtert er die Beschaffenheit der Seele und führt vier Beweise für deren Unsterblichkeit an. Im Tode wird die unsterbliche Seele vom vergänglichen Leib getrennt und hat im Reich der Ideen wieder Anteil an der Wahrheit, um dann weiter zu wandern. Dabei wird das Leben des Sokrates als vorbildliches, sittliches, an der Weisheitssuche ausgerichtetes Leben als *Ideal* gekennzeichnet. Das christlich-mittelalterliche Denken, maßgebend Thomas von Aquin, übernimmt von Aristoteles den Begriff der Seele als belebende Form des Körpers. Bei Aristoteles stirbt die Seele mit dem Leib, das christlich-mittelalterliche Denken schreibt ihr hingegen unzerstörbare Substantialität zu.

In der Philosophie des 20. Jahrhunderts wird die ethische und existentielle Bedeutung des Todes zentral. Besonders in der Existenzphilosophie wird der Tod zum Gegenstand philosophischer Überlegungen. Nach Sören Kierkegaard erwächst aus dem Todeswissen der Ernst der sittlichen und religiösen Entscheidung. Martin Heidegger versteht den Tod als die *eigenste Möglichkeit* des Daseins, denn keiner kann dem anderen das Sterben abnehmen. Der Tod soll nicht als das Ende des Lebens verstanden, sondern als eine Weise zu sein, die das Dasein übernimmt, sobald es ist (Heidegger 2006, 245). Sterben und Tod stehen dem Leben nicht mehr als etwas Fremdes gegenüber; stattdessen werden sie nun zu Bestandteilen des Lebens selbst, zu Möglichkeiten des Daseins umgedeutet (Wittwer 2017, 26). Dagegen stellt sich der französische Philosoph Emanuel Lévinas: Der Tod ist nicht die äußerste Möglichkeit, sondern die Grenze alles Könnens, seine ethische Bedeutung erhält der eigene Tod nicht schon als solcher, sondern erst angesichts der Sterblichkeit des Anderen.

Ähnlich unterscheidet der Philosoph Karl Jaspers zwischen dem Tod des Nächsten und dem eigenen Tod, beide können nicht durch eine allgemeine Einsicht überwunden werden. Der Mensch kommt in seinem Leben immer wieder an Grenzsituationen wie Schuldigwerden, Leiden und Tod, die er weder erschaffen noch beseitigen kann. Sie eröffnen ihm aber die Möglichkeit, sich selbst als Existenz auf Transzendenz hin zu begreifen oder zu verlieren. Dabei wird der Mensch allerdings seine Ambivalenz gegenüber seiner Haltung zum Tod nicht überwinden können.

3. Einübung in den Tod in Marc Aurels Ermahnungen an sich selbst

3.1 Unterschiedliche Facetten des Todes

Die Auseinandersetzung mit dem Tod bestimmt durchgängig das Werk Aurels und lässt eine Entwicklung des Todesgedankens erkennen (Hadot 1996, 377). Die *Selbstbetrachtungen* wurden in zwölf Bücher unterteilt. Die Bücher zwei und drei der *Selbstbetrachtungen* sind eng miteinander verwandt, da in ihnen die drohende Nähe des Todes zu spüren ist, was im vierten Buch noch fortgeführt wird. Im fünften Buch löst sich Aurel von dieser Vorstellung, und der Tod wird als Befreiung dargestellt, den er mit Gleichmut annehmen möchte (ebd., 360–363). Diese unterschiedlichen Facetten sollen hier kurz benannt werden:

So wird der Tod von Aurel zum einen als Bedrohung erlebt. Dieser könnte ihn daran hindern, sich einem philosophischen Leben zuzuwenden, und er ermutigt sich selbst:

> „Was auch sein mag, es ist nur ein wenig Fleisch, ein Lebenshauch und die leitende Vernunft. Lass die Bücher! Lass dich nicht zerstreuen, es ist dir nicht erlaubt! Sondern wie ein dem Tode Entgegenschreitender verachte dieses Fleisch: […]" (Marcus II, 2).

Der Tod kann weiterhin als Naturphänomen verstanden werden, dem nichts Außergewöhnliches anhaftet:

> „Was bedeutet Sterben? Wenn man es für sich allein betrachtet und in Gedanken davon trennt, was die Einbildung ihm angeheftet hat, so wird von ihm nichts anderes mehr übrig bleiben, als eine Wirkung der Natur. Wer sich aber vor einer Naturwirkung fürchtet, ist wie ein Kind. Doch weiter! Der Tod ist nicht nur eine Naturwirkung, sondern eine ihr heilsame Wirkung." (Marcus II, 12)

Der Tod wird als Befreiung betrachtet. Hier wird der Philosoph von einer Welt erlöst, in der die höchsten Werte keine Beachtung finden. Diese Werte stellen sich durch die Tugend und das moralische Gute dar:

> „Der Tod: das Ende der Widersprüche der sinnlichen Wahrnehmung, das Ausruhen von den Erregungen der Triebe und der fortwährenden Arbeit des Denkens, die Freiheit von der Knechtschaft des Fleisches." (Marcus VII, 27)

Der nahende Tod ist zugleich Lehrer der Demut. Dem Menschen kann die Nichtigkeit des eigenen Erdenlebens bewusst werden. Jede*n ereilt das gleiche Schicksal, auch Ehre und Ruhm können daran nichts ändern. Es erscheint bemerkenswert, wie häufig der römische Kaiser sich dies immer wieder in Erinnerung ruft und den Tod früherer Menschenleben aufzählt (Marcus III, 2; IV, 6, 19; VI, 23; VII, 6, 19).

> „Wie bald bist du Asche und Knochengerüst und nur noch ein Name, oder nicht einmal ein Name mehr! Der Name ist aber Hall und Widerhall. Und die vielgerühmten Güter des Lebens? […]" (Marcus V, 33).

3.2 Die Konzentration auf die Gegenwart als Einübung in den Tod

Der französische Philosoph und Historiker Pierre Hadot macht in seinen Werken deutlich, dass die antike Philosophie als Lebensform verstanden werden kann, in die man sich *einüben* kann.

> „Ebenso wie der Athlet durch wiederholte körperliche Übungen seinem Körper Stärke und eine neue Form verleiht, entwickelt der Philosoph mittels der philosophischen Übungen seine Seelenstärke und transformiert sich selbst" (Hadot 1999, 220).

Im Mittelpunkt der *Einübung in den Tod* steht der gegenwärtige Augenblick. Dieser nimmt eine wichtige Rolle ein, denn auf diesen kann der Mensch Einfluss nehmen. „Richte deine Aufmerksamkeit immer auf das Gegenwärtige" (Marcus VIII, 22). Die Vergangenheit ist vorüber und die Zukunft wird noch kommen. Folglich begrenzt sich das Ich völlig auf die Gegenwart und übt sich darin, nur in dieser zu leben (Hadot 1999, 223). Durch das Bewusstsein des nahenden Todes kommt der Gegenwart eine noch größere Bedeutung zu. „Auch die Konzentration auf den gegenwärtigen Moment setzt wie das platonische Bewusstsein seiner selbst eine Übung im Sterben voraus. Der Gedanke an die Möglichkeit des Todes verleiht jedem Moment und jeder Handlung des Lebens seinen Preis und seinen Ernst" (ebd., 224). Dies bedeutet allerdings nicht, dass Aurel die Gedanken an die Vergangenheit und die Zukunft ablehnt, sondern die damit verbundenen Gefühle und Leidenschaften. Vergangenheit und Zukunft sollen miteinbezogen werden. Der Stoiker versteht sich als tatkräftiger Mensch. Dazu gehört auch, dass er für seine Vergangenheit Verantwortung übernimmt und Vorsorge für seine Zukunft trägt. Der Stoiker kennt zwei Arten, die Gegenwart zu definieren: zum einen als Grenze hin zur Zukunft und zum anderen als Verhältnis zum menschlichen Bewusstsein. Der zweite Aspekt leitet zugleich eine geistliche Übung ein: Hier geht es um die gelebte Gegenwart, und es kommt auf die Konzentration und Dauer des gelebten Augenblicks an. „Das Bewusstsein seiner selbst ist nichts anderes, als das Bewusstsein eines Ich, das im gegenwärtigen Augenblick handelt und lebt" (ebd., 223f). Die Begrenzung auf die Gegenwart enthält zwei wichtige Schritte.

> „Einerseits geht es darum, die Schwierigkeiten und die Prüfungen dadurch erträglicher zu machen, dass wir sie auf eine Abfolge von kurzen Augenblicken reduzieren, andererseits darum, die Aufmerksamkeit auf die Handlung oder die Zustimmung zu den Ereignissen, die auf uns zukommen, zu intensivieren." (Hadot 1996, 190f).

Zum einen ist es also wichtig, die Dinge in ihre Einzelteile zu zerlegen. Der französische Philosoph und Historiker Pierre Hadot schreibt hier von einer physikalischen Definition des Todes (Hadot 1996, 152–157), die praktisch aber eher einer Analyse entspricht. Durch diese soll dem Menschen bewusst werden, dass es sich beim Tod um eine Naturwirkung handelt, hierdurch soll ihm sein möglicher angsteinflößender Charakter genommen werden. Zugleich werden Gefühle oder Eindrücke von außen ausgeklammert, um einen möglichst objektiven Zugang zur Wirklichkeit zu erhalten. Dies verdeutlicht das folgende Zitat:

> „Die Reize eines Gesangs oder eines Balletts und Kampfspieles wirst du gering achten lernen, wenn du z.B. das harmonische Ganze des Gesanges in seine einzelnen Teile zerlegst und bei jedem dich selber fragst, ob dich wohl dieser hinreißen könne: du wirst beschämt sein! Ebenso, wenn du bei jeder Bewegung und Stellung des Balletts um beim Kampfspiel ein Gleiches tust. Überhaupt – die Tugend und was von ihr stammt, ausgenommen – zergliedere alle Dinge und Bestandteile und betrachte sie dann, und du wirst dabei zu ihrer Geringschätzung kommen. Dasselbe Verfahren wende aber auch auf dein ganzes Leben an." (Marcus XI, 2)

Eine solche Zerlegung von Handlungen findet der/die Leser*in an zahlreichen Stellen in Aurels Werk. Mit Hilfe dieser Übung kann der Mensch seine Furcht vor dem Tod überwinden und soll sich praktisch immer wieder darin einüben. Dabei ist nicht entscheidend, wie lange jemand lebt. Der gegenwärtige Moment ist ein kleiner Mikrokosmos im großen Makrokosmos des Zeitgeschehens. Der kurze Augenblick ist *Spiegel* für Vergangenes und Zukünftiges, im Mikrokosmos des Augenblicks liegt alles vollendet vor. Dabei werden zwei entgegengesetzte Richtungen aufgezeigt, die Vergangenheit und die Zukunft. Vergangenheit und Zukunft spiegeln sich in der Gegenwart und kommen dort zusammen. (Hadot 1996, 247)

> „[…] wenn daher jemand nur Empfänglichkeit und tieferes Verständnis für alles, was im All geschieht, besitzt, so gibt es kaum etwas, das nicht auch unter solchen Nebenumständen ihn die Harmonie auch des Kleinsten mit dem Weltall lehren könnte." (Marcus III, 2).

Die zweite Forderung in der Übung *Begrenzung auf die Gegenwart* besteht in der eigenen Haltung. Der Stoiker zeichnet sich durch eine besondere Haltung gegenüber dem Tod aus. Er kann diesen in Freiheit annehmen und bejahen. Für ihn ist die Welt weder gut noch böse, sondern die Interpretationen des Menschen. Der Tod an sich ist nicht schlecht, aber die Gedanken an ihn können es sein (Marcus II, 12). Hier zeigen sich die Ziele in der Haltung des Stoikers: Dazu gehören die Unerschütterlichkeit des Gemüts (Ataraxie), Selbstgenügsamkeit (Autarkie) sowie die Unabhängigkeit von Affekten (Röd 1998, 279). Der Mensch soll frei darüber entscheiden, welche Gedanken er an sich heranlässt. Auf diese Weise zeigt sich menschliche Freiheit. Der Mensch kann zu seinem Tod in Freiheit *ja* sagen und ihn hierdurch annehmen, was das letztliche Ziel des Stoikers ist:

> „Durch Essen, Trinken und durch Zaubermittel sind wir bemüht, das Todesschicksal abzuwenden... Doch müssen wir den Hauch, der von der Gottheit weht, sei´s auch mit vielem Leid, hinnehmen ohne Klage" (Aurel VII, 51).

Um dieses Ziel zu erreichen, wiederholt Aurel diese Übungen stetig. Diese Wiederholung dient dazu, sich in eine ganz bestimmte Lebenshaltung einzuüben. „Sie sollen gewissermaßen Bewusstwerdungen, Intuitionen, Gefühlsbewegungen, moralische Erfahrungen werden, die die Intensität einer mystischen Erfahrung, einer Vision haben" (Hadot 1996, 83). Doch hat man einen solchen Zustand erreicht, verflüchtigt er sich wieder rasch, und es gilt, sich erneut einzuüben. Eine solche Einübung findet durch das erneute Wiederholen, einer erneuten Niederschrift des Ganzen statt, wobei der gegenwärtige Moment des Schreibens im Mittelpunkt steht. Dies geschieht mit der Einsicht:

> „[...] ist doch der wahre Philosoph derjenige, der sich dessen bewusst ist, dass er die Weisheit noch nicht erreicht hat." (ebd., 84).

Mit einer solchen Übung können wir uns mit dem Tod auseinandersetzen und uns gedanklich darin *einüben*. Durch eine Reflexion des Todes kann eine intensivere und tiefere Einsicht in den Wert des Daseins, des Lebens gelingen. Dabei erscheint es für Erwachsene als auch für Kinder sinnvoll zu sein, über den Tod nachzudenken: Wie ein Mensch sich das Danach denkt, hat Einfluss auf sein diesseitiges Leben (Zoller-Morf 2006, 99). Kinder haben dabei einen anderen Zugang zum Tod als Erwachsene. Im Folgenden soll ein Weg zur Auseinandersetzung für Kinder vorgestellt werden.

4. Mit Kindern über den Tod philosophieren

4.1 *Warum mit Kindern über den Tod philosophieren*

> „Kinder spüren zwar intuitiv, dass der Tod etwas ganz Besonderes sein muss, aber sie erfassen erst allmählich seine Bedeutung, und deshalb fragen sie so viel, wenn wir sie nicht durch unsere Hemmungen daran hindern." (Zoller-Morf 2006, 103)

Es stellt sich die Frage, warum man mit Kindern in der Grundschule über den Tod philosophieren soll. Ist dies wirklich ein notwendiges Thema? Allein die Frage offenbart die Ängste und Sorgen von uns Erwachsenen. Das Sprechen über den Tod ist in unserer Gesellschaft nicht selbstverständlich und wird gerne ausgeblendet. Wie eingangs erwähnt, begegnen Kinder diesem Thema gegenüber meist unbefangener und mit einem intuitiven Verständnis. Genau dies ist der Ansatzpunkt für das gemeinsame Gespräch. Im Philosophieren wird der Tod als etwas Natürliches erfahren, das zum Leben gehört und über das man sprechen kann. Von Ludwig Wittgenstein stammt der berühmte Satz: *Worüber man nicht sprechen kann, darüber muss man schweigen.* Im gemeinsamen Nachdenken soll ein Schweigen verhindert werden. Die Kinder sollen vielmehr lernen, über den Tod zu sprechen, und tauschen sich über ihre eigenen Gedanken und Erfahrungen aus. Ansonsten besteht die Gefahr, so wie es in dem obigen Zitat der Schweizer Kinderphilosophin Eva Zoller-Morf bereits anklingt, dass Kinder die unausgesprochenen Ängste und Hemmungen der Erwachsenen übernehmen. Einzige Ausnahme ist, wenn ein Kind direkt von einem Todesfall betroffen ist und es zuerst einer sorgsamen Trauerbegleitung bedarf. Hier ist es wichtig, dass das Kind seine eigenen Gefühle zuerst verarbeiten kann, ein Nachdenken über den Tod ist so nicht möglich.

Im Philosophieren hinterfragen wir das Alltägliche und versuchen, uns von gängigen Deutungen zu lösen. Das Staunen wird seit Aristoteles als der Anfang des Philosophierens beschrieben. Nach dem Philosophen Josef Pieper verwirklicht sich dabei ein Ur-Verhalten gegenüber dem Seienden, indem sich der Mensch von einem tieferen Antlitz der Welt berühren lässt (1988, 45f.). Das Staunen verweist den Menschen auf etwas Größeres, der Mensch erhält eine Idee des Erhabenen. Nach Rosenberg gehen wenige Menschen über das Staunen hinaus, da sie nicht wissen, wie sie darüber nachdenken können. „Ein Teil der Aufgabe des Philosophen besteht darin, aus solchen Fragen etwas zu machen, worüber man nachdenken kann – und dann darüber nachzudenken" (Rosenberg 1986, 17). Beim Philosophieren mit Kindern leiten wir die Kinder vom Staunen ausgehend an, über ihre persönlichen Erfahrungen hinauszugehen und Begrifflichkeiten und Phänomene zu analysieren und nach dem argumentativen, begründenden Warum zu fragen (ebd., 26). Rosenberg stellt in seinem Buch unterschiedliche Methoden vor, wie Erwachsene philosophisch an Fragestellungen herangehen können, oder auf welche unterschiedliche Art und Weisen ein Philosoph gelesen werden kann. Dabei haben wir beim Philosophieren mit Kindern ebenso verschiedene Möglichkeiten, eine davon soll hier eingehender vorgestellt werden.

Das Philosophieren wird dabei als Prozess verstanden (Daurer 2018, 14f.), wir sind gemeinsam mit den Kindern unterwegs und lassen sie Themen erforschen. Im Gespräch wird kein inhaltliches Ziel, kein Ergebnis verfolgt, sondern das gemeinsame Gespräch steht im Mittelpunkt. Eine „Nachdenklichkeit als Haltung" ist dabei erwünscht (Michalik / Schreier 2006, 101f.). Dazu gehört auch die Bereitschaft der Gesprächsleitung, von den Kindern zu lernen.

Ente, Tod und Tulpe (Verlag Antje Kunstmann GmbH)

4.2 Philosophieren mit dem Kinderbuch „Ente, Tod und Tulpe" von Wolf Erlbruch

Der Umgang mit dem Thema Tod fällt Kindern meist leichter als uns Erwachsenen. Sie begegnen dem Thema gegenüber häufig offener, unbefangener und lassen sich von einem intuitiven Verständnis leiten. In dem Kinderbuch *Ente, Tod und Tulpe* von Wolf Erlbruch (2007) wird auf eindrückliche Weise geschildert, wie ein friedvoller Übergang vom Leben in den Tod hinein geschehen kann. Eine Tulpe dient dabei als Symbol, als eine Art Übergangsobjekt von der Dimension Leben in die Dimension Tod hinein. Die im Buch vorhandenen Illustrationen sind auf das Wesentliche reduziert, viele freie Flächen laden zum eigenen Nachdenken ein und eröffnen einen Interpretationsspielraum.

In diesem Buch begegnet eine Ente dem Tod. Er wird als Skelett vermenschlicht, er trägt ein kariertes, zweifarbiges, sackartiges Kleid und einen freundlichen Totenkopf, welcher der Ente auf Augenhöhe begegnet. Hinter seinem Rücken hält er die erwähnte Tulpe. Die Ente reagiert zuerst erschrocken und furchtsam: „Wer bist du – und was schleichst du hinter mir her? [...] Und jetzt kommst du mich holen?" (Erlbruch 2007, Doppelseite 1f.) Nachdem sie sich von diesem ersten Schreck erholt hat, siegt die Neugier gegenüber diesem fremdartigen und irgendwie doch bekannten Wesen. Es entwickeln sich gemeinsame Gespräche über den Tod und das Leben sowie gemeinsame Unternehmungen. Beispielsweise baden sie gemeinsam im Teich, was dem Tod nach einiger Zeit zu feucht wird und woraufhin ihn die Ente wärmt. In einer anderen Szene steigen sie auf einen Baum oder sitzen im Gras. Die Gespräche zwischen beiden werden im Laufe der Zeit weniger, der Ente wird es immer kälter, und sie bittet den Tod, dass er sie wiederum wärme. Im Winter stirbt die Ente. Sie wird vom Tod liebevoll zu einem Fluss getragen, er legt sie behutsam auf das Wasser, dazu kommt die Tulpe auf ihren Bauch, und er gibt ihr einen vorsichtigen Schubs. Lange sieht er ihr nach und wirkt fast ein wenig betrübt.

In dieser Erzählung zeigt sich der Tod als Freund des Lebens. Eine bewusste Auseinandersetzung mit ihm findet dann statt, wenn die eigene Zeit gekommen ist. Wie kann eine unterrichtliche Auseinandersetzung über ihn in einem Gespräch mit Kindern gelingen? Dafür bieten sich zwei Vorgehensweisen an: Das Buch kann entweder den Kindern als Ganzes vorgelesen werden, so dass sich ein gemeinsames Gespräch daran anschließt. Oder während des Vorlesens werden Fragen direkt gestellt und zugelassen, wobei immer wieder kurze Gesprächseinheiten entstehen. Diese können je nach gezeigtem Interesse der Kinder am Ende des Buches vertieft werden. In beiden Varianten werden die Bilder des Buches während des Vorlesens nach jeder Doppelseite gezeigt.

In der Vorbereitung bietet sich das Erstellen einer Mindmap, einer Gedankenkarte an. Hier können vorab alle möglichen Themenkomplexe skizziert werden. Sie kann der Gesprächsleitung als eine Art *Wanderkarte* dienen und Orientierung bieten, wohin ein Gespräch gerade thematisch verläuft. Häufig berichten Kinder erst von eigenen Erfahrungen mit dem Thema Tod, wie beispielsweise dem Tod eines Großelternteils oder von Freund*innen bzw. Verwandten der Eltern. Die Schilderungen der Kinder sind eng mit den Gefühlen der Eltern und mit deren Umgang mit dem Tod verknüpft. Dabei ist es wichtig, den Kindern für ihre eigenen Assoziationen Raum zu geben. Ein Mädchen in einer Grundschulklasse wollte beispielsweise vom Tod ihrer Oma berichten, während einen anderen Jungen brennend die Frage interessierte, woher der Tod komme und wie der Tod entstanden sein könnte. Dabei wollten beide Kinder ihren Raum einnehmen und in ihren Anliegen validiert werden. Erst von hier aus kann weiter gefragt und gemeinsam nachgedacht werden. Ansonsten fühlen sich die Kinder mit ihren Fragen nicht gesehen und können sich nur schwer auf philosophische Fragen einlassen.

Grundsätzlich sollen die Themen, Denkprozesse und Interessen der Kinder im Mittelpunkt des philosophischen Prozesses stehen. Hierdurch fühlen sich Kinder wertgeschätzt. Dies wird mitunter dadurch gefördert, dass die Gesprächsleitung einen bewertungsfreien Raum schafft und ihre eigenen Gedanken zu dem Thema zurückgestellt. Alles darf erst einmal gesagt werden und wird dabei nicht bewertet, weder besonders gelobt noch verurteilt. Die Erfahrungen und Interessen der Kinder sind eine gute Ausgangsbasis, um von dort ins Philosophieren zu gelangen und damit grundsätzlicher und abstrakter zu werden. Dies stellt eine grundsätzliche Herausforderung für das Philosophieren mit Kindern dar: Es darf nicht bei den Erfahrungen stehen bleiben, sondern soll danach fragen, was die Dinge im Allgemeinen und ihrem Wesen nach bedeuten.

Dafür bieten sich unterschiedliche interessante Themenkomplexe im Buch an: Der Autor Erlbruch verbildlicht den Tod mit einem Kleid und einem Totenkopf. Damit bleibt der Tod kein abstraktes Phänomen, sondern er wird externalisiert. Hierdurch kann konkret über ihn gesprochen werden. Dies wiederum ermöglicht eine Exploration des Todes: *Wer ist der Tod? Würdet ihr in auch so malen? Welche Charakterzüge hat er?* Im Buch wird der Tod beispielsweise als *nett* beschrieben, er zeigt sich humorvoll und als immerzu anwesend. All diese Szenen bieten Anknüpfungspunkte für eine genauere Erkundung. Wie erleben die Kinder diese Szenen, was spricht sie an und welche Gedankengänge entstehen hierbei?

Der Umgang mit Gefühlen ist zentral. So ist die erste Reaktion der Ente gegenüber dem Tod der Schreck, wobei sie den Tod mit großen Augen anstarrt. Sie erscheint ganz starr und dünn. Aber auch der Tod *befürchtet* beispielsweise, dass er baden gehen soll, und ist beim Tod der Ente fast selbst betrübt. Um über die Gefühle sprechen zu können, müssen wir diese zuerst deutlich wahrnehmen.

Hierbei hilft das philosophische Werkzeug des Unterscheidens.² Was für ein Gefühl ist das, was ich da fühle? (Zoller-Morf 2015, 44) Welche Gefühle assoziieren die Kinder mit dem Thema? Erhalten diese Gefühle einen Raum, haben sie eine Berechtigung und wie gehen die Kinder damit um? Wo wohnen die Gefühle im eigenen Körper? Haben sie eine Farbe oder eine Form? Woher kommen diese Gefühle? Wie stehe ich zu diesem Gefühl und kann ich sinnvoll damit umgehen? (Ders. 2006, 83).

Wichtig dabei ist die eigene Auseinandersetzung der Gesprächsleitung mit dem Thema vorab. Eigene Ängste und Gefühle sollten nicht unreflektiert zu den Kindern gelangen und diese eventuell verunsichern. Vielmehr sollen sie Halt, Sicherheit und Orientierung vermitteln. Eine Grundschullehrerin berichtete der Klasse zum Beispiel von ihren eigenen Gefühlen, als ihre Mutter gestorben war, und teilte ihre Trauer mit den Kindern auf sehr behutsame Art und Weise. Dabei ließ sie sich nicht primär von ihren Gefühlen leiten, sondern zeigte der Klasse authentisch und zugleich durchdacht einen Ausschnitt aus ihrer persönlichen Trauerarbeit. Die Reaktion der Klasse war sehr einfühlsam und wurde dadurch für die Lehrerin zu einem berührenden Erlebnis. Zugleich konnten die Kinder erfahren, wie offen über dieses Thema gesprochen werden kann und dass auch negativ erlebte Gefühle zum Leben dazu gehören.

Im Buch wird die Frage nach einem möglichen Leben nach dem Tod gestellt. Als mögliche erste Option erwähnt die Ente einen Entenhimmel, von wo aus man auf einer Wolke auf die Erde sieht. Die zweite Option ist die Hölle, wo man gebraten wird, wenn man keine gute Ente war. Das Buch lässt diese Fragen offen, sodass sie wiederum mit den Kindern weitergedacht werden können. Woran glauben die Kinder, wie geht es für die Ente weiter? Was für Vorstellungen haben die Kinder von Himmel und Hölle? Und wenn das Gefühl der Angst hinsichtlich der Hölle folgt, kann ich dem ein Gottvertrauen entgegenstellen? (Käßmann 2015, 108) Besonders im Religionsunterricht oder Ethik-/Philosophieunterricht können diese Themen weiter aufgegriffen und weitergedacht oder als thematischer Einstieg verwendet werden.

In einem selbst gemalten Bild können solche Gedanken kreativ umgesetzt und verarbeitet werden. Für die meisten Kinder geht das Leben der Ente nach dem Tod weiter. Manche malen den Übergang in das neue Leben als Tor, das sich für die tote Ente auf dem See öffnet und durch das sie hindurchgleitet. Eine solche kreative Umsetzung bietet sich generell am Ende eines philosophischen Gesprächs an. Die Kinder können ihre eigenen Gedanken nochmals auf andere Art und Weise ausdrücken, verarbeiten und weiterdenken. Dies kann, wie

---

2   Eva Zoller-Morf entwickelte in Anlehnung an den Kinderphilosophen Thomas Jackson einen Werkzeugkoffer, wie vertiefend in philosophischen Gesprächen nachgefragt werden kann. Dazu gehört unterem anderem das Werkzeug der Unterscheidung. Ebenso anschaulich werden diese Werkzeuge von der österreichischen Kinderphilosophin Doris Daurer differenziert ausgeführt (2017, 51–75).

aufgeführt, durch ein gemaltes Bild geschehen, einer theatralischen Darstellung, dem Formen mit Knete, dem Schreiben einer erdachten Geschichte, etwas Kreativem mit Lego oder anderen Materialien. Diese Formen können sowohl kreativer Abschluss als auch eigenständige Methode sein, um ins weitere Philosophieren zu gelangen (Calvert 2008, 25-29). Somit ist das Philosophieren zunächst ein sprachgebundenes Medium, durch den kreativen Ausdruck können weitere Fähigkeiten der Kinder gefördert werden.

Literatur

DEMANDT, ALEXANDER (2019), Marc Aurel: der Kaiser und seine Welt, München.
DAURER, DORIS (2017), Staunen, Zweifeln, Betroffensein. Mit Kindern philosophieren, Weinheim / Basel.
GÖRLITZ, WALTER (1954), Marc Aurel – Kaiser und Philosoph, Stuttgart.
HADOT, PIERRE (1996), Die innere Burg – Anleitung zu einer Lektüre Marc Aurels, Frankfurt/Main.
HADOT, PIERRE (1999), Wege zur Weisheit oder Was lehrt uns die antike Philosophie, Frankfurt/Main.
HAEFFNER, GERD (2000), Philosophische Anthropologie, Stuttgart.
HEIDEGGER, MARTIN (2006), Sein und Zeit, 19. Aufl. Tübingen.
HELZEL, GUDRUN (2018), Kindliche Entwicklungsprozesse beim Philosophieren mit Kindern. Eine empirische Studie zu Ungewissheit und Mehrperspektivität, Opladen u.a.
HORST, CLAUDIA (2017), Die Macht des Philosophenkaisers, in: GRIEB, VOLKER (Hg.), Marc Aurel – Wege zu seiner Herrschaft, Gutenberg, 189-210.
KÄßMANN, MARGOT (2006), Wie ist es so im Himmel? Freiburg i. Br.
ROSENBERG, JAY F. (1986), Philosophieren. Ein Handbuch für Anfänger, Frankfurt/Main.
MARC AUREL (1992), Selbstbetrachtungen (aus dem Griechischen von Otto Kiefer), Frankfurt/Main / Leipzig
MARTENS, EKKEHARD (2007), Anschaulich philosophieren – (wie) geht das?, in: DERS. / BRÜNING, BARBARA (Hg.), Anschaulich philosophieren, Mit Märchen, Fabeln, Bildern und Filmen, Weinheim / Basel, 9-17.
MICHALIK, KERSTIN / SCHREIER, HELMUT (2006), Wie wäre es, einen Frosch zu küssen? Philosophieren mit Kindern im Grundschulunterricht, Braunschweig.
MICHALIK, KERSTIN (2018), Empirische Forschung zu Wirkungen des Philosophierens mit Kindern auf die Entwicklung von Kindern, Lehrkräften und Unterricht, in: DIES. / DE BOER, HEIKE (Hg.), Philosophieren mit Kindern – Forschungszugänge und -perspektiven, Opladen u.a., 13-32.
PIEPER, JOSEF (1995), Was heißt philosophieren?, in: WALD, BERTHOLD (Hg.), Werke in acht Bänden, Bd. 3: Schriften zum Philosophiebegriff, 9. Aufl. Hamburg.
PIEPER, JOSEF (1999), Tod und Unsterblichkeit In: WALD, BERTHOLD (Hg.), Werke in acht Bänden, Bd. 5: Schriften zur Philosophischen Anthropologie und Ethik, 2. Aufl. Hamburg.
RÖD, WOLFGANG (1998), Kleine Geschichte der antiken Philosophie, München.

Wittwer, Héctor (Hg.) (2017), Philosophische Texte von der Antike bis zur Gegenwart, Ditzingen.
Wittwer, Héctor (2020), Philosophie des Todes, Ditzingen.
Zoller-Morf, Eva (2006), Philosophische Reise, Unterwegs mit Kindern auf der Suche nach Lebensfreude und Sinn, Zürich.
Zoller-Morf, Eva (2015), Selber denken macht schlau, Philosophieren mit Kindern und Jugendlichen, Kempten.

Ente, Tod und Tulpe (Verlag Antja Kunstmann GmbH)

V. (Religions-)pädagogische Grundlegung und Perspektiven auf den Umgang mit Tod und Trauer

Nebelwand, Wiedergeburt oder Auferstehung?

Religionspädagogische Vorüberlegungen zu einer pluralitätssensiblen Behandlung der Todesthematik

Bettina Kruhöffer

1. Einleitung

Schüler*innen kommen auf sehr vielfältige Weise mit dem Tod in Berührung. Aufgrund der zunehmenden Pluralisierungs-, Säkularisierungs- und Individualisierungsprozesse in der Gesellschaft können sich familiäre, mediale, kulturelle und religiöse Vorerfahrungen und Vorstellungen der Schüler*innen dabei stark unterscheiden. Dieses gilt auch für die religiösen Kontexte, denen diese Vorstellungen teilweise entlehnt sind bzw. denen die Schüler*innen zumindest auf institutioneller Ebene formal angehören. Auch wenn verschiedene religiöse Traditionen den Tod und die Frage nach einer postmortalen Existenz sehr unterschiedlich gewichten, ist ihnen gemeinsam, dass der Tod als ein anthropologisches Phänomen gesehen wird, welches zur Deutung herausfordert (Jüngel 2005, 437). Zugleich verweist die Frage nach dem Jenseits, z.B. in Reinkarnations-, Gerichts- und Auferstehungsvorstellungen, auf die verantwortliche Gestaltung des Diesseits zurück. Die Auseinandersetzung mit eschatologischen Vorstellungen ist daher schon aus diesen Gründen als bildungsrelevant zu bezeichnen (Platow 2018, 176). Eschatologische Fragen tauchten in der Vergangenheit allerdings nur als Randthema innerhalb der Lehrpläne auf (Lachmann 2010, 202). Dabei ist die Vorstellung von einem (wie auch immer zu beschreibenden) Weiterleben nach dem Tod bei Schüler*innen durchaus vorfindbar. Gerade durch interreligiöse Begegnungssituationen im schulischen Kontext tritt dabei der Facettenreichtum des Themas deutlich zutage (Butt 2013, 190).

2. Religionstheologische Vorüberlegungen zur Mehrdimensionalität und erfahrungsbezogenen Strukturierung des Themas

Wenn vielfältige religiöse Perspektiven des sensiblen Erfahrungs- und Themenbereichs von Tod und Jenseits in den Fokus schulischen Lernens gerückt werden sollen, sind zunächst einige religionstheologische Vorüberlegungen notwendig. Zum ersten ist die Rede von der Todesvorstellung des Christentums oder der Jenseitsvorstellung des Islams kritisch in den Blick zu nehmen. Zwar ist diese Sprachpraxis einerseits in ihrem Anspruch, die mannigfaltigen Denk- und Erfahrungsmöglichkeiten der Religionen zu bündeln, durchaus nachvollziehbar. Gerade im Bereich der Grundschule oder auch Elementarpädagogik ist eine solche Redeweise im Sinne einer besseren Überschaubarkeit der Diversität plausibel und dient einer nicht von vornherein zu verurteilenden Komplexitätsreduzierung und Unterstützung einer unkomplizierten Selbstpositionierung (Brandstetter 2020, 255f.).

Andererseits geht mit dieser sprachlichen Verwendung die Gefahr einer, die den Religionen innewohnende Vielfalt zu vereinheitlichen bzw. „viele Graubereiche zu übersehen" (Meyer 2019, 39). So stellt Karlo Meyer treffend fest: „Die eine, verbindliche Jenseitsvorstellungen gibt es [...] nicht, in keiner der Religionen." (2015, 12) Mit dieser Feststellung erhöht sich die Herausforderung für religionspädagogische Überlegungen ungemein. Eine rein schematische Darstellung von Todesvorstellungen verschiedener Weltreligionen als jeweils geschlossener, homogener Denkgebäude sollte daher stets in ihrer Begrenztheit kommuniziert werden. Auf der anderen Seite entsteht angesichts der wahrgenommenen Vielfalt von Glaubensaussagen seitens der Lehrkräfte der berechtigte Wunsch, Einzelerfahrungen zu kontextualisieren und ordnend zu bündeln. Zu fragen ist also, welche Kriterien helfen könnten, die thematische Fülle an Optionen zu strukturieren, ohne in neue, abstrakte Grundmuster zu verfallen. Hier bietet sich ein Blick auf die Überlegungen zur Religiosität bei Charles Y. Glock an. Bereits vor sechzig Jahren stellte dieser fest, dass für eine sinnvolle Erhebung dessen, was die Religiosität von Menschen ausmacht, ein mehrdimensionaler Blick notwendig sei. Dieser könne die (inhaltlich-theologische) Variationsbreite religiöser Ausdrucksformen berücksichtigen und zugleich aber auch eine strukturelle Übereinstimmung zwischen religiösen Phänomenen verdeutlichen. Glock nennt fünf Dimensionen, in welche sich die pluralen Manifestationen religiöser Perspektiven einordnen lassen. Er weist darauf hin, dass die Dimensionen in einer Wechselwirkung zueinanderstehen und dass sie nicht als geschlossene Bausteine zu betrachten sind. Ebenso bestehe keine Notwendigkeit, dass sich Religiosität immer in allen der genannten Dimensionen manifestiere (Glock 1962, 168). Aufgrund dieser Offenheit können die Dimensionen als ein geeignetes Raster dabei helfen, pluralitätssensibles Arbeiten im Kontext der Schule ordnend vorzubereiten.

Die *Dimension der religiösen Erfahrung* (experiential dimension) erfasst nach Glock Empfindungen wie Angst oder Glück, Gefühle der Ehrfurcht, Dankbarkeit oder auch „Vereinigung mit dem Universum oder dem Göttlichen" (ebd., 151). Auch Vertrauen und Zuversicht im Gegenüber möglicher Enttäuschung über das Weltgeschehen, die Erfahrung der Nähe des Göttlichen oder der Geborgenheit werden genannt (ebd., 162). In diese Dimension ließen sich alle Erfahrungen von Todesangst, Trauer, Trost, aber auch Hoffnung und Zuversicht eintragen, wie sie in verschiedenen konfessionell gebundenen, aber auch anderen gemeinschaftlichen Kontexten und individuellen Situationen subjektiv empfunden und zur Sprache gebracht werden.

Die *intellektuelle Dimension* (intellectual dimension) betrifft das Wissen des Menschen über die Lehrsätze einer Glaubensrichtung und das Vertrautsein mit den Inhalten der Heiligen Schriften (ebd., 152). Glock betont, dass einerseits das Wissen oftmals als Voraussetzung für den Glauben angesehen wird, anderseits aus Wissen nicht notwendigerweise der Glauben erfolgt. Zur *intellektuellen Dimension* gehört auch „der Grad kritischer Intellektualität, mit der die heiligen Schriften und andere religiöse Literatur gelesen werden" (ebd., 164). Als Beispiel kann hier die Auseinandersetzung mit hinduistischen Karma- und Wiedergeburtslehren genannt werden. Eine kritische Beschäftigung würde dabei aufdecken, dass westliche Adaptionen häufig in der Wiedergeburt einen Trostfaktor sehen, während man in den ursprünglichen Traditionen die Erlösung aus dem wiederholten „Lebenmüssen" (Buß 2005, 448) erhofft.

Die *ideologische Dimension* (ideological dimension) erfasst die Tatsache, dass Menschen sich zu bestimmten traditionellen Glaubensüberzeugungen der Religionen auch individuell bekennen. Dabei geht es aber nicht um die ungefilterte Übernahme vorgegebener Doktrinen, sondern um die persönliche Auseinandersetzung „mit der Frage nach dem Sinn und Zweck des Lebens" (Glock 1962, 158) bzw. um die angenommenen Überzeugungen, die dem Suchenden helfen, diese Frage zu beantworten. So beschreibt beispielsweise Günter Lange, dass er seine persönliche Hoffnung über den Tod hinaus u.a. in der Ikonenkunst, in der Darstellung des Entschlafens der Gottesmutter (Koimesis), zum Ausdruck gebracht sieht:

> „Christus erscheint und nimmt Maria, klein, wie ein halbwüchsiges Mädchen, liebevoll in seine Arme. Mit der sprechenden Geste des Umfangens, Tragens und Erhebens der ‚Seele' Marias finde ich unüberbietbar ausgedrückt, was mich im Tod und jenseits der Todesgrenze erwartet. Alles, was danach mit mir geschieht, darf ich getrost Gott überlassen." (Lange 2010, 14)

Die *rituelle Dimension* (ritualistic dimension) erfasst den Bereich der religiösen Praktiken wie Gebete und sakramentale Handlungen, Bekenntnisakte und Schriftlesungen, Feiern, Gebräuche wie Fasten oder Geldopfer (Glock 1962, 159). Hier sind die vielfältigen Trauer- und Bestattungsriten zu nennen, welche, je für sich betrachtet, oftmals einen engen Verweis zu grundlegenden Glaubensüberzeugungen aufweisen können. Insbesondere unbekannte Bräuche können dabei zum Ausgangspunkt eschatologischer Fragen werden. So berichtet Jürgen Moltmann von einem christlichen Ritual, bei dem sich die Gemeinschaft zwischen Lebenden und Toten vollzieht:

> „Wenn im Gottesdienst der lateinamerikanischen Basisgemeinden die Namen der Toten, der Verschwundenen und der Märtyrer genannt werden, dann ruft die ganze Gemeinde: ‚Presente!' Sie sind gegenwärtig in der Gemeinschaft Christi." (2001, 129)

Die *Dimension der Konsequenzen* (consequential dimension) beleuchtet, welche Einstellungen und Verhaltensweisen als Konsequenz religiöser Bindung in säkularen Lebensbereichen auszumachen sind. Dabei geht es um Auswirkungen der Religiosität auf die Bereitschaft der Verantwortungsübernahme, die Umsetzung ethischer bzw. moralischer Standards und um religiös geprägte Werthaltungen oder (Lebens-)entscheidungen (Glock 1962, 166f.). Als ein Beispiel kann die postmortale Organspende genannt werden. Wird eine religiöse Definition des Todes angenommen, wie sie in der Halacha mit den zwei Kriterien des Aussetzens des Pulsschlages und des Aussetzens der Atemtätigkeit gegeben ist, hat dieses unmittelbare Auswirkungen auf die ethische Beurteilung der nach dem Hirntodkriterium erfolgenden Organentnahme. So ist die postmortale Organspende unter orthodoxen Juden bis heute umstritten, da der vorgenommene Eingriff als Mord verstanden und demnach abgelehnt werden kann (Holznienkemper 2003, 131).

Überträgt man nun die Überlegungen Glocks auf den religionsdidaktischen Bereich, bieten die von ihm entwickelten Dimensionen eine strukturelle Hilfe an, ein ausgewähltes Thema, wie die Auseinandersetzung mit Todes- und Jenseitsvorstellungen, in seiner Vielschichtigkeit wahrzunehmen und eine einseitige Anhäufung von Wissensbeständen zu vermeiden. Dabei sollte jedoch stets reflektiert werden, dass der Blick auf das Thema durch eine auf den Dimensionen beruhende Matrix von vornherein in einer westlich geprägten Denkweise verhaftet ist und tendenziell eine unmittelbare Vergleichbarkeit der Religionen suggerieren könnte (Meyer 2019, 206f.).

3. Zur Verhältnisbestimmung divergierender eschatologischer Glaubensüberzeugungen

Aus religionstheologischer Perspektive ist es weiterhin wichtig zu reflektieren, in welches Verhältnis die vielfältigen, auch innerhalb einer Dimension auftretenden divergenten Todesvorstellungen und Aussagen über eine postmortale

Existenz, z.B. die bereits angedeuteten unterschiedlichen Interpretationsansätze einer Reinkarnationslehre, zueinander gesetzt werden sollen. Diese Verhältnisbestimmung ist gerade dann wichtig, wenn die Wahrheitsfrage bei der Behandlung von Todes- und Jenseitsvorstellungen im Unterricht nicht ausgeschlossen werden soll. In den meisten Fällen würden sich dabei exklusivistische, aber auch inklusivistische Zuordnungen als problematisch erweisen. Die erstgenannte Denkart ginge davon aus, dass nur die Vorstellungen der eigenen Religion oder Konfession den gottgewollten Weg zum Heil beschreiben können, andere Traditionen sind qualitativ minderwertig und gelten als Irrwege oder Illusionen, die zwar zur Kenntnis genommen werden können, aber keinerlei Sinngebung versprechen (Dehn 2017, 14f.). Hier kann als Beispiel eine Aufforderung der ‚Southern Baptist Konvention' an ihre Mitglieder genannt werden, anlässlich des Lichterfestes Divali, bei dem es u.a. darum geht, mit Lampen den Seelen der Toten zu helfen, den Tod zu überwinden (Heller 2012, 37), „der Menschen zu gedenken, die ‚in der hoffnungslosen Dunkelheit des Hinduismus verloren' seien und noch nicht zu ‚dem einen wahren Weg' des Christentums bekehrt seien" (ebd., 16). Eine solche Haltung schließt eine gleichberechtigte Betrachtung anderer oder fremder religiöser Sichtweisen bereits im Vorhinein aus. Bei inklusivistischem Denken werden zwar in den anderen religiösen Traditionen Spuren göttlichen Handelns anerkannt, letztlich überwiegt aber ein Substitutionsdenken: Die anderen religiösen Vorstellungen werden in das eigene Heilsdenken eingeordnet und ihm untergeordnet. Dieses lässt sich beispielhaft am Verhältnis zwischen den eschatologischen Perspektiven von christlichen und jüdischen Traditionen erklären. Eine christlich-inklusivistische Haltung würde die jüdische Messiaserwartung letztlich mit der erhofften Wiederkunft Christi gleichsetzen und somit zu einer bloßen Vorstufe des Christentums herabsetzen. Damit wird dem Judentum aber eine eigene Perspektive auf die Zukunft der Verstorbenen abgesprochen (Danz 2013, 236).

Hinsichtlich der genannten gesellschaftlichen und individuellen vorfindlichen religiösen Pluralität scheint ein pluralistischer Denkansatz vielversprechender zu sein. Alle Religionen gelten als gleichwertige Wege zum Heil. Unterschiedliche Traditionen oder auch spirituelle Praktiken sind kulturell bedingt, führen aber zu einem gemeinsamen Ziel – zur Erlösung des Menschen. Hinter den kontextuell beschriebenen Gotteserfahrungen verbirgt sich die gemeinsame transzendente Wirklichkeit, welche alle Wege menschlichen Beschreibens übersteigt (Stosch 2019, 336f.). Der Fortschritt gegenüber den vorherig entfalteten Denkmodellen besteht im Verzicht jeglichen Überlegenheitsdenkens. Dies ist eine wichtige Voraussetzung für den Dialog der Religionen untereinander. Auf der anderen Seite droht ein gewisser Relativismus (Meyer 2019, 82f.): Wenn alle Wege zum (jenseitigen) Heil führen – macht es da noch einen Unterschied, ob anlässlich des Todes eines Menschen die Worte des Vaterunsers, des Qaddish oder eines muslimischen Totengebets gesprochen werden?

Im Wissen um diese Problematik haben sich zum einen Überlegungen etabliert, die sich als „positioneller Pluralismus" (Härle 2008, 104) benennen lassen. Die Geltungsansprüche der anderen Religionen werden geachtet, ohne sie teilen zu müssen oder die eigene Glaubensüberzeugung aufzugeben. Es wird betont, dass nur dann ein sinnvoller Dialog geführt werden kann, wenn eine eigene Wahrheitsüberzeugung vorhanden ist (Brummer u.a. 2010, 157-159). Dabei wird die Spannung zwischen den verschiedenen Traditionen und den damit verbundenen Wahrheitsansprüchen nicht geleugnet, sondern bewusst ausgehalten. So stehen beispielsweise hinduistische Konzepte der Reinkarnation durch ihre Tendenz zur Selbsterlösung, durch den vertretenen Leib-Seele-Dualismus sowie durch das Infragestellen des Gedankens der in sich abgeschlossenen Einmaligkeit jeden menschlichen Lebens Perspektiven christlicher Auferstehungshoffnung in dreifacher Hinsicht entgegen (Härle 2018, 610).

Zum anderen ist der Ansatz der komparativen Theologie zu nennen. Hier steht nicht eine allgemeine Theorie über Religionen und die Bewertung ihrer Wahrheitsgehalte aus einer Außenperspektive im Mittelpunkt, sondern das Interesse an interreligiösen und interkulturellen Vergleichen von Einzelfällen. Diese „mikrologische Vorgehensweise" (Stosch 2019, 330) richtet den Blick auf konkret festgelegte Texte, klar umgrenzte Glaubensinhalte oder ausgewählte Rituale. In der Diskussion um eine eschatologische Frage kann „die Evidenz von Glaubenswahrheiten" in einem „Prozess des kritischen An- und Rückfragens" aufscheinen. (Langenfeld / Tautz 2019, 209f.) So wird durch die Auseinandersetzung mit einer fremden Perspektive auf die eigene Tradition – beispielsweise durch die Interpretation des Altarbildes „Christus am Kreuz" (Guido Reni, 1575–1642) von Navid Kermani (2009) aus muslimischer Perspektive – ein Nachdenken über den auch innerchristlich umstrittenen Glauben an den Stellvertretertod Jesu angeregt. Durch ihre Konzentration auf Einzelfälle wird die komparative Theologie auch für eine schuldidaktische Praxis für geeignet gehalten (Böhme 2015, 12).

Neben dem positionellen Pluralismus stellt also insbesondere die komparative Theologie grundsätzlich ein plausibles Modell für einen gelungenen Dialog – auch zum Thema Tod und Jenseits – zur Verfügung. Es werden durch beide Ansätze hilfreiche Perspektiven geboten, um im schulischen Kontext mit wahrzunehmenden Divergenzen umzugehen, Perspektivenwechsel einzuüben und zu einem toleranten, wechselseitigen Anerkennen anderer Grundüberzeugungen beizutragen. Aus religionspädagogischer Perspektive ist jedoch kritisch anzumerken, dass sowohl der positionelle Pluralismus als auch die komparative Theologie von einem Austausch „religiöser Spezialisten" (Meyer 2019, 97) ausgehen, welcher nicht nur einen konfessionellen Standpunkt, sondern möglichst auch eine vertiefe Kenntnis der anderen Religionen erfordert (Stosch 2017, 328). Deshalb kann sich eine einfache Umsetzung der genannten Modelle in der schulischen Praxis insbesondere in jüngeren Jahrgangsstufen als schwierig erweisen. Denn neben fehlenden Kenntnissen über andere Religionen verfügen viele (christlich getaufte) Schüler*innen auch nicht über die erforderliche konfessionell gefestigte Grundüberzeugung, welche sie als Mitglieder oder gar Expert*innen einer bestimmten (institutionell verankerten) Religionsgemeinschaft erkennbar ausweist (EKD 2014, 75). Auch bei muslimischen Schüler*innen lassen sich Säkularisierungstendenzen oder Unsicherheiten beobachten (Peters 2013, 169). Dazu kommt die stetig wachsende Gruppe von „konfessionslosen" (Käbisch 2021, 1f.) Schüler*innen, bei denen möglicherweise eine Unberührtheit mit Religion, fehlende religiöse Sozialisation oder eine nicht-religiöse Einstellung vorliegt (Schwarz 2019, 489). Die oben bereits formulierte Herausforderung, mit Vielfalt von Todesvorstellungen umzugehen, bezieht sich eben nicht nur auf religionstheologischen Facettenreichtum, sondern insbesondere auch auf das breite Spektrum an Vorerfahrungen, Kenntnissen und Vorstellungen der Schüler*innen. Diese Vielfalt muss eine Religionsdidaktik differenziert und sensibel wahrnehmen.

4. Die Wahrnehmung der Todesvorstellungen von Schüler*innen unter dem Anspruch der Pluralitätssensibilität

Die Forderung nach einer sensiblen Wahrnehmung von Vielfalt „ist zu einem Paradigma einer pluralitätsfähigen Religionspädagogik geworden" (Grümme 2021, 9). Die Stärke des Sensibilitätsbegriffs kommt dabei im folgenden Zitat deutlich zum Ausdruck:

> „Der Begriff der Sensibilität verweist auf den pädagogischen Anspruch [...], gegenüber Kindern, Jugendlichen, ihren Eltern und Familienangehörigen, ihren Einstellungen, Gefühlen und Lebensstilen eine behutsame Umgangsform zu entwickeln. Es gilt, Menschen aus der Perspektive ihres jeweiligen Selbstverständnisses heraus verstehen zu lernen, sich ihnen [...] mit Achtsamkeit anzunähern, Verständnis und Empathie für sie zu entwickeln. [...] Damit sichert Sensibilität das Recht auf Selbstverfügbarkeit und erweist zugleich Respekt und Wertschätzung gegenüber den Anderen resp. gegenüber der Vielfalt von Menschen, ihren Kulturen und Religionen." (Heller u.a. 2017, 41)

Der Begriff der Sensibilität tritt in unterschiedlichen terminologischen Kombinationen, beispielsweise in den Postulaten nach religionssensibler (Knoblauch / Weber 2018, 1), heterogenitätssensibler (Grümme 2021, 15) oder gendersensibler (Qualbrink u.a. 2011, 11) Bildung und Forschung auf. Dabei wird derzeit insbesondere dem Heterogenitätsbegriff in religionspädagogischen Diskursen eine hohe Relevanz zugesprochen (Grümme 2021, 9). Im Kontext des hier vorliegenden Beitrags wird demgegenüber eine pluralitätssensible Vorgehensweise gefordert. Der Begriff der Pluralitätssensibilität ist noch wenig konzeptionell erfasst. Er wird verwendet im Zusammenhang mit der Charakterisierung der Reflexion religiös-weltanschaulicher Vielfalt als einem zentralen, religionsdidaktischen Anliegen (Schröder 2018, 45). Während dem Heterogenitätsbegriff durchaus Aufmerksamkeit insbesondere für soziale Ungleichheitsaspekte eine neue Relevanz zukommt, lässt sich der Bezug zum Pluralitätsbegriff mit dessen multidisziplinären Verankerung und seiner Stärke zur Darstellung religiöser Innenperspektiven begründen (Schweitzer 2020, 29). Gerade bei dem Thema Tod und Jenseits werden wie oben aufgezeigt religionstheologische Diskurse relevant, in welchen der Begriff der Pluralität (und nicht der Heterogenität) fest verankert ist. Gleichzeitig schließt die Rede von der religiösen und weltanschaulichen Pluralität auch die Gruppe der konfessionslosen Schüler*innen als Teil der pluralistischen Gesellschaft mit ein (Käbisch 2014, 196).

Die Forderung nach Pluralitätssensibilität ist im Blick auf die Behandlung der Todesthematik mit mehreren Herausforderungen verbunden: Als erstes ist der Anspruch zu nennen, dass die Jenseitsaussagen religiöser Traditionen in ihrer Mehrperspektivität zur Sprache gebracht werden. Eine pluralitätssensibel agierende Lehrkraft strebt an,

> „ein Bewusstsein von der inneren Vielfalt religiöser Traditionen und spezifischer Konfessionen zu schaffen und nicht den Eindruck zu erwecken, eine bestimmte (historische, religiöse, konfessionelle) Perspektive sei die objektive Spiegelung der Wirklichkeit." (Woppowa 2019, 96)

Auch die unterschiedlichen Dimensionen der Todesthematik gilt es gleichermaßen zu berücksichtigen.

Des Weiteren impliziert eine pluralitätssensible Haltung ein genaues Hinhören und die Bereitschaft, auch individuelle Facetten in persönlichen Äußerungen zu identifizieren bzw. wertzuschätzen. Sie übt den Blick dafür ein, dass die individuellen Todesvorstellungen von Schüler*innen sich dabei – abhängig auch vom jeweiligen Entwicklungsstand oder auch des regionalen Kontextes (Simojoki 2018, 54) – in einer bemerkenswerten Pluralität und Dynamik präsentieren können und dabei sowohl Angst- und Schreckensvorstellungen als auch tröstliche und hoffnungsstiftende Elemente aufweisen (Plieth 2011, 79).

Zum dritten ist die Wahrnehmung wichtig, dass Äußerungen, in denen für die Lehrkraft Bezüge zu bestimmten dogmatischen Traditionen anklingen, nicht automatisch mit einem konfessionellen (Selbst-)Bewusstsein einhergehen bzw. gleichzusetzen sind (Schweitzer 2009, 41). Pluralitätssensibilität umfasst auch eine Offenheit für die beim Thema Tod geäußerten „Zwischentöne" (Streib / Klein 2010, 73) der Schüler*innen, die keiner theologischen Dogmatik entsprechen. Als Beispiel kann die geäußerte Vorstellung genannt werden, dass es eine menschliche Entscheidungsmöglichkeit zwischen Wiedergeburt und einem Eintritt ins Paradies gäbe (Schwarzkopf 2016, 166). Insgesamt ist es also anzustreben, dass der Religionsunterricht für alle Schüler*innen – auch die Gruppe der Konfessionslosen – einen Schutzraum dafür bietet, „die eigenen auch noch so vagen und diffusen Vorstellungen von dem, was nach dem Tod kommen könnte, bei sich wahrzunehmen" (Pohl-Patalong 2010, 209) und aussprechen zu lernen.

Zusammenfassend lässt sich festhalten, dass angesichts der möglichen Vielzahl an Todesvorstellungen eine pluralitätssensible Haltung zu einer diversitätsbewussteren Wahrnehmung für die Sichtweisen der Schüler*innen innerhalb des didaktischen Prozesses der Unterrichtsplanung und -gestaltung verhelfen kann und damit im Unterricht einen Raum der wechselseitigen Wahrnehmung und des Austausches bietet. Darauf aufbauend soll nun abschließend gefragt werden, welche konkreten Zielperspektiven damit verbunden sind.

5. Zielperspektiven einer pluralitätssensiblen Behandlung von Todes- und Jenseitsvorstellungen im Religionsunterricht

Die Auseinandersetzung mit dem Thema Tod und Jenseits kann in religionsdidaktischen Zusammenhängen aufgrund der zu berücksichtigenden Entwicklungsstufen der Schüler*innen, der Ausrichtung an unterschiedlichen Organisationsformen und Unterrichtskonzeptionen zu unterschiedlichen Schwerpunktsetzungen bei der angestrebten Kompetenzförderung führen.

Zum einen kann das Thema Tod zur Förderung von Dialogkompetenz innerhalb der interreligiösen Lerngruppe eingesetzt werden. Dialogkompetenz bedeutet, religiöser und weltanschaulicher Vielfalt sensibel zu begegnen und dabei „Respekt, Verständigungsbereitschaft, wechselseitige Wertschätzung und Anerkennung von Differenz als Kriterien in dialogischen Situationen" (Freie Hansestadt Hamburg 2011, 15) anzustreben. Der Unterricht zielt dann darauf ab, dass sich Schüler*innen in der Beschäftigung mit Jenseitsvorstellungen „auch für alles Fremde und Andere" (Butt 2013, 187f.) öffnen. Dieser Austausch „lässt Vorurteile verschwinden und kann als eine Bereicherung des eigenen Lebens verstanden werden" (ebd., 190). Gerade weil es sich bei der Frage nach der postmortalen Existenz um eine „unentscheidbare Frage" (Schwarzkopf 2016, 14) handelt, kann durch die gegenseitige Wahrnehmung unterschiedlicher Glaubensvorstellungen den Schüler*innen deutlich werden, wie wichtig es ist, eigene Wahrheitsansprüche unter den eschatologischen Vorbehalt zu stellen (Dressler 2010, 147).

Als weiteres Ziel kann aber auch die damit eng verbundene „Argumentationskompetenz" (Schwarzkopf 2016, 85) genannt werden. Die Schüler*innen sollen angesichts des Nebeneinanders verschiedener theologischer und existentieller Zugänge zum Thema Tod „lernen, sich in der Multioptionalität selbst zu finden und zu positionieren" (ebd., 15) sowie dabei unterstützt werden, von eindimensional pauschalen Äußerungen (Beispiel: „Die Auferstehungstheorie finde ich gut") zu mehrperspektivischen, strukturierten und durch Kriterien gestützten Positionen zu gelangen. Dieser Prozess kann z.B. durch Verfahren des Theologisierens mit Jugendlichen angestoßen werden (ebd., 148; 194f.). Allerdings benötigen Schüler*innen für diesen Lernprozess auch gut ausgewählte inhaltliche Impulse, zu denen sie sich in Beziehung setzen können. Dabei bieten sich weniger abstrakt-dogmatische Denkgebäude an, sondern persönliche Statements mit exemplarisch-konfessorischem Charakter. Diese beanspruchen nicht, die ultimative, einer religiösen Institution entsprechende Glaubensform zu präsentieren, bieten aber in ihrer individuellen Form Orientierungs- und Reibungspunkte zum Nachdenken über eigene Vorstellungen und für das Erproben von Selbstpositionierungen (Meyer 2015, 12).

Zur Diskussion der oben beschriebenen ‚Zwischentöne' sind beispielsweise narrative Jenseitsvorstellungen als Bezugspunkte einer Positionsbildung erprobt (Schwarzkopf 2016, 112f.). Auch ausgewählte Liedtexte („Mit deinem kleinen Koffer in der Hand – verschwindest du in der Nebelwand – und ein andrer nimmt dich an die Hand", Lindenberg 2016) können hier genutzt werden. Darüber hinaus müssen auch atheistische Grundhaltungen, welche mit der Ablehnung einer Jenseitsvorstellung verbunden sind, als Gesprächsimpulse Berücksichtigung finden (Platow 2019, 431). Auch wenn die Selbstpositionierungen der Schüler*innen noch tastend oder schwankend geäußert werden, können sie dennoch als eine erste Grundlage für den oben erläuterten Vollzug eines positionellen Pluralismus oder einer komparativen Theologie verstanden werden.

Gerade die Frage, was nach dem Tod zu erwarten ist, drängt aber besonders in existentiell bedeutsamen Situationen nicht nur nach einer vertretbaren, sondern nach einer individuell tragfähigen Antwort. Bei der Förderung einer persönlichen Perspektive „kann der Versuch einer auf bloße Bekenntniswiedergabe abzielenden Unterrichtspraxis ebenso wenig genügen wie eine reine Information über verschiedene Jenseitsvorstellungen." (Schweitzer u.a. 2019, 154) Biblische Texte, reinkarnatorische Vorstellungen aber z.B. auch Berichte von Nahtoderfahrungen können mit dem Ziel in den Unterricht eingebracht werden, „tröstliche und orientierungsstiftende" (ebd.) Hoffnungsperspektiven auf ein Leben über den Tod hinaus zu eröffnen. Dabei sollten die eingebrachten eschatologischen Vorstellungen und Bilder auch persönlich nach ihrer Tragkraft und Hoffnungs- und Kraftquelle angesichts des Todes auch nahestehender Menschen befragt werden (ebd.).

Je nach Konzept und Lernausgangssituation kann die Präsentation von Bekenntnistexten auch mit dem ausdrücklichen Ziel geschehen, nichtreligiöse Schüler*innen zur Teilhabe zu ermutigen, sich auf eine religiöse Innenperspektive einzulassen (Käbisch 2021, 8). So findet sich in einem Materialheft für berufliche Schulen folgende Perspektive:

> „Das Kennenlernen und die Auseinandersetzung mit religiösen Vorstellungen vom Jenseits können zu einer wesentlichen Ressource werden. [...] Auch Lernende, die sich als nichtreligiös oder agnostizistisch bezeichnen, können profitieren, wenn sie bereit sind, sich auf die behandelten Gegenstände einzulassen. Schönheit und Tröstlichkeit von Versen aus ‚Heiligen Büchern' können bereichern – unabhängig davon, ob man sie für wahr hält oder nicht." (Marose 2017, 8)

Da diese Formulierung möglicherweise eine Vereinnahmung der konfessionslosen Schüler*innen befördern könnte, ist an dieser Stelle zu fragen, ob die Bildungsziele hinsichtlich religiöser und nicht-religiöser Schüler*innen hier nicht einer Binnendifferenzierung unterzogen werden sollten, indem die sich als religiös verstehenden Schüler*innen Impulse zur Reflexion und Vertiefung ihrer Jenseitsvorstellungen erhalten, während nichtreligiöse Schüler*innen sich aus einer Außenperspektive mit religiösen Vorstellungen beschäftigen und dabei die Relevanz derselben für religiöse Menschen erkennen (Schwarz 2019, 535).

Zuletzt kann die Auseinandersetzung mit dem Thema Tod und Jenseits auch die ethischen Kompetenzen der Schüler*innen fördern. Wie bereits anfänglich erwähnt, weist die Frage nach dem Jenseits zurück auf die Gestaltung des diesseitigen Lebens und kann hier durchaus sehr unterschiedliche Perspektiven eröffnen: Wird die Verheißung eines Jenseits als eine Vertröstung interpretiert, welche es erleichtert, Ungerechtigkeiten im Hier und Jetzt anzunehmen und zu ertragen? Oder erweist sich eine Hoffnung über den Tod hinaus als ein lebensorientierendes Zeichen für einen Sieg des Lebens über den Tod, welches zu lebensförderlichem Handeln in der konkreten Lebenswelt motiviert und damit Brücken zu anderen Religionen und Weltanschauungen schlägt? (Schweitzer u.a. 2019, 153f.) Stärkt der Gedanke einer Reinkarnation die Selbstverantwortlichkeit des Menschen für die Mitgestaltung eines solidarischen Miteinanders oder manifestiert er im Gegenzug bestehende Ungleichheiten als schicksalhaft? Welche Konsequenzen hat ein Jenseitsglaube bzw. die Ablehnung eines solchen „für das Widerstandspotential und das Engagement für eine gerechte Welt, auf der alle gut leben können?" (Pohl-Patalong 2010, 211) Durch die persönliche Auseinandersetzung mit dem Tod und der Frage nach der postmortalen Existenz werden Schüler*innen also dazu angeregt, „bewusste und ggf. kritische Impulse für ihre individuelle Lebensgestaltung" (Platow 2019, 438) zu entwickeln.

6. Fazit

Das Thema Tod und Jenseits stellt die Religionspädagogik und -didaktik vor einige Herausforderungen, bietet aber zugleich große Chancen, den Schüler*innen die Auseinandersetzung mit einer für sie existentiell bedeutsamen Frage zu ermöglichen. Wichtig ist hierfür eine pluralitätssensible Vorgehensweise, welche die vielfältigen Schüler*innenaussagen zum Tod wahr-

und ernstnimmt, diese in das Gespräch mit diversen, kontextbewusst ausgewählten, den religiösen und weltanschaulichen Traditionen entnommenen, Zukunfts- und Hoffnungsentwürfen bringt, die Mehrdimensionalität der Thematik berücksichtigt und zu einem konstruktiven Weiterbildungsprozess der Selbstpositionierung und Dialogfähigkeit sowie der ethischen Kompetenz der Schüler*innen beiträgt. Die Frage, ob sich die in diesen Prozess eingebrachten Hoffnungsperspektiven für die Schüler*innen über den schulischen Kontext hinaus tatsächlich als sinnstiftend und als tragfähige Kraftquellen erweisen, kann jedoch nicht im Rahmen einer Abgleichung mit religionsdidaktisch formulierten Zielformulierungen entschieden werden. Die Ausbildung einer sich wirklich bewährenden Lebens- und Glaubensperspektive ist aus religionspädagogischer Sicht selbstkritisch als unverfügbar zu bezeichnen und führt „an die Grenzen dessen, was Unterricht als kollektives Geschehen anbahnen kann." (Schröder 2012, 597)

Literatur

Böhme, Katja (2015), Einleitung in das Studienbuch, in: Dies. (Hg.), Hoffnung über den Tod hinaus? Eschatologie im interreligiösen Lernen und Lehren, Heidelberg, 7–16.

Butt, Christian (2013), Verständigung an der Grenze des Lebens. Unterrichtserfahrungen aus dem dialogischen Religionsunterricht, in: Loccumer Pelikan 4/2013, 186–191.

Brandstetter, Bettina (2020), Kulturen, Religionen und Identitäten aushandeln. Elementarpädagogik zwischen Homogenisierung und Pluralisierung, Münster / New York.

Brummer, Andreas u.a. (Hg.) (2010), Evangelischer Erwachsenenkatechismus. Suchen – glauben – leben, 8. Aufl. Gütersloh.

Buß, Johanna (2005), Art. „Tod. XIII. Hinduismus", in: RGG^4 8, 447–448.

Danz, Christian (2013), Grundprobleme der Christologie, Stuttgart.

Dehn, Ulrich (2017), Einleitung: Der (inter-)religiöse Dialog und die Theologie der Religionen, in: Ders. u.a. (Hg.), Handbuch Theologie der Religionen, Freiburg i. Br., 11–25.

Dressler, Bernhard (2010), Vorüberlegungen zu einer zeitgemäßen Eschatologiedidaktik, in: Englert, Rudolf u.a. (Hg.), Was letztlich zählt – Eschatologie (JRP 26), Neukirchen-Vluyn.

EKD (Hg.) (2014), Religiöse Orientierung gewinnen. Evangelischer Religionsunterricht als Beitrag zu einer pluralitätsfähigen Schule. Eine Denkschrift des Rates der Evangelischen Kirche in Deutschland, Gütersloh.

FREIE UND HANSESTADT HAMBURG, BEHÖRDE FÜR SCHULE UND BERUFSBILDUNG (Hg.) (2011), Bildungsplan Gymnasium Sekundarstufe I Religion, Hamburg.

GLOCK, CHARLES Y. (1962), Über die Dimensionen der Religiosität, in: MATTHES, JOACHIM, Kirche und Gesellschaft. Einführung in die Religionssoziologie II, Hamburg 1968, 150–168.

GRÜMME, BERNHARD u.a. (2021), Einführung, in: DIES. u.a. (Hg.), Heterogenität. Eine Herausforderung für Religionspädagogik und Erziehungswissenschaft (Religionspädagogik innovativ 37), Stuttgart, 9–15.

HÄRLE, WILFRIED (2008), Spurensuche nach Gott. Studien zur Fundamentaltheologie und Gotteslehre, Berlin.

HÄRLE, WILFRIED (2018), Dogmatik, 5. Aufl. Berlin / Boston.

HELLER, BIRGIT (2012), Der ātman ist jenseits von Geburt und Tod. Sterben, Tod und Trauer im Hinduismus, in: DIES. (Hg.), Wie Religionen mit dem Tod umgehen. Grundlagen für die interkulturelle Sterbebegleitung, Freiburg i. Br., 32–57.

HELLER, THOMAS u.a. (2017), Auf dem Weg zu einer kultur- und religionssensiblen Bildung: Thesen und Reflexionen zu einem Paradigmenwechsel in der interkulturellen und -religiösen Bildung, in: Theo-Web. Zeitschrift für Religionspädagogik 16/2, 37–47.

HOLZNIENKEMPER, THOMAS (2003), Organspende und Transplantation und ihre Rezension in der Ethik der abrahamitischen Religionen, Münster.

JÜNGEL, EBERHARD (2005), Art. „Tod, VI. Religionsphilosophisch", in: RGG^4 8, 437–439.

KÄBISCH, DAVID (2014), Religionsunterricht und Konfessionslosigkeit. Eine fachdidaktische Grundlegung (Praktische Theologie in Geschichte und Gegenwart 14), Tübingen.

KÄBISCH, DAVID (2021), Art. „Konfessionslosigkeit", in: Das wissenschaftlich-religionspädagogische Lexikon im Internet, https://www.bibelwissenschaft.de/stichwort/200752/ (Stand: 05.10.2021).

KERMANI, NAVID (2009), „Warum hast du uns verlassen?", in: Neue Züricher Zeitung (14.03.2009) https://www.nzz.ch/warum_hast_du_uns_verlassen_guido_renis_kreuzigung-1.2195409 (Stand: 15.10.2021).

KNOBLAUCH, CHRISTOPH / WEBER, JUDITH (2018), Art. „Bildung, religionssensible", in: Das wissenschaftlich-religionspädagogische Lexikon im Internet, https://www.bibelwissenschaft.de/stichwort/200357/ (Stand: 05.10.2021).

LACHMANN, RAINER (2010), Zum Wandel religionspädagogischer Jenseitsvorstellungen, in: ENGLERT, RUDOLF u.a. (Hg.), Was letztlich zählt – Eschatologie (JRP Bd. 26), Neukirchen-Vluyn, 189–204.

LANGE, GÜNTER (2010), Zur Reichweite von Hoffnungsbildern, in: ENGLERT, RUDOLF u.a. (Hg.), Was letztlich zählt – Eschatologie (JRP 26), Neukirchen-Vluyn, 13–16.

LANGENFELD, AARON / TAUTZ, MONIKA (2019), Erlösung als Problem der interreligiösen Begegnung. Eine systematische und religionspädagogische

Auseinandersetzung mit einem sperrigen Gegenstand, in: ÖRF 27, 208–225, https://oerf-journal.eu/index.php/oerf/article/view/8.

LINDENBERG, UDO (2016), Wenn du gehst, in: Songbook, https://www.udo-lindenberg.de/wenn_du_gehst.157158.htm (Stand: 28.03.2022).

MAROSE, MONIKA (2017), Einleitender Kommentar, in: DIES. u.a. (Hg.), Jenseitsvorstellungen in Judentum, Christentum und Islam. Unterrichtsbausteine für Berufsbildende Schulen, Göttingen, 7–10.

MEYER, KARLO (2015), Glaube, Gott und letztes Geleit. Religionsunterricht zu jüdischen, christlichen und muslimischen Bestattungen und zur Frage nach dem Tod, Saarbrücken.

MEYER, KARLO (2016), Art. „Tod, interreligiös", in: Das wissenschaftlich-religionspädagogische Lexikon im Internet, https://www.bibelwissen schaft.de/stichwort/100175/ (Stand: 05.10.2021).

MEYER, KARLO (2019), Grundlagen interreligiösen Lernens, Göttingen.

MOLTMANN, JÜRGEN (2001), Das Kommen Gottes, Gütersloh.

PETERS, BEATE (2013), Wie gehe ich in meinem Religionsunterricht mit Muslimen um, die dabei sind?, in: Loccumer Pelikan 4, 169–170.

PLATOW, BIRTE (2018), Sterben und Tod als Themen von Ethik und Religionsunterricht, in: SCHRÖDER, BERND / EMMELMANN, MORITZ (Hg.), Religion und Ethikunterricht zwischen Konkurrenz und Kooperation, Göttingen, 159–184.

PLATOW, BIRTE (2019), Tod und Sterben, in: ROTHGANGEL, MARTIN u.a. (Hg.), Theologische Schlüsselbegriffe. Subjektorientiert – biblisch – systematisch – didaktisch, 6. Aufl. Göttingen, 428–439.

PLIETH, MARTINA (2011), Kind und Tod. Zum Umgang mit kindlichen Schreckensvorstellungen und Hoffnungsbildern, 5. Aufl. Neukirchen-Vluyn.

POHL-PATALONG, UTA (2010), Kaum zu glauben und doch so wichtig. Auferstehung als Thema im Religionsunterricht, in: ENGLERT, RUDOLF u.a., Was letztlich zählt – Eschatologie (JRP 26), Neukirchen-Vluyn, 205–214.

QUALBRINK, ANDREA u.a. (2011), Einleitung, in: DIES. u.a. (Hg.), Geschlechter bilden. Perspektiven für einen genderbewussten Religionsunterricht, Gütersloh, 9–11.

SCHRÖDER, BERND (2012), Religionspädagogik, Tübingen.

SCHRÖDER, BERND (2018), Rechtliche Möglichkeiten der Kooperation, in: EISENHARDT, SASKIA u.a. (Hg.), Religion unterrichten in Vielfalt. Konfessionell – religiös – weltanschaulich. Ein Handbuch, Göttingen, 45–53.

SCHWARZ, SUSANNE (2019), SchülerInnenperspektiven und Religionsunterricht. Empirische Einblicke – Theoretische Überlegungen, Stuttgart.

SCHWARZKOPF, THERESA (2016), Vielfältigkeit denken. Wie Schülerinnen und Schüler im Religionsunterricht argumentieren lernen (Religionspädagogik innovativ 15), Stuttgart.

SCHWEITZER, FRIEDRICH (2009), Wie Kinder und Jugendliche religiöse Differenzen wahrnehmen – Möglichkeiten und Grenzen der Orientierung in der religiösen Pluralität, in: BUCHER, ANTON A. u.a. (Hg), „In den Himmel kommen nur, die sich auch verstehen". Wie Kinder über religiöse Differenz denken und sprechen (JaBuKi 8), 39–49.

SCHWEITZER, FRIEDRICH u.a. (2019), Elementarisierung 2.0. Religionsunterricht vorbereiten nach dem Elementarisierungsmodell, Göttingen.

SCHWEITZER, FRIEDRICH (2020), Religiöser Pluralismus und Heterogenität: konkurrierende, komplementäre oder inkommensurable Grundbegriffe der Religionspädagogik?, in: GRÜMME, BERNHARD u.a. (Hg.), Heterogenität. Eine Herausforderung für Religionspädagogik und Erziehungswissenschaft (Religionspädagogik innovativ 37), Stuttgart, 29–39.

SIMOJOKI, HENRIK (2018), Kontextsensibles Unterrichten in konfessioneller, religiöser und weltanschaulicher Vielfalt, in: EISENHARDT, SASKIA u.a. (Hg.), Religion unterrichten in Vielfalt: konfessionell – religiös – weltanschaulich. Ein Handbuch, Göttingen, 54–60.

STOSCH, KLAUS VON (2017), Komparative Theologie, in: DEHN, ULRICH u.a. (Hg.), Handbuch Theologie der Religionen, Freiburg i. Br., 317–337.

STOSCH, KLAUS VON (2019), Einführung in die Systematische Theologie, 4. Aufl. Paderborn.

STREIB, HEINZ / KLEIN, KONSTANTIN (2010), Todesvorstellungen von Jugendlichen und ihre Entwicklung, in: ENGLERT, RUDOLF u.a. (Hg.), Was letztlich zählt - Eschatologie (JRP 26), Neukirchen-Vluyn, 50–74.

WOPPOWA, JAN (2019), Religionsunterricht mit Schüler*innen unterschiedlicher Konfessionen, in: EISENHARDT, SASKIA u.a. (Hg.), Religion unterrichten in Vielfalt: konfessionell – religiös – weltanschaulich. Ein Handbuch, Göttingen, 87–101.

Zwischen Vision und Wirklichkeit

Tod und Sterben als Gegenstand ethischer Bildung im Religionsunterricht

Christiane Caspary

1. Tod als Thema der Ethik im Religionsunterricht

Tod und Sterben waren schon immer Gegenstand ethischer Bildung im Religionsunterricht. Die Entwicklung der Palliativmedizin und in jüngster Zeit die politische Debatte um den assistierten Suizid fordern die theologische Ethik zu neuen Positionierungen heraus. Diese Entwicklung hat Folgen für die Religionsdidaktik, denn sie muss sich beim Thema Tod ebenfalls neu orientieren.

Fragen wir zunächst, inwiefern Ethik Teil des Religionsunterrichts ist. Die theologische Ethik ist eine Ethik, die ethische Fragen im Horizont der Gottesbotschaft interpretiert und entscheidet. Grundsätzlich sollte ethische Bildung im Religionsunterricht Schüler*innen also befähigen, ethische Konfliktfelder in theologischer Perspektive zu verstehen, ethische Abwägungsprozesse nachzuvollziehen und schließlich eigene Entscheidungen in ethischen Fragen treffen zu können. Im Religionsunterricht sollte ethisches Lernen demnach als Bildung begriffen werden, formuliert Bernhard Grümme,

> „die auf kritische Urteilsbildung und Handlungsmotivation im Lichte der Gottesbotschaft abzielt, die dabei auch ihre gesellschaftlichen wie kulturellen Kontexte analysiert und sich kritisch wie produktiv einschaltet in das gesellschaftlich-öffentliche Ringen um ein gutes und gerechtes Leben für alle." (2018, 112)

Dies ist ein weites Feld und das Thema Tod und Sterben kommt deshalb im Religionsunterricht und den entsprechenden Bildungsplänen und Materialien für Religionsunterricht in unterschiedlichen Themenbereichen vor: Bibel, Anthropologie, Religion und Weltreligionen, Krieg und Frieden, Ethik. Hinzu kommt eine schulpastorale Aufgabe, die den Religionsunterricht an Grenzen bringen kann: Die Begleitung von Kindern und Jugendlichen oder ganzen Schulklassen wird bei einem Todesfall in der Schule häufig als genuine Aufgabe des Religionsunterrichts gesehen. Es gibt also viele Stellen, an denen die Religionspädagogik an der Schule mit dem Thema Tod in Berührung kommt. Sie spiegeln sich in den gängigen Unterrichts- und Begleitmaterialien. Sucht man nach einer Thematisierung von Tod und Sterben als ethisches Problem, so wird man in den Unterrichtsmaterialien in der Regel auf medizinethische Beispiele[1] stoßen: insbesondere auf die Themen Lebensbeginn und Lebensende, Schwangerschaftsabbruch und Embryonenforschung, aktive und passive Sterbehilfe sowie Organspende (weiterführend zu diesen Themen: Zimmermann 2021). Diese vorab medizinethischen Fragen sind für Schüler*innen jedoch häufig schwer zu fassen, treffen hier doch sehr komplexe und hoch sensible Themen, die das individuell Private unmittelbar betreffen, auf gesellschaftlich und medial präsente Diskussionen, die neben der medizinischen, anthropologischen, politischen und ethischen Dimension auch juristische Fragen berühren. Das dafür erforderliche Wissen haben die Schüler*innen, aber auch die Lehrkräfte nicht immer. Es ist daher wichtig, sich auf den spezifischen Kompetenzbereich des Religionsunterrichts zu besinnen. Dabei ist daran zu erinnern, dass ethische Fragen im Religionsunterricht primär im Rahmen des biblischen Ethos verhandelt werden. Darin liegt die Spezifik des christlichen Religionsunterrichts. Allgemeinethische Erwägungen, die aus der Philosophie bekannt sind, werden berücksichtigt, jedoch sind der biblische Horizont und die Theologie als Bezugswissenschaft der Religionspädagogik für den Religionsunterricht entscheidend.

> „Religionslehrkräfte müssen zugänglich machen, dass Menschen ethische Entscheidungen oder Handlungen auch in Referenz zu einem Transzendenten verorten und inwiefern es eventuell einen Unterschied macht, wenn die Begründung für Wertmaßstäbe im transzendenzbezogenen Kontext angesiedelt wird." (Lindner 2021, 263)

Unterrichtspraktisch ist zu bedenken, dass Tod und Sterben als Thema von Unterricht starke Gefühle bei Schüler*innen hervorrufen können, nicht selten aus eigener Betroffenheit. Hier braucht es *Taktgefühl*! Weil abstrakte ethische Theorien hier wenig helfen, sollte die ethische Reflexion von Tod und Sterben nicht einfach nur abstrakt behandelt werden. Wirksamer Unterricht braucht *Konkretion,* und *ethische Reflexionen* werden am besten anhand konkreter Fallbeispiele[2] in den Blick genommen. Dieser didaktischen Maxime sind nachfolgende Überlegungen verpflichtet, indem verschiedene Fallbespiele beleuchtet und diskutiert werden.

2. Die Vision: Ewiges Leben. Ein bekanntes Gleichnis in neuem Licht

Nach christlichem Verständnis ist der Tod nicht einfach das Ende – für das Christentum ist der Glaube an Auferstehung und ewiges Leben zentral. Doch was

---

1 Passende Unterrichtsmaterialien beispielsweise: Witten 2019; Schwendemann u.a. 2011.
2 Zur Konkretion ethischen Lernens siehe Lindner / Zimmermann 2021.

bedeutet dies? In diesem Zusammenhang lohnt es sich, die Parabel vom barmherzigen Samariter aus dem Evangelium nach Lukas genauer zu betrachten. Diese Parabel beginnt mit einem Streitgespräch, näherhin der Frage eines Tora-Gelehrten, was er tun müsse, um ewiges Leben zu erlangen.[3]

> *Die Geschichte vom barmherzigen Samaritaner* (Übersetzung der Zürcher Bibel 2007, Lk 10,25-37)
> 25 Da stand ein Gesetzeslehrer auf und sagte, um ihn auf die Probe zu stellen: Meister, was muss ich tun, damit ich ewiges Leben erbe?
> 26 Er sagte zu ihm: Was steht im Gesetz geschrieben? Was liest du da?
> 27 Der antwortete: Du sollst den Herrn, deinen Gott, lieben mit deinem ganzen Herzen und mit deiner ganzen Seele und mit all deiner Kraft und mit deinem ganzen Verstand, und deinen Nächsten wie dich selbst.
> 28 Er sagte zu ihm: Recht hast du; tu das, und du wirst leben.
> 29 Der aber wollte sich rechtfertigen und sagte zu Jesus: Und wer ist mein Nächster?
> 30 Jesus gab ihm zur Antwort: Ein Mensch ging von Jerusalem nach Jericho hinab und fiel unter die Räuber. Die zogen ihn aus, schlugen ihn nieder, machten sich davon und ließen ihn halb tot liegen.
> 31 Zufällig kam ein Priester denselben Weg herab, sah ihn und ging vorüber.
> 32 Auch ein Levit, der an den Ort kam, sah ihn und ging vorüber.
> 33 Ein Samaritaner aber, der unterwegs war, kam vorbei, sah ihn und fühlte Mitleid.
> 34 Und er ging zu ihm hin, goss Öl und Wein auf seine Wunden und verband sie ihm. Dann hob er ihn auf sein Reittier und brachte ihn in ein Wirtshaus und sorgte für ihn.
> 35 Am andern Morgen zog er zwei Denare hervor und gab sie dem Wirt und sagte: Sorge für ihn! Und was du darüber hinaus aufwendest, werde ich dir erstatten, wenn ich wieder vorbeikomme.
> 36 Wer von diesen dreien, meinst du, ist dem, der unter die Räuber fiel, der Nächste geworden?
> 37 Der sagte: Derjenige, der ihm Barmherzigkeit erwiesen hat. Da sagte Jesus zu ihm: Geh auch du und handle ebenso.

Das Gleichnis vom barmherzigen Samariter wird klassisch mit christlicher Barmherzigkeit und Nächstenliebe in Verbindung gebracht, jedoch lohnt es, den Fokus auf einen weiteren Aspekt zu lenken und die Vorgeschichte in den Blick zu nehmen (Kuld 2003, 57 im Anschluss an Theißen 1994, 376–401). Der Gesetzeslehrer fragt Jesus: „Meister, was muss ich tun, damit ich ewiges Leben erbe?" (Lk 10,25) und die Antwort in Form des Gleichnisses kann wie folgt resümiert werden:

> „Das ‚ewige Leben' erlangt, wer das Doppelgebot der Liebe erfüllt, sagt der Gesetzeslehrer, und Jesus stimmt ihm ausdrücklich zu. Er sagt ihm: ‚Tu das, und du wirst leben.' (Lukas 10,28) [...] Endgericht meint, daß (sic!) jedes Leben wichtig ist, keines verlorengeht und gerade das übergangene, aufgegebene, aussortierte und weggeworfene Leben von Gott angeschaut wird und vor Gott Wert hat. [...] ‚Ewiges Leben' beginnt, wenn die Selektion des verlorengegebenen Lebens aufhört. [...] Das ‚ewige

---

[3] Zum Todes- und Auferstehungskonzepts in Bibel und christlicher Theologie vgl. die Beiträge von Judith Hartenstein und Bettina Lebkücher in diesem Band.

Leben' beginnt nicht im Jenseits, sondern in dieser Welt, wenn wir Mitleid und Solidarität gerade mit denen zeigen, die scheinbar oder tatsächlich nicht mehr dazugehören." (Kuld 2003, 65–67)

Auch ein Leben, das am Ende angekommen erscheint, wird demnach in der Perspektive Gottes nicht aufgegeben, dem Menschen steht eine Entscheidung über Beginn und Ende des Lebens nicht zu. Es liegt damit nicht an den Menschen, Leben auszusortieren, sondern sie sind stattdessen angehalten, auch das ans Lebensende gekommene Leben als *Leben* zu betrachten. Wenn man aufhört, Leben auszusortieren und grundsätzlich jedes Leben für Leben hält, dann ist, so die Pointe der Antwort Jesu, *jedes* Leben *ewig(es)* Leben. Diese biblische Auskunft und Hoffnung auf ewiges Leben haben keine Plausibilität, wenn man nur medizinisch, soziologisch oder biologisch auf das Leben schaut. In dieser Perspektive ist das Leben irgendwann natürlich biologisch und auch sozial vorüber. Argumentiert man jedoch theologisch, dann ist auch das menschlich scheinbar Verlorene im Blick Gottes nicht verloren. Auf diese religiöse Deutung bezieht sich die biblische Rede vom ewigen Leben.

„Wo von einem ewigen Leben gesprochen wird, befindet man sich immer schon jenseits des Selektionsprinzips." (Theißen 1994, 393) Der Überfallene ist in der Parabel, wie es heißt, „halb tot" (Lk 10,30). Die Vorbeigehenden sind nicht (wie häufig dahingehend interpretiert) hartherzig, sie gehen nach den Vorgaben ihrer Religion vor. Im Judentum gelten zur Zeit der Verschriftlichung des biblischen Textes Tote als unrein und der Kontakt mit ihnen macht zunächst unfähig zum Dienst im Tempel, deshalb ist dem Verletzten nicht geholfen worden (Zimmermann 2015, 548).

Die Vorbeigehenden selektieren: *Wer gehört zu den Lebenden und wer zu den Toten?* Für sie ist der Überfallene tot. Wäre er noch bei den Lebenden, würden sie ihm helfen. Sie helfen demgemäß aus religiösen Gründen nicht – für Lothar Kuld ein Hinweis darauf, „dass Religion mitunter auch ein Hindernis sein kann, das sittlich Gebotene zu tun" (2021, 313), wenngleich er zudem verdeutlicht, dass es „in der jüdischen Ethik im Fall einer lebensbedrohlichen Situation Ausnahmen von der Regel" gibt (ebd.; vgl. hierzu den Beitrag von Asher J. Mattern in diesem Band). Der Samariter – Außenseiter in der jüdischen Gesellschaft – hat solche religiösen Bedenken nicht. Deshalb hilft er.

Am Beispiel vom Gleichnis vom Samariter könnte unterrichtspraktisch gezeigt werden, wie Religion moralisches Verhalten und die ethische Argumentation beeinflusst und dass es im Einzelfall auch einer Kritik religiöser Begründungen bedarf, um zu einem der Situation angemessenen moralischen Verhalten zu kommen. Der Samariter handelt aus spontanem Mitleid. Was er sich dabei gedacht hat, erfahren wir nicht. Handeln aus Mitleid allein wäre noch keine ethisch begründete Handlung. Es muss das Nachdenken über das eigene Handeln hinzukommen, um von einem ethischen Handeln sprechen zu können. Darauf zielt ethisches Lernen im Religionsunterricht.

3. Die Realität: Leben gegen Leben

> „Nicht, weil er ein inneres Moment des Lebens wäre, sondern weil er dessen äußere Grenze ist, dient der Tod dem sterblichen Leben, indem er seinen Ernst, sein Gewicht und seine Bedeutung enthüllt." (Schockenhoff 2013, 34)

Vergegenwärtigen wir uns folgendes Szenario: Die Scheinwerfer erhellen die schwarzen, tosenden Wellen des Mittelmeers, im Himmel hört man die Hubschrauber kreisen. Eine Frau ist von Bord eines Kreuzfahrtschiffs gefallen und ringt um ihr Leben. *Selbstverständlich* wird sie von den Einsatzkräften mit allen zur Verfügung stehenden Mitteln gesucht. Nach zehn Stunden wird sie in den Wellen gefunden und gerettet (Süddeutsche Zeitung 20.08.2018, o.S.). Ein paar Seemeilen entfernt sitzen Geflüchtete in einem Schlauchboot, fallen von Bord, mit Hilfe können sie jedoch häufig nicht rechnen – in manchen Ländern/Häfen würde diese Rettung sogar unter Strafe gestellt.

Eine Rettung bleibt vielen Menschen verwehrt. Doch was sagt es aus, dass es bezüglich der Rettungsmaschinerie, der medialen Aufmerksamkeit sowie der gesellschaftlichen Einschätzung entscheidend scheint, WER ins Mittelmeer stürzt und Hilfe bedarf? Die UNO-Flüchtlingshilfe (o.J., o.S.) spricht von 1.589 vermissten und wahrscheinlich ertrunkenen Personen im Mittelmeer, allein im Jahr 2021. Die Öffentlichkeit dieser Not und dieses grausamen Sterbens macht sprachlos, sie verdeutlicht die Brutalität politischer Entscheidungen.

Der Theologe und ehemalige Ratsvorsitzende der Evangelischen Kirche in Deutschland (EKD) Heinrich Bedford-Strohm setzt sich angesichts dieses Elends standhaft und theologisch fundiert für das Ins-Bewusstsein-Rufen ein und formuliert folgenden Leitgedanken: „Gottes Liebe ist global. Rettung ist eine christliche und humanitäre Pflicht!" (2019, 26) Unter seiner Federführung als damaliger Ratsvorsitzender hat die EKD im Bündnis *united4rescue* 2020 schließlich mit Spendengeldern ein altes Forschungsschiff ersteigert, um damit eigene Rettungsmissionen durchführen zu können. 2021 kam ein weiteres Schiff hinzu. Diese Aktion hat politisch, aber auch innerhalb der Kirche eine hitzige und kontroverse Diskussion entfacht. Ein Einwand lautet, dass man damit den Schleppern ihr dubioses, verbrecherisches Geschäft möglicherweise sogar vereinfacht. Ein anderer Einwand weist auf die Flüchtlingspolitik der (nicht zu vergessen: 2012 mit dem Friedensnobelpreis ausgezeichneten) Europäischen Union hin, die unkontrollierte Fluchtbewegungen über das Mittelmeer eindämmen will. Dagegen kontert Bedford-Strohm: „Die Rettung von Menschen in Lebensgefahr muss über alles andere gestellt werden. Ein Rechtsstaat, der seinen Namen verdient, muss hier klare Signale geben." (ebd., 27)

Wie sind die hier nebeneinander gestellten Situationen ethisch zu beurteilen? Ein Mensch in Seenot muss gerettet werden. Woher dieser Mensch kommt und weshalb er in Seenot geraten ist, ist nach Seerecht und auch nach dem moralischen Empfinden vieler Menschen unerheblich.

Grümme postuliert für den Religionsunterricht: „Ethische Bildung muss universal gedacht werden können, für alle, und dabei die konkreten Menschen in ihrer Not in den Blick nehmen." (2018, 115) Die Universalität dieses Gebots menschlicher Solidarität ist, wie wir wissen, nicht selbstverständlich, sie muss begründet werden. Eine mögliche Begründung kommt aus der biblischen Tradition, nach der jedes Leben grundsätzlich Leben ist. Mit dieser Begründung kommt christliche Ethik der Kant'schen Maxime von der Zweckfreiheit und unveräußerlichen Würde jedes Menschen nahe, worüber im Religionsunterricht auch gesprochen wird. Jedoch kommt die Begründung, weshalb z.B. Geflüchteten auf dem Mittelmeer geholfen werden muss, m.E. rasch an ihr Ende, wenn man zu sortieren beginnt, welche Menschen ein Recht auf Rettung haben und welche nicht. Genau das ist das Problem, das von Bedford-Strohm aufgezeigt wird und über welches das Gleichnis vom barmherzigen Samariter Auskunft gibt.

4. Das selbstbestimmte Ende

4.1 Eine eiskalte Erfahrung

Auf den Social-Media-Plattformen fand im Sommer 2014 die spektakuläre *Ice Bucket Challenge* statt. Die Organisatoren wollten damit eine noch wenig erforschte Krankheit, die Amyotrophen Lateralsklerose (ALS)[4], ins gesellschaftliche Bewusstsein rücken und Spenden für ihre Erforschung sammeln. Die Nominierten der Challenge gossen sich einen Eimer kalten Wassers über den Kopf. Die Idee dahinter war, dem Gefühl des tauben Körpers nachzuspüren, das mit dem Krankheitsbild von ALS verbunden ist. Durch die nachfolgende Nominierung dreier weiterer Personen entstand ein spektakulär viraler Schneeballeffekt, der die Challenge und damit die Krankheit noch bekannter machte.

Für ethisches Lernen konkretisiert dieses Beispiel die Frage, wann Leben noch als Leben betrachtet wird oder ob es ab einem bestimmten Stadium dieser Krankheit ethisch geboten sein kann, das Leben auf Wunsch des Erkrankten auch zu beenden. Nach heutigem medizinischem Kenntnisstand ist ALS nicht heilbar und der Zustand der Patient*innen verschlechtert sich unentrinnbar.

„Der absehbare und vermeidliche Verlust der Selbstständigkeit führt bei einigen [Patientinnen und] Patienten [dann] dazu, dass sie den vorzeitigen Tod einem Leben vorziehen, welches in ihren Augen nicht mehr lebenswert ist." (Wittwer 2020, 13)

---

4   In den Medien bekannt wurde diese Krankheit durch den hochdekorierten britischen Physiker und Wissenschaftler Stephen Hawking.

Wir stehen damit vor dem ethischen Problem des Suizids, und weil sich die Patient*innen in der Endphase ihrer Erkrankung häufig nicht mehr selbst helfen können, vor dem Problem des assistierten Suizids. Wittwer nennt drei Gründe, die das Problem des assistierten Suizids für die Ethik dringlich machen: „[Den] rasante[n] Fortschritt der Medizin, die Alterung der Bevölkerung und de[n] Siegeszug des Prinzips der Selbstbestimmung" (ebd., 14). Aus ethischer Perspektive kollidieren hier für Lukas Ohly der „Lebensschutz mit der Patient[*]innenautonomie oder auch das Fürsorgeprinzip mit dem Prinzip der Selbstbestimmung" (2022, 273).

4.2 Enttabuisierung des Eingriffs in den Sterbeprozess

Der medizinische Fortschritt lässt lebensverlängernde Behandlungsweisen am Ende des Lebens in ungeahntem Maße möglich erscheinen und wirft jedoch zugleich die Frage der Sinnhaftigkeit dieser Maßnahmen auf (siehe den Beitrag von Noemi Kuld in diesem Band). Wenn man dem öffentlich diskutierten Trend trauen darf, scheint sich die Mehrheit der Menschen für ein Recht auf einen medizinisch unterstützten Suizid[5] auszusprechen, wie er z.B. in den Niederlanden und der Schweiz bereits rechtlich möglich ist. Eine ähnliche Tendenz zeigt sich in der neuesten deutschen Rechtsprechung. Die assistierte Sterbehilfe unterliegt keinem Tabu mehr (Bundesverfassungsgericht 2020), dies zeigen auch die Umfragen.

Bei einer Umfrage im Jahr 2021 sprachen sich 72% der Deutschen für die in Deutschland verbotene sogenannte *aktive Sterbehilfe* aus, 2019 waren es noch 67% der Befragten (Sonnenberg 2021, o.S.). Ein deutlicher Zuwachs ist bei der Zustimmung zur in Deutschland rechtlich erlaubten *passiven Sterbehilfe* auszumachen: Sie lag 2019 bei 75% und 2021 bei 83% (ebd.). Es zeichnet sich ab, dass die christlich begründete grundsätzliche Ablehnung der aktiven Sterbehilfe von der Mehrheit der Bevölkerung nicht geteilt wird.

Diese Entwicklungen nehmen auch die Politik und die Rechtsprechung in Deutschland auf. Am 26. Februar 2020 verfügte daher das Bundesverfassungsgericht eine Revision und Novellierung des Verbots der geschäftsmäßigen Beihilfe zur Selbsttötung aus dem Jahr 2015 (§217 StGB). Das Bundesverfassungsgericht argumentiert in seiner Begründung mit dem Recht auf Selbstbestimmung, das auch das Recht umfasse, sich das Leben zu nehmen, sowie mit Artikel 1, Abs.1 des Grundgesetzes: „Die Freiheit, sich das Leben zu nehmen, umfasst auch die Freiheit, hierfür Hilfe bei Dritten zu suchen und Hilfe, soweit sie angeboten wird, in Anspruch zu nehmen." (Bundesverfassungsgericht 2020, 1)

---

5   Eine sehr fundierte Untersuchung zu Euthanasie und Sterbehilfe in Geschichte und Gegenwart ist bei Benzenhöfer 2009 zu finden.

Der Gesetzgeber ist damit gefordert, entsprechende Gesetze zu formulieren, die der Selbstbestimmung des Menschen Rechnung tragen.

Die Bundesärztekammer äußerte sich 2011 in ihren Grundsätzen zur ärztlichen Sterbebegleitung dahingehend anders: „Die Tötung des Patienten hingegen ist strafbar, auch wenn sie auf Verlangen des Patienten erfolgt. Die Mitwirkung des Arztes bei der Selbsttötung ist keine ärztliche Aufgabe." (2011, 346) Auf das Urteil im Jahr 2020 reagiert die Bundesärztekammer mit einer aktualisierten Bekanntmachung. Darin bestätigt sie ihre Auffassung: „Die Hilfe bei der Verwirklichung der Absicht, sich selbst zu töten, gehört [...] nicht zu den beruflichen Aufgaben eines Arztes." (Bundesärztekammer 2021, 1431) Hintergrund dieser Feststellung ist die Streichung des berufsärztlichen Verbots aus dem Berufsrecht: „Der Arzt darf keine Hilfe zur Selbsttötung leisten" (Ärzteblatt 2021, o.S.).

4.3   Christliche Moral im Konflikt mit der Wirklichkeit

Wiederholt beschäftigten sich auch die Kirchen mit der Frage, wie ein menschenwürdiger Tod aus christlicher Perspektive gelingen kann. Dabei wird der assistierte Suizid grundsätzlich ausgeschlossen. Der EKD-Text 97 aus dem Jahr 2008 lehnt eine geschäftsmäßige Suizidbeihilfe durch Sterbehilfeorganisationen ab (2008, 34). Die aktuelle Auffassung des Bundesgerichtshofs steht somit in großer Spannung zur Einschätzung der evangelischen und auch katholischen Kirche. Diesen Standpunkt verdeutlicht die gemeinsame Erklärung der Vorsitzenden der Deutschen Bischofskonferenz (DBK) und der EKD aus dem Jahr 2020 anlässlich des „Urteils des Bundesverfassungsgerichts zum §217 StGB und der Aufhebung des Verbots der geschäftsmäßigen Förderung der Selbsttötung" (EKD / DBK 2020, o.S.). In einer eigenen Erklärung formuliert die Deutsche Bischofskonferenz: „Die katholische Kirche spricht sich nachdrücklich gegen alle Formen der aktiven Sterbehilfe und der Beihilfe zur Selbsttötung aus." (DBK o.J., o.S.) Die Kirchen sehen die Gefahr, dass die beabsichtigte Erlaubnis des assistierten Suizids Menschen in der vulnerablen Phase des Lebensendes unter Druck setzen könnte. Die Art und Weise, wie Menschen am Ende ihres Lebens begleitet werden, berühre „grundlegende Fragen unseres Menschseins und des ethischen Fundaments unserer Gesellschaft" (ebd.). Diese moralische Maxime stößt mitunter an ihre Grenzen – auch für Christ*innen.

Das Ehepaar Anne und Nikolaus Schneider – sie pensionierte Religions- und Mathematiklehrerin, er ehemaliger EKD-Ratsvorsitzender – sind bekannte Persönlichkeiten. Sie sprachen bereits öffentlich über den Verlust ihrer Tochter durch Leukämie. Als bei Anne Schneider eine Krebsdiagnose diagnostiziert wurde, holten sie das Thema Sterbehilfe aus der kirchlichen Tabuzone. In Erinnerung an das Sterben ihrer Tochter Meike wollte Anne Schneider einen möglichen assistierten Suizid nicht ausschließen. Ihr Mann stimmte ihr aufgrund seiner christlichen und theologischen Überzeugungen nicht zu, bekundete jedoch, sie bei ihrem möglichen Weg in den Suizid zu begleiten. (Schneider / Schneider 2019)

Diese Aussagen stießen auf ein breites Medienecho, da Nikolaus Schneider unterstellt wurde, er würde durch seine öffentliche Stellungnahme die EKD-Position unterlaufen. Theologisch sprach er sich nachdrücklich für die Grenze menschlicher Autonomie am Lebensende und dafür aus, „dass der Todeszeitpunkt des Menschen im Machtbereich Gottes liegen soll" (ebd., 51f.). Dies widerspreche jedoch nicht seiner Entscheidung, dass er sich nach eindringlichem und möglicherweise vergeblichem Bemühen dazu bekennt, seine Frau auch beim assistierten Sterben zu begleiten. Bedford-Strohm sieht die Position von Schneider in vollem Einklang mit der Haltung der evangelischen Kirche, dass seelsorgerliche Begleitung sich durch „Empathie und Kontextsensibilität" auszeichne (Bedford-Strohm 2015, 140), und eben diese Sensibilität für den Kontext bringe Schneider mit der Begleitung seiner Frau im assistierten Suizid zum Ausdruck. (ebd., 140f.)

5. Modelle und Entwicklung ethischer Lernprozesse im Religionsunterricht

> „Gerade in den letzten Jahren ist es üblich geworden, einen spezifischen Fall aus den Medien Schülerinnen und Schülern zu präsentieren, um so an einer konkreten Konfliktsituation ethische Debatten wie die [...] Sterbehilfe zu thematisieren." (Sajak 2015, 289)

Klassischerweise wird für den Religionsunterricht das bewährte Modell des Theologen Heinz Eduard Tödt herangezogen, in welchem der Weg zu einer sogenannten ethischen Urteilsfindung über folgende sechs Schritte gegangen wird:[6]

1) Wahrnehmung, Annahme und Bestimmung eines Problems als eines sittlichen
2) Situationsanalyse
3) Beurteilung von Verhaltensoptionen
4) Prüfung von Normen, Gütern und Perspektiven
5) Prüfung der sittlich-kommunikativen Verbindlichkeit von Verhaltensoptionen
6) Der Urteilsentscheid

---

6   Empfehlenswert sind die Unterrichtsmaterialien *Wie kann ich ethisch argumentieren*, welche die ethische Urteilsfindung von Tödt zugrunde legen, Witten 2019, 6f.

Im Hinblick auf medizinethische Fragen scheint eine Ergänzung wichtig zu sein. Zu prüfen sind auch vorhandene Interessenkonflikte, die rechtlichen Verbindlichkeiten sowie medizinisch relevante Fakten.

In Anknüpfung an die problematisierte medizinethische Frage der Sterbehilfe im Religionsunterricht stellen Sara Haen und Evelyn Krimmer eine gelungene Möglichkeit vor, indem sie das Modell nach Tödt mit einem klassischen Modell aus der Medizinethik nach Georg Marckmann kombinieren. Diese Synthese kann als „tragfähige Strategie für eine Didaktik von Argumentations- und Urteilsfähigkeit fungieren" (2015, 151) und zeigt interessanterweise Parallelen in der Strukturierung von ethischen Urteilen (ebd., 156). Im Hinblick auf medizinethische Themen scheint diese Ergänzung wichtig und notwendig, da von Seiten der Medizinethik zentrale Schritte hinzukommen: sowohl die Berücksichtigung verschiedener Interessenkonflikte als auch der rechtlichen Verbindlichkeit, die die medizinisch relevanten Fakten und zudem einen finalen Reflexionsschritt bedenkt. Dabei werden „die gegebenenfalls miteinander konfligierenden ethischen Urteilskriterien und Orientierungsmaßstäbe" sichtbar und auf ihre Geltung hin befragt (ebd.). Von religionspädagogischer Seite wird dies um „die Förderung einer sittlich-ethischen Sprach- und Argumentationsfähigkeit" (ebd., 161) ergänzt, welche für die Schüler*innen besonders relevant ist.

Monika E. Fuchs legt ihrer Untersuchung zu bioethischer Urteilsbildung im Religionsunterricht ein Schema zugrunde, in welchem sich der Prozess der Urteilsbildung auf drei Ebenen vollzieht: Einstellungen zum Leben, Sachwissen und ethische Kriterien. „Ziel didaktischer wie edukativer Bemühungen ist es, zu reflektierten und begründeten Urteilen zu gelangen, was bedingt, in jeder der drei »Ecken« auskunftsfähig zu sein oder es zu werden." (Fuchs 2010, 47) Für die Entwicklung ethischer Lernprozesse im Religionsunterricht scheint m.E. dieses Modell ein hilfreiches Instrument zu sein. Gerade im Hinblick auf medizinethische Fragen darf die Sachkenntnis nicht auf Kosten anderer Kriterien vernachlässigt werden.

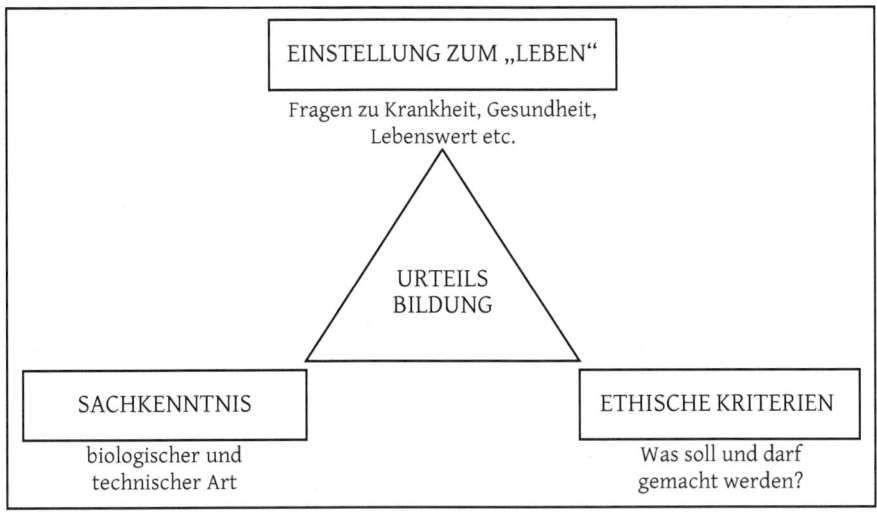

Abb. 1: Forschung im Themenfeld Bioethik (Fuchs 2010, 47)

6. Anspruch ethischer Bildung im Religionsunterricht

Wie die vorangegangenen Beispiele gezeigt haben, vollzieht sich ethische Bildung entlang *ethischer Entscheidungssituationen*. Ethische Bildung entzündet sich an Diskussionen im Rahmen ethischer Konflikte. Diese sind zumeist Dilemmata-Situationen, bei welchen sich mehrere Werte und Grundüberzeugen gegenüberstehen (Kuld 2021). Die Norm selbst hilft nicht, die Entscheidung zu treffen, sondern die Person muss im konkreten Fall Abwägungsprozesse machen, um zu einer Entscheidung zu kommen. Wie dargestellt, ist die Tötung eines Menschen auf sein Verlangen hin eine Grenze, die ein*e Christ*in *eigentlich* nicht überschreiten, bei dieser nicht mitgehen kann. Die christlichen Kirchen haben sich aus dem biblischen Ethos heraus gegen den assistierten Suizid ausgesprochen. Zugleich wissen sie um Konfliktsituationen, in denen der Wunsch nach Tötung an betreuende Personen herangetragen werden kann.

In diesen Diskussionen kann die Tragfähigkeit biblischer Auskünfte überprüft werden, denn mit der Anerkennung der Grundentscheidung eines von Gott geschenkten Lebens kommt man zu einer spezifischen Grundhaltung zu Leben und Tod. Im Kontext religiöser Bildungsprozesse sollen die Lernenden diese Grundhaltung nicht einfach übernehmen, sondern befähigt werden, „religiöse Werte und Normen [zu] beurteilen und sich selber in diesen bzw. zu diesen in Freiheit verhalten zu können" (Sajak 2015, 277).

„Ethisches Lernen im Religionsunterricht zielt [...] darauf ab, christliche Werte und Normen Schülerinnen und Schülern so transparent und plausibel zu machen, dass sie zu einem Konstitutivum ihres Wertehorizonts werden können, den sie als Referenz verwenden wollen, wenn es zu ethischen Konfliktsituationen in ihrem persönlichen Leben kommt." (ebd., 294)

Ethische Bildung im Bereich der Thematik von Tod und Sterben steht im *Spannungsverhältnis* von kirchlichen Positionierungen und gesellschaftlichem Trend. In Fächern wie Biologie, Politik, Geschichte, Literatur begegnen Schüler*innen dem Tod als Thema aus jeweils unterschiedlicher Perspektive. Entscheidend ist die Einsicht in die Spezifik der Fachdidaktik des Religionsunterrichts. Religionsunterricht muss die Perspektive der biblischen Botschaft Gottes einbringen, auch wenn sie vordergründig nicht plausibel erscheinen mag. Er muss die christliche Position unter Umständen im Kontrast zu anderen gesellschaftlichen Positionierungen *plausibel* zu machen versuchen (Domsgen 2016, 220) und dabei die *Offenheit* für andere Positionierungen wahren.

Literatur

Ärzteblatt (2021), Ärztetag streicht berufsrechtliches Verbot der ärztlichen Suizidbeihilfe, https://www.aerzteblatt.de/nachrichten/123539/Aerztetag-streicht-berufsrechtliches-Verbot-der-aerztlichen-Suizidbeihilfe (Stand: 07.02.2022).

Bedford-Strohm, Heinrich (2015), Leben dürfen – Leben müssen. Argumente gegen die Sterbehilfe, München.

Bedford-Strohm, Heinrich (2019), Gottes Liebe ist global. Rettung ist eine christliche und humanitäre Pflicht!, in: Milz, Kristina / Tuckermann, Anja (Hg.), Todesursache: Flucht. Eine unvollständige Liste, 2. Aufl. Berlin, 26-28.

Benzenhöfer, Udo (2009), Der gute Tod? Geschichte der Euthanasie und Sterbehilfe, Göttingen.

Bundesärztekammer (2011), Grundsätze der Bundesärztekammer zur ärztlichen Sterbebegleitung, in: Deutsches Ärzteblatt 108/7, 346–348.

Bundesärztekammer (2021), Hinweise der Bundesärztekammer zum ärztlichen Umgang mit Suizidalität und Todeswünschen nach dem Urteil des Bundesverfassungsgerichts zu § 217 StGB, in: Deutsches Ärzteblatt 118/29–30, 1428–1432.

Bundesverfassungsgericht (2020), BVerfG, Urteil des Zweiten Senats vom 26. Februar 2020, 2 BvR 2347/15, Rn. 1-343; http://www.bverfg.de/e/rs20200226_2bvr234715.html (Stand: 03.02.2022).

Deutsche Bischofskonferenz (o.J.), Sterben in Würde, https://www.dbk.de/themen/sterben-in-wuerde (Stand: 03.02.2022).

Domsgen, Michael (2016), Konfessionslose Schülerinnen und Schüler. Eine lohnende Herausforderung für den Religionsunterricht, in: Evangelische Theologie 76/3, 214–225.

Evangelische Kirche in Deutschland / Sekretariat der Deutschen Bischofskonferenz (2020), Gemeinsame Erklärung der Vorsitzenden der EKD und der Deutschen Bischofskonferenz zum Verbot der geschäftsmäßigen Förderung der Selbsttötung, https://www.ekd.de/gemeinsame-erklaerung-dbk-und-ekd-zum-urteil-selbsttotung-53539.htm; https://www.dbk.de/ presse/aktuelles/meldung/gemeinsame-erklaerung-der-vorsitzenden-der-deutschen-bischofskonferenz-und-der-evangelischen-kirche-i (Stand: 27.01.2022).

Fuchs, Monika E. (2010), Bioethische Urteilsbildung im Religionsunterricht, Göttingen.

Grümme, Bernhard (2018), Ethisches Lernen im Kontext des Religionsunterrichts, Ansätze und Herausforderungen, in: Schröder, Bernd / Emmelmann, Moritz (Hg.), Religions- und Ethikunterricht zwischen Konkurrenz und Kooperation, Göttingen, 111–128.

Haen, Sara / Krimmer, Evelyn (2015), Argumentieren lernen – Religionspädagogik und Medizinethik im Dialog, in: Ethisches Lernen, Englert, Rudolf / Kohler-Spiegel, Helga / Naurath, Elisabeth / Schröder, Bernd / Schweitzer, Friedrich (Hg.), Jahrbuch für Religionspädagogik 31, Neukirchen-Vluyn, 151–162.

Kirchenamt der Evangelischen Kirche in Deutschland (EKD) (2008), Wenn Menschen sterben wollen. Eine Orientierungshilfe zum Problem der ärztlichen Beihilfe zur Selbsttötung (EKD-Text 97), Hannover.

Kuld, Lothar (2003), Compassion. Raus aus der Egofalle, Münsterschwarzach.

Kuld, Lothar (2021), Lernen an Dilemmata, in: Lindner, Konstantin/ Zimmermann, Mirjam (Hg.), Handbuch ethische Bildung. Religionspädagogische Fokussierungen, Tübingen, 311–317.

Lindner, Konstantin (2021), Professionskontexte: Religionslehrerinnen und -lehrer als Initiierende ethischer Lern- und Bildungsprozesse, in: Ders. / Zimmermann, Mirjam (Hg.), Handbuch ethische Bildung. Religionspädagogische Fokussierungen, Tübingen, 258–266.

Lindner, Konstantin / Zimmermann, Mirjam (Hg.) (2021), Handbuch ethische Bildung. Religionspädagogische Fokussierungen, Tübingen.

Ohly, Lukas (2022), Ethische Begriffe in biblischer Perspektive, Tübingen.

Sajak, Clauß Peter (2015), Ethisches Lernen, in: Ders. (Hg.), Christliches Handeln in Verantwortung für die Welt (Theologie studieren im modularisierten Studiengang Modul 12), Paderborn, 275-296.

Schneider, Anne / Schneider, Nikolaus (2019), Vom Leben und Sterben. Ein Ehepaar diskutiert über Sterbehilfe, Tod und Ewigkeit. Im Gespräch mit Wolfgang Thielmann, Neukirchen-Vluyn.

Schockenhoff, Eberhard (2013), Ethik des Lebens. Grundlagen und neue Herausforderungen, 2. aktualisierte Aufl. Freiburg i. Br.

Schwendemann, Wilhelm u.a. (Hg.) (2011), Ethik für das Leben. Sterben – Sterbehilfe – Umgang mit dem Tod. Materialien für Schule und Ausbildung (Calwer Materialien), Stuttgart.

Sonnenberg, Anne-Kathrin (2021), Legalisierung aktiver Sterbehilfe? Zustimmung unter Deutschen wächst https://yougov.de/news/2021/05/05/legalisierung-aktiver-sterbehilfe-zustimmung-unter/ (Stand: 07.02.2022).

Süddeutsche Zeitung (2018), Vom Kreuzfahrtschiff gefallene Urlauberin nach zehn Stunden gerettet, https://www.sueddeutsche.de/panorama/adria-vom-kreuzfahrtschiff-gefallene-urlauberin-nach-zehn-stunden-gerettet-1.4097663 (Stand: 24.03.2022).

Theißen, Gerd (1994), Die Bibel diakonisch lesen: Die Legitimitätskrise des Helfens und der barmherzige Samariter, in: Schäfer, Gerhard K. / Strohm, Theodor (Hg.), Diakonie – biblische Grundlagen und Orientierungen. Ein Arbeitsbuch zur theologischen Verständigung über den diakonischen Auftrag (Veröffentlichungen des Diakoniewissenschaftlichen Instituts an der Universität Heidelberg 2), 2. Aufl. Heidelberg, 376–401.

UNO-Flüchtlingshilfe (o.J.), Flucht nach Europa, https://www.uno-fluechtlingshilfe.de/hilfe-weltweit/mittelmeer (Stand: 14.02.2022).

Witten, Ulrike (Hg.) (2019), Gut und richtig handeln? Ethische Urteilsprozesse aus christlicher und muslimischer Perspektive (Religion betrifft uns 3).

Wittwer, Héctor (2020), Einleitung: Die ethische Debatte über Sterbehilfe und ärztliche Beihilfe zum Suizid im Überblick, in: Ders. (Hg.), Sterbehilfe und ärztliche Beihilfe zum Suizid. Grundlagentexte zur ethischen Debatte, Freiburg i. Br. / München, 11–36.

Zimmermann, Mirjam (2021), Medizinethik, in: Lindner, Konstantin / Dies. (Hg.), Handbuch ethische Bildung. Religionspädagogische Fokussierungen, Tübingen, 137–144.

Zimmermann, Ruben (2015), Berührende Liebe (Der barmherzige Samariter). Lk 10,30–35, in: Ders. (Hg.), Kompendium der Gleichnisse Jesu, 2. korr. und erw. Aufl. Gütersloh, 538–555.

Zürcher Bibel (2007), Zürich.

Jugendliche und die Frage nach dem Warum
Theodizee im Horizont der Konfessionslosigkeit

Daniela Zahneisen

1. Jugend ohne Gott?

Wenn der Tod im Klassenzimmer ankommt: Die beste Freundin, gerade volljährig geworden, kommt völlig unerwartet bei einem tragischen Autounfall ums Leben. Die Mutter eines Schülers, die sich seit Jahren aufopferungsvoll um ihre Kinder kümmert, erkrankt an einer nicht therapierbaren Form von Krebs. Ein Amokläufer tötet kaltblütig fast 70 Jugendliche, die den Sommer gemeinsam auf einer Insel in Norwegen verbringen.

Unsägliches Leid, Entsetzen, Sprach- und Fassungslosigkeit, Trauer und Wut werfen Fragen auf: *Wo bist Du, Gott? Wie kannst Du all das mit ansehen und zulassen?* Hiermit ist eine der größten theologischen Streitfragen überhaupt angesprochen: die Theodizee, also die Frage nach der „Rechtfertigung des Glaubens an einen guten, allmächtigen und allwissenden Gott angesichts offenkundig sinnlosen Leides in der Welt" (von Stosch 2013, 7). Die Theodizee als nach wie vor ungelöste Problematik innerhalb der Theologie treibt Menschen seit der Antike um[1] – als „existenziell besonders drängende[s]" Phänomen, das mitunter die Glaubensgrundfesten zum Wanken bringen kann, beschäftigt sie uns bis heute (Simojoki 2009, 63). So rekurriert der Titel dieses Kapitels, *Jugend ohne Gott?*, bewusst auf einen Roman des österreichisch-ungarischen Schriftstellers Ödön von Horváth, der – neben unzähligen weiteren Dichter*innen und Denker*innen vor und nach ihm – die Theodizeefrage aufgreift. In seinem Roman *Jugend ohne Gott* (1937) eröffnet sich dem Protagonisten, genannt *der Lehrer*, die Problematik der Theodizee infolge seiner Erlebnisse und Erfahrungen im Ersten Weltkrieg. Für sich selbst zieht er die Konsequenz, an einen *solchen* Gott, der Leid nicht verhindert, weder glauben zu können noch zu wollen. Und auch angesichts der Jugendlichen selbst, die im Laufe des Romans teils zu skrupellosen Täter*innen und Mitläufer*innen werden, scheint die attribuierende Zuschreibung der Jugendlichen als *gottlos* treffend.

Diese letzte Bedeutungsnuance muss sich im Kontext dieses Aufsatzes jedoch als irreführend erweisen: Die Entscheidung gegen Gott ist weder an

---

[1] Der Begriff der *Theodizee* existiert im Christentum allerdings erst seit der Neuzeit (Ritter 2019, 272).

moralisch verwerfliches Handeln geknüpft noch ist sie mit erhobenem Zeigefinger zu verurteilen. Auch im konfessionellen Religionsunterricht gebietet der Respekt vor individuellen Weltzugängen und Lebensmodellen, Konfessionslosigkeit „als respektable, nichtdefizitäre Orientierung [...] (endlich) ernst zu nehmen [...]" (Lütze 2017, 180).

Die Frage nach der Theodizee und dem Gottesbild sowie einer damit womöglich einhergehenden Glaubenskrise beschäftigt nicht nur Theologie, Literatur und Kunst bis heute, sondern auch (christliche) Religionspädagogik (Büttner / Dieterich 2016, 174). Dabei ist Abschied zu nehmen von der Prämisse, die Theodizee stelle ein selbstverständlich auftretendes Phänomen in einer jeden Lebensbiographie dar. Auch können sich die Gründe, die sich als ausschlaggebend für das Aufbrechen der Theodizee im privaten Bereich erweisen, stark unterscheiden. Karl E. Nipkow bewertet die Theodizeeproblematik in diesem Kontext „als die erste und wahrscheinlich größte Schwierigkeit in der Gottesbeziehung überhaupt" (1987, 56) – in diesem Urteil ist er jedoch nicht unangefochten geblieben (Ritter u.a. 2006). Angesichts einer sich säkularisierenden Gesellschaft, in der die Zahl Konfessionsloser zunimmt und Religion nicht ohne weiteres plausibel erscheint, stellt sich die Frage nach der Relevanz der Theodizee für Jugendliche in veränderter Weise und hat Auswirkungen auf religionspädagogische Kontexte. Vor diesem Hintergrund sind folgende Leitfragen aus theologischer wie religionspädagogischer Sicht relevant:

1. Stellen konfessionslose (und sich somit ggf. als nichtreligiös verstehende) Jugendliche die Theodizeefrage überhaupt?
2. Welchen Mehrwert hat der religionspädagogische Umgang mit der Theodizee heute in einer zunehmend säkular geprägten Gesellschaft?
3. Welche religionsdidaktischen Perspektiven könnten an dieser Stelle (bezogen auf sich als nichtreligiös verstehende Schüler*innen) angeführt werden, um dem *Zwang zur Plausibilisierung* (Domsgen 2016, 220) religiöser Themen im Religionsunterricht Rechnung zu tragen?

Der vorliegende Beitrag möchte ebenjenen Fragen nachgehen. Dabei wird der Religionsunterricht der Sekundarstufen in den Blick genommen, indem einerseits ein allgemeiner Forschungsüberblick gegeben wird und andererseits neue Perspektiven für den Umgang mit der Theodizee im Religionsunterricht aufgezeigt werden. Hierfür werden zunächst die Begriffe der *Konfessionslosigkeit* sowie der *Theodizee* im Kontext religiöser Bildung näher umrissen, um anschließend beide in Beziehung zueinander setzen zu können. Nur so können letztlich zukunftsfähige religionsdidaktische Überlegungen für die unterrichtliche Behandlung der Theodizee in vermehrt konfessionslosen Settings angestellt werden.

2. Ohne religiöses Bekenntnis? Vom Phänomen der Konfessionslosigkeit

Um Theodizee und Konfessionslosigkeit hinsichtlich religiöser Bildung miteinander in Beziehung setzen zu können, wird die sogenannte *Konfessionslosigkeit* zunächst begrifflich diskutiert. Grundsätzlich wird hiermit die Nichtzugehörigkeit zu einer Konfession oder Kirche beschrieben. Demzufolge sind hiermit Personen gemeint, die entweder aus einer Religionsgemeinschaft ausgetreten sind oder nie einer angehört haben bzw. an keiner religiösen Praxis partizipieren (Käbisch 2021, o.S.).[2]

Der Begriff der *Konfessionslosigkeit* ist nicht unproblematisch: Bei der Verwendung des Terminus kann eine „Defizitperspektive" zugrunde liegen, da hiermit „eine Gruppe von Menschen *ex negativo* [definiert wird], statt diese in ihrer Vielfalt positiv zu beschreiben" (ebd.). Darüber hinaus besteht unter den sogenannten *Konfessionslosen* ebenso wenig Homogenität in Bezug auf religiöse und weltanschauliche Haltungen wie dies im Fall konfessionell Gebundener ist, auch wenn der Begriff dies zu postulieren scheint: Nach David Käbisch (2017, 11) gebe es „sowohl ‚religionslose Kirchenmitglieder' als auch ‚religiöse Konfessionslose'", weshalb die Nichtmitgliedschaft in einer Religionsgemeinschaft als alleiniges Kriterium für die Charakterisierung von Religiosität hinfällig sein muss. Entsprechend heißt es auch im Vorwort der EKD-Denkschrift *Religiöse Bildung angesichts von Konfessionslosigkeit* (2020, 5):

> „Konfessionslosigkeit ist nicht mit Kirchen- beziehungsweise Religionsferne oder gar -feindlichkeit gleichzusetzen; sie ist zumeist eher von Beziehungslosigkeit als von kontroverser Auseinandersetzung oder Abgrenzung geprägt."

Diese Beziehungslosigkeit und mögliche Indifferenz können häufig mit einem Abbruch religiöser Sozialisation verknüpft sein, der wiederum eine „fehlende Anschlussfähigkeit vieler Menschen hinsichtlich religiöser Themen" nach sich zieht (Pickel 2016, 210). Die oder der „gläubige oder nach Religiosität und Spiritualität suchende Konfessionslose ist eher die Ausnahme als die Regel" (Pickel 2013, 22). Beachtliche 51% der Konfessionslosen werden von Gert Pickel als volldistanzierte Atheisten charakterisiert, die Religion als irrational abtun (ebd., 23). Daher sollte stets Folgendes im Hinterkopf behalten werden:

> „Die Unterscheidung zwischen Konfessionszugehörigkeit und Konfessionslosigkeit ist also nur formal juristisch trennscharf, nicht aber hinsichtlich der religiösen Orientierung. Trotzdem ist es durchaus sinnvoll, am Begriff der Konfessionslosigkeit festzuhalten, weil sich damit eine grundlegende Tendenz schlagwortartig beschreiben lässt." (Domsgen 2013, 150)

---

2 Im Jahr 2020 belief sich die Zahl der Konfessionslosen in Deutschland auf etwa 30 Millionen Personen, was etwa 36% der Bevölkerung entspricht (EKD 2020, 26f.).

3. Das Rätsel der Theodizee – oder die unergründlichen Wege Gottes

„Über Gott kann man sehr viel Unterschiedliches sagen und denken und alles ist ein bisschen richtig. Aber nichts, was wir sagen und denken können, fängt das Ganze ein." (Englert 2007, 178)

Als Theodizee, gr. theós/Gott und díkē/Gerechtigkeit (von Stosch 2013, 7), wird gemeinhin jene quälende Frage bezeichnet, die sich einer und einem jeden an einen barmherzigen und allmächtigen Gott Glaubenden in Anbetracht des Leids auf der Welt nahezu unweigerlich stellen muss: Wie kann ein allmächtiger, guter und gerechter Gott *tatenlos* dabei zusehen und nicht verhindern, „was um unserer Menschlichkeit willen unzulässig ist?" (Link 2016, 15) Demnach meint die Theodizee das Unterfangen, die drei (unterstellten) göttlichen Attribute der Allmacht, Güte und Gerechtigkeit mit dem tatsächlichen Übel zusammendenken bzw. Gottes Vertrauenswürdigkeit klären und vermeintliche Lösungswege für diese Herausforderung anbieten zu wollen (ebd.). Nach Gerhard Büttner und Veit-Jakobus Dieterich (2016, 173) ließe sich sagen, „dass die Theodizee-Frage zumindest implizit immer dann auftaucht, wenn das Leid in der Welt mit einer transzendenten Wirklichkeit in Beziehung gesetzt wird."

Seit jeher wird versucht, die Theodizee zu ergründen; folgende bis ins 21. Jahrhundert hinein besonders breit rezipierte Erklärungsmodelle, wie die Theodizee innerhalb der christlichen Theologie[3] gefasst werden könnte, sind nach Christine Görgen (2013, 31):

– Übel als Abwesenheit des Guten
– Ästhetisierung des Übels
– Übel als Preis der menschlichen Freiheit/free will defense
– Übel als Kontrastfolie/Möglichkeit des Sichtbarmachens des Guten
– Abschied vom göttlichen Attribut der Allmacht

---

3   An dieser Stelle lohnt sich ein kurzer, keineswegs umfassender Seitenblick auf die anderen abrahamitischen Religionen. Im Judentum findet sich unter anderem das Verständnis von Leid als Prüfung oder Strafe für Sünde. Dabei gilt zu beachten: „Nicht die Strafe, sondern Gottes Verzeihen wird das letzte Wort haben"; Unglück und Leid sind immer auf dem Hintergrund der Erwählung Israels zu sehen (Loichinger / Kreiner 2010, 183f.). Doch „spätestens die Shoa belegt, dass es ein Ausmaß an Leid gibt, das nicht mehr erklärt werden kann – als Sündenstrafe, als Sühne, als Preis der Freiheit etc. Hier ist nur mehr eine Theodizee in Form des Vertrauens darauf möglich, dass Gott auch in dem Leid ‚da' ist, für das es keine weitere Antwort auf das ‚Warum' oder Erklärung eines Sinnes mehr gibt" (ebd., 186). Der Islam begegnet der Theodizeeproblematik traditionell mit der Deutung des Leids als Wirkung des Teufels bzw. menschlicher böser Neigungen. Leid wird darüber hinaus als Sündenstrafe, Prüfung und Appell zur Umkehr gedeutet. Bei alldem werden ebenfalls die Allmacht, Barmherzigkeit und Gerechtigkeit Gottes betont (ebd., 205–207).

Doch bei all diesen Antwortversuchen ist Vorsicht geboten: Von einer Engführung und Absolutsetzung dieser Deutungsansprüche ist bereits aus Respekt vor dem Leiden Betroffener Abstand zu nehmen – auch im Religionsunterricht. Weder Gott noch das subjektiv empfundene Leid dürfen dem *gut gemeinten* Bemühen der Instrumentalisierung zum Opfer fallen, insbesondere wenn erfahrenes Leid als göttliche Reaktion auf menschliches Handeln gedeutet wird (weiterführend hierzu: Stögbauer-Elsner 2011, 105f.). „Nur als Betroffene dürfen wir unser Leid als Begegnung mit der ‚dunklen Seite' Gottes deuten, sei es als grausame Abwesenheit, als harte oder gar vernichtende Strafe oder als eine Form der Liebe, die wir nicht nachvollziehen können." (Kügler 2008, 71) Dementsprechend fordert die Frage der Theodizee im Grunde nicht dazu heraus, abschließend gedeutet und beantwortet zu werden, indem Gott zur Verantwortung gezogen wird. Vielmehr offeriert sie die Möglichkeit, selbst Handlungsspielräume ausfindig zu machen und diese auszugestalten, um Leid zu minimieren bzw. darauf zu reagieren.

Als „intellektuelle Kapitulation" bezeichnet Saskia Wendel dagegen jene Grundhaltung,

> „statt nach einer Antwort zu suchen, [...] sich des Leidens der Opfer zu erinnern, mit ihnen solidarisch zu sein, an der Abschaffung des Leidens zu arbeiten und darauf zu hoffen, dass Gott in der Fülle der Zeit auch Leid und Tod ein Ende setzen werde [...]" (2016, 64).

Entsprechend stelle es ebenfalls lediglich eine Form der Resignation dar, anzuerkennen, „dass es sich um ein Geheimnis handle, weshalb Gott das Leid zulasse" (ebd.). Möglicherweise stellt der Verzicht auf Klärungsversuche der Theodizee tatsächlich eine Form der Kapitulation dar. Doch es existiert schlichtweg kein (für uns greifbarer) letztgültiger Ausweg aus der Theodizeeproblematik – und dennoch fordert sie heraus, sich ihr gegenüber in irgendeiner Form zu positionieren.

Aufschlussreich kann in diesem Kontext auch die Bibel sein. Auch sie beschäftigt sich mit der Frage nach dem Umgang mit Leid und der damit verbundenen Anklage Gottes. Im Buch Hiob wird die Deutung der Freunde Hiobs, eines leidenden Gerechten, scharf kritisiert und zurückgewiesen; die Lehre daraus: Es ist vermessen, Leid (als Außenstehende*r) mit Sinn versehen zu wollen, was zudem Gott instrumentalisieren würde. Somit bleibt schlussendlich doch keine andere Alternative als die Strategie der Anerkenntnis *Gottes unergründlicher Wege*, um fernab von vorschnellen Deutungs- und Absolutheitsansprüchen jenen mitfühlend beggnen zu können, die mit Leid konfrontiert sind. Dies gilt es insbesondere dann zu berücksichtigen, wenn die Theodizee infolge eines Todesfalls im schulischen Kontext aufgeworfen wird.

4. Theodizee im Kontext religiöser Bildung

In Entsprechung zur zentralen Stellung der Theodizee-Thematik innerhalb zeitgenössischer Theologie erfährt ebendiese auch im Rahmen religionspädagogischer Diskurse seit den siebziger Jahren des 20. Jahrhunderts verhältnismäßig viel Beachtung (Büttner / Dieterich 2016, 174).[4] Zweifelsohne verdankt sich die exponierte Stellung der Theodizee in religionspädagogischen Kontexten zum einen dem Umstand, dass religiöse Bildung als „Aneignung von Bildungsprozessen in Beziehungen, die der Mensch zu sich selbst, zu anderen und in religiöser Perspektive zur Transzendenz oder christlich gesprochen zu Gott unterhält" (Kumlehn 2015, o.S.) beschrieben werden kann. Zum anderen stellt m.E. die Subjektorientierung als die grundlegende Komponente für Planung, Gestaltung und Reflexion des Religionsunterrichts obligatorisch die Forderung, die Lernenden in ihrer gegenwärtigen Lebenssituation mitsamt ihren gegebenenfalls religiösen Fragen wahr- und ernstzunehmen. Daher ist die Theodizee als Anfrage an den Gottesglauben ganz elementar in religiösen Bildungsangeboten zu verorten und es verwundert nicht, dass die Theodizee in Bildungs-/Lehrplänen und Schulbüchern für die Sekundarstufen I und II u.a. des Fachs Evangelische Religion fest verankert ist[5] – wobei diese postulierte Lebensrelevanz noch näher zu betrachten und kritisch zu hinterfragen sein wird.

Nipkow ordnet die Theodizee ebenso als ein für Jugendliche relevantes und gleichsam herausforderndes Problemfeld ein. Auf dem Hintergrund einer Sammlung von Schüler*innentexten im Jugendalter in Bezug auf Gotteserfahrung/Gottesbeziehung[6] konstatiert er: „Am schwersten wiegt die Enttäuschung [...], wenn Gottes Hilfe im unerklärlichen Leid ausbleibt, bei Krankheit, Schmerzen und angesichts des Todes von Menschen im gleichen jungen Alter" (Nipkow 1987, 55). Die Vorstellung eines Gottes, der im Kindesalter jahrelang als vermeintlicher „Helfer und Garant des Guten" (ebd., 52) galt, erweist

---

4 Für einen detaillierten Forschungsüberblick zur Entwicklung der Frage nach Gott und dem Leid bei Kindern und Jugendlichen im religionspädagogischen Kontext vgl. Büttner / Dieterich 2016, 172–190.

5 Exemplarisch können hier die Lehrpläne Evangelische Religion für Rheinland-Pfalz angeführt werden. In der Sek I wird die Theodizeefrage insbesondere im Bereich *Biblisch-christliche Tradition* in den Blick genommen (Gegenstände: *Menschen fragen nach Gott* sowie *Mein Gott!? – Gotteserfahrungen, Gottesbegegnungen, Gottesfragen*) (MBWWK RLP 1997, 42; MBFJ RLP 2002, 159–166). In der gymnasialen Oberstufe/Sek II schließlich wird der Theodizeeproblematik innerhalb des Themenfelds *Gott* ein eigener Teilbereich gewidmet: *An so einen Gott kann ich nicht glauben... – Die Theodizeefrage* (MBWWK RLP 2013, 46).

6 Besagte Sammlung von mehr als 1200 Texten basiert auf: SCHUSTER, ROBERT (Hg.) (1984), Was sie glauben. Texte von Jugendlichen, Stuttgart. Büttner und Dieterich weisen darauf hin, dass sich Nipkow bei seiner Beurteilung dieser Sammlung nicht auf quantitativ valide empirische Befunde stütze (2016, 174).

sich gewissermaßen als Trugschluss, als Relikt eines (abgelegten) Kinderglaubens. In Anbetracht all der schmerzlichen Erfahrungen der Ungerechtigkeit, mit denen Jugendliche möglicherweise im privaten Bereich und/oder in gesamtgesellschaftlichen Zusammenhängen konfrontiert werden, verabschieden sie sich von ihrem Glauben an den *lieben Gott* bzw. erfahren diese Grenzsituationen gar als „Einbruchstelle" (ebd., 56f.) und Belastungsprobe für ihren Gottesglauben insgesamt.

Doch die etwas aktuellere Studie Werner H. Ritters u.a. *Leid und Gott aus der Perspektive von Kindern und Jugendlichen* lässt Einspruch gegen Nipkows Folgerung vermuten.[7] Die beteiligten Autoren hegen Zweifel, „ob die Theodizeefrage heute tatsächlich eine der Haupteinbruchstellen für den Verlust des Glaubens bei Kindern und Jugendlichen sei" (ebd., 9). Sie kommen zu dem Schluss, dass Schüler*innenaussagen zwar nach wie vor Aufschluss darüber geben, dass sich Gott „nicht zeigt und nicht konkret eingreift", doch dies nicht zur Folge haben muss, „dass Gott bzw. der Glaube an Gott fallen gelassen werden. Vielmehr wird das Nichteingreifen Gottes damit begründet, dass Gott angesichts von Krankheit, Terror und Naturkatastrophen auch nichts machen könne" (ebd., 153).

Durch die Tendenzen einer „Enttraditionalisierung, Pluralisierung und Subjektivierung von Religion" (Büttner / Dieterich 2016, 183) ändert sich das vorherrschende Gottesbild Jugendlicher: Das theistische Gotteskonzept wird infrage gestellt, die göttliche Allmacht nicht mehr als gesetzt gesehen, und immer weniger Jugendliche werden mit Leiderfahrungen im persönlichen Nahbereich konfrontiert (ebd., 153f.). Ritter resümiert dahingehend:

> „Bei einer Mehrzahl von ihnen [der Kinder und Jugendlichen] sei [...] ein theistisch konnotierter Gottesglaube, der die für das Virulentwerden der Theodizeefrage traditionellen und konstitutiv notwendigen Elemente enthält – wie allmächtiger und barmherziger Gott, der in die Welt eingreifen und Leid beenden kann – nicht mehr vorhanden." (2019, 269)

In der Folge wird das Recht der Theodizee auf „vorrangige Behandlung" im Religionsunterricht in Abrede gestellt; „eine Neubewertung der Dringlichkeit der Theodizeethematik und des unterrichtlichen Umgangs mit ihr [ist] angezeigt" (Ritter u.a. 2006, 155f.). Kritische Stimmen wenden wiederum ein, „dass der Plausibilitätsverlust der Theodizeefrage nicht zwingend in so scharfen Zügen gezeichnet werden muss, wie es in dieser Studie geschieht" (Simojoki 2009, 71). Auch Eva M. Stögbauer-Elsner weist in ihrer 2011 erschienenen Studie nach, dass Relevanz und Plausibilität der Theodizeefrage – in Abhängigkeit zur jeweiligen Gotteskonzeption der Jugendlichen – noch immer virulent sein können und nicht pauschal zu negieren sind. „Gottessympathisant[*innen]" fragen so „nach der Zuständigkeit und / oder der Wirkmächtigkeit einer guten Macht im weltlichen Geschehen" (Stögbauer-Elsner 2011, 242). Bei „Gottesneutralen" wird die Theodizee nicht unmittelbar thematisiert (ebd., 252). Für

---

7 Das Sample der Untersuchung umfasste 392 Kinder und Jugendliche (Ritter u.a. 2006, 80).

„Gotteszweifler[*innen]" stellt sich wiederum die Frage nach der Plausibilität eines Gottes, der Leid zulässt, wohingegen sich „Gottesverneiner[*innen]" aufgrund ihrer Grundüberzeugung, Gott sei ein „menschliches Konstrukt", schon längst von Spekulationen über Gott und das Leid verabschiedet haben (ebd., 261; 281).

Auf Grundlage der in diesem Kapitel dargestellten Studienergebnisse kann als Zwischenfazit festgehalten werden: Der Theodizeefrage mag zwar nicht mehr die Brisanz einzuräumen sein, die sie jahrzehntelang genoss. Nichtsdestotrotz ist sie als eine nach wie vor wichtige Aufgabe der allgemeinbildenden Schule zu verstehen. Neuere Studien lassen darauf schließen, dass im Jugendalter „sehr wohl intensiv um die Theodizeethematik und um ein theistisches Gottesbild gerungen wird, vor allem dann, wenn die Schülerinnen und Schüler eigene, sie selbst berührende und aufwühlende Erfahrungen oder Fragestellungen aufwerfen" (Büttner / Dieterich 2016, 185).

Es bleibt dabei: „die Frage nach Gott und dem Leiden/Theodizee mit ihren Transformationen [stellt] auch heute für viele, v.a. für religiös interessierte und orientierte Heranwachsende, ein immer noch oder wieder drängendes Problem dar" (Ritter 2019, 270). Weiterführend ist nun zu fragen, inwiefern die Religionsdidaktik die Theodizee unter diesen Umständen fruchtbar aufzugreifen vermag – auch im gemeinsamen Lernen mit Konfessionslosen und/oder sich als nicht religiös verstehenden Lernenden.

5. Eine Fusion: Konfessionslosigkeit, Theodizee und Subjektorientierung im Religionsunterricht

In Anbetracht der u.a. von Pickel (2016, 210) festgestellten fehlenden Anschlussfähigkeit konfessionsloser und somit häufig religionsferner Jugendlicher in Bezug auf explizit Religiöses wird der Religionsunterricht umso bedeutsamer für die religiöse Sozialisation. Er kann – in diesen Fällen möglicherweise sogar in erster Instanz – die eigenständige Reflexion und Auseinandersetzung mit religiösen Bildungsinhalten ermöglichen. Dabei ist die Forderung nach Subjektorientierung weiterhin mitzudenken: Ein aufmerksamer Blick auf die Situation der Lernenden und insbesondere ihrer (Lern-)Voraussetzungen ist unabdingbar, um den (religions-)didaktischen Leitfragen nach dem *Wozu*, *Warum*, *Was* und *Wie* der Gestaltung religiöser Bildungsprozesse gerecht zu werden (Lachmann / Adam 2013, 12).

> „Ein subjektorientierter evangelischer Religionsunterricht [hat] die Voraussetzungen aller seiner SchülerInnen – der religiösen, religiös indifferenten, der nichtreligiösen, andersreligiösen etc. – zu bedenken [...], weil er allen SchülerInnen

gegenüber eine Verantwortung im Hinblick auf religiöse Bildung trägt." (Schwarz 2019, 491)

Somit sind die (Lern-)Voraussetzungen aller Lernenden in den Blick zu nehmen, wie bereits ausgeführt, auch die der sog. *Konfessionslosen*. „Die Theodizeefrage als Frage nach Gott angesichts des Leidens ist unauflöslich mit dem persönlichen Gotteskonzept und -verständnis verbunden" (Stögbauer-Elsner 2011, 296), weshalb sich nun die Frage stellt, ob und inwiefern sich als nichtreligiös verstehende Lernende gegenüber der Theodizee positionieren.

82% der in der aktuellen Shell-Studie befragten jugendlichen Konfessionslosen erachten den Glauben an Gott als unwichtig (Albert u.a. 2019, 152f.). Obschon in diesem Fall keine gesicherten Aussagen zu treffen sind, legt der Shell-Studienbefund dennoch die Vermutung nahe, dass sich nichtreligiöse Schüler*innen tendenziell eher der von Stögbauer-Elsner (2011, 222–281) aufgestellten Kategorien der *Gottesneutralen, -zweifelnden* oder *-verneinenden* zuordnen ließen, die das Theodizeeproblem entweder nicht unmittelbar thematisieren, ihm einen *Plausibilitätsverlust* zuschreiben oder es gar nicht erst virulent werden lassen. Trotzdem: Ausnahmen bestätigen die Regel; ein differenzierter Blick auf die jeweilige Lerngruppe ist unabdingbar.

Wird der Fokus nun in Richtung der daraus resultierenden Konsequenzen für den Religionsunterricht gelenkt, kann zunächst einmal ein Zusammenhang zwischen Gottesglauben und empfundener Relevanz religiöser Themen im Religionsunterricht konstatiert werden (z.B. Domsgen / Witten 2018; Schwarz 2019). Jene, die sich selbst als nicht gläubig verstehen, erachten dezidiert religiöse Themen, wie z.B. die Christologie oder die Theodizee, aufgrund des aus ihrer Sicht fehlenden Lebensweltbezugs als irrelevant. Das Forschungsteam um Ritter (2006, 161) beurteilt die Beobachtung, „dass ihnen [den nicht an Gott glaubenden Kindern und Jugendlichen] die Frage nach der Gerechtigkeit Gottes irrelevant erscheint", als „unmittelbar einleuchtend".

Differenzierter geht Stögbauer-Elsner in ihrem Plädoyer (2019, o.S.) vor: Weil in der Lebenswelt Jugendlicher nach wie vor „perspektivische Thematisierungen und Problematisierungen" der Theodizee aufkommen können, gilt es in Abhängigkeit zur jeweiligen Gottes-/Glaubenskonzeption sowie des Erfahrungshorizonts „bei der Planung religiöser Bildungsprozesse hinzuhören, welche Brisanz die Theodizee bei einer bestimmten Adressatengruppe (nicht) besitzt." Unabhängig davon, inwieweit Jugendliche die Theodizee als relevant erachten, gibt es starke Gründe für die unterrichtliche Behandlung. Dabei sind m.E. drei Argumentationslinien von besonderem Belang:
1. Mit Blick auf die Allgemeinbildung ist die Theodizee unterrichtlich in den Blick zu nehmen; das Bildungsargument der „Religion als prägende[m] Bestandteil von Kultur und Geschichte" (Kumlehn 2015, o.S. im Anschluss an Schweitzer 2012, 94f.) bezieht sich mitunter ebenfalls auf die drängendste Anfrage an den christlichen Glauben.

2. Zudem kann die Theodizee ihre Verortung im Religionsunterricht insofern behaupten, als sie Anstoß für „die Identifikation mit den Leidenden" sein kann, was „zum Kern christlichen Glaubens" zählt (Bederna 2015, 120).
3. Die Behandlung der Theodizee leistet einen entscheidenden Beitrag zur persönlichen (nicht-)religiösen Orientierung und Urteilsbildung: Ganz gleich, ob sich die Lernenden infolge der Thematisierung der Theodizeeproblematik für oder gegen Gott entscheiden (bzw. sich in ihrem schon vorher erfolgten Entschluss bekräftigt fühlen), sehen sie sich nun einmal mehr herausgefordert, abzuwägen und Stellung zu beziehen, um für sich selbst einen reflektierten Umgang mit der Theodizee – und somit auch gegenüber ihrem (Nicht-)Glauben an Gott – finden zu können.

6. Religionsdidaktische Perspektiven auf Theodizee

Auf Grundlage der vorherigen Überlegungen sollen nun exemplarisch weiterführende religionsdidaktische Gestaltungs- und Umsetzungsmöglichkeiten[8] der Theodizeefrage aufgezeigt werden, die sich für ein gemeinsames Lernen aller Schüler*innen eignen könnten.[9] An dieser Stelle ist nochmals wichtig zu betonen, dass der Religionsunterricht immer häufiger der Ort wird, an dem Lernende erstmals mit explizit religiösen Bildungsinhalten konfrontiert werden – weder Vorwissen noch Interesse können pauschal vorausgesetzt werden. Dies fordert die Lehrkraft sicherlich heraus, doch bietet auch große Chancen, was die folgenden Ausführungen zu verdeutlichen versuchen.

6.1 Befähigung zum Perspektivenwechsel

Allgemein sieht Bernhard Dressler (2006, 144–150) die *Befähigung zum Perspektivenwechsel* als wesentliches Ziel religiöser Bildung, die ihrerseits stark mit der Urteilsfähigkeit korrespondiert. Besonders mit Blick auf konfessionslose Lernende im Religionsunterricht kann der Perspektivenwechsel grundsätzlich

---

8 Für Lehrkräfte ist dabei allerdings stets die Ausgangslage im Blick zu behalten: *Wenn der Tod im Klassenzimmer ankommt* – die Jugendlichen also möglicherweise mit einer ganz konkreten, sie betreffenden Leiderfahrung konfrontiert werden, kann die Theodizeefrage auf einmal ganz unerwartet aufbrechen und ist in diesem Fall in erster Linie in „seelsorgerlicher Absicht" im Unterricht aufzugreifen (Platow 2019, 428). Siehe weiterführend hierzu: Heidgreß / Heinlein in diesem Band.

9 Wie bereits dargestellt, ist die Kategorie der formalen Mitgliedschaft einer Kirche und somit die Unterscheidung zwischen *konfessionslos* und *-gebunden* nur bedingt sinnvoll.

eine wegweisende Didaktik sein (Käbisch 2014, 217): Hierbei reflektieren Schüler*innen unabhängig von ihrer je eigenen Religiosität ihre jeweils eigene und fremde Verortung, indem sie zwischen unterschiedlichen – teils fremden und unbekannten – Sichtweisen changieren und so nicht nur die andere, sondern zugleich die eigene Perspektive durchdringen.[10] Unterschiedliche Logiken können nachvollziehbar werden, indem der Perspektivenwechsel über eine *rein kognitive* Übernahme hinausgeht, d.h. nicht nur Wissenszuwachs anstrebt, sondern im Sinne religiöser Bildung das *Angebot* macht, Verständnis, Toleranz, Empathie und Mitgefühl für das, die und den Andere*n zu entwickeln.

Zusätzlich wird dabei die Kompetenz der Sprach- und Reflexionsfähigkeit in erheblichem Maß gefördert:

> „Konfessionelle Deutungsmuster sollen abseits kirchlicher Sprachspiele verständlich kommuniziert werden können; konfessionslose bzw. nichtreligiöse Deutungen sollen im Wortsinne zur Sprache kommen, um sie in einen gemeinsamen reflektierenden Diskurs einzubeziehen." (Lütze 2017, 180)

Bezogen auf die Thematik der Theodizee bedeutet dies: Völlig unabhängig davon, ob sie sich als religiös, religiös indifferent, nichtreligiös etc. einstufen und sich bereits persönlich mit der Theodizee auseinandergesetzt haben, „werden Heranwachsende immer wieder mit eigenem und fremdem Leiden konfrontiert, so dass Fragen nach dem Sinn von Leid und nach dem Umgang mit Leiderfahrungen drängend werden" (Schambeck / Stögbauer 2007, 164).

In der Auseinandersetzung mit der Frage, *wie Gott Leid zulassen kann*, und im Ringen darum, ob es einen solchen Gott überhaupt geben kann bzw. welche Gottesvorstellungen damit einhergehen, können die eigene Sichtweise für oder wider Gott sowie eigene Strategien im Umgang mit der Theodizee entwickelt, reflektiert, ggf. modifiziert und erklärbar gemacht werden. Denn der Perspektivenwechsel „führt zu veränderter Sicht des Eigenen und Fremden" (Caspary 2016, 51). Im Sinne des Perspektiven*wechsels* geschieht dieser Prozess *wechsel*seitig zwischen den Gesprächspartner*innen. Dabei sollen die Schüler*innen selbstredend ihre eigenen Deutungen einbringen, sich aber ebenso von anderen im Unterrichtsgespräch aufkommenden Antwortversuchen anregen lassen können – zumal die Frage nach Gott und Leid nicht zwingend mithilfe einer transzendenten Wirklichkeit in Beziehung gesetzt werden muss und sich diese Option im Religionsunterricht womöglich erstmals eröffnet. Zuerst müssen die Lernenden dazu befähigt werden, „die (nicht-)religiöse Vielgestaltigkeit ihrer eigenen Leid-Gott-Konzepte differenziert wahrzunehmen", bevor sie diese Konzepte im Diskurs weiterentwickeln können (Rommel 2013, 153f. im Anschluss an Stögbauer-Elsner 2011, 307).

---

10 Dieses Changieren soll nicht so verstanden werden, als könnte die/der Einzelne völlig aus ihrer/seiner Perspektive heraustreten.

Mirjam Schambeck sf und Eva M. Stögbauer-Elsner plädieren in diesem Kontext dafür, genauso eine „kritische Betrachtung ‚fragwürdiger' Antwortversuche" zu ermöglichen, um die Lernenden „für den Missbrauch von (christlichen) Sinnangeboten zu sensibilisieren" (ebd. im Anschluss an Nipkow 1987, 58f.). Worte und Sprache sind im Themenfeld der Theodizee prinzipiell sorgsam zu bedenken, wie auch Stögbauer-Elsner betont:

> „Im Religionsunterricht ist eine spannungs- und facettenreiche Gottesrede wichtig, die auch und gerade die Ambivalenz- und Negativ-Erfahrungen des Menschen mit Gott in Tradition und Gegenwart zu Wort kommen lässt, die sich zwischen der mächtigen Liebe Gottes und der Freiheit des Menschen, […] zwischen dunklen und hellen Seiten bewegt, damit neben den positiven die fragmentarischen und befremdlichen Erfahrungen des Menschen mit Gott zu Wort kommen." (2019, o.S.)

Besagte *spannungs- und facettenreiche Gottesrede* sowie die *Ambivalenz- und Negativ-Erfahrungen des Menschen mit Gott* erinnern zum einen an die in Kapitel 3 geforderte Anerkenntnis der *unergründlichen Wege Gottes*. Zum anderen berühren sie offenkundig den Bereich der Ambiguitätstoleranz. Im Kern geht es dieser um die Bereitschaft, „allzu einfache Tabellen oder Schwarz-Weiß-Unterscheidungen hinter sich zu lassen und sich darauf einzustellen, dass vieles komplex, mehrdeutig, oftmals fremd und nah zugleich, offen, vielfältig, ungeklärt und zum Teil unklärbar ist" (Meyer 2019, 281). Demzufolge gilt es nicht zuletzt im Religionsunterricht, die Ambiguität unterschiedlicher Gottesvorstellungen (bspw. *barmherzig/liebend – fremd/dunkel/unbegreifbar*), die mit den verschiedenen denkbaren Umgangsweisen mit der Theodizee zwingend einhergeht, fruchtbar zu machen – ohne dabei die Unmöglichkeit eines letztgültigen Auswegs aus dem Blick zu verlieren. Eine besondere Herausforderung besteht für Lehrpersonen in diesem Zusammenhang darin, einerseits authentisch zu bleiben, „zugleich aber reflektiert und selbstkritisch zu agieren, um keine normativen Aussagen über Gott und das Leid vorzuschützen" (Stögbauer-Elsner 2019, o.S.). Wichtig sei zudem, niemals die Schilderung persönlicher Leiderfahrungen einzufordern – den Lernenden muss Raum gegeben werden, sich selbst aus freien Stücken öffnen zu können (ebd.).

6.2 Deutungshorizonte im Gespräch

Ein besonderes Potential für die konkretere religionsdidaktische Umsetzung der Theodizee birgt die Jugendtheologie/das Theologisieren (Stögbauer-Elsner 2019, o.S.). Diese Gesprächsform eignet sich insbesondere für die unterrichtliche Behandlung der Theodizee, da sie nicht den Anspruch erhebt, zu einer letztgültigen Antwort zu gelangen – was wiederum an das Postulat der *unergründlichen Wege Gottes* erinnert. Dabei trägt sie nicht nur dem Anliegen der Subjektorientierung Rechnung, sondern berücksichtigt durch ihren offenen diskursiven Charakter zudem das Prinzip des Perspektivenwechsels sowie die Förderung von Ambiguitätstoleranz.

Die Jugendtheologie wird gemeinhin in drei Dimensionen unterteilt: Theologie von, für und mit Jugendliche/-n. Die Dimension der *Theologie von Jugendlichen* nimmt die Jugendlichen in ihren wie auch immer ausgeformten bzw. nicht geformten Gedanken, Deutungen und Erklärungsmodellen ernst, indem die Jugendlichen selbst als Theolog*innen wahrgenommen werden (Reiß 2015, o.S.) – in unserem Fall betrifft dies die eigenen Umgangsweisen mit der Theodizee sowie die Frage nach damit zusammenhängenden Gottesvorstellungen. Mit Blick auf das gemeinsame Lernen von konfessionsgebundenen wie konfessionslosen Schüler*innen bietet diese Dimension großen Freiraum für unterschiedliche, auch nichtchristliche Deutungshorizonte, die gewinnbringend diskursiv miteinander ins Gespräch gebracht werden können.

Unter die Dimension *Theologie für Jugendliche* „ist jegliches Material zu fassen, das Jugendliche dazu anregt, ihre Theologie zu artikulieren, zu konkretisieren und zu differenzieren" (ebd.). Lehrkräfte können nun daran anknüpfend weitere adressat*innenorientierte Impulse für die Jugendlichen anbieten, beispielsweise durch Medien (Bilder, Filme, literarische Zeugnisse/Selbstaussagen, Kinder- und Jugendbücher) oder kritisches Fragen. Denkbar wäre hier unter anderem das Hinzuziehen von Blogs mit Selbstaussagen Jugendlicher, das Einstreuen biblischer Zeugnisse von Leiderfahrung, z.B. Psalm 22 (Stögbauer-Elsner 2019, o.S.), oder auch das Aufgreifen des eingangs beschriebenen Roman Horváths *Jugend ohne Gott* (1937). An dieser Stelle könnten die Chancen der Kooperation mit anderen Fächern (z.B. Deutschunterricht) oder der Schulseelsorge in den Blick genommen werden (Rothgangel 2021, 483; Kaupp 2021, 494) um einer noch offeneren, lebendigeren und tieferen Auseinandersetzung mit der Frage nach Gott und dem Leid den Weg zu ebnen (vgl. hierzu auch die Beiträge von Gabriela Scherer und Dorothe Heidgreß / Stephan Heinlein in diesem Band).

Die letzte Dimension schließlich, die *Theologie mit Jugendlichen*, erinnert an den dialogischen Charakter der Jugendtheologie, wenn die *Theologie von Jugendlichen* und die *Theologie für Jugendliche* zusammengebracht werden. Dabei ist die Lehrkraft gefragt, aufmerksam zu beobachten, die verschiedenen Deutungen wahrzunehmen und miteinander ins Gespräch zu bringen (Reiß 2015, o.S.).

Zusammenfassend kann die Jugendtheologie also überzeugen, weil sie Denk- und Reflexionsprozesse anstößt, im Dialog schärft und zuspitzt. Die Lernenden sind durchweg herausgefordert, mit den Impulsen umzugehen und im ständigen Perspektivenwechsel ihre Urteilsfähigkeit sowohl hinsichtlich der Theodizee- als auch der Gottesfrage insgesamt zu schulen. Im Diskurs treffen dabei fast schon unvermeidlich mehrere – möglicherweise auch konfligierende – Gottesvorstellungen aufeinander, die uns wiederum an das weite Feld der Ambiguitätstoleranz erinnern.

7. Fazit und weiterführende Perspektiven

Die Theodizee behauptet ihren Platz im gegenwärtigen Religionsunterricht zu Recht nach wie vor, wenngleich sie (wie auch andere explizit religiös-theologische Themen im Religionsunterricht insgesamt) von gesellschaftlich-religiösen Entwicklungen und Individualisierungsprozessen in ihrem Geltungsanspruch bzw. ihrer Relevanz eingeschränkt wird. Aus dem Religionsunterricht ist sie jedoch allein schon deshalb nicht wegzudenken, weil sie die Gottesfrage explizit aufbrechen lässt.

Wie es um die künftige Bedeutung der Theodizee für Schüler*innen bestellt sein wird, wird in entscheidendem Maße davon abhängen, inwiefern der Religionsunterricht dem *Zwang zur Plausibilisierung* (Domsgen 2016, 220) hinsichtlich religiöser Themen gerecht werden kann. Dies gilt ausdrücklich für konfessionslose und/oder sich als nichtreligiös verstehende Schüler*innen – einer so verstandenen *Jugend ohne Gott*.

Angesichts eines allgemeinen religiösen Bedeutungsverlusts, der mitnichten vor dem Religionsunterricht Halt macht, besteht dabei eine besonders drängende Herausforderung in der Frage, *in welcher Form* religiöse Themen im Religionsunterricht behandelt werden: Auch wenn die Methodik kein Allheilmittel darstellt, könnten die dargebotenen Wege des Perspektivenwechsels und der Jugendtheologie dennoch erste Anknüpfungspunkte bieten, um die Theodizee auch in Zukunft nicht ins Abseits zu stellen, sondern einem nahezu vorprogrammierten Bedeutungs- und Plausibilisierungsverlust entgegenzuwirken.

Literatur

ALBERT, MATHIAS u.a. (Hg.) (2019), Jugend 2019. Eine Generation meldet sich zu Wort (Shell-Jugendstudie 18), Weinheim / Basel.

BEDERNA, KATRIN (2015), »für mich gibt's ihn halt, weil er kann nichts dafür« – Kriterien einer Theodizeedidaktik, in: PEMSEL-MAIER, SABINE / SCHAMBECK, MIRJAM, SF (Hg.), Keine Angst vor Inhalten! Systematisch-theologische Themen religionsdidaktisch erschließen, Freiburg i. Br., 111–129.

BÜTTNER, GERHARD / DIETERICH, VEIT-JAKOBUS (2016), Entwicklungspsychologie in der Religionspädagogik, 2. erw. Aufl. Göttingen.

CASPARY, CHRISTIANE (2016), Umgang mit konfessioneller Differenz im Religionsunterricht. Eine Studie zur Didaktik des konfessionell-kooperativen Religionsunterrichts, Berlin u.a.

Domsgen, Michael (2013), RU in konfessionsloser Mehrheitsgesellschaft – didaktische Herausforderungen und Ansätze, in: Theo-Web. Zeitschrift für Religionspädagogik 12/1, 150–163.

Domsgen, Michael (2016), Konfessionslose Schülerinnen und Schüler. Eine lohnende Herausforderung für den Religionsunterricht, in: Evangelische Theologie 76/3, 214–225.

Domsgen, Michael / Witten, Ulrike (2018), Religiöse Heterogenität im Religionsunterricht. Worauf wir achten und was verstärkt in den Blick kommen sollte, in: Praktische Theologie 53/2, 79–83.

Dressler, Bernhard (2006), Unterscheidungen. Religion und Bildung, Theologische Literaturzeitung 18/19, Leipzig.

Englert, Rudolf (2007), Gottesglaube hier und heute. Empirische Erkundung und theologische Herausforderung, in: Theologische Revue 103, 177–186.

Evangelische Kirche in Deutschland (EKD) (Hg.) (2020), Religiöse Bildung angesichts von Konfessionslosigkeit: Aufgaben und Chancen. Ein Grundlagentext der Kammer der EKD für Bildung und Erziehung, Kinder und Jugend, Leipzig.

Görgen, Christine (2013), Pathodizee statt Theodizee? Mensch, Gott und Leid im Denken Viktor E. Frankls (Herausforderung Theodizee – Transdisziplinäre Studien 2), Berlin.

von Horváth, Ödön (1937), Jugend ohne Gott, Amsterdam.

Käbisch, David (2014), Konfessionslosigkeit und Religionsunterricht. Eine fachdidaktische Grundlegung (Praktische Theologie in Geschichte und Gegenwart 14), Tübingen.

Käbisch, David (2017), Konfessioneller Religionsunterricht angesichts zunehmender Konfessionslosigkeit. Zwölf Thesen, in: RPI-Impulse 3, 11–13.

Käbisch, David (2021), Art. „Konfessionslosigkeit", in: Wissenschaftlich-Religionspädagogisches Lexikon im Internet (WiReLex), https://www.bibelwissenschaft.de/stichwort/200752/ (Stand: 19.12.2021).

Kaupp, Angela (2021), Religionsunterricht und Schulpastoral/Schulseelsorge, in: Kropač, Ulrich / Riegel, Ulrich (Hg.), Handbuch Religionsdidaktik, Stuttgart 489–495.

Kügler, Joachim (2008), Hände weg!? Warum man die Bibel nicht lesen sollte – und warum doch, 2. erw. Aufl. München.

Kumlehn, Martina (2015), Art. „Bildung, religiöse", in: Wissenschaftlich-Religionspädagogisches Lexikon im Internet (WiReLex), https://www.bibelwissenschaft.de/stichwort/100082/ (Stand: 22.12.2021).

Lachmann, Rainer / Rothgangel, Martin (2013), Verständnis und Aufgaben religionsunterrichtlicher Fachdidaktik, in: Lachmann, Rainer u.a. (Hg.), Religionspädagogisches Kompendium, 8. Aufl. Göttingen, 35–52.

Link, Christian (2016), Theodizee. Eine theologische Herausforderung (Theologische Bibliothek 3), Göttingen.

LOICHINGER, ALEXANDER / KREINER, ARMIN (2010), Theodizee in den Weltreligionen, Paderborn.
LÜTZE, FRANK M. (2017), Konfessionslosigkeit im Spiegel der fünften Kirchenmitgliedsuntersuchung und im Religionsunterricht. Beobachtungen und Thesen, in: SCHRÖDER, BERND u.a. (Hg.), Jugendliche und Religion. Analysen zur V. Kirchenmitgliedschaftsuntersuchungen der EKD (Religionspädagogik innovativ 13), Stuttgart, 167–181.
MEYER, KARLO (2019), Grundlagen interreligiösen Lernens, Göttingen.
MINISTERIUM FÜR BILDUNG, FRAUEN UND JUGEND RHEINLAND-PFALZ (Hg.) (2002), Lehrplan Evangelische Religion. Klassen 7–9/10, Grünstadt.
MINISTERIUM FÜR BILDUNG, WISSENSCHAFT, WEITERBILDUNG UND KULTUR RHEINLAND-PFALZ (Hg.) (1997), Lehrplan Evangelische Religion. Orientierungsstufe, Grünstadt.
MINISTERIUM FÜR BILDUNG, WISSENSCHAFT, WEITERBILDUNG UND KULTUR RHEINLAND-PFALZ (Hg.) (2013), Lehrplan Evangelische Religion. Grundfach und Leistungsfach in der gymnasialen Oberstufe, Mainz.
NIPKOW, KARL E. (1987), Erwachsenwerden ohne Gott? Gotteserfahrung im Lebenslauf, München.
PICKEL, GERT (2013), Konfessionslose – das ‚Residual' des Christentums oder des neuen Atheismus?, in: Theo-Web. Zeitschrift für Religionspädagogik 12/1, 12–31.
PICKEL, GERT (2016), Religion, Religionslosigkeit und Atheismus in der deutschen Gesellschaft – eine Darstellung auf der Basis sozial-empirischer Untersuchungen, in: THÖRNER, KATJA / THURNER, MARTIN (Hg.), Religion, Konfessionslosigkeit und Atheismus, Freiburg i. Br. u.a., 179–223.
PLATOW, BIRTE (2019), Tod und Sterben, in: ROTHGANGEL, MARTIN u.a. (Hg.), Theologische Schlüsselbegriffe. Subjektorientiert – biblisch – systematisch – didaktisch (Theologie für Lehrerinnen und Lehrer 1), 6. komplett neu erarbeitete Aufl. Göttingen, 428–439.
REIß, ANNIKA (2015), Art. „Jugendtheologie", in: Wissenschaftlich-Religionspädagogisches Lexikon im Internet (WiReLex), https://www.bibelwissenschaft.de/stichwort/100022/ (Stand: 23.12.2021).
RITTER, WERNER H. u.a. (2006), Leid und Gott. Aus der Perspektive von Kindern und Jugendlichen, Göttingen.
RITTER, WERNER H. (2019), Leiden/Theodizee, in: ROTHGANGEL, MARTIN u.a. (Hg.), Theologische Schlüsselbegriffe. Subjektorientiert – biblisch – systematisch – didaktisch (Theologie für Lehrerinnen und Lehrer 1), 6. komplett neu erarbeitete Aufl. Göttingen, 268–279.
ROMMEL, HERBERT (2013), Rezension: Stögbauer, Eva M., Die Frage nach Gott und dem Leid bei Jugendlichen wahrnehmen. Eine qualitativ-empirische Spurensuche, in: Katechetische Blätter 138/2, 152–154.

Rothgangel, Martin (2021), Religionsunterricht in Kooperation mit anderen Fächern, in: Kropač, Ulrich / Riegel, Ulrich (Hg.), Handbuch Religionsdidaktik, Stuttgart, 481–488.

Schambeck, Mirjam / Stögbauer, Eva (2007), Leid und die Frage nach Gott bei Jugendlichen. Eine religionspädagogische Herausforderung, in: Böhnke, Michael u.a. (Hg.), Leid erfahren – Sinn suchen. Das Problem der Theodizee (Theologische Module 1), Freiburg i. Br. u.a., 145–207.

Schuster, Robert (Hg.) (1984), Was sie glauben. Texte von Jugendlichen, Stuttgart.

Schwarz, Susanne (2019), SchülerInnenperspektiven und Religionsunterricht. Empirische Einblicke – Theoretische Überlegungen, Stuttgart.

Schweitzer, Friedrich (2012), Religiöse Bildung in der Schule, in: Lachmann, Rainer u.a. (Hg.), Religionspädagogisches Kompendium, 7. völlig neu bearbeitete Aufl. Göttingen, 92–105.

Simojoki, Henrik (2009), Ist die Theodizeefrage heute noch eine »Einbruchstelle« für den Verlust des Gottesglaubens im Jugendalter?, in: Jahrbuch der Religionspädagogik 25, 63–72.

Stögbauer-Elsner, Eva M. (2019), Art. „Theodizee", in: Wissenschaftlich-Religionspädagogisches Lexikon im Internet (WiReLex), https://www.bibelwissenschaft.de/stichwort/200651/ (Stand: 22.12.2021).

Stögbauer-Elsner, Eva M. (2011), Die Frage nach Gott und dem Leid bei Jugendlichen wahrnehmen. Eine qualitativ-empirische Spurensuche (Religionspädagogische Bildungsforschung 1), Bad Heilbrunn.

Stosch, Klaus von (2013), Theodizee, Paderborn.

Wendel, Saskia (2016), »Drum besser wär's, dass nichts entstünde«? Streitfall »Theodizee«, in: Thörner, Katja / Thurner, Martin (Hg.), Religion, Konfessionslosigkeit & Atheismus, Freiburg i. Br. u.a., 61–76.

Tod aus der Sicht von Schüler*innen
Empirische Einblicke und religionsdidaktische Perspektiven

Susanne Schwarz

Die Thematisierung des Themas Tod stellt viele Religionslehrkräfte vor die Aufgabe, über den angemessenen Modus zwischen seelsorgerlicher Sensibilität und Bildungsfokus zu entscheiden (Platow 2019, 428). Im folgenden Beitrag wird die Frage nach der Aufgabe und dem Beitrag religiöser Bildung zum Thema Tod im Ausgang von den Schüler*innenperspektiven und ihren darin ausgedrückten Verstehensmöglichkeiten, Vorstellungen und Wünschen her entwickelt. Damit wird der Bildungsfokus gewählt, wenngleich diesem als subjektbezogenen die Forderung und Förderung der Lernenden auch in Lebensfragen zukommt und dadurch auch eine seelsorgerliche Dimension eignet.

Im ersten Teil des Beitrages stehen themenbezogene empirische Daten zu entwicklungspsychologisch bedingten Verstehensvoraussetzungen und Einsichten aus fachspezifischen qualitativ oder quantitativ angelegten Studien im Zentrum. Daran schließen sich im zweiten Teil religionsdidaktische Überlegungen zur Didaktisierung der Todesthematik im Religionsunterricht an.

1. Empirische Perspektiven

1.1 Die Entwicklung von Todeskonzepten bei Kindern[1]

Tod als eigenständiges Phänomen – punktuelle emotionale Betroffenheit
Im Alter von 0–3 Jahren wird der Tod mit Abwesenheit gleichgesetzt, emotional reagieren Kleinkinder beispielsweise mit Unlust auf die Abwesenheit einer Person. Ab dem Alter von drei Jahren setzen sich Kinder mit dem Tod und dem Zustand des Totseins auseinander und lernen, zwischen Trennung und Abwesenheit zu differenzieren (Reuter 2020, 159). In dieser Altersphase wird der Tod als eigenständiges Phänomen erkannt, allerdings wird die Endgültigkeit des

---

[1] In enger Anlehnung an die Darstellung bei Reuter 2020, 159–162.

Lebensendes noch nicht verstanden, denn von einem toten Menschen wird erwartet, dass er wieder aufwachen und z.B. in anderer Form irgendwie weiterleben kann (ebd., 160f.). Kinder gehen davon aus, dass der oder die Verstorbene empfinden, denken und fühlen kann. Die Unterscheidung zwischen Tot- und Lebendigsein ist in dem Alter eher eine graduelle (ebd., 161). Die Unvermeidbarkeit des Todes wird noch nicht erkannt und kaum auf sie selbst oder Familienmitglieder bezogen; die Ursache des Todes wird im eigenen Tun vermutet. Das ist vermutlich einer der Gründe, warum die Angst vor dem Tod bei jüngeren Kindern geringer ist als bei älteren.

Ausdifferenzierung der Subkonzepte – Verbindung mit Emotionen
Nach Stephanie Reuter wenden die meisten 5–6jährigen Kinder die Subkonzepte Universalität, Irreversibilität und Non-Funktionalität bereits an (ebd.). In emotionaler Hinsicht verknüpfen die Kinder ihr Todeskonzept langsam mit dem Gefühl der Trauer und des Leidens. Sobald die Kinder verstehen lernen, dass der Tod alle betrifft, also auch die nahen geliebten Menschen (Universalität), entsteht die Angst vor dem Verlust, insbesondere der Eltern (ebd.).

Mit dem Beginn des Grundschulalters zeigen die meisten Kinder großes Interesse am Tod und differenzieren die Subkonzepte immer weiter aus. Sie verstehen, dass der Tod endgültig ist, gehen aber weiterhin davon aus, dass dieser extern verursacht wird, deshalb vermeidbar ist und nicht jede*n (vor allem nicht sie selbst) betrifft (ebd.). Im Grundschulalter tendieren die Kinder außerdem dahin, den Tod zu personifizieren.

Mit zunehmendem Alter erfassen die Kinder die Non-Funktionalität und können die Irreversibilität und die Unvermeidbarkeit differenzierter erkennen, gleichwohl wird der eigene Tod als etwas in der ganz fernen Zukunft Liegendes verstanden. Zugleich ist die Einsicht in die eigene Sterblichkeit für Kinder angsteinflößend. Korrespondierend zu dieser Einsicht entsteht bei einigen Kindern auch der Glaube an die Unsterblichkeit und eine intensive Auseinandersetzung mit der Frage, was nach dem Tod passiert, setzt ein. Kinder entwickeln hierzu eigene Ideen und Konzepte.

Realitätsgerechtes Todesverständnis – Nachtodesvorstellungen
Am Ende der Grundschulzeit (8–10 Jahre) verfügen die Lernenden über sachlich angemessene Konzepte zum Tod, der vorwiegend als naturwissenschaftlich-biologisches Konzept verstanden wird (ebd.) und eine Nähe zum erwachsenen Verständnis hat. Die Kinder begreifen nun, dass Sterben im Menschen passiert und dass der Tod für jeden Menschen, auch für sie selbst, unvermeidbar ist. Reuter weist jedoch darauf hin, dass die Reduktion der Todesvorstellungen bei Kindern auf die vier „natürlichen" biologischen Merkmale deren Todeskonzepten nicht gerecht wird, weil zu den eher biologisch konnotierten Aspekten auch religiös-spirituelle Aspekte hinzukommen und teilweise auch eine wechselseitige Beeinflussung der Aspekte zu erkennen sei (ebd.). Nach Reuter

entwickelt die Mehrheit der Kinder einen Glauben daran, dass nach dem Tod der Geist oder die Persönlichkeit oder die Seele weiter existieren (ebd.). Die Autorin vermutet, dass die „nachgewiesene Koexistenz naturwissenschaftlich geprägter Überzeugungen und religiös/spirituell geprägter Hoffnungen auf Unsterblichkeit eine Antwort auf die Herausforderung sind, die ‚konkrete Relevanz (des Todes) für das eigene Leben und die eigene Person auszuhalten' und ‚trotz der Präsenz des Todes ein gutes Leben zu führen'" (ebd., 162).

Zu den Einflussfaktoren auf die Entwicklung der Todeskonzepte bei Kindern gehören internale Faktoren, wie die kognitiven Entwicklungsvoraussetzungen. So ermöglichen hypothetisch-deduktive Denkoperationen die Entwicklung, Reflexion und den Vergleich von Nachtodesvorstellungen. Aber auch externale Faktoren, wie die Häufigkeit und die Qualität der Auseinandersetzung mit dieser Thematik in der Familie, religionsbezogene Orientierungen, soziokulturelle Bedingungen, wie direkte oder indirekte Konfrontationen mit Sterben und Tod, beeinflussen die Entwicklung von Todeskonzepten. Inhaltlich bilden die Nachtodesvorstellungen von Kindern und Jugendlichen Elemente der sie prägenden Kontexte (religiös, sozial, medial) (Platow 2019; Jakobs 2022) und bei Kindern zum Teil optimierende Spiegelungen der Lebensverhältnisse (Platow 2019, 430).

Einen katalytischen Effekt kann die Auseinandersetzung mit entsprechender Kinder- oder Jugendliteratur haben (Reuter 2020, 162). Mediale Einflüsse charakterisiert Reuter eher als negativ für die Entwicklung von Todeskonzepten, weil der Tod oft unrealistisch dargestellt und Trauer beispielsweise kaum in den Blick genommen wird (ebd.).

Uneinheitlich ist die Studienlage, was jene Kinder mit direkten themenbezogenen Erfahrungen angeht: Vermutet wird, dass diese Kinder die Subkonzepte Non-Funktionalität, Kausalität und Irreversibilität schneller erfassen (Reuter 2020, 162); so ist das Alter zwar ein guter Prädikator für das entwickelte Niveau von Todesverständnissen, aber nicht der einzige in den Blick zu nehmende (ebd., 160).

1.2   Fachspezifische empirische Befunde – Quantitativ

Einen Einblick in die Häufigkeit und Verteilung bestimmter Todesvorstellungen oder Fragen zur Todesthematik geben zwei exemplarisch ausgewählte quantitative Studien. In der 2008 veröffentlichten Studie von Feige & Gennerich zu Lebensorientierungen von Berufsschüler*innen (ca. 8000 Christ*innen, Nicht-Christ*innen und Muslim*innen) wurde auch die Zustimmung zu Nachtodesvorstellungen erhoben.

Im Ergebnis zeigt sich, dass mehr als 70% sich nicht vorstellen können, dass nach dem Tod einfach nichts ist (Feige / Gennerich 2008, 95). Erwartbar geben Konfessionslose häufiger an, dass es nach dem Tod nichts gibt, während muslimische Jugendliche deutlich häufiger Antworten mit einer religiösen Semantik ankreuzen, als Gruppe aber auch ein heterogenes Antwortverhalten zeigen (ebd., 96).

In der Tendenz ist zu erkennen, dass die Voten bei explizit religiös konnotierten Aussagen am weitesten auseinander liegen, während sich die größte Nähe im ablehnenden Antwortverhalten gegenüber Reinkarnationsgedanken zeigt (ebd., 98). Antworten, denen zwar keine explizit religiöse Konnotation zukommt, die aber anschlussfähig an unterschiedliche Nachtodesvorstellungen sind, kommt eine mittlere Nähe zu, wobei Antwortende ohne Konfession die geringste Zustimmung artikulieren, muslimische Lernende hingegen die größte (ebd.).

Eine Einordnung der Antworten in das Feld der Wertorientierungen ergibt, dass beziehungsorientierte Lernende eher Antworten ankreuzen, die ein Wiedersehen mit nahestehenden Menschen implizieren, während traditionsorientierte Lernende Antworten mit religiöser Semantik präferieren (Allah/Himmel/Hölle); selbstorientierte Lernende kreuzen häufiger Antworten an, nach denen ein Weiterleben auf einem anderen Planeten möglich erscheint. Zwischen Autonomie und Selbstorientierung bewegen sich auch die Antworten, in denen eine Nachtodesvorstellung abgelehnt wird. Eher mittig und deshalb quer über alle Wertorientierungen hinweg sind die Vorstellungen von der Wiedergeburt zu finden. Christlich geprägte Nachtodeskonzepte bewegen sich zwischen Beziehungs- und Traditionsorientierung (ebd., 177).

In einer rheinland-pfälzischen Schüler*innenstudie (Schwarz, erscheint 2023) mit Grundschüler*innen, Realschüler*innen und Gymnasiast*innen tangierten einige der Fragestellungen die Todesthematik: hinsichtlich bestimmter Glaubensaussagen, bei Unterrichtszielen oder Relevanzfragen.

Glaubensaussagen (GS/Sek I)

Aussage	Trifft mind. eher zu	Trifft mind. eher nicht zu	Darüber habe ich noch nicht nachgedacht	MW	SD	N
Mit dem Tod ist alles aus (GS)	34,3	43,2	22,5	2,1709	1,46936	819
Mit dem Tod ist alles aus (Sek I)	32,8	54,6	12,6	2,0348	1,32852	604
Jesus Christus ist von den Toten auferstanden (GS)	72,9	16,3	10,8	0,9793	1,39020	823
Jesus Christus ist von den Toten auferstanden (Sek I)	46,7	43,9	9,4	1,7136	1,34490	597
Nach dem Tod kommen die guten Menschen in den Himmel (GS)	68,6	17,3	14	1,1586	1,49918	826
Nach dem Tod kommen die guten Menschen in den Himmel (Sek I)	42,7	41,7	15,6	2,0348	1,32852	590
Jesus ist auch für mich und meine Sünden gestorben (GS)	57	19	24	1,6066	1,63456	821

Jesus ist auch für mich und meine Sünden gestorben (Sek I)	30,2	43	26,8	2,3532	1,44759	586
Nach dem Tod wird unser Leben durch Gott vollendet (Sek I)	28,4	40,2	31,3	2,4923	1,43143	587

Tab. 1: Zustimmung zu todesbezogenen Glaubensaussagen (GS/Sek I)

Mit einer Ausnahme stimmen Grundschüler*innen den Glaubensaussagen erkennbar stärker zu (ca. 25% mehr) als Sekundarschüler*innen. Demgegenüber ist das Ergebnis zur Aussage *Mit dem Tod ist alles aus* bemerkenswert, weil sowohl ca. jede/r dritte Grundschüler*in wie jede/r dritte Sekundarschüler*in dieser Aussage zustimmt. Gleichzeitig ist ersichtlich, dass diese Perspektive von ca. 10% mehr Grundschüler*innen noch nicht bedacht wurde, was einen deutlichen Unterschied zu den anderen Glaubensaussagen markiert.

Zu sehen ist weiterhin, dass die Zustimmung zur Auferstehung am höchsten ist und auch die Vorstellung vom doppelten Ausgang (die zumindest hälftig in der Aussage enthalten ist) auf eine ähnlich hohe Zustimmung trifft. Die zwei Aussagen, die einen persönlichen Bezug enthalten, finden erkennbar weniger Zustimmung, bei beiden Aussagen ist allerdings die Anzahl der Schüler*innen höher, die angeben, darüber noch nicht nachgedacht zu haben.

Unterrichtsziele (nur im Grundschulfragebogen):[2]

Erreichte Ziele	Trifft mindestens eher zu	Trifft mindestens eher nicht zu	MW	SD	N
Ich weiß, dass alle Menschen über das Leid und den Tod nachdenken	70,2	29,8	1,0165	1,3514	851
Ich kann erklären, warum Christen auf die Auferstehung hoffen	55,7	44,3	0,98986	1,09592	848

Tab. 2: Erreichte Unterrichtsziele (GS)

Anhand der Ergebnisse ist sichtbar, dass das Ziel, welches ein Wissen um etwas impliziert, zustimmender als erreicht markiert wird als jenes, das eine Erklärkompetenz in Bezug auf eine theologische Vorstellung beinhaltet. Während beim ersten Ziel etwas weniger als jede*r dritte Lernende darum weiß, sind es mehr als zwei Fünftel der Lernenden, die ankreuzen, dass sie eher nicht erklären können, warum Christ*innen auf die Auferstehung hoffen.

---

2 Die Auswahl und Formulierung der Ziele folgt den für die Grundschule im Teilrahmenplan für evangelische Religion in Rheinland-Pfalz festgelegten, https://religion.bildung-rp.de/fileadmin/_migrated/content_uploads/Teilrahmenplan_Evangelische_Religion_01.pdf.

Die Gründe könnten zum einen in der komplexeren operativen Kompetenz, aber auch in einer Unsicherheit gegenüber dem Glaubensinhalt liegen. Eine Zusammenhangsanalyse zwischen der Glaubensaussage *Jesus ist von den Toten auferstanden* und dem zweiten Ziel *Ich kann erklären, warum Christen auf die Auferstehung hoffen* ergibt einen signifikanten Zusammenhang. In der Tendenz geben die Schüler*innen, die der Glaubensaussage weniger zustimmen, auch häufiger an, dass sie nicht erklären können, warum Christ*innen auf die Auferstehung hoffen.

Relevanzfragen (nur im Fragebogen für die Sekundarschule)
Im Fragebogen für die Sekundarstufe I (9./10. Klasse) wurden die Schüler*innen darum gebeten, die Häufigkeit ihrer Befassung mit ausgewählten lebensbezogenen Fragestellungen anzugeben. Eine der Fragen bezog sich darauf, was nach dem Tod passiert.

Wie sehr bewegen Dich folgende Fragen (auch unabhängig vom Religionsunterricht)?	Oft	Manchmal	Selten	Gar nicht	MW	SD	N
Was nach dem Tod passiert	50,3	24,3	11,3	14	0,8902	1,08041	592

Tab. 3: *Relevanz von (Lebens-)Fragen (Sek I)*

Drei Viertel der Schüler*innen ist mindestens manchmal von der Frage bewegt, was nach dem Tod passiert. Häufiger bewegen Schüler*innen nur Fragen nach ihrer persönlichen (Job, Geld, Familie, Freundschaft) und nach der globalen Zukunft (wie Gerechtigkeit, Klima, Armut) (so auch Jakobs 2022). Die mit Nachtodesvorstellungen verbundene Frage ist demnach jene von den angebotenen (religionsbezogenen) Kontingenzfragen, die die Schüler*innen am häufigsten bewegt (anders Jakobs 2022).

1.3   *Fachspezifische empirische Befunde – Qualitativ*

Die thematischen Schwerpunkte im Bereich der qualitativen fachspezifischen Studien liegen auf dem Todesthema allgemein, auf der Deutung des Todes Jesu und der Auferstehung.

Tod allgemein
Mit der von Mirjam Schambeck gestellten Frage, was jede*r im Tod erlebt, setzte sich eine Grundschulklasse malend auseinander (2002, 105). Anhand der Malergebnisse lässt sich erkennen, dass die Kinder die Frage beschäftigt,

"ob im Tod das Leben oder das endgültige Nichts die Oberhand gewinnt. [...] Bemerkenswert ist, dass die Frage nach dem Tod bei fast allen Kindern dieser Klasse die Frage weckte, was das Leben sinnvoll macht. Da wurden wichtige Freizeitbeschäftigungen gemalt, da erschienen die Eltern, die Großeltern, Freunde, Tiere und Pflanzen auf den Bildern." (ebd., 111f.)

Vor dem Hintergrund ihrer Ergebnisse schlägt Schambeck vor, die „Brutalität des Todes nicht vorschnell durch eine Rede von der Auferstehung abzumildern" (ebd., 112). Die Kinder scheint viel mehr die Überlegung anzuregen, ob der Tod möglicherweise die Sinnhaftigkeit des Lebens infrage stellt. Schambeck hält es deshalb für inhaltlich wichtig, das Thema Tod u.a. mit der Theodizeefrage zu verknüpfen und aktuellere Deutungsmöglichkeiten (Prozesstheologie, Free-Will-Defence, Soul-making) mit den Lernenden zu besprechen (ebd., 112).

Stefan Anderssohn hat aufgrund seiner Gespräche zur Religiosität und zur Gottesvorstellung mit Menschen, die eine geistige Behinderung haben, festgestellt, dass insbesondere die Themen Sterben, Tod und Trauer immer wieder auftauchten, oft ausgelöst durch den erlebten Tod von Haustieren (2007, 121). Anderssohn schlussfolgert, dass die Todesthematik ein „wichtiges, wenn gar zentrales Thema im Gottesbild von Menschen mit geistiger Behinderung [ist, S.S.], quer durch alle Altersstufen" (ebd., 122). In seinem Konzept zur Religiosität von Menschen mit geistiger Behinderung stellt Anderssohn fest, dass das Thema Sterben und Tod lebenslang relevant und bereits „auf der intuitiven Strukturebene des Gottesbildes von Bedeutung" (ebd., 133) ist.

Deutung des Todes Jesu
Ob man bei Kindern von einer theologischen Kompetenz hinsichtlich der Deutung des Todes Jesu sprechen kann, interessiert Mirjam Zimmermann in ihrer Habilitationsschrift (2010, 406). Im Ergebnis bejaht die Autorin die Frage, weil Kinder historische Ereignisse im Zusammenhang mit dem Sterben strukturieren, die Passionserzählungen nacherzählen können und zur Deutung metaphorische wie begriffliche Abstraktionen anwenden. Nach Zimmermann sind Kinder in der Lage, heilsgeschichtliche Deutungen eigenständig zu entwickeln (ebd., 407), wobei insbesondere theologische Gespräche diese Kompetenz fördern könnten. Nicht unabhängig jedoch sei die Kompetenz der Kinder von dem Wissen, das ihnen thematisch zur Verfügung steht:

„Kindliche Denk- und Sprachformen können mit dem Paradigma der ›domain specificity‹ als Landkarten des Denkens in inhaltliche Bereiche systematisiert werden: Neben einer gewissen Grundkompetenz der Kinder zeigen die empirischen Studien eine proportionale Abhängigkeit der theologischen Kompetenz vom vorhandenen domänenspezifischen Wissen der Kinder." (ebd., 408)

Michaela Albrecht hat sich in ihrer Arbeit ebenfalls der Deutung des Todes Jesu aus der Sicht von jugendlichen Lernenden an einem Gymnasium zugewendet (2007). Albrecht wollte herausfinden, welche Bedeutung die Jugendlichen persönlich dem Kreuzestod Jesu beimessen, welche Aspekte der traditionellen christlich-kirchlichen Lehre ihnen wichtig sind, welche sie ablehnen und wie sie in ihrem Glaubensleben mit dem Kreuzestod Jesu Christi umgehen. Mit ihren Ergebnissen zeigt sie, dass z.B. Mädchen dazu tendieren, die Tradition eher zu akzeptieren, und dass evangelische Schüler*innen der traditionellen Kreuzestodlehre unkritischer gegenüberstehen als die katholischen (ebd., 237). Insgesamt spielt das Kreuz in seiner Heilsbedeutung für einen Großteil der Jugendlichen keine Rolle, etwa die Hälfte bescheinigt dem Kreuz keine Relevanz (ebd.). Gleichzeitig beschreibt Albrecht die Tendenz, das Störende im Kreuzigungsgeschehen eher zu beseitigen und/oder zu verkleinern (ebd., 240).

Auferstehung
In einer Gruppendiskussion zur Geschichte des sogenannten *ungläubigen Thomas* (Butt 2008, 35) kristallisiert Christian Butt die Verstehenszugänge und -weisen der Schüler*innen heraus. Er notiert, dass die Lernenden vor allem an der Kontinuität bzw. Diskontinuität gegenüber Jesu irdischer Existenzweise interessiert seien und versuchten, diese Widersprüchlichkeit zu deuten (ebd., 31f.). Eine rein historische Perspektive lehnen die Schüler*innen weitgehend ab. Viel wichtiger sei ihnen, dass Jesus ein guter Mensch mit einer Wirkkraft (geistlicher Kraft) gewesen sei, deshalb komme es darauf an, ihn nicht zu vergessen und an ihn zu glauben (ebd., 33). Butt stellt fest, dass die Schüler*innen die Intention des Textes aufnehmen und weiterentwickeln, auch weil der Text selbst zum Durchdenken und Deuten der Auferstehung in christologischer und eschatologischer Hinsicht anregt.

In seiner Promotionsschrift interessiert Butt noch genauer, wie Viertklässler*innen die Auferstehung Jesu verstehen (2009, 11). Butt identifiziert, dass die Schüler*innen zur Deutung Analogien bilden, artifizialistische wie finalistische Denkschemata heranziehen und sich stark von der Ungewöhnlichkeit des Geschehens beeindrucken lassen, das wunderhafte Phänomen gleichermaßen aber auch subjektivieren (ebd., 256f.). Den Kindern ist dabei daran gelegen, dass Gott und Jesus ihre Hilfe dem Natur- und Wirklichkeitsverständnis gemäß einsetzen (ebd., 257).

Butt stellt außerdem heraus, dass die Kinder sich über ihre christologischen Vorstellungen der Erschließung der Auferstehung nähern, wobei sie sich von der Kreuzigung als Anfang der Ostereignisse leiten lassen (ebd., 259). Insbesondere beschäftigt sie die Erscheinung Jesu, sein Aussehen, Sein, Handeln und Aufenthaltsort (ebd., 260). Hinsichtlich der Beziehung zwischen Gott und Jesus erscheint Jesus eher als himmlischer Assistent (ebd., 265). In eschatologischer Hinsicht ist für die Kinder eher der doppelte Ausgang plausibel, Jesus wird als jemand vorgestellt, der vom Himmel aus die Entwicklung der Menschen zum Guten beeinflusst. Butt ordnet die Vorstellungen als eschatologisch-pädagogische Gedankengebäude ein, weil es um die Entwicklung zu einem guten Menschen geht; über Läuterungen hinweg könnten die Menschen auch mehrfach leben, Jesus allerdings nicht (ebd., 266). Gleichzeitig äußern die Grundschüler*innen auch (historische) Zweifel an der Auferstehung, weil sie nicht zu natürlichen Abläufen und ihren eigenen Vorstellungen passt (ebd.).

Mit Blick auf den Forschungskontext hält Butt fest, dass Kinder Vergleiche z.B. märchenhafter oder fantastischer Art nutzen, um zu verstehen, wobei die Auferstehungsvorstellung gar nicht so sehr im Zentrum steht, sondern unaufgeregt mit anderen Vorstellungen verbunden wird (Butt 2009, 273–275). In den eschatologischen Vorstellungen spielen die Beziehungen zwischen den Verstorbenen und Lebenden eine große Rolle, wenn die Verstorbenen als anwesende Geister imaginiert werden; diese Ergebnisse sind in ähnlicher Weise auch in anderen Studien zu finden (ebd., 277f.). Butt konstatiert außerdem, dass kaum – weder in seiner, noch in anderen einschlägigen Studien – Verbindungen zwischen Jesu Auferstehung und der allgemeinen Totenauferweckung gezogen werden, ebenso wenig werden Bezüge zur eigenen Auferstehungserwartung bzw. zum eigenen Ergehen hergestellt (ebd., 279), aber andere biblische Geschichten und Traditionen für die Formung der eigenen Vorstellungen genutzt (ebd., 280).

Zwischenfazit
Bevor religionsdidaktische Impulse formuliert werden, muss zum einen auf die methodisch bedingten Grenzen der Untersuchungen hingewiesen und zum anderen betont werden, dass mit den hier exemplarisch ausgewählten Studien kein Anspruch auf Vollständigkeit formuliert wird (weitere bei Jakobs 2022; Platow 2019). Weder den quantitativen noch den qualitativ angelegten Studien kann eine deutschlandweite Repräsentativität zugesprochen werden, deshalb lassen sich nur etwaige Tendenzen ableiten. Festgehalten werden kann, dass sowohl Kinder wie Jugendliche dem Thema Tod interessiert begegnen, sich auf ihre Weise damit auseinander setzen und es zu verstehen wie zu bewältigen versuchen. Je näher die Begrenzung des Lebens erscheint, desto häufiger und intensiver die Auseinandersetzung (Reuter 2020; Anderssohn 2007).

Anhand der empirischen Ergebnisse ist zu erkennen, dass sowohl naturwissenschaftliche wie religiös-spirituelle Zugänge und Konzepte zur Todesthematik entwickelt werden (können) und die kognitive Entwicklung mit der emotionalen verbunden ist. Relevant scheint zu sein, dass Kinder mit der zunehmenden Ausdifferenzierung der Subkonzepte des Todesbegriffs einer Art Anforderungssituation begegnen, die „als ultimative Markierung der unwiderruflichen Endlichkeit die größtmögliche Kränkung für das Individuum" (Platow 2019, 428) darstellt und zur emotionalen wie kognitiven Bewältigung herausfordert.

Gleichzeitig zeigt sich anhand der empirischen Ergebnisse, dass nicht zwingend – anders als Reuter schreibt – von den Kindern der Glaube an ein Leben nach dem Tod ausgebildet wird; darauf zumindest weisen u.a. die Studienergebnisse aus Rheinland-Pfalz hin. Offen wäre hier zudem, wie Grundschüler*innen aus dem Ethikunterricht in unterschiedlichen Bundesländern diese Frage beantworten würden.

Ob und welche Art von Nachtodesvorstellungen die Lernenden ausbilden, steht auch im Zusammenhang mit ihren Wertorientierungen und etwaigen Gottesvorstellungen sowie ihrer Lebenssituation.

Außerdem zeigt sich das Alter als relevanter (entwicklungsbezogener) Einflussfaktor, insofern sowohl christliche Glaubensvorstellungen mit zunehmendem Alter kritischer wahrgenommen werden (Schwarz 2023, noch unveröff.; Streib / Klein 2010; Albrecht 2007) und insbesondere die Entwicklung hin zu mehr Autonomie (Feige / Gennerich 2008; Streib / Klein 2010) eher zu einer Ablehnung von Nachtodesvorstellungen führt.

Aufschlussreich ist auch, dass – wie Zimmermann (2010) zeigt und aus der Regionalstudie ersichtlich wird – sowohl ein entsprechendes Wissens- wie auch ein Reflexionsangebot für die Ausbildung von religionsbezogenen Todesvorstellungen relevant sind, und gerade biblischen Geschichten – das lässt sich aus Butts Untersuchungen (2008; 2009) ableiten – eine religionsdidaktische Dignität zukommt.

Sichtbar und für religiöse Bildungsprozesse besonders relevant ist besonders – darauf machen sowohl die Regionalstudie (Schwarz 2023, noch unveröff.) wie auch die Reflexionen Butts (2008; 2009) aufmerksam –, dass die Lernenden kaum das christliche Deutungsangebot von Jesu Tod wie Auferstehung mit den persönlichen (Nach-)Todesvorstellungen verbinden. Hier zeigt sich sowohl eine methodische Herausforderung, die in den Studien noch nicht eingeholt wird, insofern die Aufgabe der Lernenden vor allem in der Artikulation einer Zustimmung/Ablehnung oder in der verstehenden Auseinandersetzung mit einem theologischen Angebot besteht, als auch eine religionsdidaktische, wobei hier eine Insverhältnissetzung zum christlichen Deutungsangebot und keine bestimmte Art der Positionierung gemeint ist.

2. Religionsdidaktische Verortung

Ein Grund für die Unsicherheit mancher Religionslehrkräfte gegenüber der Unterrichtung der Thematik Tod mag sicher auch in der Ungewissheit darüber liegen, wie die Lernenden auf die Thematisierung reagieren. Für den Religionsunterricht gibt es dazu keine unmittelbaren Befunde, wenige Studien existieren zu Wirkungen des sogenannten Konzepts der Death Education (Wittkowski & Paré 2020). Generell wurde die Angst vor dem Sterben und/oder dem Tod durch die Kurse im Rahmen des Death-Education-Konzepts bei den Teilnehmer*innen eher etwas gesteigert (ebd., 363). Unterschiede zeigten sich im Vergleich zwischen kenntnisvermittelnden Kursen, die stärker angstinduzierend wirkten, und erfahrungsbezogenen Kursen. Langfristige Wirkungen sind bislang unbekannt. Im Anschluss an Reuter ist jedoch zu sehen, dass eine qualitätsbewusste Auseinandersetzung Potenzial für einen relevanten Einfluss auf die Todeskonzepte der Lernenden haben kann (2020, 162f.). In folgenden knappen Zuspitzungen werden die empirischen Einsichten religionsdidaktisch aufgegriffen.

2.1 Entwicklungsbezogene Förderung – zwischen kognitiver Anregung und emotionsbezogener Begleitung

Death Education im Kontext religiöser Bildung beinhaltet die Förderung der kognitiv-emotionalen Auseinandersetzung mit der Todesthematik und die impulsgebende Begleitung der Lernenden bei der (Weiter-)Entwicklung eines lebensförderlichen mehrdimensionalen Todeskonzeptes aus einer christlichen Perspektive.[3]

Eine Auseinandersetzung mit der Todesthematik wird unweigerlich auch eine emotionale sein, wobei ein erfahrungsbezogener Ansatz weniger angstinduzierend ist. Es kann nicht ausgeschlossen werden, dass auf Seiten der Lernenden bei der Thematisierung auch negative Gefühle, wie Angst, entstehen. Weder sollten diese jedoch gefördert, noch der Tod in seiner radikalen Verhältnislosigkeit und Endgültigkeit verharmlost oder durch die Auferstehungshoffnung zu schnell übergangen werden (Schambeck 2002).

In kognitiver Hinsicht geht es darum, den Lernenden einen Zugang zur Thematik Tod, Sterben, Auferstehung zu schaffen, der ihnen hilft, die Eigenlogik der christlichen Perspektive zu verstehen und zu ihrem wie auch immer geprägten Todeskonzept ins Verhältnis zu setzen. Hierfür sind Aneignungs- und Reflexionsprozesse vonnöten, die aus dem biblischen Sprach- und Bildmaterial schöpfen und die darin verhandelten anthropologisch-theologischen Fragen ebenso herauskristallisieren wie die religionsdidaktische Eigendignität des Materials aufgreifen. Für die Extraktion der darin verhandelten Fragen kann der immer wieder zurecht von Michael Domsgen (nicht nur für Konfessionslose) eingebrachte Impuls, die darin verhandelten ursprünglichen Fragen/Probleme/Situationen zu eruieren, anregend sein (u.a. Domsgen 2018, 7). Vermutlich begegnen die Lernenden hierbei kognitiven Herausforderungen, die ambiguitätstolerantes und komplementäres Denken erforderlich machen, wenn beispielsweise das Verhältnis von Kontinuität und Diskontinuität diskutiert (vgl. Butt 2008; 2009), Jesu Tod und das Kreuz als Heilsereignis gedeutet (Albrecht

---

3   Hier ist nicht der Raum, dieses perspektivengebundene und nicht naturwissenschaftliche Konzept zu skizzieren, wenngleich eine materiale Ausführung relevant und aufschlussreich wäre.

2007), Gerichtsvorstellungen betrachtet oder die Beziehung zwischen Jesu Auferstehung und der Auferstehung aller Toten thematisiert werden.

Die emotionsbezogene Dimension des religiösen Bildungsangebotes ist zuerst bedingt durch die emotionale Grundverfasstheit des Religionsunterrichts, in dem sich die Lernenden bewegen. Grundbedingung für eine angemessene emotionsbezogene religiöse Bildung wäre nach Elisabeth Naurath (2017, o.S.), dass die „Freiheit des Subjekts im Fühlen, Denken und Glauben zu achten und zu schützen" ist und das Erleben positiver Emotionen durch die Wertschätzung des und der Einzelnen angestrebt wird. Mit Naurath wird es im Prozess der gemeinsamen Auseinandersetzung auch darauf ankommen, dass positive wie negative Gefühle prinzipiell akzeptiert werden, sie also weder rationalisiert noch verdrängt oder harmonisiert werden müssen, und die Auseinandersetzung mit biblischen oder anderen theologischen Zeugnissen einen Beitrag zur Akzeptanz der Gefühle wie aber auch Identifikationsangebote zu lebensdienlicher Emotionsregulation offeriert (2017). Eine ergänzende oder begleitende Auseinandersetzung im Kunst- oder Musikunterricht kann den Lernenden die lebensdienliche Chance geben, den Eindrücken, Gedanken und Emotionen auf unterschiedliche ästhetische Weise auch Ausdruck zu verleihen.

2.2   Lebensvollzüge: Zwischen Passivität und Aktivität

In dieser zweiten Zuspitzung greife ich das Spannungsfeld auf, das zwischen dem Bestreben nach Autonomie (und damit Aktivität) auf der einen Seite (Feige & Gennerich 2008; Schwarz 2023, noch unveröff., Albrecht 2007) und jener sogenannten Kränkung durch die Endlichkeit, d.h., dieser absoluten Grenze letztendlich ausgeliefert (also radikal passiv) zu sein, besteht. Wie Dorothea Ugi (2020) prägnant herausstellt, stehen sich die gesellschaftlichen und die klassischen systematisch-theologischen Diskurse in dieser Frage konträr gegenüber.

Den gesellschaftlichen Diskurs prägt nach Ugi unter anderem das Paradigma der Mach- wie Gestaltbarkeit des Sterbens und des Todes (ähnlich Jakobs 2022). Dieses artikuliert sich in Diskursen über Selbstbestimmung und Kontrolle des Sterbeprozesses, des Todes und in Fragen des Überdauerns (Bsp. virtuelle Friedhöfe) (Ugi 2020, 34–46).

Demgegenüber zeichnen sich nach Ugi v.a. die klassischen systematisch-theologischen Diskurse zum einen durch die Betonung der Passivität des Menschen gegenüber dem Tod wie dem Sterben aus und zum anderen durch eine Fokussierung auf das Vertrauen gegenüber Gottes entgegenkommendem Handeln, und damit letztendlich auch durch eine Externalisierung der Frage des Überdauerns (ebd., 56f.).

Religionsdidaktisch gewendet bewegen sich die Schüler*innen, die in ihrer Entwicklung zunehmend Autonomiegewinne erleben (können), in diesem Spannungsfeld. Es ist nicht schwer nachzuvollziehen, dass theologische Modelle, die auf die absolute Passivität des Menschen setzen, mit zunehmendem Schüler*innenalter schwerer zugänglich sind.

In einigen neueren theologischen Ansätzen hingegen werden Aktivität und Passivität stärker verschränkt gedacht (ebd., 52), woraus sich auch eine neue „Ars moriendi entwickeln [kann, S.S.]", die theologisch ein „,Ernstnehmen der Sterblichkeit, das Leben intensiv zu gestalten und Freiheit, Ichstärke sowie Freude am Leben'" (ebd.) beinhaltet und die „,Verwobenheit der Erfahrung radikaler Passivität im Modus des aktiv zu gestaltenden Lebens bis zuletzt'" (ebd.) bedenkt. Das religionsdidaktische Angebot in diesem Spannungsfeld wird um der Aus- und Weiterentwicklung eines lebensförderlichen Todeskonzeptes wegen gesellschaftliche Diskurstendenzen, die Sterben und Tod verharmlosen, verdrängen oder zu optimieren suchen, ebenso kritisch in den Blick nehmen wie theologische Diskursangebote, die lebensfern sind und das Sterben als Lebensvollzug ausklammern oder die Autonomie des Menschen in Sterbe- und damit Lebensfragen (vorschnell) zu begrenzen suchen.

2.3 Nach dem Tod und vor dem Tod – Zusammenhänge sichtbar machen

Schambeck (2002) hat mit ihrer Studie gezeigt, dass die Frage nach dem Tod bei Kindern die Frage nach der Sinnhaftigkeit des Lebens aufruft, weshalb Schambeck dafür plädiert, u.a. die Theodizeefrage religionsdidaktisch mit einzubeziehen. M.E. drückt sich in der Reaktion der Lernenden zudem ein Bedürfnis nach einer Fokussierung auf das aktiv Bewältigbare, nämlich das Leben, aus. Naheliegen könnte es deshalb auch, das Todesthema mit Fragen nach der christlichen Lebenskunst (Bubmann / Sill 2021) und Gerechtigkeit sowie mit der Frage nach den Gottes- wie christologischen und anderen glaubensleitenden Vorstellungen zu verknüpfen. Gleichzeitig kann das Nachdenken über den Zusammenhang von Nachtodesvorstellungen und Lebenssinn auch zu einer kritisch-konstruktiven Anfrage an das Lebenskonzept führen (Platow 2019, 437). Denn die Befassung mit der Todesthematik und Nachtodesvorstellungen ist letztendlich sowohl eine Auseinandersetzung mit dem Leben, das der Mensch in Abhängigkeit vom jeweiligen Bedingungsgefüge aktiv gestalten kann, als auch eine Auseinandersetzung mit dem, wovon er sich glaubend leiten lässt, und der Versuch, das Verhältnis zum Unvermeidbaren zu bewältigen.

Literatur

ALBRECHT, MICHAELA (2007), Für uns gestorben. Die Heilsbedeutung des Kreuzestodes Jesu Christi aus der Sicht Jugendlicher, Göttingen.

ANDERSSOHN, STEFAN (2007), »Gott ist die bunte Vielfalt für mich«. Einblicke in die Religiosität von Menschen mit geistiger Behinderung. Perspektiven für die integrative Religionspädagogik, Neukirchen.

BUBMANN, PETER / SILL, BERNHARD (2021), Art. „Lebenskunst", in: WiReLex, online: http://www.bibelwissenschaft.de/stichwort/200741/ (Stand: 03.03.2022).

BUTT, CHRISTIAN (2008), »Vielleicht hätten wir ihn ja ganz vergessen, ohne dass wir noch mal die Auferstehung von ihm haben ...« – Grundschulkinder der 4. Klasse deuten den »ungläubigen Thomas<< (Johannes 20,24–29), in: BUCHER, ANTON A. U.A. (Hg.), »Sehen kann man ihn ja, aber anfassen ...?« Zugänge zur Christologie von Kindern (Jahrbuch für Kindertheologie 7), Stuttgart, 25–35.

BUTT, CHRISTIAN (2009), Kindertheologische Untersuchungen zu Auferstehungsvorstellungen von Grundschülerinnen und Grundschülern, Göttingen.

DOMSGEN, MICHAEL (2018), Diagnose „Konfessionslos" – was heißt das religionspädagogisch?, in: Loccumer Pelikan 3, online: https://www.rpi-loccum.de/material/pelikan/pel3-18/3-18_domsgen (Stand: 03.03.2022).

FEIGE, ANDREAS / CARSTEN GENNERICH (2008), Lebensorientierungen Jugendlicher. Alltagsethik, Moral und Religion in der Wahrnehmung von Berufsschülerinnen und -schülern in Deutschland. Eine Umfrage unter 8000 Christen, Nicht-Christen und Muslimen, Münster u.a.

JAKOBS, MONIKA (2022), Art. „Tod/Todesverständnis", in: WiReLex, online: http://www.bibelwissenschaft.de/stichwort/201025/ (Stand: 03.03.2022).

PLATOW, BIRTE (2019), Tod und Sterben, in: ROTHGANGEL, MARTIN U.A. (Hg.), Theologische Schlüsselbegriffe: subjektorientiert – biblisch – systematisch – didaktisch, Göttingen, 428–439.

NAURATH, ELISABETH (2017), Art. „Emotionale Bildung", in: WiReLex, online: https://www.bibelwissenschaft.de/stichwort/100187/ (Stand: 03.03.2022).

REUTER, STEPHANIE (2020), Entwicklung des Todeskonzepts bei Kindern, in: WITTWER, HÉCTOR U.A. (Hg.), Sterben und Tod. Geschichte – Theorie – Ethik, Berlin, 159–164.

SCHAMBECK, MIRJAM (2002), Riesenschwer und kinderleicht – Kinder denken über den Tod nach, in: BUCHER, ANTON A. U.A. (Hg.), »Mittendrin ist Gott«, Kinder denken nach über Gott, Leben und Tod. (Jahrbuch für Kindertheologie 1), Stuttgart, 105–113.

SCHWARZ, SUSANNE (ersch. 2023), Religionsunterricht in Rheinland-Pfalz aus der Perspektive von Schülerinnen und Schülern.

UGI, DOROTHEA (2020), Den Tod vor Augen: systematisch-theologische Blicke auf thanatologische Entwürfe, Leipzig.

WITTKOWSKI, JOACHIM / PARÉ, PIERRE-MARC (2020), Unterrichtung über Sterben, Tod und Trauer (Death Education), in: WITTWER, HÉCTOR U.A. (Hg.), Handbuch Sterben und Tod, Geschichte – Theorie, Ethik, Berlin, 361–364.

ZIMMERMANN, MIRJAM (2010), Kindertheologie als theologische Kompetenz von Kindern. Grundlagen, Methodik und Ziel kindertheologischer Forschung am Beispiel der Deutung des Todes Jesu, Neukirchen.

Trauerbegleitung ist wie ein Geländer.
Trauerbegleitung als pädagogische Aufgabe

Dorothe Heidgreß / Stephan Heinlein

1. Trauerbegleitung ist wie ein Geländer, das sichtbar ist und ergriffen werden kann

Wer trauert, zeigt eine normale menschliche Reaktion auf eine Verlusterfahrung. Wie jedes andere menschliche Gefühl sollte auch das Trauern und das Wissen um die Trauer ein unhinterfragter Bestandteil des schulischen Alltags sein. Wir beobachten in unseren Aufgabenfeldern, dass das Thema Tod und Trauer aus den schulischen Curricula weitestgehend herausgehalten bzw. an den Rand gedrängt wird. Erfahrungen mit diesem Themenbereich werden außerhalb (und innerhalb) der Schule gemacht, jedoch in der Schule kaum reflektiert. Wir möchten in unserem Artikel diesen Themenbereich aufgreifen und aus unserer Perspektive der Trauerbegleitung und der Religionspädagogik Anregungen geben, wie eine Schulgemeinschaft mit einem akuten Todes- oder Trauerfall umgehen kann. Dabei leitet uns die These:

> *Trauer braucht Zeit. Trauern ist eine Lernerfahrung, die auch in die Schule gehört. Wer sie unterdrückt, beraubt Schüler*innen der Möglichkeit, sich in der Erfahrung und Bewältigung der Trauer zu bilden und ihren eigenen Trauerweg zu finden und zu gehen.*

Die Autorin und der Autor dieses Beitrags haben viele Jahre Menschen in der Trauer begleitet und werden ihre reflektierten Erfahrungen hier darstellen. Uns beiden hilft bei der Einordnung unserer Arbeit der Begriff des Geländers. Trauerbegleitung ist wie ein Geländer, das ergriffen werden kann, wenn es gebraucht wird, aber nicht ergriffen werden muss. Zuerst werden wir die eigene Erfahrung mit der Trauer in den Blick nehmen und anregen, ein eigenes Bild vom Leben nach dem Tod zu entwickeln. In einer wertschätzenden Haltung zu je anderen Vorstellungen vom Sein nach dem Tod werden wir unserer eigenen Grenzen bewusst und sensibilisiert, diese eigenen Ansichten nicht auf andere Menschen zu übertragen, die sich uns anvertrauen. Sodann werden wir trauernde Schüler*innen in den Blick nehmen. Schließlich werden wir die Trauerbegleitung als pädagogische Aufgabe beschreiben. Zwei Exkurse beschreiben Vorbereitungen für die Schulgemeinschaft: Welches Material braucht die Schulgemeinschaft für den Ernstfall, wenn ein Mitglied der Schulgemeinschaft stirbt? Und was muss bedacht werden, wenn man eine Todesnachricht überbringt? Blicken wir zunächst auf unser eigenes Erleben und betrachten unsere eigenen Trauererfahrungen.

2. Eigener Zugang zum Thema Tod

2.1 Bewusstes Erkennen und Bedenken der eigenen Trauererfahrungen

Mit dem Thema Sterben, Tod und Trauer werden Lehrkräfte an allen Schulformen oftmals sehr plötzlich und unvorbereitet konfrontiert. Dies kann einerseits der Tod von Angehörigen der Bezugsfamilie, von Mitschüler*innen, ebenso der Tod einer Lehrkraft oder eines anderen Mitglieds der Schulgemeinschaft sein. Oder Schüler*innen suchen im oder nach dem Unterricht dahingehend eine Begleitung. In jedem Fall wird von der Lehrkraft ein professioneller Umgang erhofft oder oftmals auch erwartet.

Dieses Thema wird zwar in einigen Fachbereichen im Curriculum des Lehramtsstudiums aufgeführt, aber oftmals haben sich Lehrkräfte nur auf der Ebene der Wissensvermittlung damit auseinandergesetzt und nicht unbedingt einen persönlichen emotionalen Zugang entwickelt. Vielleicht wurden sie im eigenen Leben schon mit einem (großen) Verlust, einem Abschied konfrontiert. Dies kann einerseits zum Teil traumatische Erinnerungen hinterlassen haben, wie zum Beispiel den unvorbereiteten Anblick eines Toten, der auf das Kind oder der Jugendliche verstörend wirken kann. Es kann sich aber vielleicht auch ein stimmiges Bild von Abschied und Tod entwickelt haben, das zwar mit einer Traurigkeit assoziiert ist, aber keine inneren Blockaden hervorruft.

Diese Erfahrungen sind den meisten Menschen und damit auch den Lehrkräften oftmals gar nicht bewusst, sondern zeigen sich manchmal mit einer großen Abneigung, Scheu oder auch Verdrängung des Themas. Bei stimmigen Erfahrungen können Personen sich dem Thema oftmals ohne Ängste nähern und den Trauernden offen begegnen. Für eine Lehrkraft kann es daher sehr hilfreich sein, sich folgende(n) Fragen zu stellen: *Welche Erfahrungen habe ich mit Sterben, Tod und Trauer gemacht? Liegen stimmige Bilder und eine gute Integration der Trauer ins Leben vor oder dominieren schwere, belastende Bilder?* Diese persönlichen Erfahrungen können sich im Umgang mit dem Thema bei jeder und jedem Einzelnen widerspiegeln. So ist die Auseinandersetzung damit einer der Grundpfeiler einer Qualifikation zum/zur Trauerbegleiter*in[1] (Bödiker / Theobald 2014, 98).

---

1 https://bv-trauerbegleitung.de/qualifizierung/standards-in-der-trauerbegleiterqualifikation

Es kann natürlich von einer Lehrkraft nicht erwartet werden, sich so umfangreich mit Selbsterfahrung auseinanderzusetzen, wie dies von Trauerbegleiter*innen verlangt wird, aber oftmals ist schon ein bewusstes Erkennen und Bedenken der eigenen Erfahrungen sehr hilfreich für den Umgang mit dem Thema.

Kann eine Lehrkraft ihre eigenen Emotionen reflektiert betrachten, wird sie dem Gegenüber, ob Schüler*innen, Eltern oder Kollegen*innen, in der Kommunikation viel gefestigter gegenübertreten.

Schüler*innen trifft der Tod eines Mitmenschen häufig zum ersten Mal in der Schulzeit und konfrontiert sie mit dem Thema. Sie können viele Fragen dazu entwickeln oder sich komplett verschließen. Das Umfeld der Trauernden kann häufig stark emotional erschüttert sein, möglicherweise sogar labil, und die Eltern oder ein zurückbleibender Elternteil ist fast nicht handlungsfähig, sodass die Schüler*innen sich allein gelassen fühlen und nach stabilen Bezugspersonen suchen (Paul 2017, 16). Dies kann eine Lehrkraft sein, die dann vielleicht als Ansprechpartner*in für alle Fragen zu dem Thema herangezogen wird. Die Fragen zum Tod können zum Teil sehr verstörend wirken, aber genau darin kann die Qualität liegen, *alle Fragen zu akzeptieren*. Ein junger Mensch hat meistens wenig Erfahrung mit dem Thema Sterben, Tod und Trauer; woher soll er daher die Antworten auf seine Fragen haben? Ein*e zugewandte*r Gesprächspartner*in, die/der sich der Bedürfnisse annimmt und bei der Suche nach einer Antwort zur Seite steht, bildet einen wichtigen Baustein auf dem Trauerweg.

2.2 Ein Bild vom Sein nach dem Tod entwickeln

Schüler*innen sind auf ihrem ganz eigenen Weg im Leben. Wenn sie ein Verlust, der Abschied eines geliebten Menschen in dieser Zeit trifft, bringt das viele entwickelte Vorstellungen ins Wanken. Zentrale Fragen können sodann aufkommen: Wo sind die Verstorbenen jetzt? Gibt es überhaupt ein Leben nach dem Tod? Wie sieht es da aus? Sind die Verstorbenen im Himmel? Wie sieht es im Himmel aus? Wir alle haben keine Antworten auf diese Fragen.

Im Erwachsenenleben verdrängen wir all diese Gedanken und Fragen, in unserer engen Taktung zwischen Arbeitswelt und Privatleben finden sie kaum Raum. Aber wenn ein geliebter Mensch verstirbt, sind das plötzlich wichtige Fragen, deren Antworten für die/den Trauernden sehr tröstlich sein können und eine Verbindung zum Verstorbenen aufbauen. Daher ist es empfehlenswert, für sich als Lehrkraft eine Vorstellung über das Leben nach dem Tod zu entwickeln: Wie kann ich es mir vorstellen? Dabei geht es nicht darum, dieses Bild mit der/dem trauernden Schüler*in zu teilen, sondern mit den eigenen Gedanken zum Leben nach dem Tod ein Gespräch darüber offen, wertschätzend und reflektiert führen zu können. Habe ich selbst keine Überlegungen vom Sein nach dem Tod entwickelt, trifft mich diese Frage völlig unvorbereitet und ich kann den trauernden Schüler*innen nicht als adäquate*r Gesprächspartner*in zur Seite stehen (Haagen 2017, 55). Dabei ist ganz wichtig, die eigenen Vorstellungen zurückzuhalten, und die/den Trauernden zu animieren, ihr/sein Bild zu erzählen. Auf die Frage: *Gibt es ein Leben nach dem Tod?* darf man die Gegenfrage stellen: *Hast du eine Vorstellung davon?*

Es geht dabei nicht darum, eine Antwort zu geben, denn die gibt es nicht, sondern als Gesprächspartner*in, als Zuhörer*in und Begleiter*in zu fungieren. Ein Beispiel aus einer Begleitung sei hier erwähnt: Ein Junge (14 Jahre), der zwei Jahre nach dem Tod seines Vaters fragte: *Wenn es doch im Himmel so schön sein soll, warum wollen wir dann alle noch hier auf der Erde bleiben?*

Ebenso ist dabei auch wichtig, ganz offen für alle Bilder einer Jenseitsvorstellung zu sein. In meinen (Heidgreß) Begleitungen sind mir zwei besonders in Erinnerung geblieben: Ein 8-jähriger Junge, der im ersten Moment nur sagte, sein Papa wäre da oben, und dann eine wunderschöne, gut befestigte wehrhafte Burg auf einer Wolke malte, zu der eine Brücke aus einem Regenbogen führte. Der Regenbogen als Verbindung zum toten Vater – welch schönes Bild. Ganz im Gegensatz dazu ein 19-jähriger junger Erwachsener, der seine Jenseitsvorstellung mit einem weißen Blatt darzustellen versuchte, er verortete seinen verstorbenen Vater überall, wie er mit ihm durchs Leben gehe.

2.3   *Wertschätzende Haltung*

In den ersten Tagen nach dem Verlust eines geliebten Menschen, aber vielleicht sogar besonders auf dem nachfolgenden Trauerweg, können Lehrkräfte mit vielen unterschiedlichsten Emotionen der trauernden Schüler*innen konfrontiert werden. Dazu können Traurigkeit, Einsamkeit, hohe Emotionalität, viele Tränen aber auch Wut, Ausgelassenheit und besonders auffälliges Verhalten gehören. Möglicherweise haben wir selbst eine eigene schon ausgeprägte Vorstellung, wie sich ein trauernder Mensch, ob jung oder alt, zu verhalten hat: traurig sein, Tränen werden fließen, es wird nicht gelacht. Das ist aber unser ganz eigenes Bild. Es sollte uns nicht daran hindern, bei der/dem Trauernden zu akzeptieren, wie sie/er ihren/seinen ureigenen Trauerweg geht. Natürlich muss eingeschritten werden, wenn ein Übergriff aufgrund großer Wut auf Dritte stattfindet. Wichtig ist aber, jeder/jedem im Abschied und Schmerz ihren/seinen eigenen Weg zuzubilligen. Die Lehrkraft sollte hier eine wertschätzende Haltung einnehmen.

In der Trauerbegleitung formuliere ich (Heidgreß) die Aussage: *Alle Gefühle dürfen sein!* Dieses im Umgang mit den Schüler*innen zu praktizieren, ist nicht einfach. Ein*e trauernde*r Schüler*in, die/der direkt nach dem Tod eines Elternteiles wieder in die Schule kommt und dort mit ihren/seinen Kamerad*innen rumblödelt, kann sehr schnell als emotionslos abgestempelt werden. Aber vielleicht ist es für sie/ihn sehr stabilisierend, diese Normalität zu erleben, wo doch ihr/sein Zuhause gerade zusammengebrochen ist und sie/er dort von den Gefühlen der Familienmitglieder überschüttet und vielleicht sogar erdrückt wird. Wertschätzend auf das Verhalten zu schauen, dieses zu akzeptieren und mögliche Hintergründe zu sehen, sind Grundvoraussetzung, um trauernden Schüler*innen eine verständnisvolle Umgebung im schulischen Kontext zu geben. Dabei ist es für die Lehrkraft wichtig, eigene Vorstellungen von Trauer hintanzustellen und wirklich wertfrei auf den Trauerweg der Schüler*innen zu blicken.

2.4 Eigene Grenzen kennen und benennen können

Die Begleitung trauernder Schüler*innen stellt eine Lehrkraft vor eine Aufgabe und Herausforderung, die nicht alltäglich ist. Daher ist eine Vorbereitung auf eine solche Situation nur bedingt möglich, auch wenn diese so wünschenswert wäre, wie in Absatz 2.1 und 2.2 erwähnt wurde. Eine Todesnachricht kann daher auch bei der Lehrkraft eine große Emotionalität hervorrufen, die sie möglicherweise in ihrer Handlungsfähigkeit stark behindert. Die Nachricht, dass der Vater einer Schülerin oder eines Schülers verstorben ist und dieses Schicksal der Lehrkraft, die genau im gleichen Alter ist, auch hätte widerfahren können, wird möglicherweise eine starke emotionale Reaktion hervorrufen. Einerseits kann es zu einer großen Empathie führen, die vielleicht sogar auf die/den Schüler*in erdrückend wirken kann. Oder es kann ein traumatisches Erinnern auslösen, das emotional belastende Bilder wieder hervorruft. In beiden Fällen kann dies dazu führen, dass trauernde Schüler*innen nicht von den Angeboten der Lehrkraft im Trauerprozess unterstützt werden oder eine Bearbeitung des Themas Sterben, Tod und Trauer überhaupt nicht stattfinden kann.

Wenn es sich um einen konkreten Trauerfall im Schüler*innen-Lehrer*innen-Kontext handelt, sollte eine Lehrkraft immer auch die Frage stellen: *Kann ich das begleiten?* Ja, diese Frage ist erlaubt, und sollte auch immer persönlich gestellt werden! Kann die Lehrkraft nur voreingenommen in den Kontakt mit der/dem Trauernden treten, wird es schwer, eine wie in Absatz 2.3 beschriebene wertschätzende Haltung einzunehmen, diese sollte aber eine Grundvoraussetzung sein. In diesem Zusammenhang ist die eigene Handlungsfähigkeit zu betrachten und gegebenenfalls die Aufgabe an das Kollegium abzugeben, das sich der Situation stellen mag (Cardinal 2012, 39). Dieses Verhalten zeugt nicht von Schwäche oder Inkompetenz, sondern von *großer Stärke*, denn es hat den Prozess des Trauerns im Blick, dessen gute Begleitung frei von Zuständigkeitsdünkel und Hierarchiedenken ist.

3. Trauernde Schüler*innen in den Blick nehmen

3.1 Familiärer Kontext

In diesem Abschnitt nehmen wir nun die Trauernden selbst in den Blick. Getrauert wird von jedem Menschen individuell, dafür gibt es kein Schema (Lammer 2014, 14.21f.). Lehrkräfte, die trauernde Schüler*innen begleiten, gehen eine intensive Beziehung mit diesen ein, und sollten klären, welche Informationen sie über ihre Schüler*innen haben. Bei einem familiären Todesfall ist es oftmals sehr angebracht, einen groben Überblick über die Familienverhältnisse zu haben. Die Situation ist eine völlig andere, wenn er/sie Einzelkind ist und alleine versucht, den trauernden labilen Elternteil zu stabilisieren, oder ob es Geschwister gibt, die unterstützen. Es kann daher für die Lehrkraft in ihrer Fürsorge für die/den Schüler*in hilfreich sein, wenn sie sich über den familiären Hintergrund ein Bild machen kann. Eine intakte Familienstruktur kann für die/den Trauernde*n oftmals sehr stabilisierend sein. Zurückbleibende Eltern oder verwaiste Eltern, die um ein Geschwisterkind trauern, können so labil und handlungsunfähig werden, dass sich bestehende Strukturen komplett wandeln, und plötzlich das Kind, aus Sorge um die Eltern, nach ihnen schauen muss. Sind die Familienstrukturen bekannt, ist es möglich, negativen Entwicklungsprozessen entgegenzusteuern.

3.2 Emotionen der Schüler*innen in ihrer Vielfalt akzeptieren und wertschätzend betrachten

Jede*r Trauernde hat ganz individuelle Emotionen und Bedürfnisse in ihrer/seiner Trauer, auf ihrem/seinem Trauerweg (Bevier / Bevier 2020, 51). Diese können sich emotional als Wut, Traurigkeit, Leere, Starre, Leblosigkeit, Schock, Einsamkeit, Hilflosigkeit, Antriebslosigkeit, Kälte, Gefühllosigkeit, Taubheit, aber auch in dem genauen Gegenteil, Hyperaktivität, Kommunikationsbedürfnis, Ruhelosigkeit, Aktionismus, zeigen. Diese Vielfalt der Gefühle zu akzeptieren, ist für begleitende Personen im Umfeld eines Trauernden oftmals eine große Herausforderung. Schüler*innen können sich im schulischen Kontext völlig normal geben, so als wäre nichts geschehen. Sie versuchen sich dabei mit dem gewohnten schulischen Umfeld die Normalität zu erhalten, die ihnen Stabilität geben kann für den familiären Ausnahmezustand. Daher ist es wichtig und eine Grundlage, die Emotionen der Schüler*innen in ihrer Vielfalt zu akzeptieren und wertschätzend zu betrachten. So kann auch ein*e wütende*r Schüler*in, die/der sich über eine Kleinigkeit aufgeregt, dieses möglicherweise als ein Ventil für ihre/seine aufgestaute Wut über den Tod, den Verlust verwenden. Dabei muss beachtet werden, dass ein solches Verhalten nicht geduldet werden kann. Vielmehr ist es wichtig, darüber mit den Schüler*innen ins Gespräch zu kommen und daraus Möglichkeiten für den Trauerweg zu entwickeln. Die Emotionen und die daraus resultierenden Handlungen müssen nicht in ihrer Konsequenz akzeptiert werden, aber sie sollten gesehen und im Gespräch nicht kleingeredet, sondern betrachtet werden und Raum erhalten.

Auch nach außen völlig ausgeglichen und stabil wirkende trauernde Schüler*innen sollten nicht sofort als gefühlsarm abgestempelt werden. Oftmals sind in der Akutphase nach einem Todesfall die Erziehungsberechtigten so instabil, dass die Kinder die stabilisierende Rolle einnehmen und erst dann ihre wahren Gefühle zulassen, wenn die Eltern wieder handlungsfähig sind. Diese möglichen Entwicklungen im Blick zu haben, kann die Lehrkräfte in ihrer begleitenden Aufgabe für die Schüler*innen unterstützen.

3.3 Nicht die/der Lehrer*in gibt den Weg vor, sondern die trauernden Schüler*innen!

Die Bedürfnisse von Trauernden können sich in kurzen oder auch in langen Intervallen zum Teil komplett ändern, von großer Ablehnung und Wut bis hin zu tiefster Traurigkeit, und dies sollte achtsam wahrgenommen werden. Dabei sollte eine Wertung der Gefühle vermieden werden und auch keine Forderungen nach für den Trauerprozess scheinbar typische Gefühle aufgestellt werden. Jede*r trauert ganz individuell, geht den ganz eigenen Weg, und Kinder sowie Jugendliche, die gerade in der Selbstfindung sind, können auf diesem Trauerweg besonders verschiedene Verarbeitungswege einschlagen (Cardinal 2012, 161). Insbesondere Kinder haben keine Berührungsängste mit dem Tod (Platow 2019, 429).

Die Individualität sollte ernst genommen werden, sie stellt eine Wahrnehmung des Schmerzes der trauernden Schüler*innen dar. Auch die Verweigerung von Hilfsangeboten durch Schüler*innen sollte von den Lehrkräften toleriert und mitgetragen werden. Es darf den Schüler*innen nicht einfach ein Trauerschema übergestülpt werden, das oftmals aus der eigenen Trauererfahrung herrührt, weil damit der ganz individuellen Trauer der Raum genommen wird. Es kann eine Hilfe von außen angefragt und einbezogen werden, aber immer sollten Trauernde *Chef*in im Ring* bleiben und über das Vorgehen entscheiden. Die Akzeptanz des individuellen Trauerweges bei den Schüler*innen durch die Lehrkraft entspricht nicht der klassischen pädagogischen Aufgabenzuteilung. Nicht die/der Lehrer*in gibt den Weg vor, sondern die trauernden Schüler*innen!

In diesem Kontext sollte sich eine Lehrkraft damit auseinandersetzen, ob sie diesen Wechsel vom vermittelnden Pädagogen/der vermittelten Pädagogin zur stabilen begleitenden Person übernehmen kann und möchte. Beide Seiten,

Schüler*innen und Lehrer*innen, sollten sich bewusstmachen, dass es Grenzen gibt, die nicht überschritten werden sollten, und alle Beteiligten sollten sich ihrer Rolle bewusst sein.

Exkurs: Überbringung einer Todesnachricht

Wer eine Todesnachricht überbringen muss, kann sich mit folgenden Fragen auf die Situation vorbereiten, und zuerst ist die Informationslage zu klären:

Was genau ist passiert? Was ist bekannt, was nicht? Welche richtigen und falschen Informationen kursieren schon über soziale Medien? Wer muss von der Nachricht erfahren?

Zuerst wird wohl die Schulleitung, das Kollegium und die Mitarbeiter*innenschaft, danach eventuell Verwandte an der Schule, dann die Schulklasse, Freund*innen und die Elternschaft informiert werden. Bei der Information an die betroffene Schulklasse ist es ratsam, nicht allein in die Klasse zu gehen und für die Aufgabe in den nächsten Stunden von anderen Verpflichtungen freigestellt zu sein.

Es ist hilfreich, möglichst klar die Todesnachricht zu überbringen und auch das Wort *tot* zu benutzen und nicht zu umschreiben. Ebenso ist es hilfreich, möglichst alle Fakten zum Todesfall sagen zu können, deshalb ist die vorherige Informationssammlung wichtig für das Vorgehen. Es wird auf diese Nachricht emotional reagiert werden. Emotionen ausleben zu dürfen, ist wichtig für den Trauerprozess. Wer eine Todesnachricht überbringt, sollte sich bewusst sein, dass diese Emotionen ganz vielfältig zum Ausdruck kommen können: Weinen, Angst, Zorn, emotionale Taubheit, all das gehört zur Emotionalität im Trauerprozess dazu. Nachdem für eine erste Reaktion Zeit war, kann nun Zeit sein, von der/dem Verstorbenen zu erzählen. In jüngeren Klassen hat es sich bewährt, Bilder mit Erlebnissen zu malen, in älteren Klassen können gemeinsam Fotos von Smartphones angeschaut werden. Über diese Erinnerungen wird dann ein Austausch erfolgen. Ziel des Austauschs kann es sein, die eigene Sprachlosigkeit zu überwinden und widersprüchliche Gefühle zum Ausdruck zu bringen und gegenseitig anzuerkennen und so in der Bewältigung des Verlusts voranzukommen. Dies zu unterdrücken, ist unseres Erachtens gefährlich für die psychische Gesundheit der Schüler*innen.

Fehl am Platz sind unseres Erachtens folgende Haltungen und Einstellungen:
- „Wir machen möglichst bald mit dem Unterricht weiter, dann ist alles wie normal und das Leben geht ja auch weiter."
- „Ich rede mit meinen Schüler*innen nicht über den Tod, danach bekomme ich keinen Unterricht mehr hin."
- „Wer heult, geht bitte raus, damit er die anderen nicht stört."

Wir möchten Mut machen, sich im Ernstfall in die Situation hinein zu begeben und sich auch im Prozess professionell begleiten zu lassen. Die schulpsychologischen Dienste ermöglichen eine professionelle Begleitung. Sie sollten auf jeden Fall frühzeitig hinzugezogen werden.

4. Trauerbegleitung als pädagogische Aufgabe

Das Thema *Sterben, Tod und Trauer* hat in unserem gesellschaftlichen Leben fast keinen Raum, zwar ist der Tod in der medialen Welt sehr präsent, durch Krimis, Nachrichten oder virtuelle Spiele, aber ein Gespräch darüber wird vermieden. In der Schule verhält es sich ähnlich, über den Verlust eines geliebten Menschen wird oftmals aus Angst vor eigenen großen emotionalen Regungen sowie bei den Betroffenen nicht gesprochen, das Thema wird totgeschwiegen. Zwar wird es im Religionsunterricht behandelt, aber dabei handelt es sich oftmals um eine sachliche Vermittlung und nicht um einen persönlichen Zugang. Tritt allerdings ein Todesfall ein, werden die beteiligten Personen auf einer emotionalen Ebene berührt. Für diese Emotionen sollten Räume, Zeiten und Rituale geschaffen werden, die eine Verarbeitung der Trauer ermöglichen (Neumann 2021, 299). Dabei sollte aber im Vorfeld mit den Trauernden geklärt werden, welchen Rahmen sie sich für ihre eigene Trauer wünschen. Trauert eine ganze Klasse um eine*n Mitschüler*in, muss sensibel geschaut werden, dass der Rahmen für alle tragbar ist.

Trauernde Schüler*innen, die sich in einem ersten Gespräch gegen eine Auseinandersetzung mit dem Verlust im schulischen Kontext ausgesprochen haben, sollten Angebote zur Kommunikation erhalten. Eine ehrliche Nachfrage nach dem Befinden, mit der Überlegung, dass es ein längeres Gespräch werden könnte, sollte den Schüler*innen in wiederholenden Abständen angeboten werden. Der/dem Schüler*in sollte dabei vermittelt werden, dass man ihre/seine Situation und ihr/sein Handeln achtet, und ihr/ihm als stabile Person zur Seite steht, ob nun aktiv oder passiv als Möglichkeit zum Gespräch.

Um die Trauer bei akuten Verlustsituationen in den Schulalltag zu integrieren, möchten wir folgende Anregung geben. Wichtig ist uns in allen Anregungen, Möglichkeiten zur Kommunikation zu schaffen, damit die Trauer verarbeitet werden kann. Diese Angebote sollten mit den Trauernden, besonders der Familie, abgesprochen werden.

Im Klassenraum kann eine Trauerecke oder eine Fotowand eingerichtet werden, ein Foto der zu betrauernden Person ist im Zentrum. Es hängt bzw. liegt Erinnerungsmaterial bereit, das in der Hand gehalten werden kann. Ein Buch liegt bereit, in das geschrieben werden kann. Die Schüler*innen, die gerade trauern möchten, können sich während des gesamten Schulunterrichts dorthin zurückziehen und dürfen dort leise reden. Freund*innen aus anderen Klassen können in den Pausen diese Trauerstelle besuchen.

Sollte die Familie der oder des Verstorbenen dafür offen sein, ist es hilfreich für den Trauerprozess, die Beerdigung zu besuchen und sie auch ggf. aktiv mitzugestalten. Es ist vielleicht auch möglich, das Grab später gemeinsam zu besuchen. Blumen oder bemalte Steine können vorher vorbereitet und auf das Grab gelegt werden.

Die Schulgemeinschaft wird es begrüßen, Orte zu schaffen, die das Gedenken und Erinnern fördern, an manchen Schulen wurde z.B. ein Baum zur Erinnerung gepflanzt oder eine Gedenkplakette installiert. Der Möglichkeiten, einen Trauerprozess zu begleiten, sind in der Kreativität fast keine Grenzen gesetzt, es ist wichtig, die/den Trauernde*n dabei nicht aus dem Blick zu verlieren.

Exkurs: Hilfe in Form eines Trauerordners

Für die Schulgemeinschaft ist es wichtig, sich auf den Ernstfall vorzubereiten. Das Thema Tod gehört in verschiedenen Fachbereichen zum Curriculum und sollte keinesfalls ausgespart werden. Doch wie bereitet sich die Schulgemeinschaft auf einen besonderen Trauerfall vor?

Hier haben sich Trauerordner oder Trauerkoffer (vgl. den Beitrag von Uta Hauf in diesem Band) bewährt: Ein Materialpool, der unabhängig von einer bestimmten Trauersituation vorbereitet wurde und auf welchen nun zurückgegriffen werden kann. Im Extremfall sind alle Beteiligten der Schulgemeinschaft selbst durch Trauer betroffen.

In einen *Trauerkoffer* gehören:
- Ablauf, wie die Schulgemeinschaft im Todes- bzw. Trauerfall vorgeht
- Checklisten, woran gedacht werden muss
- Vorlagen für Elternbriefe und andere Elternbenachrichtigungen
- Adressen unterstützender Personen und Einrichtungen
- Material für die Trauerarbeit (Kerzen, Tücher, Steine, Bilderrahmen, leeres gebundenes Trauer- bzw. Kondolenzbuch etc.)
- Arbeitshilfen für die in der Klasse unterrichtenden Personen

Der *normale* Ablauf an einer Schule wird durch einen Todesfall durcheinandergebracht, muss aber wieder zu seiner Normalität finden. Daher ist es empfehlenswert, Zeiten für die Trauer in den Tagesablauf zu integrieren, die den Schüler*innen den eigenen Zugang zur Trauer ermöglichen. Ebenso können Rituale, das gemeinsame Entzünden einer Kerze für die/den Verstorbene*n oder Erinnerungszeiten, wie zum Beispiel zu jedem Unterrichtsbeginn oder -ende einen Gedenkmoment einzurichten, in diesem Zusammenhang sehr stabilisierend sein. Solche Rituale können für die Schüler*innen eine kurze Auszeit für die eigene Trauer sein oder das Gemeinschaftsgefühl durch die Erinnerung an die Verstorbenen fördern. Dabei ist es allerdings bedeutsam, von Anfang an genau den Rahmen dafür abzustecken, wann ein Angebot begonnen wird, wie lange es von der Lerngruppe gebraucht wird und untereinander in Absprache den Zeitrahmen immer wieder zu betrachten. Wichtig ist es, das Aufheben des Trauerraumes, der Bilderwand oder anderer Rituale *aktiv* zu begehen und als einen aktiven Schritt auf dem Trauerweg zu verstehen. Die Trauer ist damit nicht beendet, sie gewinnt damit eine neue Qualität.

5. Ermutigung: Trauern ist eine Lernerfahrung, die auch in die Schule gehört

Trauer braucht Zeit. Trauern ist eine Lernerfahrung, die auch in die Schule gehört. Lehrer*innen und Schüler*innen können sich in diesem Prozess persönlich weiterentwickeln. Wer Trauer unterdrückt, raubt allen Beteiligten die Möglichkeit, sich in der Erfahrung und Bewältigung der Trauer zu bilden. Angehörige einer Schulgemeinschaft können so ihren eigenen Trauerweg finden und gehen.

Lehrkräfte können in der Trauer wie ein Geländer sein, das stützen darf. Die Schüler*innen können das Geländer nehmen und daran Halt finden auf ihrem eigenen Weg, sie können auch ohne das Geländer laufen. Sie sollten sich aber sicher sein, dass ein Geländer da ist, wenn sie es brauchen.

Literatur

BEVIER, CHRISTOPH / BEVIER, MARIANNE (2020), Selig sind die Trauernden. Trauer in der Seelsorge, Göttingen.

BÖDIKER, MARIE-LUISE / THEOBALD, MONIKA (2014), Trauer-Gesichter. Hilfen für Trauernde: Arbeitsmaterial für die Trauerbegleitung, 4. Aufl. Ludwigsburg.

CARDINAL, CLAUDIA (2012), Alles nur kein Kinderkram. Was trauernde Kinder und Jugendliche brauchen, Stuttgart.

HAAGEN, MIRIAM (2017), Mit dem Tod leben. Kinder achtsam in ihrer Trauer begleiten: Ein Ratgeber für verwitwete Eltern, Stuttgart.

LAMMER, KERSTIN (2014), Trauer verstehen. Formen, Erklärungen, Hilfen, 4. Aufl. Berlin / Heidelberg.

NEUMANN, MICHAELA (2021) Elementare Rituale, in: STÖGBAUER-ELSNER, EVA u.a. (Hg.), Studienbuch Religionsdidaktik, Bad Heilbrunn, 297–300.

PAUL, CHRIS (2017), Wir leben mit deiner Trauer. Für Angehörige und Freunde, Gütersloh.

PLATOW, BIRTE (2019), Tod und Sterben, in: ROTHGANGEL, MARTIN u.a. (Hg.), Theologische Schlüsselbegriffe. Subjektorientiert – biblisch – systematisch – didaktisch (Theologie für Lehrerinnen und Lehrer 1), 6. komplett neu erarbeitete Aufl. Göttingen, 428–439.

VI. Didaktische Konkretisierungen

Zwei Bilderbücher für den Deutschunterricht über Lebensgenuss und Endlichkeit

Gabriela Scherer

1. Einleitung

Der Tod eines Großelternteils eines Schulkindes einer Klassengemeinschaft kann Anlass für eine Lehrkraft sein, Lebensgenuss und Sterblichkeit im Deutschunterricht zu thematisieren. Im vorliegenden Beitrag werden hierfür zwei Bilderbücher vorgestellt, die die Schönheit sowie die Zerbrechlichkeit bzw. Endlichkeit des Lebens zum Thema haben. Gefragt wird nach deren didaktischem Potenzial, das sie im Deutschunterricht und dort mit Blick auf literarisches Lernen und Persönlichkeitsbildung entfalten können. Konkret geht es um den Lern- und Erfahrungsraum, den die beiden Bilderbücher *Der kleine Fuchs* (dt. Übers. 2020, niederländ. Orig. 2018) von Edward van de Vendel (Text) und Marije Tolman (Illustration) und *Der Tod auf dem Apfelbaum* (2015) von Kathrin Schärer (Text und Illustration) eröffnen.

Der Tod als Bestandteil des Lebens tritt von Beginn weg im Subsystem Kinder- und Jugendliteratur auf. Nichtsdestotrotz ist es aber vor allem dem kinder- und jugendliterarischen Formen- und Funktionswandel der 1970er Jahre geschuldet, dass Kinder- und Jugendbücher heutzutage schwierigen Inhalten wie der Sterblichkeit von Lebewesen fraglos Raum geben. Eines der bekanntesten Jugendbücher aus jener Zeit, das Tod und Sterben thematisiert, dürfte *Die Brüder Löwenherz* (1973) von Astrid Lindgren sein (Josting 2010, 2). Seit der Kinderliteraturreform und dem damit einhergehenden Wandel der Vorstellungseinheit Kindheit als Schonraum hin zur Idee, dass Kinder und Erwachsene als gleichberechtigt anzusehen sind, werden auch in kinder- und jugendliterarischen Texten und Medien verstärkt Erzählwelten entworfen, die auf die realistischen Sorgen und Alltagsnöte ihrer primären Adressat*innen Bezug nehmen und dabei unter anderem auch die Zerbrechlichkeit des Lebens mit Umsicht behandeln.

Eigentliche Konjunktur in der Kinderliteratur hat der Tod allerdings erst seit Ende der 1980er Jahre (Hopp 2010b, 23). Mittlerweile aber hat sich das Thema auch im Kindermedium Bilderbuch etabliert. Ob es ein angemessener Erzählinhalt für die (klein-)kindliche Rezeption darstellt, steht heute, also seit der kinderliterarischen Wende, die im Bereich der an Kinder adressierten Literatur zu verstärkter Problemorientierung geführt hat, nur aus bewahrpädagogischer

Warte in Frage. Erwachsene, die einem verklärten Kindheitsbild in der Tradition der Romantik anhängen und Kinder einzig nur behüten wollen, scheinen zu verkennen, was Kindern zugemutet werden kann und was sie als Angebot zur Verarbeitung schwieriger Themen auch brauchen. Tod und Sterben sind ja nicht nur im medialen Umfeld heutzutage allgegenwärtig, hier insbesondere in Nachrichtenbildern. Dass Vergänglichkeit dem Leben inhärent ist, manifestiert sich auch im privaten Umfeld als alltägliche Erfahrung, die je nach konkreter Lebensrealität im Bewusstsein und im Gefühlshaushalt von Kindern Raum beansprucht.

2. Zwei neuere Bilderbücher über die Schönheit, Zerbrechlichkeit und Endlichkeit des Lebens mit einem Fuchs als Hauptfigur

2.1 *„Der kleine Fuchs" - ein Bilderbuch, das die Schönheit des Lebens in kindlicher Arglosigkeit feiert, aber auch die Zerbrechlichkeit des Lebens im Blick hat*

Der kleine Fuchs[1] war 2021 für den deutschen Jugendliteraturpreis nominiert. Aus diesem Grund findet man im Internet auf der Homepage des Arbeitskreises für Jugendliteratur e.V. einen Praxistipp mit Materialien zum Download, mit Anregungen zur kreativen Auseinandersetzung mit diesem Bilderbuch in Vorschule bis Ende Klasse 6 (Eder / Pfeiffer-Spiekermann 2021, 28-31). Die praxiserprobten Vorschläge, die auf jener hochgeladenen pdf-Datei gemacht werden, nehmen den Erzählstrang auf, der sich um die Kindheitserinnerungen des titelgebenden kleinen Fuchses dreht. Dass mit dem vielschichtigen Bilderbuch aber auch am Thema Tod gearbeitet werden kann, wird dort zwar erwähnt, jedoch nicht weiter ausgeführt (ebd., 28).

Da das Bilderbuch, wie üblich, nicht paginiert ist, wird hier unter eigener Seitenzählung auf die Seiten verwiesen, und zwar beginnend mit DS 1, womit die erste Doppelseite nach Vorsatz- und Titelblatt gemeint ist und worauf die Erzäh-

---

[1] Das Bilderbuch Der kleine Fuchs ist 2018 auf Niederländisch erschienen. Der Text stammt von Edward van de Vendel, der als Lehrer arbeitete, bevor er sich freiberuflich dem Schreiben zugewandt hat. Die Bilder sind von Marije Tolman; sie hat Grafik und Illustration studiert. In der deutschen Übersetzung von Rolf Erdorf ist das Bilderbuch 2020 beim Gerstenberg Verlag in Hildesheim aufgelegt worden. Im Beitrag hier wird auf dessen 4. Auflage in deutscher Sprache von 2021 Bezug genommen. Mit 88 Seiten ist das Bilderbuch ungewöhnlich umfangreich.

lung zunächst schrifttextlos beginnt. Schon gleich diese erste Doppelseite besticht durch den ungewöhnlichen und ästhetisch überaus ansprechenden Farbkontrast zwischen einer Fuchsfigur, die im grellen Orange eines Neonmarkers gehalten ist, und einer Dünenlandschaft in naturalistischem Grünlich-Blau und Weiß. Es ist ein Strandszenario, worauf wir bei dieser ersten Doppelseite blicken, die ein fröhliches Gewusel von Strandvögeln in großer Artenvielfalt zeigt, dem der kleine Fuchs am linken unteren Bildrand, der deutlich erkennbar als Jungtier entworfen ist, interessiert und ohne Argwohn zuschaut.

Es folgen vier weitere verbaltextlose Doppelseiten, auf denen der kleine Fuchs selbstvergessen in kindlichem Spiel vertieft zu sehen ist. In fotorealistisch gestalteter Landschaft beobachtet der halbwüchsige Fuchs mit großer Neugier allerlei Tiere, die im Wald und zwischen den Dünen am Meer erwartbar sind. Er saust über das Watt, als wolle er Fangen spielen mit den gefiederten Strandläufern; und er stellt sich neben einen Kormoran auf die Hinterpfoten und breitet seine Vorderpfoten wie dieser die Flügel zum Trocknen aus. Am Ende dieser dem arglosen Spieltrieb hingegebenen Bildsequenz tauchen zwei lila gemalte Schmetterlinge auf. Auf der nachfolgenden DS 6 setzt dann der Verbaltext ein: „Der kleine Fuchs rennt zwei Schmetterlingen hinterher, denn die sind lila." DS 7 zeigt daraufhin den Fuchs im freien Flug hoch über der Dünenlandschaft. Das Bild lässt sich deuten, als sei hier nach wie vor Unverwundbarkeit im Spiel; der Verbaltext aber spricht aus, was als Wendung zu einem schlimmen Ende interpretierbar ist:

> „Auf einmal hat er keinen Boden mehr unter den Füßen,
> sondern –
> Luft!
> Der kleine Fuchs fällt
> und fällt,
> der Boden kommt näher,
> und als er unten landet, gibt es
> einen SCHLAG!" [2]

Auf der folgenden DS 8 liegt der kleine Fuchs unbeweglich am linken Bildrand im Sand und die lila Sommervögel entschweben zum rechten Bildrand hin.

Die Erzählung zwischen dem viele Meter hohen Sturz des Fuchses bis zur Ankündigung seiner vermutlichen Rettung umfasst ab DS 9 vierundzwanzig Doppelseiten. Diese sind teils nur bildsprachlich gestaltet, teilweise aber auch von Verbaltext begleitet. Erzählt wird, dass der Fuchs träumt. Und im Traum sieht er sein bisheriges Leben vorbeiziehen. Es sind zunächst Erinnerungen an seine frühen Kindertage, die er als Welpe im liebevollen Schoß einer kinderreichen Fuchsfamilie verbracht hat. Es folgen Erinnerungen an erste Erkundungen, die den Welpen aus dem Fuchsbau herausgeführt haben. Diese Erinnerungssequenz zeigt erste Erfahrungen mit Gerüchen, Wind im Fell und

---

2   Großbuchstaben und Zeilenumbrüche wie im Original.

Mondlicht im Auge sowie Essbarem – letzteres ohne nicht vegane Tiernahrung bereits explizit mit dem Tod des Gefressenen (Käfer, Maus) zu assoziieren (das folgt später). All diese frühen Erinnerungsbilder, die sich im Traum auftun, zeigen, was das Leben in all seiner mit kindlichem Staunen erfassten Schönheit zu bieten hat an Genuss für Nase, Gaumen und Leib.

Dann wird die Traumsequenz unterbrochen von einem zweiten Erzählstrang, in dem ein kleiner Junge auf einem Rad in den Dünen ins Bild kommt. Der Fuchs ist nun zunächst aus dem Bild verschwunden. Stattdessen ist es jetzt der kleine Junge, der auf den nachfolgenden verbaltextlosen Doppelseiten das Leben mit kindlicher Spielfreude feiert: Man sieht den Jungen durchs Niedrigwasser am Strand stapfen und dabei Gänse im Flug nachahmen; er saust Rehen und Vögeln hinterher, picknickt im Sand und ist dort genauso ohne jeden Harm eins mit der Natur, wie es ein paar Seiten zuvor mit dem kleinen Fuchs im Bild zur Anschauung gebracht worden ist.

Auf DS 23 setzt der Erzählstrang wieder ein, der vom Traum des kleinen Fuchses berichtet, den er vor seinem inneren Auge vorbeiziehen sieht, während er nach dem Sturz aus schwindelerregender Höhe auf dem Rücken am Strand liegt – ob einfach nur bewusstlos oder schwer verletzt oder möglicherweise in den letzten Lebenszügen, ist zu diesem Zeitpunkt der Bilderbuchnarration ungeklärt. Hier kommt auch wieder Schrifttext dazu:

> „In dem Traum sagt Papa, der kleine Fuchs solle nicht
> so neugierig sein.
> Papa sagt: *Neugier ist Todesgier.*[3]
> Das versteht der kleine Fuchs nicht ganz.
> Aber Papa und Mama wissen alles.
> Sie zeigen ihm, wie die Welt geht."

Auf der folgenden DS 24 ist links ein Fuchspaar im scheinbaren Spiel mit einer Maus im Bild zu sehen; rechts aber verdeutlicht der Verbaltext, dass diese Szene keine harmlose Begegnung zeigt, sondern dass hier Natur nicht länger paradiesisch, sondern jetzt mit Fressfeinden zur Darstellung kommt:

> „Raschelmäuse – gar nicht so einfach.
> Erst muss man sie hören (schön still sein),
> dann muss man sie mit den Pfoten fassen (sie zappeln),
> aber dann machen die Mäuse das schönste Geräusch,
> das es gibt: Sie knacken so lecker zwischen den Kiefern.
> Ach, jetzt weiß der kleine Fuchs wieder, was seine schlaue
> Schwester einmal gesagt hat:
> ‚Wenn du auf einer Maus kaust', sagte sie, ‚dann ist die Maus
> viel zu todesgierig gewesen.'"[4]

---

3   Kursivdruck und Zeilenumbrüche wie im Original.
4   Zeilenumbrüche wie im Original.

In der nun folgenden Erzählsequenz treffen sich der kleine Junge und der kleine Fuchs im Erinnerungsstrang, der vom Traum des Fuchses berichtet: Erzählt wird hier, wie der kleine Junge dem Fuchs schon einmal das Leben gerettet hat, als dieser mit zu großer Neugier in beinah tödlich endendem Spiel unterwegs war. Damals war es ein Pott aus Glas, in den der Jungfuchs seine neugierige Schnauze gesteckt hatte und woraus ihn das Kind vor dem Ersticken befreite, dem er zuvor beim Spielen freundlich begegnet war.

Dann aber wird auf DS 31 unvermittelt die Frage gestellt: „Ja – was ist das für ein Traum?" Und in den Bildern ebenso wie im Verbaltext wird nochmals rekapituliert, wie es zu dem Aufschlag des kleinen Fuchses von sehr großer Höhe kam und wie dieser Sturzflug aussah. Im Schrifttext steht, der kleine Fuchs sehe sich selbst daliegen, was verrückt sei, weil das eigentlich nicht gehe. Das geht nur im Traum!

Und dann geht die Geschichte gut aus: Der kleine Junge kommt erneut als Retter ins Bild, nun auf dem Rad und nicht in der Erinnerung, sondern jetzt in der Gegenwart des Fuchses, der nach seinem Sturz auf dem Rücken in den Dünen liegt und träumt. Der Junge nimmt den reglosen Fuchs auf den Arm und trägt ihn über die Dünenlandschaft hinweg zu dem Ort, wo ihn seine Fuchsfamilie erwartet. Dem Jungen folgen die Vögel und Tiere, die zuvor beim arglosen Spielen von Kind und Fuchs zu sehen waren, jetzt allerdings allesamt mit gesenkten Köpfen wie bei einem Trauerzug.

Das Tröstliche an Literatur aber ist, dass sie ein gutes Ende setzen kann, obwohl ein todtrauriger Ausgang erwartbar ist. Auf den drei letzten Doppelseiten des Bilderbuches wird nämlich erzählt, dass der kleine Fuchs aus seinem Traum aufwacht und alles wieder gut ist.

2.2 „Der Tod auf dem Apfelbaum" - Märchenneufassung im Bilderbuch, die von der Gnade des Alterstods erzählt

Das Bilderbuch *Der Tod auf dem Apfelbaum*[5] ist im Kontext eigener Trauerbewältigung seiner Autorin und Illustratorin entstanden und soll Kindern dabei helfen, sich mit Tod und Sterben auseinanderzusetzen und das Gespräch mit Erwachsenen über diese schwierigen Inhalte zu suchen (Menge 2016, 4).

Als große Herausforderung für die Illustration nannte Schärer in einem Interview, das dem Materialteil eines online gestellten Begleithefts für religionspädagogische Arbeit mit dem Bilderbuch zugefügt ist, die bildliche Darstellung der Figur des Todes (ebd.). Unsere kunstgeschichtliche Tradition bebildert den

---

5   Der Tod auf dem Apfelbaum ist 2015 im Atlantis Verlag in Zürich erschienen. Text und Illustration sind beide von Kathrin Schärer. Schärer ist studierte Zeichen- und Werklehrerin, unterrichtet an einer Sprachheilschule und arbeitet als freischaffende Illustratorin.

Tod gemeinhin als menschliches Skelett. So aber wird der Tod als universelle Erscheinung in Szene gesetzt, die uns alle betrifft. Indem sich Schärer dafür entschieden hat, den Tod als bleichen Doppelgänger der Hauptfigur ihrer Bilderbuchnarration zu illustrieren, stellt sie ihn als individuellen Tod des alten Fuchses dar, der die Hauptrolle in ihrer Märchenneufassung spielt. Der persönliche Tod des alten Fuchses erlaubt es Kindern beim Betrachten seiner Gestalt, sich ein Stück weit von dem, was über den Tod im Verbaltext gesagt wird, zu distanzieren. Denn die Kernerzählung des Märchens, das inhaltlich variiert in verschiedenen Sprachräumen anzutreffen ist,[6] lautet: Dem Tod ist auf Dauer kein Schnippchen zu schlagen und ein gutes Leben braucht ein Ende.

Wenig überraschend enthält auch *Der Tod auf dem Apfelbaum* keine Paginierung. Das Bilderbuch hat zudem mit 36 Seiten einen für dieses Kindermedium üblichen Umfang. DS 1 nach Vorsatz- und Titelblatt setzt rechtsseitig verbalsprachlich mit der Erzählung ein, dass der Fuchs, der im Bild linksseitig groß als erwachsenes Tier dargestellt ist, erwacht und in die Morgensonne blinzelt, dabei letzte Traumfetzen aus seinem Fell schüttelt und unversehens hellwach auf Apfelgeruch und Amselgezwitscher reagiert und fauchend aus seinem Bau sprintet. Beim Umblättern kommen auf DS 2 zwei Schwarzamseln und zwei saftige, rote Äpfel in den Zweigen eines Baumes groß ins Bild; darunter ist linksseitig jetzt eine kleine Fuchsgestalt mit grauen Haaren im Pelz zu sehen, die den beiden Apfeldieben wenig effektiv mit einem kleinen Ast in der Pfote droht. Im Verbaltext steht in symmetrischem Verhältnis zur Bildaussage:

„‚Halt! Schnäbel weg von meinen Äpfeln!'
Die Amseln picken unbekümmert weiter.
Der Fuchs und die Füchsin sind alt.
Kaum ein Tier fürchtet sich noch vor ihnen."[7]

Auf der nächsten Doppelseite ist auch die Füchsin dargestellt, zugleich mit Hasen und Amseln, denen die beiden alten Füchse aber nichts mehr anhaben können. DS 3 bereitet einen ersten Wendepunkt vor: Der Text lässt einen wissen, dass die Füchse, unabhängig von ihrem Alter, noch immer schlau sind und ihnen ab und an nach langen Hungertagen auch einmal wieder ein Tier in die Falle geht. Dieses Mal ist es ein „kleines, mageres Wiesel mit zerzaustem Fell und stechend hellen Augen", das im Bild an einem Strick baumelt und um sein Leben fleht. Es handelt sich allerdings nicht um ein gewöhnliches Tier, sondern um ein Zauberwiesel. Und der alte Fuchs geht auf dessen Angebot ein, sich etwas wünschen zu dürfen im Tausch dafür, dass er das Wiesel ungeschoren davonkommen lässt. Ab sofort bleibt abgesehen von den Bienen jeder, der auf den Apfelbaum des Fuchses fliegt oder klettert, daran kleben, bis der Fuchs ihn vom

---

[6] Beginnt man zu recherchieren, stößt man schnell auf ähnliche Erzählkerne in Märchen aus Flandern, Finnland, Estland und Frankreich.

[7] Zeilenumbrüche wie im Original; das erste Wort ist im Original jedoch mit größerer Schrift und Fettdruck statt wie hier mittels Kursive hervorgehoben.

Zauberbann freispricht, über den er nun aufgrund seines vom verschonten Wiesel erfüllten Wunsches nach Belieben verfügt.

Da der Zauber unverbrüchlich wirkt und sich die Sache mit dem verzauberten Apfelbaum rasch herumspricht, ist der alte Fuchs überglücklich. Und zusammen mit seiner Füchsin erfreut er sich erneut wie in früheren Tagen zu jeder Jahreszeit an seinem wunderbaren Baum, dessen Früchte ihnen nun niemand mehr stibitzen kann. Aber die Idylle ist nicht von Dauer, denn:

> „Der Fuchs wird älter und älter.
>
> Eines Tages steht sein Tod unter dem Apfelbaum.
> Der Fuchs erschrickt.
> ‚Nein, noch nicht! Lass mich noch ein wenig leben!'
> Doch der Tod schüttelt bedauernd den Kopf.
>
> Plötzlich lächelt der Fuchs verschmitzt.
> ‚Bitte, ich möchte noch einen letzten Apfel essen.
> Holst du mir diesen schönen, roten vom Baum?'
> Der Tod seufzt und steigt auf den Baum.
>
> Er pflückt dem Fuchs einen Apfel."[8]

„Sein Tod" ist dem alten Fuchs in der Bebilderung dieser Szene wie aus dem Gesicht geschnitten, er trägt aber einen hellbeigen Strampelanzug, der ihn vollkommen umhüllt und nur sein Antlitz freilässt. Es ist ein freundliches Gesicht, aus dem der Tod in der Gestalt eines verblassten Doppelgängers den Fuchs milde anschaut. Man fühlt sich beim Betrachten der ästhetisch sehr ansprechenden Illustration unweigerlich an die Redensart „im Angesicht seines Todes" erinnert. Und vor dem Umblättern stellt sich einem hier zwangsläufig die Frage, ob der Zauber auch den Tod auf dem Baum festkleben lässt. Und tatsächlich, der Fuchs ist nach dem Blättern auf DS 8 jubilierend zu sehen – er hat seinen Tod überlistet: „Jetzt lebe ich auf immer und ewig!" Aber währenddem der alte Fuchs „vergnügt" Wortpaare wie „Nie und nimmer! Immer und ewig!" „trällert", „lächelt" der durchsichtig scheinende Tod, der im Bild auf dem Apfelbaum sitzt, bloß „und wartet".

> „Von nun an entwischt der Fuchs jedem Tier, das ihn fressen will,
> kein Jäger trifft ihn. Er lebt glücklich und sorgenfrei.
>
> Die Jahre vergehen.   Der Tod wartet."[9]

So lautet der Verbaltext auf DS 9. Im Bild dazu ist der blasse Tod in Fuchsgestalt auf dem Apfelbaum in Rückansicht zu sehen, während Fuchs und Füchsin ihre Frontansicht als altes, vertrautes Paar zeigen, das sich liebevoll umschlungen hält, je an einem roten Apfel kauend. Auf DS 10 schlagen Glück und Sorglosigkeit des alten Fuchses dann jedoch um. Seine Füchsin wird krank und stirbt. „Der

---

8   Zeilenumbrüche und Leerzeilen wie im Original.
9   Zeilenumbrüche, Leerzeile und Leerraum in der letzten Zeile wie im Original.

Fuchs fühlt sich einsam und verlassen. Weinend schleicht er zum Apfelbaum." Dort aber erfährt er, dass er nur seinen eigenen Tod gebannt hat und all die Jahre über anderswo wie immer gestorben worden ist, da der Tod in anderer Gestalt gleichzeitig anderswo sein kann. „Wie würde die Erde aussehen?" gibt der Tod dem alten Fuchs zu bedenken, wenn die ganze Zeit über „kein Tier, kein Mensch, keine Pflanze" mehr gestorben wäre. Und er stellt klar: „Das Leben braucht mich."

Die nächste Doppelseite zeigt und erzählt, wie die Jahre vergehen und alle Nachkommen des Fuchses, seine Kinder und Kindeskinder, ebenfalls alt werden, und dass alle Freunde des alten Fuchses bereits tot sind und er nirgendwo mehr richtig dazugehört. Symbolisch für den Lebenskreislauf kommt daraufhin auf Doppelseite 12 der Apfelbaum im Wandel der vier Jahreszeiten ins Bild: Links auf dem Ast, in der Apfelblüte, sitzt der freundlich blickende, bleiche Tod in Fuchsgestalt; rechts neben ihm sind Äste mit Äpfeln zu sehen, die in ihrer Farbgebung Sommer und Herbst anzeigen; und ganz rechts dann sind kahle Äste an den Baum gemalt, die weiß gezuckert sind, und hier unten drunter sitzt der alte Fuchs an den Baumstamm gelehnt im Schnee und blickt missmutig ins Weite. Parallel dazu steht im Text, DS 8 variierend zitierend:

> „Die Blätter des Apfelbaums verfärben sich im Herbst und fallen ab,
> Im Frühling sprießen junge Knospen.
>
> Der Fuchs bleibt alt.   Der Tod wartet."[10]

Die beiden letzten Doppelseiten führen die Geschichte ihrem Ende zu, das mit großer Stimmigkeit zum Vorhergehenden erzählt, wie der Fuchs, je länger, desto gebrechlicher und – zunehmend von Sehschwäche, Gehörlosigkeit, abnehmendem Geruchs- und Geschmacksempfinden sowie von Schmerzen in allen Knochen geplagt – auch freudlos wird. Und so ist es auch sehr gut nachvollziehbar, dass der von seinem hohen Alter gebeugte, gebrechliche Fuchs eines Morgens zum Apfelbaum hinkt und mit dem Wort „Komm!" seinen Tod vom Zauberbann befreit. Der alte Fuchs und sein Tod essen noch gemeinsam einen letzten Apfel. „Dann umarmen sie sich, und dem alten Fuchs wird ganz leicht dabei. Er nickt, und zusammen ziehen sie davon." Und es ist ein überaus tröstliches Bild, das auf der letzten Doppelseite die beiden letzten Sätze illustriert: Es zeigt den Fuchs und seinen Tod in einer innigen Umarmung, in der Endlichkeit zu Geborgenheit wird.

---

10   Zeilenumbrüche, Leerzeile und Leerraum in der letzten Zeile wie im Original.

3. Didaktisches Potenzial der beiden Bilderbücher mit Blick auf literarisches Lernen und Persönlichkeitsbildung im Deutschunterricht

Nach Hopp (2010a, 3) reagieren Kinder schon früh mit Neugier und Wissbegierde beim Anblick eines toten Tieres. Üblicherweise fragen sie dann zwangsläufig nach dem Wie und Warum. Und da der Tod wie die Geburt zum Lebenslauf gehört, ist auch die Wahrscheinlichkeit relativ hoch, dass Kinder auch mit Todesfällen im Familien- und Freundeskreis konfrontiert sind.

Bei aller Trauer um den Verlust eines geliebten Menschen kann man im Sterbenkönnen nach einem langen, erfüllten Leben auch eine Gnade sehen. Und ein Bilderbuch wie dasjenige von Kathrin Schärer bietet eine literar-ästhetisch überaus ansprechende Handreichung, um mit Kindern tröstlich über das Ableben von Opa oder Oma ins Gespräch zu kommen. In Schärers Bilderbuchnarration ist es der hochbetagte, altersgebrechliche Fuchs selbst, der seinen Tod vom Apfelbaum befreit, um in dessen Armen endlich aus seinem zunehmend einsamen Leben scheiden zu können.

Dass es nebst Alter auch weitere Ursachen gibt für das Sterben von Lebewesen, wissen wir alle. Kinder zwischen sechs und neun Jahren verstehen zunehmend klarer, dass auch Krankheiten und Unfälle zum Tod führen können und dass auch jüngere Menschen und Jungtiere nicht davon verschont werden. Außerdem bilden Kinder in dieser Lebensphase allmählich eine Idee von der Unumkehrbarkeit des Todes aus. Ältere Kinder im Alter von zehn, elf Jahren neigen dann aber wieder weniger als jüngere dazu, sich von sich aus mit Fragen zu Tod und Sterben zu beschäftigen. In diesem Alter ist die Zugewandtheit zum Leben und all seinen Vergnügen groß – „der Tod kann warten" (ebd.).

Das Bilderbuch *Der kleine Fuchs* bietet eine Fülle ansprechender Imaginationen über das kindlich ungetrübte Vergnügen zu leben. Es bringt aber auch die dem Leben immanente Verletzlichkeit ins Bewusstsein. In der Beschäftigung mit diesem kinderliterarischen Text kann dessen tröstlicher Erzählschluss unhinterfragt wörtlich genommen werden und mit dem Deutungsangebot, dass der kleine Fuchs den Sturz aus unheilvoller Höhe überlebt hat, kann das schöne Buch am Ende auch einfach zugeklappt werden. Es ist aber auch möglich, beim Lesen und Anschauen ins Grübeln zu geraten. Der Traum des Fuchses, in dem sein Leben an ihm vorbeizieht, lässt sich auch deuten als potenzieller Übergang an der Schwelle vom Leben in den Tod. Literarische Texte sind vieldeutig. Das glückliche Ende, das die Bilderbuchnarration von van de Vendel und Tolman bereithält, kann daher auch als Wunsch im Traum des kleinen Fuchses interpretiert werden, dass seinem Leben nicht mit einem heillosen Fall aus großer Höhe mitten im sorglosen Kinderspiel ein Ende gesetzt sein möge. Mit etwas älteren Kindern kann man leicht über die Mehrdeutigkeit des Bilderbuchs *Der kleine*

Fuchs ins Gespräch kommen und sie so zum Nachdenken bringen über die Schönheit und Verwundbarkeit des Lebens.

3.1 „Der kleine Fuchs" – in der Imagination ist Aussicht auf Lebensrettung

„Beim Lesen und Hören Vorstellungen entwickeln" ist der erste Aspekt literarischen Lernens, den Spinner (2006 und 2019) in seiner für die Literaturdidaktik der letzten Jahre überaus einflussreichen Modellierung für den Umgang mit (kinder- und jugend-)literarischen Texten und Medien im Deutschunterricht nennt.

> „Bilderbücher unterstützen [...] durch die Verbindung von Text und Bild die Vorstellungsbildung, wobei stimmungsmäßige Intensität von Bildern besonders wirksam ist." (Spinner 2019, o. S.)

Die intensive Spielfreude und unbekümmerte Lebenslust, die in sehr vielen Bildern des Bilderbuchs *Der kleine Fuchs* ästhetisch überaus eindrücklich zur Anschauung kommen, regen die eigene Vorstellungsbildung beim Betrachten an.[11] Hilfreich zur Unterstützung können hier bei der Erstbegegnung mit dem Bilderbuch in einem Bilderbuchgespräch im Klassenraum (im Sitzkreis oder mittels Bilderbuchkino) Gesprächsimpulse der Lehrkraft während der Bilderbuchpräsentation sein, die auf „subjektive Involviertheit" abzielen (d. i. Teilaspekt 2 in Spinners Modellierung), wie: Kennst du das/Vergleichbares auch? Aber auch Impulse, die zur Antizipation anregen, wie es weitergehen könnte, geben eigenen Imaginationen Raum.

Gerade für Letzteres eignen sich die Wendepunkte in der Narration gut, um dort vor dem Weiterlesen einzuhalten und die Schüler*innen z.B. mittels eigener Zeichnungen einen möglichen Fortgang der Geschichte imaginieren zu lassen. Dies wiederum führt zu Aspekt 8 in Spinners Modellierung: „Sich auf die Unabschließbarkeit des Sinnbildungsprozesses einlassen". Wie oben erwähnt, lässt die Erzählung mehrere Deutungen als stimmige Lesarten zu. Und es kann Balsam für trauernde oder angesichts eines drohenden Todesfalls verängstigte Kinderseelen sein, dass man den Erzählschluss auch einfach unhinterfragt wörtlich nehmen darf: „Denn alles ist gut."

Da es sich bei den beiden Protagonisten dieses Bilderbuches um Kindergestalten handelt, ist auch Perspektivübernahme (Aspekt 3 bei Spinner) leicht

---

11 Siehe auch den Praxistipp mit Materialien zum Download, mit Anregungen zur kreativen Auseinandersetzung mit diesem Bilderbuch in Vorschule bis Ende Klasse 6, im Zusammenhang mit der Nominierung des Bilderbuches für den deutschen Jugendliteraturpreis (Eder / Pfeiffer-Spiekermann 2021, 28–31).

anzuregen, verläuft diese hier doch über das wechselweise Angebot zur Identifikation mit dem kleinen Fuchs oder dem kleinen Jungen. Eder / Pfeiffer-Spiekermann (2021, 30) schlagen für ältere Schüler*innen das Basteln von Figuren und Kulissen für ein Fuchstheater vor, womit die Kindheitserinnerungen des Fuchses auf einer Puppentheaterbühne mit Pappfiguren nachgespielt werden können. Die Einnahme der Perspektive des kleinen Jungen, mit seiner ungetrübten Lebensfreude in freier Natur und seiner fraglosen Hilfsbereitschaft der hilfsbedürftigen Kreatur gegenüber, lässt sich m.E. hingegen gut in szenischem Rollenspiel und mittels eigener Körperpräsenz der Schüler*innen spielerisch anregen, ggf. mit in den Unterricht mitgebrachten Requisiten, die einzelne Szenen fundieren (z.B. ein Glas sowie ein Stofftier in Fuchsgestalt für die Darstellung der Rettungsszenen).

3.2 „Der Tod auf dem Apfelbaum" – dem Tod ein Schnippchen zu schlagen, kann nicht von Dauer sein

Für die Hinführung zum Bilderbuch *Der Tod auf dem Apfelbaum* regt Menge (2016, 5) an, Schüler*innen im Vorfeld der Beschäftigung mit diesem kinderliterarischen Text Vorstellungen und eigene Anschauungen entwickeln zu lassen zu dessen Themen, die sich auf dem Cover zeigen und aus dem Titel aufdrängen. Das sind: ein listig blickender Fuchs, ein angebissener Apfel, ein Schattenumriss im Rücken des Fuchses sowie im Titel die Wörter „Tod" und „Apfelbaum". Über subjektive Involviertheit, etwa indem über die Auseinandersetzung mit dem Geschmack von Äpfeln ein Einstieg in die Geschichte versucht wird (ggf. angebunden an das Angebot von Apfelschnitzen zum Kauen im Klassenraum), lässt sich miteinander ins Gespräch kommen über Lebensgenüsse wie dem Pflücken und Essen eines knackigen, roten Apfels. Und was die Klasse über Füchse in der freien Natur sowie die Figur des schlauen Fuchses in Fabeln[12] an Vorwissen abrufbar zum miteinander Teilen zur Verfügung hat, lässt sich während der Annäherung an das Bilderbuch in einem von der Lehrkraft moderierten Gespräch über dessen Cover auch in Erfahrung bringen. Das Wort *Tod* im Titel lässt womöglich erste Anmerkungen seitens der Klasse zu diesem Thema aufkommen und eventuell bieten die Schüler*innen von selbst Spekulationen an, was es mit dem Fuchsschatten auf dem Titelbild auf sich haben könnte. Über Antizipationen, die sich aus genauer Anschauung und Einbettung in den Erfahrungshorizont der Kinder herstellen, sind so zunächst die Aspekte 1 (Vorstellungsbildung) und 2 (Involviertheit) literarischen Lernens in Spinners Modellierung (2006 und 2019) im Zielhorizont.

---

12 Vgl. hierzu auch Hoffmann (2022, 229), die Schärers Bilderbuch über die anthropomorphisierten Tierfiguren und den lehrreichen Charakter der Erzählung ohnehin in der Tradition der Fabel verortet.

Hinsichtlich der unterrichtlichen Arbeit am literarischen Lernaspekt „Perspektiven literarischer Figuren nachvollziehen" (in Spinners Aufzählung an 3. Stelle) bietet das Bilderbuch *Der Tod auf dem Apfelbaum* aber ebenfalls viel, sobald man gemeinsam mit der Klasse in die Geschichte einsteigt (Menge 2006 schlägt Bilderbuchkino zur gemeinsamen Rezeption vor). Durch Einfühlung in den alten Fuchs kann man beim Lesen bzw. Zuhören und Betrachten emotional sehr gut nachvollziehen, wie der unwiederbringliche Verlust des liebsten Wesens, das einen durchs Leben begleitet hat, kaum zu ertragen ist – dies mit Blick auf die Doppelseite, die zeigt, wie der alte Fuchs seine tote Füchsin unter den Apfelbaum schleppt, auf dem sein Tod sitzt. Die Art und Weise, wie der alte Fuchs den Tod dort auf den Knien und mit einer Träne im Auge fragt: „Tod, was hast du getan?! Wie kann es sein, dass meine Füchsin stirbt? Du sitzt doch hier fest?" rührt einen an bis ins Innerste, selbst wenn diese Art von Abschiednehmen nach langem gemeinsamem Lebensweg durch keine Eigenerfahrung gestützt wird. Bei Spinner (2019, o. S.) heißt es wörtlich in der Erläuterung von diesem Aspekt literarischen Lernens:

> „Beim Lesen werden nicht nur eigene Emotionen angesprochen; literarische Texte laden auch dazu ein, Gefühle und Einstellungen von Figuren nachzuvollziehen, die über die eigenen Erfahrungen hinausreichen. Literatur vermittelt so Fremdverstehen und löst Empathie aus."

Zur Einfühlung in das Erschrecken des Fuchses über den Tod seiner Füchsin sowie seinen Schmerz über den Verlust dieses ihm liebsten Wesens bietet sich ein handlungsorientierter Umgang mit diesem Erzählabschnitt an. Dies kann über den Bau von Standbildern geschehen, in denen die Schüler*innen die Gefühle des alten Fuchses von Fassungslosigkeit und Trauer bis hin zur Akzeptanz des Unausweichlichen in Körperhaltung und Mimik zum Ausdruck bringen.

Dass der Tod im Alter seinen Schrecken verliert und sogar als gnädige Umarmung empfunden werden kann, ist ein weiterer Einblick ins Leben, den *Der Tod auf dem Apfelbaum* jüngeren Betrachter*innen und Leser*innen anbietet. Den Tod hereinlegen zu können und endlos zu leben, mag als Vorstellung im Märchen zunächst reizvoll sein. Wer die letzten Doppelseiten von Schärers Bilderbuch allerdings aufmerksam betrachtet und liest – „subjektive Involviertheit" verlangt nach Spinner auch, „genaue Wahrnehmung" „ins Spiel" zu „bringen" (Aspekt 2) –, versteht jedoch sehr wohl, dass der Tod zum Leben gehört und schließlich und endlich, wie Schärer es in ihrer Neuerzählung des Märchens an ihrer Bilderbuchfigur des vereinsamten und altersgebrechlichen Fuchses zeigt, auch eine Gnade sein kann.

Und nicht zuletzt lässt sich in einer Deutschstunde auch über das Sinnbild des vierjahreszeitlich illustrierten Apfelbaums und die Darstellung des Lebens als Kreislauf, in dem der Tod mitten im blühenden Geäst sitzt, trefflich ins Philosophieren kommen. Kinder sind durchaus schon fähig, die Symbolhaftigkeit von Bildern zu erfassen (siehe Aspekt 7 in Spinners Auflistung). Und so dürfte die Doppelseite, die den Apfelbaum im Wandel der Jahreszeiten zeigt, zweifellos dazu beitragen, den Tod als Lebensgegebenheit zu begreifen – als Naturgesetz, gegen das man sich wie der alte Fuchs auch durchaus sträuben darf. Dass aber dem Tod auf Dauer kein Schnippchen zu schlagen ist, ist nicht nur eine Märchenweisheit, sondern auch barmherzig. Dies nicht nur im Sinne des Nachvollzugs der narrativen Handlungslogik dieses Bilderbuchs zu verstehen (Aspekt 5 bei Spinner), bildet die Persönlichkeit und bedeutet ahnendes Begreifen, wieso das Leben den Tod braucht. *Der Tod auf dem Apfelbaum* fuchst Vorstellungskraft, Verstand, Herz und Seele ein mit Einsichten ins notwendig vergängliche Dasein auf Erden.

4. Kurzes Fazit

Imaginative, emotionale, kognitive und kreative Seelenkräfte werden im Umgang mit Literatur gerade dann besonders angeregt, wenn es dabei um Themen geht, die diejenigen, die sich mit ihr befassen (sollen), interessieren. Dass auch Kinder sich über die Zerbrechlichkeit des Lebens Gedanken machen, darf vorausgesetzt werden (siehe Hopp 2010a). Die beiden hier besprochenen Bilderbücher sind je nachdem, was die Schüler*innen in ihrem eigenen Lebensumfeld aktuell gerade umtreibt, je einzeln oder auch gut in Kombination einsetzbar, wenn Kinder im Umgang mit Literatur auch etwas über das Leben und dessen Endlichkeit erfahren sollen. Fragen, die sich angesichts von Tod und Vergänglichkeit stellen, sind anthropologische Grundfragen, die den Menschen seit jeher beschäftigen. Und dass Reflexionen rund um Sterben, Trauer und Trost auch an das Wissen um die Schönheit des Lebens sowie die Glücksgefühle im Genuss seines Vollzugs gekoppelt sein sollten, das führen die beiden Bilderbücher, die hier im Hinblick auf ihr didaktisches Potenzial für den Deutschunterricht in der Primarstufe diskutiert worden sind, in je eigener Weise ästhetisch ansprechend und Herz berührend vor Augen.

Literatur

EDER, KATJA / PFEIFFER-SPIEKERMANN, JULE (2021), Workshop Bilderbuch „Mit Bildern in die Welt der Sprache", Praxisseminarreihe zu den nominierten Büchern des deutschen Jugendliteraturpreises 2021, „Der kleine Fuchs", 27–31; https://www.jugendliteratur.org/_files_media/djlp_titel_pdf/4252.pdf (Stand: 30.12.2021).
HOFFMANN, LENA (2022), Figurenanalyse im Bilderbuch, in: DAMMERS, BEN u.a. (Hg.), Das Bilderbuch. Theoretische Grundlagen und analytische Zugänge, Berlin, 219–236.

Hopp, Margarete (2010a), Kinder fragen nach dem Tod. Kindliche Todesvorstellungen. Trauerreaktionen und religiöse Trostbilder, in: kjl&m 10/4, 3–10.

Hopp, Margarete (2010b), Die neuen Bilderbücher über Sterben, Tod und Trauer, in: kjl&m 10/4, 23–30.

Josting, Petra (2010), Editorial, in: kjl&m 10/4, 2.

Menge, Stephanie (2016), Begleitheft zu Kathrin Schärer „Der Tod auf dem Apfelbaum", bilderbuchkino.de; https://www.kath-kirche-vorarlberg.at/organisation/medienstelle/links-dateien/der-tod-auf-dem-apfelbaum (Stand: 29.12.2021).

Schärer, Kathrin (2015), Der Tod auf dem Apfelbaum, Zürich.

Spinner, Kaspar H. (2006), Elf Aspekte literarischen Lernens [Basisartikel], in: Praxis Deutsch 200, 6–16.

Spinner, Kaspar H. (2019), Literarisches Lernen mit Kinder- und Jugendliteratur, in: KinderundJugendmedien.de, wissenschaftliches Portal für Kindermedien und Jugendmedien; https://www.kinderundjugendmedien.de/index.php/153-fachlexikon/fachdidaktik/unterrichtskonzepte-und-methoden/2646-literarisches-lernen-mit-kinder-und-jugendliteratur (Stand: 30.12.2021).

Vendel, Edward van de / Tolman, Marije (2021), Der kleine Fuchs. Aus dem Niederländischen von Rolf Erdorf, 4. Aufl. Hildesheim.

Für Symbole sensibilisieren
Formen jüdischer, christlicher und muslimischer Bestattungen als Lernchance

Karlo Meyer / Horst Heller

Mehmet ist zehn Jahre alt, sein Vater ist auf einer Dienstreise innerhalb von nur vier Tagen an einer Virusinfektion gestorben. Er war sehr engagiert im Stadtteil, in der Moscheegemeinde und als Elternsprecher in der Schule. Seine Klassenlehrerin hat es von Kollegen erfahren. Als sie in die Klasse kommt, wirkt Mehmet teilnahmslos.

Aischa ist 18 Jahre geworden. Ihre Mitschüler*innen sagen: Sie ist gestorben, wie sie gelebt hat. Mit über 100 km/h ist sie auf einer Landstraße ungebremst auf einen langsameren LKW aufgefahren. Das war am Samstag. Am Montag stehen die Mitschüler*innen noch unter Schock.

Nesch ist 15, er folgt einer der Traditionen, die im Westen unter „Hinduismus" zusammengefasst werden, faktisch aber von Landstrich zu Landstrich sehr unterschiedlich sind. Seine kleine Schwester war seit langem krank, nun ist sie gestorben. Einige Schüler*innen haben Totenverbrennungen aus Indien im Kopf. Sie tuscheln untereinander und fragen sich, ob die Schwester nun auch auf einer Art Scheiterhaufen verbrannt wird.

Mohammad, ein syrischer Mitschüler, ist gestorben. In seinem Heimatort ist es nicht üblich, dass Frauen an Beerdigungen teilnehmen. Es heißt, dass ihr Klagen die Seele des Jungen zurückhält. Die Bestattung wird stattdessen per Stream übertragen. Einige Eltern der Klasse reagieren mit Unverständnis.[1]

---

[1] Der vorliegende didaktische Baustein beruht u.a. auf Arbeitsblättern und Film von Meyer 2015a und b und ist eine variierte Form eines Bausteins aus der Zeitschrift Entwurf von Heller und Meyer 2022.

1. Vorab Grundsätzliches: Der aktuelle Todesfall mit interreligiösem oder interkulturellem Hintergrund

Was interreligiös im Zusammenhang mit Tod und Trauer im Umkreis der Schule an Lehrkräfte herangetragen werden kann, ist vielfältig und lässt sich kaum vorhersehen. Das gilt schon für christliche Zusammenhänge, umso mehr jedoch für die ganze Vielfalt weltweiter Traditionen.

Wie die Beispiele zeigen, ist jeder Todesfall ein singuläres Ereignis mit je eigenen Implikationen und Reaktionen. So individuell der Tod eintreten kann, so vielfältig sind auch die Formen der Trauer. Sie sind so unterschiedlich wie Kulturen und Regionen. In allen Fällen kann akut ein schulischer Leitfaden hilfreich sein, der im Krisenfall zur Anwendung kommt (vgl. Dorothe Heidgreß / Stephan Heinlein in diesem Band). Nichtsdestoweniger sind die Reaktionen, die einer Lehrkraft in einem konkreten Zusammenhang begegnen, nicht vorhersehbar. Die klassische Seelsorge hat für diese Fälle die Metapher des *Raum-Gebens* entwickelt. Der Seelsorgepionier Hans Christoph Piper entwickelte sie in Auseinandersetzung mit der Lutherübersetzung eines Psalmworts: „Ich rief den Herrn an in der Angst, und der Herr erhörte mich in weitem Raum." (Ps 118,5).[2] Piper brachte damit zum Ausdruck, dass es nicht die Aufgabe der Seelsorgenden sei, Schüler*innen und Angehörigen engführend fertige Trostworte zu präsentieren, sondern ihnen die Chance zu geben, leiblich, emotional oder verbal Weite zu finden und zum Ausdruck zu bringen, was sie belastet oder ihnen in diesem Moment wichtig ist. Es geht weder um vorformulierte Trostworte noch um Wertungen, sondern darum, *Weite* durch Zeit und Orte für das Zuhören bereit zu stellen. Genau dies, Zuhören und Weite, hilft auch denjenigen, die die Trauernde begleiten.

Dabei ist Lehrbuchwissen gerade in interreligiösen Belangen kaum zielführend. Einige Beispiele: Auch Katholik*innen verlangen sehr selten nach einer letzten Ölung, selbst wenn das „katholisch" ist. Viele Muslim*innen glauben nicht daran, dass die Engel Munkar und Nakir sie nach ihrem Tod befragen. Viele evangelische Menschen aus Amerika benutzen niemals Kerzen in gottesdienstlichen Zusammenhängen, ganz anders als deutsche. Jüdinnen und Juden sind nach einem Trauerfall in Deutschland meist nicht eine Woche mit Schiwa-Sitzen beschäftigt. Die Vielfalt dörflicher Hindurituale oder syrischer Familientraditionen findet sich, wie oben angedeutet, weder im Internet noch in einem Buch. Nur wer zuhört, wird sie wahrnehmen und wertschätzen.

---

2 Piper 1985, 6. Zum Hintergrund bei Luther, vgl. Piper 1998, 170.

Für die Schule bedeutet diese Einsicht ein Fünffaches, wie schon oben in einigen Aspekten im Beitrag von Dorothe Heidgreß / Stephan Heinlein zur Trauerbegleitung in diesem Band angeklungen:

1. *Ein zeitlicher Rahmen, der sich nicht dem Takt des Schulgongs anpasst*
   Es mag (und muss vielleicht) einmal alles durcheinanderkommen, weil so viele auch innerlich durcheinander sind. Zeit ist nötig für die Trauernden, aber auch für Gespräche, die eine ernsthafte Begleitung in Ausnahmesituationen sein wollen.
2. *Ein Mensch, der zuhören kann*
   Kinder und Jugendliche (wie auch Erwachsene) brauchen in Situationen von Schock und Trauer jemanden, der sie emotional und manchmal auch physisch hält. Es muss nicht die Klassenlehrerin oder der Klassenlehrer sein, wenn sie oder er selbst unter Schock steht. Eine gewisse Distanz kann sogar hilfreich sein.
3. *Ein Kriseninterventionsteam, das über eine Materialsammlung (z.B. einen sogenannten Trauerkoffer) verfügt*
   Impulse helfen, um nach dem ersten Schock der Trauer einen Ausdruck zu geben. Hier können ein Trauerkoffer sowie ein Team im Hintergrund helfen.
4. *Ein physischer Raum für die Trauer*
   Der leere Platz der Mitschülerin/des Mitschülers kann geschmückt werden, für ein Elternteil kann im Klassenraum eine kleine Fläche vorbereitet werden, die die Klasse zusammen gestaltet, für den Elternsprecher, die Elternsprecherin oder eine Lehrkraft kann es auch eine Fläche im Schulfoyer sein.
5. *Sensibilität*
   All dies gilt religionenübergreifend. Bei Traditionen, die den Lehrkräften nicht nahestehen, ist Sensibilität besonders wichtig.

Die einleitenden Beispiele machen darüber hinaus zweierlei deutlich: Es gibt Traditionen, die uns fremd und vielleicht diskriminierend erscheinen, wie die Trennung von Frauen und Männern in Trauerritualen, deren religiöse Bedeutung sich aber bei näherem Hinsehen zeigt und deren Kritik nur Irritationen hervorrufen würde. Vorurteile können zu falschen Deutungen religiöser Rituale und Traditionen führen. Auch hier sind Raum-Geben und Zuhören am hilfreichsten.

Angesichts des Beschriebenen kann die angemessene Reaktion auf einen Todesfall daher kaum vorab geplant werden, die Umstände sind jeweils zu spezifisch. Im Folgenden wird ein Vorschlag für eine vorgängige Unterrichtseinheit präsentiert, der zwei Zielrichtungen verbindet. Zum einen lernen Schüler*innen, Symbole und Ausdrucksweisen um Trauer und Tod nach den eigenen Präferenzen und Gefühlslagen zu verwenden und Varianten anderer wahrzunehmen. Vor diesem Hintergrund können sie auch fremde Ausdrucksweisen in Ritualen der Religionen neu entschlüsseln. Wenn sie mit Trauerriten der drei verschiedenen Traditionen vertraut sind, sinkt die Schwelle, andere zu ihren Formen und Symbolen zu befragen bzw. Auskunft zu geben, aber auch an Bestattungen anderer Religionen selbst teilzunehmen.

2. Die Unterrichtsreihe zur interreligiösen Symbolsensibilisierung

2.1 Baustein 1: Symbole und Ritualsprache kennenlernen und selbst entwickeln (vier Unterrichtsstunden)

Eine *erste Stunde*, die sich dem Thema nähert, nimmt etwaige akute oder auch nach längerer Zeit noch auf der Seele lastende Erinnerungen der Schüler*innen auf. Werden sie hier nicht zur Sprache gebracht, drohen sie im Hintergrund zu schwelen und im weiteren Verlauf der Einheit Irritationen auszulösen. Einen ersten Impuls können eigene Erfahrungen der Lehrkraft bilden. Erfahrungsgemäß bringt rund ein Drittel der Jugendlichen entsprechende Erlebnisse ein. Es wird Zeit gegeben, verschiedene Erfahrungen aufzunehmen und schlicht anzuhören. Dies muss nicht nur verstorbene Menschen betreffen, auch der Verlust eines Tieres kann zur Sprache kommen. Nicht in jedem Fall ist eine ganze Stunde zu veranschlagen.

Die *zweite (Doppel-) Stunde* nähert sich dem Thema des Symbolisierens angesichts von Tod und Trauer an. Als stummen Impuls präsentiert die Lehrkraft eine schwarze Schleife. Gemeinsam wird die letzte Stunde rekapituliert und überlegt, was es mit der Farbe Schwarz auf sich hat und warum dies hierzulande die Farbe der Trauer ist. Zusätzlich kann ein Friedhofslicht mitgebracht werden. Wie Schwarz die Trauer und die Abwesenheit der Freude an Farben ist, so drückt das Licht die Hoffnung aus, dass nicht alle Erinnerung erloschen ist oder dass etwas von der oder dem Verstorbenen weiterlebt. Dann erarbeiten die Schüler*innen in Gruppenarbeit eine der beiden folgenden Aufgaben:

Arbeitsauftrag 1: Ihr macht ein Praktikum in einem Krankenhaus. Wegen eines Notfalls ist das gesamte Personal eurer Station auf dem Weg zum OP. Eine Krankenpflegerin bittet euch um folgendes: Gleich kommen Angehörige eines Verstorbenen, die sollen hier im Warteraum bleiben. Der Patient ist im Alter von 91 Jahren gestorben. Richtet den Tisch im Warteraum so her, dass es angemessen ist."
Hinweis: Es sind nicht nur konventionelle Symbole möglich, sondern auch neue, ungewöhnliche Ideen, die ihr selbst entwickelt.
Differenzierung: Die Lehrkraft stellt eine Reihe von Gegenständen vor, die genutzt werden können. Darüber hinaus sollen die Gruppen auswählen, was sie zusätzlich z.B. im Krankenhausgarten oder im Kiosk bekommen können.
Zusatzaufgabe: Die Gruppe überlegt sich zusätzlich angemessene Handlungen und begründet ihre Wahl.

Arbeitsauftrag 2 (persönlichere Variante): Der Onkel deiner Mutter ist bei euch zu Hause verstorben. Aufgrund eines anderen Todesfalls wird der Bestatter erst in zwei Stunden eintreffen. Ihr habt die Aufgabe, den Raum, in dem der Tote liegt, herzurichten und einen Tisch vor seinem Bett zu gestalten.
Hinweis, Differenzierung und Zusatzaufgabe wie bei Arbeitsauftrag 1.

Die Vorschläge werden präsentiert und in einer Übersicht gesichert: Es entsteht eine erste Aufstellung der Symbole und Ausdrucksformen sowie deren Deutung und Funktion: Wie können sie helfen oder trösten?

Eine *weitere Stunde* setzt die Beschäftigung mit Symbolisierungen von Sterben und Tod fort. Dazu präsentiert die Lehrkraft die Übersicht mit den Symbolen und Ritualen der letzten Stunde. Die Schüler*innen ergänzen weitere Deutungen. Sie stellen fest, dass sich bei einigen Symbolen zwei oder drei Verständnisweisen finden – die Mehrdeutigkeit von Symbolen wird herausgearbeitet. So stehen z.B. bunte Farben für den Rückblick auf ein buntes Leben oder auch für die Zukunftshoffnung auf ein frohes Jenseits. Blumen stehen für Vergänglichkeit, aber auch für den Paradiesgarten. Die Lerngruppe äußert sich dazu und bezieht vorläufige Stellung.

Als Zusatzaufgabe wird die Frage aufgeworfen, wieweit unkonventionelle Symbole eine Hilfe sind oder stören. Dabei können Vorschläge der Schüler*innen, aber auch Impulse der Lehrkraft den Ausgangspunkt bilden:
– Ist bunte Kleidung unangemessen, wenn alle anderen Schwarz tragen?
– Ein amerikanischer Autor wollte, dass seine Asche nach seinem Tod mit einer Kanone und lautem Knall in den Himmel geschossen werde.

Im Gespräch wird herausgearbeitet, für wen und welchen Zweck Symbole eingebracht werden. Für die/den Verstorbenen? Für die Nahestehenden und Trauernden und deren Bedürfnisse? Oder für die Besucher*innen der Bestattungsfeier? Was passt für wen und wieviel Rücksicht ist angemessen? Leistungsstarke Gruppen können konkrete Kriterien formulieren.

2.2 Baustein 2: Exemplarische Bestattungsriten der abrahamischen Religionen (drei Unterrichtsstunden)

Mit dem neu gewonnenen Verständnis möglicher Ausdrucksformen angesichts des Todes können Rituale der großen Traditionen neu gesehen und besser verstanden werden. In diesem Baustein geht es deshalb um Sachkenntnis zu religiösen Symbolen, aber auch um zwei weitere Zielrichtungen: Die Kenntnis anders-religiöser Bestattungen soll die Schwelle senken, an diesen einmal teilzunehmen. Schüler*innen sollen ferner in die Lage versetzt und ermutigt werden, weitere, eigene Symboliken und Deutungen um Tod und Sterben zu entwickeln.

> *Hintergrundinformation für die Lehrperson*
> Im deutschsprachigen Raum unterscheiden sich die Vorstellungen der abrahamischen Traditionen zum Leben nach dem Tod weniger als vielfach in der Literatur zu lesen, gleichwohl sind sie höchst heterogen und zwar innerhalb der Gemeinschaften selbst (vgl. Meyer 2015a, 12 und den Beitrag von Bettina Kruhöffer in diesem Band). Unterschiede zeigen sich also weniger zwischen den Religionsgemeinschaften, sondern deutlicher quer zu diesen. In allen drei Traditionen gibt es Vertreter*innen, die betonen, dass das, was kommt, mit menschlichen Worten und Gedanken nicht zu fassen sei. Demgegenüber stehen andere, die Bilder von Gericht und Paradies sehr konkret vor Augen haben. Schließlich gibt es in allen drei Religionen auch Menschen, die skeptisch sind und ein Leben nach dem Tod generell bezweifeln oder das eigene Unwissen betonen. In allen Religionen gibt es zusätzlich regionale, individuelle oder familiäre Traditionen. Daher sollten Schüler*innen die Möglichkeit haben zu berichten, was in ihrer Region und ihrer Familie bestimmend ist oder auch wo es Kontroversen gibt.

Erste (Doppel-)Stunde
Motivation und Einstieg: Die Lehrperson bringt neun Gegenstände mit, die in den Filmen eine Rolle spielen: ein grünes Tuch, ein weißes Tuch, Wasser, eine Kerze, Blumen, Erde in einem Tütchen, ein Kreuz, ein Teppichmesser und ein Holzbrett (ca. 40 cm). Alternativ werden sie als Bilder präsentiert.

Präsentation des Films und Erarbeitung: Die Schüler*innen sehen entweder in Gruppen oder je nach Möglichkeit zusammen die drei Kurzfilme aus der DVD *Glaube, Gott und letztes Geleit* (Meyer 2015b). Sie achten arbeitsteilig in drei Gruppen während der Darbietung darauf, wo die für die Gruppe ausgewählten Gegenstände auftauchen. Sie notieren ihre Beobachtungen in die erste Spalte eines Beobachtungsbogens.

- In der Arbeitsgruppe zur jüdischen Bestattung sind die relevanten Gegenstände Wasser, ein weißes Tuch, Erde in Zellophan, Teppichmesser und als Bild das Ritual des Spalierstehens.
- Bei der Gruppe zur christlichen Bestattung sind dies Blumen, Kerze, Kreuz und als Bild das Ritual des Bucheintrags.

- Für die Erarbeitung der muslimischen Bestattung geht es um Wasser, ein grünes Tuch, ein Holzbrett und als Handlung auf einem Bild das gemeinsame Tragen.

Der Beobachtungsbogen kann folgendermaßen gegliedert sein, wobei in diesem ersten Schritt nur die erste Spalte relevant ist. „Was bewirken sie? Welche weiteren Erklärungen habt ihr im Interview gefunden?"

„Welchen Gegenstand/ Handlung habt ihr beobachtet?	In welchem Zusammenhang kamen sie vor?	Was bewirken sie?	Welche weiteren Erklärungen habt ihr im Interview gefunden?"[3]

Vertiefung 1: Anschließend werden Hintergründe zu einem der Gegenstände und einem der Rituale der drei Traditionen erarbeitet. Dies geschieht diesmal getrennt in denselben drei Gruppen. Dazu lesen die Arbeitsgruppen ein Interview mit dem jeweiligen Geistlichen im Film die anhängenden Arbeitsblätter M 1 bis 3 und ergänzen auf Beobachtungsbogen in den folgenden Spalten.
- den Gegenstand/das Ritual und wo sie auftauchen (falls nicht schon geschehen),
- was bewirken sie und
- ob es noch weitere religiöse Bedeutungen gibt, die im Interview angesprochen werden.

Bei der Auswertung der Ergebnisse der Arbeitsgruppen unterstreicht und erläutert die Lehrkraft insbesondere die theologischen Deutungen der Rituale und Symbole.

Erwartungshorizont
Jüdische Bestattung:
- Das Wasser dient zur Waschung der Toten und zur Herstellung der rituellen Reinheit. *Theologische Bedeutung:* Der Tote wird so vorbereitet, dass er nun rein vor Gott treten kann.
- Das weiße Tuch bzw. die weiße Kleidung wird dem Verstorbenen nach der Waschung angezogen. Sie unterstreicht die Gleichheit der Menschen im Tod. *Theologische Bedeutung:* Alle Toten sind vor Gott gleich, niemand wird vor Gott bevorzugt.
- Das Teppichmesser dient zum Abschneiden eines Fransenbündels des Gebetsschals. *Theologische Bedeutung:* Der Verstorbene muss nun nicht mehr den religiösen Geboten folgen.
- Erde aus Israel in einer Zellophantüte wird in den Sarg gestreut. Sie ist eine Erinnerung an das gelobte Land, an Israel. *Theologische Bedeutung:* Der Verstorbene ist mit Israel verbunden. Nach jüdischem Glauben wird der Messias in Israel sein Reich errichten.

---

3 Vgl. Meyer 2015b, DVD Material; Einheit A (nicht paginiert), sowie Heller / Meyer 2022, Entwurf 1 (im Druck).

- Am Ende der Beerdigung stehen die Menschen Spalier, ein Zeichen, dass die Trauergäste den Angehörigen zur Seite stehen.

Christliche Bestattung:
- Die Blumen in der Kapelle auf und neben dem Sarg sind eine Erinnerung daran, dass das Leben schön, aber auch vergänglich ist. *Theologische Bedeutung:* Sie sind zusätzlich Erinnerung an den Paradiesgarten und damit an ein Leben nach dem Tod.
- Die Kerze(n) geben Wärme und Licht. *Theologische Bedeutung:* Sie sind zusätzlich eine Erinnerung an Christus als Licht der Welt und das ewige Leben.
- Das Kreuz, sichtbar als Gegenstand und als Geste des Kreuzschlagens, ist ein Ausdruck der Verbundenheit des Toten mit Jesus Christus. *Theologische Bedeutung:* Jesus als Auferstandener ist Träger der Hoffnung, dass auch die Verstorbenen auferstehen werden.
- Der Eintrag in ein Kondolenzbuch ist eine Geste des Mitgefühls und macht den Angehörigen deutlich, wie viele Menschen Anteil nehmen.

Muslimische Bestattung:
- Das Wasser dient wie im Judentum der rituellen Reinigung. *Theologische Bedeutung:* Der Verstorbene kann nun wie im Gebet rein vor Gott treten.
- Auf dem Leichnam wird während des Gebetes, ein grünes Tuch gelegt, mit dem er zu Grabe getragen wird. Grün ist die Farbe des Islam. Auf ihm ist das Glaubensbekenntnis aufgestickt. *Theologische Bedeutung:* Grün ist zudem die Farbe des Paradieses und der Engel. Sie verdeutlicht, dass der Beerdigte ein/e Muslim ist und sie verdeutlicht, dass er jetzt im Himmel ist.
- Der Körper wird im Grab so auf die Seite gedreht, dass er in die Gebetsrichtung, also nach Mekka zur Kaaba ausgerichtet ist. Der Holzbalken hilft, ihn auf der Seite zu stabilisieren. *Theologische Bedeutung:* Der Blick Richtung Mekka symbolisiert (wie beim Beten) die Ausrichtung auf Gott. Er ist nun bereit zur Begegnung mit Gott.
- Dass alle Anwesenden den Sarg tragen, ist eine Ehrerbietung gegenüber dem Toten und ein Ausdruck der Anteilnahme und Hilfe für die Angehörigen.

Vertiefung 2: Die Gegenstände und Rituale werden nun quer zu den Traditionen nach Bedeutungsgruppen sortiert. Die folgenden Kriterien werden vorher an der Tafel notiert.

Erwartungshorizont
- Die Erde, das grüne Tuch, das Kreuz sind Symbole der Zugehörigkeit zur Glaubensgemeinschaft.
- Die Waschung und das weiße Tuch sind Ausdruck dafür, rein vor Gott zu treten; dieselbe weiße Kleidung für alle drückt aus, dass alle gleich vor Gott erscheinen.
- Das Holzbrett, mit dem der Verstorbene in Richtung nach Mekka fixiert wird, das Teppichmesser für das Abschneiden von Fransen des Gebetsschals, die Blumen und die Kerze wollen die bleibende Verbindung des Verstorbenen zu Gott ausdrücken.
- Der Eintrag in das Buch, das Spalier, das gemeinsame Tragen des Sargs stärken oder trösten die Angehörigen.

Zweite Stunde
Transfer: Die Lerngruppe reflektiert zu Beginn nochmals die Symbole und Rituale und ihre Bedeutung. Die Lehrperson unterstreicht und erläutert vor allem die theologischen Deutungen, die der Hoffnung Ausdruck verleihen, dass sich die Verstorbenen in bleibender Verbindung zu Gott befinden.

Ist diese religiöse Bedeutung der Symbole und Rituale im Zusammenhang mit Sterben und Abschied geklärt, machen sich die Schüler*innen Gedanken, welche weiteren, eventuell ganz anderen und sehr persönlichen Symbole zu dieser Verbindung mit Gott oder zum Jenseits ebenfalls denkbar wären. Sie können dabei eigene Präferenzen und eigene Ideen entwickeln und zum Ausdruck bringen. Je nach Leistungsstärke der Gruppe können Schüler*innen die Symbole weitgehend eigenständig entwickeln oder z.B. folgende Gegenstände als Impuls für weitere Überlegungen nutzen.

Einfach:
- *ein Stück Gold/Edelstein (Gottes Nähe als wertvoll erfahren)*
- *ein Unendlich-Zeichen (unendlich mit Gott leben)*
- *Süßigkeiten (die Nähe Gottes genießen)*
- *Kissen (sich bei Gott geborgen fühlen)*

Komplexer:
- *eine Brille (Gott und Welt neu sehen)*
- *ein gelöstes Puzzle/zwei Puzzleteile (die Rätsel der Welt neu verstehen)*
- *ein Labyrinth (die Lebenswege von oben klarer sehen)*

Vieles Weitere ist selbstverständlich denkbar.

Methodisch kann hier vielfältig vorgegangen werden: Gruppengespräche, Bilder mit Erklärung, freies Theologisieren im Plenum. Es sollte darauf geachtet werden, dass die Bedeutung der eigenen Symbolik eingehend beschrieben wird. Am Ende entscheiden sich die Schüler*innen vorläufig für persönliche Präferenzen und eventuell ganz eigene Varianten im Sinne einer Selbstpositionierung (vgl. den Beitrag von Bettina Kruhöffer in diesem Band). Glaubende, Zweifelnde und Nichtglaubende bekommen gleichermaßen Raum für ihre Vorstellungen.

Schüler*innen lernen in dieser Einheit, einen Blick für unterschiedlichste Symboliken um Tod und Trauer zu entwickeln, sensibel für Neues und fremde Sichtweisen zu werden, sich über deren Bedeutungen klar zu werden und diesbezüglich eigene Präferenzen zu reflektieren. Sie entwickeln so auch für (zukünftige) aktuelle Todesfälle (als lebensweltliche Anforderungssituation) Kompetenzen wie Sensibilität, einen Blick auf Bedeutungsgehalte für fremde Formen und die Bereitschaft zu deren Wertschätzung sowie die Fähigkeit, zu diesen sowie eigene Symboliken zu kommunizieren.

M 1 Interview mit Rabbiner Schell[4]

Ich bin Liya, 16 Jahre alt und gehe in die 10. Klasse. Ich bin Jüdin. Ihr habt im Film gesehen, wie die Beerdigung meines Großvaters ablief. Dazu gehörte es, dass ich in der Kapelle selbst ein paar Worte an die Gemeinde gerichtet habe. Die gesamte Beerdigung hat Rabbiner Schell geleitet. Da ich damals die erste jüdische Beerdigung erlebte, hatte ich auch einige Fragen an Rabbi Schell.

Liya: Bevor wir in die Kapelle kamen, wurde der Leichnam meines Großvaters gewaschen, können Sie mir dazu etwas erzählen?

Rabbi Schell: Eine Gruppe von Männern aus der Gemeinde wird von mir eingewiesen, um bei der Waschung zu helfen. Dabei werden zuerst ohne Unterbrechung in einem Guss etwa 27 Liter Wasser über den Toten gegossen. Er wird so rituell rein, so ähnlich wie wenn wir uns selbst vor einem wichtigen Gebet rituell waschen. Nun übernimmt das die Gemeinschaft, da der Tote es nicht mehr kann. Am Ende ist er vorbereitet, rein vor Gott zu treten.

Liya: Meine Mutter hat mir erzählt, dass der Tote noch eingekleidet wird.

Rabbi Schell: Ja, der Tote wird von uns weiß angezogen mit Hose, Hemd, einer Kappe und einer Art Strümpfe oder Leinenstulpen. Die Kleidung ist für alle gleich, sodass kein Unterschied zwischen den Menschen im Tod besteht. Vor Gott sind ja auch alle gleich. Das wird so deutlich.

Liya: Der Sarg ist auch nicht besonders prächtig.

Rabbi Schell: Er sollte möglichst gar keine Verzierungen haben. Einfach eine Kiste ohne Dekoration außen oder schöne Stoffe innen. Drinnen ist zunächst nur etwas weißer Stoff und ein Gebetsschal. Seine Fransen, die Zizit, erinnern uns an Gottes Gebote. Wenn wir den Toten in den Sarg legen, ist der Gebetsschal dort schon vorbereitet. Ein Fransenbündel wird abgeschnitten. Das ist ein Zeichen dafür, dass der Verstorbene den Geboten nicht mehr zu folgen braucht. Er braucht das nicht mehr, weil die Menschen in Gottes Nähe nach dem Tod von ihren Fehlern befreit sind. Gebote sind nicht mehr nötig.

Liya: Einige Juden lassen ihre Angehörigen auch in Israel bestatten.

Rabbi Schell: Damit ist der Leichnam dann in dem Land, in dem Gott seine Geschichten mit uns erlebt hat. Unsere alten Traditionen sagen, dass dort auch der Messias sein Reich errichtet, wenn alle Menschen auferstehen. Als Erinnerung

---

[4] Der vorliegende Text ist eine Überarbeitung aus Meyer 2015, Material aM-14; als AB auch veröffentlicht in Entwurf 1/2022. Alle Materialien sind online als Kopiervorlage zum Download bei Kohlhammer verfügbar.

an dieses Land schütten wir immer etwas Erde aus Israel in den Sarg, so dass der Tote auch hier in Deutschland mit Israel verbunden ist. So haben wir es auch bei deinem Großvater gemacht.

Liya: Am Ende haben die Teilnehmer der Beerdigung ein Spalier gebildet.

Rabbi Schell: Ihr seid als Familie gewissermaßen durch das Spalier der Teilnehmer zurück ins Leben gegangen. Ich sehe diese Sitte auch als Zeichen der Unterstützung. Die Besucherinnen und Besucher wollten euch sagen, dass sie euch zur Seite stehen.

M 2 Interview mit Pfarrer Lange-Kabitz[5]

Ich bin Sonja und 16 Jahre alt. Ich bin in der 10. Klasse. Mein Vater ist nach langer Krankheit gestorben. Wir waren darauf gefasst und dennoch war es sehr traurig für mich. Die Beerdigung hat Pastor Lange-Kabitz gehalten. Ich kannte ihn schon aus dem Konfirmandenunterricht. Ich habe später noch einmal mit ihm gesprochen und ihm ein paar Fragen gestellt.

Sonja: Nach der Beerdigung habe ich mir noch einmal das Buch angesehen, in das sich alle am Anfang eingetragen haben.

Pfarrer Lange-Kabitz: Die Besucher möchten euch in der Trauer unterstützen, daher gibt es verschiedene Zeichen dafür. Eins davon ist der Eintrag in ein Kondolenzbuch. Die Menschen sagen mit dem Eintrag: Wir denken an euch, wenn ihr trauert. Ein anderes sind die Kränze und Blumen, die Freunde und Bekannte gebracht haben.

Sonja: So wurde die Kapelle etwas bunter.

Pfarrer Lange-Kabitz: Die Blumen haben aber auch zwei weitere Bedeutungen. Sie erinnern daran, dass das Leben schön wie eine Blüte sein kann und doch immer auch vergänglich ist und am Ende nicht lange besteht. Sie können aber auch an das Paradies erinnern, in dem der Mensch dann ganz nah bei Gott ist. Die Blumen drücken die Freude im Paradies bei Gott aus.

Sonja: Das ist eine Hoffnung.

Pfarrer Lange-Kabitz: Es gibt noch andere Hoffnungszeichen. Zwei Mal zeichne ich ein Kreuz über dem Toten. Am Ende der Andacht in der Kapelle und am Grab. Es

---

5   Der vorliegende Text ist eine Überarbeitung aus Meyer 2015, Material aM-14; als AB auch veröffentlicht in Entwurf 1/2022. Alle Materialien sind online als Kopiervorlage zum Download bei Kohlhammer verfügbar.

macht deutlich, zu wem er gehört: Er gehört zu Jesus Christus, der gekreuzigt wurde, auferstand und lebt. Durch ihn können wir auf die eigene Auferstehung hoffen.

Sonja: Neben den Blumen waren auch die Kerzen sehr schön.

Pfarrer Lange-Kabitz: Die Kerzen geben etwas Wärme in der Traurigkeit und auch mit ihnen verbindet sich etwas Weiteres. Jesus Christus hat einmal gesagt: „Ich bin das Licht der Welt. Wer mir nachfolgt, wird das Licht des Lebens haben." So erinnert es an Christus und gibt ebenso Hoffnung, dass wir durch ihn zum ewigen Leben gelangen.

Sonja: Ich habe es nicht mehr ganz in Erinnerung, aber wurden eigentlich auch die Glocken geläutet?

Pfarrer Lange-Kabitz: Die Glocken haben geläutet, als wir mit dem Sarg aus der Kapelle zum Grab gegangen sind. Wie beim Singen der Lieder in der Kapelle sagen sie aus, dass wir uns mit unseren Bitten und auch mit dem Dank für das Leben des Gestorbenen an Gott wenden. Viele Menschen erleben diesen Glockenklang, die Orgelmusik und das Singen als eine Unterstützung in der Zeit der Trauer. Andere sind hörbar bei ihnen und wenden sich gemeinsam mit der Trauerfamilie zu Gott.

M 3 Interview mit Hafis Yanik[6]

Ich bin Semih, 16 Jahre alt und gehe in die 10. Klasse. Ich bin Muslim. Ihr habt im Film gesehen, wie die Beerdigung meines Großvaters ablief. Bei der Waschung des Leichnams hätte ich dabei sein können, habe mich dann aber dagegen entschieden. Dafür haben Freunde und Bekannte aus der Gemeinde dabei geholfen. Nachher habe ich mit einem der Helfer, Hafis Yanik, gesprochen. Er ist in seinem Hauptberuf Religionslehrer. Der Titel Hafis bedeutet, dass Herr Yanik den Koran auswendig gelernt hat.

Semih: Bevor wir in die Kapelle kamen, wurde der Leichnam meines Großvaters gewaschen. Können Sie mir darüber noch mehr erzählen?

Hafis Yanik: Die Waschung ist vergleichbar mit derjenigen, die wir jeden Tag fünf Mal in Zusammenhang mit unserem Pflichtgebet vollziehen. Wie im Gebet tritt

---

6 Der vorliegende Text ist eine Überarbeitung aus Meyer 2015, Material aM-14; als AB auch veröffentlicht in Entwurf 1/2022. Alle Materialien sind online als Kopiervorlage zum Download bei Kohlhammer verfügbar.

ein Mensch nach dem Tod vor Gott. Für diese Begegnung ist die rituelle Waschung, wir wollen rein vor Gott stehen.

Semih: Draußen sieht man dann nur noch das weiße Tuch, in das er gewickelt ist.

Hafis Yanik: Oft ist das nicht irgendein Tuch. Viele, die die Hadsch nach Mekka gemacht haben, kaufen sich von dem Stoff für das Pilgergewand noch ein paar Meter mehr. Sie lassen sich dann eines Tages in diesem Stoff der Pilgerfahrt beerdigen. Wie bei der Hadsch haben dann arm und reich auch im Tod dasselbe weiße Tuch an. Oft wird für die Trauerfeier noch ein grünes Tuch daraufgelegt. Es hat zwei Bedeutungen. Erstens ist es die Farbe des Islam, und die Worte des Glaubensbekenntnisses sind draufgestickt. Damit wird deutlich, dass der Beerdigte Muslim war. Die Farbe Grün erinnert zweitens an die Bewohner des Paradieses und die Engel, die grüne Kleidung tragen. Wir machen deutlich, dass dein Großvater nun dort ist.

Semih: Auf dem Hof haben wir ein Gebet gesprochen und dann gab es noch eine Frage des Hodschas zu Schulden.

Hafis Yanik: Ja, nach dem üblichen Gebet fragt der Hodscha, ob es Schulden gibt, die der Verstorbene nicht zurückgezahlt hat und die noch nicht beglichen sind. Dann antwortet die ganze Gemeinde mit „Nein". Man kann dies auch so verstehen, dass gefragt wird, ob jemand dem Toten noch etwas nachträgt. Die Antwort ist, dass keiner nachtragend und alles abgegolten ist. Anschließend helfen alle Männer abwechselnd den Leichnam zu tragen. Auch wer zufällig vorbeikommt, hilft. Auf diese Weise wird der Tote geehrt und die Angehörigen erleben so, wie viele Menschen den Verstorbenen ehren und die Familie unterstützen.

Semih: Der Tote wird dann ohne Sarg ins Grab gelegt.

Hafis Yanik: In muslimischen Ländern ist das fast immer so. Wenn der Zustand des Körpers es zulässt, wird er nur in einem Tuch beerdigt. In Deutschland ist das häufig verboten, dann muss mit Sarg beerdigt werden. Manchmal gibt es auch die Möglichkeit, einen Spezialstoff zu nehmen, der später wie ein Sarg sehr langsam zerfällt. In dem Fall kann der Leichnam dann einfach im Tuch in Richtung Mekka ausgerichtet werden. Dabei helfen zwei Holzbalken, um den Körper zur Seite nach Südwesten auszurichten. Er guckt dann in dieselbe Richtung, wie immer bei unserem Gebet. Er liegt gewissermaßen in Gebetshaltung und ist so bereit zur Begegnung mit Gott.

Literatur

Dirschauer, Klaus (2011), Islamische Bestattung. Salat al-Janazah – das Passageritual, in: Friedhofskultur 7, 17–20.

Döpp, Hans-Martin (2000), Trauerriten, in: Schoeps, Julius Hans (Hg.), Neues Lexikon des Judentums, Gütersloh, 815–816.

Eisingerich, Astrid (2012), Der Tod als Rückkehr zu Gott, der Quelle des Lebens, in: Heller, Birgit (Hg.), Wie Religionen mit dem Tod umgehen. Grundlagen für die interkulturelle Sterbebegleitung, Freiburg i. Br., 139–166.

Gillman, Neil (2000), Death and Afterlife, in: The Encyclopaedia of Judaism, Leiden, 196–212.

Heller, Horst / Meyer, Karlo (2022 im Druck), Dem Fremden Raum geben. Unbekannte Symbole und Riten im Zusammenhang mit Sterben, Tod und Trauer als Lernchance, in: Entwurf 1.

Meyer, Karlo (2015a), Glaube, Gott und letztes Geleit. Religionsunterricht zu jüdischen, christlichen und muslimischen Bestattungen und zur Frage nach dem Tod, Saarbrücken.

Meyer, Karlo (2015b, DVD-Version mit Arbeitsmaterial), Glaube, Gott und letztes Geleit. Religionsunterricht zu jüdischen, christlichen und muslimischen Bestattungen und zur Frage nach dem Tod, Göttingen.

Meyer, Karlo (2016), Art. „Tod, interreligiös", in: Das wissenschaftlich-religionspädagogische Lexikon im Internet, https://www.bibelwissenschaft.de/wirelex/das-wissenschaftlich-religionspaedagogische-lexikon/wirelex/sachwort/anzeigen/details/tod-interreligioes/ch/53544abd71fee8016b67117948eb631a/ (Stand: 05.10.2021).

Meyer, Karlo (2019), Grundlagen interreligiösen Lernens, Göttingen.

Piper, Hans-Christoph (1985), Krankenhausseelsorge heute, Berliner Hefte für evangelische Krankenhausseelsorge, 51.

Piper, Hans-Christoph (1998), Einladung zum Gespräch. Themen der Seelsorge, Göttingen.

Schell, Adrian (2015), Tod und Trauer im Judentum, in: Meyer, Karlo (Hg.), Glaube, Gott und letztes Geleit. Religionsunterricht zu jüdischen, christlichen und muslimischen Bestattungen und zur Frage nach dem Tod, Saarbrücken, 144–164.

Yanik, Muhammet (2015), Tod und Trauer im Islam, in: Meyer, Karlo (Hg.), Glaube, Gott und letztes Geleit. Religionsunterricht zu jüdischen, christlichen und muslimischen Bestattungen und zur Frage nach dem Tod, Saarbrücken, 182–194.

Abschied, Sterben und Tod im Rhythmus eines Jahres im inklusiven Religionsunterricht
Ein Unterrichtsvorschlag für Grund- und Förderschulen

Brigitte Beil

1. Einführende Gedanken

Der Herbst lädt dazu ein, das sensible Thema *Abschied, Sterben und Tod* in dieser Jahreszeit ganz natürlich zu thematisieren: Mit leuchtenden Farben nimmt die Natur Abschied. Die Tage werden kürzer, Tiere verkriechen sich und Vögel fliegen fort. Die Erde ruht, bevor sie im Frühjahr ganz neu erwacht. So erleben Kinder in der Natur, dass *Sterben, Tod und Neuwerdung* als natürliche Wandlungsprozesse zum Leben gehören, die auch uns Menschen betreffen (Kaufmann / Blechschmidt 2015, 3). Diese Naturerlebnisse helfen, die Übergänge zwischen Leben und Tod und neuem Leben zu veranschaulichen und ins Gespräch zu bringen. Ohne aktuelle schmerzliche Verlusterfahrungen kann das wichtige Thema im Rhythmus der Jahreszeiten und des Kirchenjahres im Herbst seinen Platz im Unterricht finden. Es wird Raum und Zeit gegeben, bisher Erlebtes mit Legebildern, Worten, Liedern und Ritualen zu bearbeiten. Darüber hinaus kann das Welken, Fallen und Vergehen in der Natur mit Lebens- und Glaubenserfahrungen von Menschen in Verbindung gebracht werden. Naturprozesse können helfen, bisherige Erlebnisse mit Sterben und Tod zu verarbeiten und für zukünftige Verlusterfahrungen zu sensibilisieren. Wenn Schüler*innen irgendwann plötzlich mit dem Tod eines nahestehenden Menschen konfrontiert werden, kann behutsam daran angeknüpft werden.

Weil die Naturerfahrungen des Werdens und Vergehens uns Menschen zutiefst berühren, wird in vielen Kulturen und Religionen gerade in dieser Jahreszeit über Tod und Sterben nachgedacht. *Allerheiligen* und *Allerseelen* in der katholischen Tradition sowie der *Ewigkeitssonntag* in der evangelischen Tradition sind stille Gedenktage, die den Blick auf Abschied, Sterben, Tod und Ewigkeitshoffnung lenken.

Am 1. November feiern katholische Christ*innen *Allerheiligen*. Sie erinnern an die Verstorbenen, vor allem an die Menschen, die große Dinge für andere getan haben. Im Gedenken der Heiligen, insbesondere in der Wertschätzung ihrer Vorbildlichkeit, fühlen sich katholische Christ*innen hineingenommen in die

Kraft und Wirkung einer Glaubensgemeinschaft von Jahrhunderten. Am folgenden Tag *Allerseelen* wird vor allem an verstorbene Freund*innen und Verwandte gedacht, mit denen wir in Verbindung bleiben möchten. Sie sind das „Wurzelwerk unseres Gewordenseins" (Behringer 1997, 319).

Evangelische Christ*innen gedenken am *Ewigkeitssonntag* ihrer Toten. Es ist der letzte Sonntag im Kirchenjahr vor dem Ersten Advent. Im Volksmund heißt dieser Tag *Totensonntag*. Mit der Bezeichnung *Ewigkeitssonntag* weist er auf die christliche Auferstehungshoffnung hin. Kirchliche Fest- und Gedenktage helfen, das Leben von Geburt bis zum Tode mit dem ganzen „Spektrum der Befindlichkeiten" (Burgdörfer 2013, 12) in den Blick zu nehmen und den Horizont zu weiten. Und so geht es an diesen Gedenktagen nicht nur darum, den Tod von Verstorbenen zu bedenken, sondern auch den eigenen.

Obwohl das Thema *Sterben und Tod* in den verschiedenen Lehr- und Rahmenplänen für den evangelischen als auch katholischen Religionsunterricht (Ministerium für Bildung, Wissenschaft, Jugend und Kultur des Landes Rheinlan-Pfalz 2010, 30 und 2009, 9f.) verankert ist, meiden es viele Lehrer*innen. Gründe hierfür sind eigene Unsicherheiten sowie Bedenken, dass gerade jüngere Schüler*innen noch zu klein und empfindsam sind, um ihnen die harte Realität des Todes zumuten zu können. Aber auch Kinder erleben in der Natur, bei Tieren und Menschen den Tod als schmerzliche Verlusterfahrung. Deshalb brauchen sie Angebote und Begleitung, um ihre Erlebnisse und Eindrücke verarbeiten zu können.

2. Unterrichtskonzepte

2.1 Inklusiver Religionsunterricht

Inklusion ist eine gesamtgesellschaftliche und politische Aufgabe mit „visionärem Gehalt" (Witten 2020, 58.359). Leider wird der Begriff oft auf schulische Bildung und speziell auf den gemeinsamen Unterricht von Schüler*innen mit und ohne Behinderungen eng geführt.

Eingebettet in ein mehrperspektivisches und weites Inklusionsverständnis meint inklusiver Religionsunterricht ein gemeinsames Lernen in Vielfalt (Comenius-Institut 2014, M1.B2). Der Begriff Vielfalt wird positiv gesehen und schließt alle Differenzaspekte mit ein, wie z.B. Geschlecht, Kultur, Ethnie, Milieu, Religion, Konfession, Behinderung, Weltanschauung, Begabungen, sexuelle Neigung (Schweiker 2012, 11). Auf dem Weg hin zu einem inklusiven Religionsunterricht gibt es noch viele Hürden zu nehmen, auch in schulorganisatorischen Bereichen. Denn das gegliederte Schulsystem verhält sich eher *sperrig* zu den Anliegen einer Inklusion (Witten 2020, 259).

Der vorliegende Beitrag kann nur exemplarisch einige Potentiale eines inklusiven Religionsunterrichtes in Bezug auf den im nachfolgend beschriebenen Unterricht aufzeigen. Er ist nicht ausschließlich für sogenannte *inklusive Lerngruppen* konzipiert, sondern eignet sich auch für Klassen in Grund- und Förderschulen, die Aspekte eines inklusiven Religionsunterrichtes im Rahmen ihrer Möglichkeiten umsetzen möchten.

Aus der Praxis an Förderschulen und zunehmend auch an Grundschulen stellt sich die Frage nach einem inklusiven Religionsunterricht, der auch eine konfessionelle und sogar religiöse Vielfalt integriert. Weil ein konfessioneller Religionsunterricht in kleinen Lerngruppen organisatorisch schwierig umzusetzen ist, wird Religionsunterricht an einigen Förderschulen nicht mehr zuverlässig angeboten. So wird Schüler*innen der Zugang zu religiöser Bildung vorenthalten!

Um solche Barrieren abzubauen und Bildungsgerechtigkeit zu ermöglichen, geht der vorliegende Unterrichtsvorschlag von der Option aus, Religionsunterricht auch im Klassenverband zu unterrichten. Verantwortet von einer Lehrperson mit Missio Canonica oder Vocatio nutzt er Chancen konfessioneller Kooperation und einer Willkommenskultur für alle Schüler*innen mit einer anderen oder auch keiner Religionszugehörigkeit. Im Mittelpunkt des Unterrichts stehen die Schüler*innen mit ihren individuellen und existentiellen Lebensfragen rund um das Thema *Abschied, Sterben und Tod* unabhängig von Konfession, Religion oder sonstiger Weltanschauung. Es werden Deutungen aus der christlichen Perspektive angeboten – mit Raum für individuelle Antworten und kontroverse Diskussionen.

Die Unterrichtsschritte und Methoden sind so gewählt, dass viele Grundprinzipien eines inklusiven Religionsunterrichts umgesetzt werden. Für Anderssohn (2016, 76–91) sind diese: Kooperation, Differenzierung, Handlungsorientierung, Entwicklungsorientierung und Ganzheitlichkeit. Es werden Methoden eingesetzt, die in einem hohen Maße unterschiedliche Aneignungs-, Verarbeitung- und Handlungsmöglichkeiten nutzen, wie sie von Müller-Friese (2012, 7) und Schweiker (2012, 41–44) in der *Arbeitshilfe inklusiv* für den inklusiven Religionsunterricht vorgestellt werden. Zentral ist die Unterscheidung nach *basal-perzeptiver, konkret-handelnder, modellhaft-anschaulicher und abstraktbegrifflicher Aneignung* (Schweiker 2012, 41–44). Diese ermöglichen ein Lernen am gemeinsamen Gegenstand. Es sind unterschiedliche Lernwege in der Auseinandersetzung mit Inhalten und in der Repräsentation von Wissen, das hieraus gewonnen wird (Anderssohn 2016, 85).

Bezogen auf das sensible Thema *Abschied, Sterben und Tod* wird im vorliegenden Unterrichtsvorschlag durch die Nutzung unterschiedlicher Zugangs- und Aneignungswege und im Wechselspiel zwischen Individualisierung und Kooperation ein gemeinsames Lernen mit *Kopf, Herz und Hand* (Pestalozzi) in Vielfalt ermöglicht. Das sind wichtige didaktische Schritte hin zu einem inklusiven

Religionsunterricht, auch wenn „[...] sich die Umsetzung von Inklusion nicht nur auf didaktische Überlegungen beschränken kann" (Witten 2020, 377).

2.2 Das Konzept der Religionspädagogischen Praxis (RPP)

Das besondere Thema benötigt behutsam ausgewählte Lernangebote und Lernwege. Oft kann oder will ein*e Schüler*in Erlebtes nicht unmittelbar mit Worten ausdrücken. Es bedarf anderer Ausdrucks- und Lernangebote für alles, was im Verlauf dieser Einheit *angerührt* wird. Besonders auch bei schmerzlichen Verlusterfahrungen brauchen Schüler*innen persönliche Zuwendung, Zeit und Angebote, um Leid, Schmerz und Trennung vielfältig ausdrücken zu können (Kaufmann 2021, 29).

Das Konzept der Religionspädagogisches Praxis zeigt hierfür eine Vielzahl an Wegen. Einige sind in den nachfolgend beschriebenen Unterrichtsbausteinen (3.1 und 3.2) dargestellt. Mit Gegenständen, Bildern und Bodenbildern wird handlungs- und gestaltorientiert gearbeitet. Dabei sollen die elementaren Grundkräfte im Kind/Jugendlichen gefördert werden. Im Prozess des Lernens werden die Legebilder immer weiter verdichtet und mit Aussagen des christlichen Glaubens verbunden (Möller 2017, 2). In Bezug auf das Thema *Abschied und Tod* steht der Herbst mit seinen elementaren Naturphänomenen zunächst im Mittelpunkt der Anschauung und Begegnung. Die Bodenbilder, die in beiden Unterrichtsvorschlägen in der Mitte entfaltet werden, ermöglichen *anschaulich-modellhafte Zugangs- und Aneignungsformen* (2.1). Mit Übungen und Spielen wird das Welken, Fallen und Vergehen ganz *konkret-handelnd* nachempfunden. Es wird Zeit und Raum gegeben, um Erinnerungen an eigene Erfahrungen mit Abschied und Tod zu wecken und Zusammenhänge innerlich wachsen zu lassen. Die Bodenbilder regen an, eigenes Erlebtes *anschaulich-modellhaft* in ein Bild zu bringen (Kaufmann / Blechschmidt 2015, 3).

So ermöglicht das Konzept mit seinen Methoden und Materialien ein Lernen über unterschiedliche *Zugangs- und Aneignungswege*, wie sie zuvor für den inklusiven Religionsunterricht beschrieben wurden. Insbesondere der ganzheitlich an der Naturerfahrung *Herbst* orientierte Zugang mit den kooperativen Achtsamkeitsübungen (4.1) und gemeinsamen Spielangeboten (4.4) sowie den individuellen Aktionsformen (in der Gestaltungsphase) ist für das gemeinsame inklusive Lernen von Vorteil.

3. Die Unterrichtsbausteine

Die nachfolgend beschriebene Unterrichtseinheit besteht aus zwei ausgearbeiteten Bausteinen mit einem Hinweis für einen möglichen dritten Baustein. Der Unterricht in den ersten beiden Vorschlägen wird idealerweise im Sitzkreis durchgeführt. Beide Module sind voneinander unabhängig. Im ersten Unterrichtsvorschlag stehen das Welken und Vergehen bei Pflanzen und Bäumen im Mittelpunkt der Anschauung. Im zweiten wird auch das Sterben bei Tieren und Menschen in den Blick genommen. Schüler*innen lernen die kirchlichen Gedenktage *Allerheiligen* und *Ewigkeitssonntag* als Festtage der Hoffnung mit der liturgischen Farbe *Weiß* kennen. Dabei können sie sich mit christlichen Deutungen auseinandersetzen. *Schwarz*, als liturgische Farbe von *Allerseelen*, steht für die Trauer.

Eine schwarzweiße Lern- und Spielkiste (Schuhkarton) begleitet die Unterrichtsreihe. Die schwarze Farbe des Korpus steht für die traurige Seite in Bezug auf das Thema, die bei *Allerseelen* und auch im weltlichen Namen *Totensonntag* mitschwingt. Die weiße Farbe des Deckels entspricht der liturgischen Farbe der Festtage *Ewigkeitssonntag* und *Allerheiligen* und verweist auf die christliche Auferstehungshoffnung.

Je nach Konfession der Lerngruppe werden die Namen *Allerheiligen/Allerseelen* und/oder *Ewigkeitssonntag* mit dem weltlichen Namen *Totensonntag* an der Kiste befestigt. Zusätzliche Gebärdenbilder (Bundesverband ev. Behindertenhilfe 2005) zu den Festtagen ermöglichen einen *anschaulich-modellhaften Lernweg* (Schweiker 2012, 43).

In der Lernkiste werden Unterrichtsmaterialien zu den Bausteinen aufbewahrt, die immer wieder ergänzt oder ausgetauscht werden. Als Lern- und Spielkiste kann sie für spätere Freiarbeitsphasen genutzt werden.

3.1 Baustein 1: Bunte Blätter fallen – Vom Werden und Vergehen in der Natur
(u.a. nach einer Idee von Kaufmann / Blechschmidt 2015, 3–9)

Benötigtes Material: 1 große braune (Rund-)Decke (ca. Ø 1,30 m), bunte Herbstblätter in einem Korb, skelettierte Blätter und Hölzer, 1 Kerze, 1 Teller mit Erde, Samenkörner, 1 Ast mit Knospen, 1 schwarze Kiste mit weißem Deckel.

Benötigtes Material für die Gestaltungsphase: für jeden Schüler und jede Schülerin je ein kleines braunes Filzdeckchen (ca. 23x15 cm), verschiedene (Natur-)Legematerialen (siehe *Abb. 2 Hoffen*).

Unterrichtsschritte	Didaktischer Kommentar/Medien
Die Natur im Herbst Ein braunes Tuch zeigen. SuS (Schüler*innen) äußern Assoziationen. Anfangsrituale zur Kreisbildung. SuS singen ein bekanntes Herbstlied. Übung zur Ruhe und Kreisbildung:	Braun als Farbe für die ruhende Erde im Herbst. (4.1) Übungen: *Gemeinsam, Herbstwind, Mitte.* z.B. *Der Herbst ist da.* (4.1) Übungen: *Ich bin da, Kreis.*
Bewegung und Ruhe in der Natur SuS fühlen, vermuten, raschen nacheinander. Gespräch über Erfahrungen mit welkenden Blättern im Herbst. *Stehkreis:* Alle SuS imitieren mit ihrem Körper einen Baum. Mit den Händen werden welke Blätter nachgeahmt, die sich bewegen und vom Baum wehen.	Herbstblätter verdeckt in einem Korb in die Mitte stellen. L (Lehrperson) lässt ein Herbstblatt behutsam in der Mitte zu Boden fallen. L leitet die Körperübung an: *Herbstbaum mit Blättern, die zu Boden geweht werden.*
Prozesse (Phänomene) in der Natur mit dem eigenen Leben vergleichen SuS betrachten ein Herbstblatt und erzählen, wie z.B. „Ich bin rot, grün, braun…!" „Ich hing einmal an einem Baum!" SuS vergleichen ein Herbstblatt mit ihrer eigenen Hand: „Was ist ähnlich, was ist anders?" SuS lassen nacheinander ihre Blätter auf das braune Tuch fallen. SuS singen die erste Zeile des Liedes.	L lässt jedem SuS ein buntes Herbstblatt in die geöffneten Hände fallen. SuS halten ihre geöffneten Hände vor sich. In einer Hand liegt das Herbstblatt, die andere ist leer. (4.2) *Blätter, wenn sie gelb geworden.*
Verwandlung – neues Leben SuS äußern Vermutungen zum Zerfall der Blätter und Hölzer. Gespräch über den Kreislauf in der Natur. L trägt den Text *Herbstblätter* vor. SuS spielen das Bewegungsspiel. L legt einen kahlen Ast mit Knospen in die Mitte und erzählt von neuen Blättern und Blüten, die aus den Knospen sprießen.	Skelettierte Blätter und halb verfallene Holzstücke werden in die Mitte gelegt. Ein Schälchen mit Gartenerde wird daneben gestellt. (siehe *Abb. 1 Fallen*) Text und Anregungen zum Bewegungsspiel (4.4). (siehe *Abb. 1 Fallen* und *Abb. 2 Hoffen*) Die Knospe als Bild für die Hoffnung auf neues Leben.
Gott schenkt immer wieder neues Leben L: „Christinnen und Christen glauben, dass Gott uns jedes Jahr das neue Leben in der Natur schenkt." SuS singen *Blätter, wenn sie gelb geworden.* Eine schwarze Lernkiste mit weißem Deckel wird eingeführt.	Als symbolisches Zeichen für Gott wird eine Kerze entzündet und in die Mitte zu dem Zweig mit den Knospen gestellt. (4.2) alle Strophen. Die schwarze Farbe steht symbolisch für Welken, Abschied und Tod.

(siehe *Abb. 2 Hoffen*).	Die weiße Farbe symbolisiert die Hoffnung, dass Gott neues Leben schenkt.
Gestaltung SuS gestalten mit Naturmaterialien individuelle Herbstbilder / Hoffnungsbilder (Legebilder) auf kleinen braunen Filzdeckchen.	Gestaltungen mit Naturmaterialien. (siehe *Abb. 2 Hoffen*). Alternativ können die SuS Hoffnungsbilder malen.

Abbildung 1 (oben): *Fallen*, Abbildung 2 (unten): *Hoffen* (Fotos: Nadja Donauer)

3.2 Baustein 2: Wir denken an die Verstorbenen am Ewigkeitssonntag/an Allerheiligen und Allerseelen

(u.a. nach einer Idee von Kaufmann / Blechschmidt 2015, 12–16)

Benötigtes Material für den Unterricht: 1 schwarze Kiste mit weißem Deckel, 1 kleine gelbe Runddecke (ca. Ø 80 cm), 4 quadratische braune Tücher, 1 Kerze, verblühte (Sonnen-) Blumen, 1 Korb mit Herbstblättern, 3–5 kleine (Filz-) Blumen, 1 Kreuz, ein kleiner Vogel (Filz oder Holz). Die Anschauungsgegenstände „Herbstblätter, Blume, Vogel und Kreuz" können alternativ auch als Bilder (Holl, Kaufmann 2015) präsentiert werden.

Benötigtes Material für die Gestaltungsphase: für jeden Schüler und jede Schülerin ein kleines braunes Filzdeckchen (ca. 23 x 15 cm), verschiedene Legematerialen zur Gestaltung von kleinen Gräbern, wie z.B. kleine Steine, Teelichter, Samenkörner, kleine Kreuze, Filzteile in Form von Blüten, Tropfen, Herzen, Kreisen u.a. (siehe *Abb. 4 Erinnern*).

Unterrichtsschritte	Didaktischer Kommentar/Medien
Die helle Mitte SuS äußern Assoziationen. „Die Sonne leuchtet in unserer Mitte!" Anfangsrituale zur Kreisbildung.	Ein kleines rundes gelbes Tuch in die Mitte eines Sitzkreises legen. Gelb als symbolische Farbe für die leuchtende Sonne. (4.1) Übungen *Kreis, Sonnenaufgang, Sonnenstrahl*.
Die Erde ruht – Ruhe in der Natur SuS hören von den abgeernteten Feldern und der ruhenden Erde im Herbst. Übung zur Ruhe und Imagination.	Vier quadratische braune Tücher werden wie ein Kreuz an die Sonne gelegt. Die Farbe Braun symbolisiert die ruhende Erde im Herbst. (Siehe *Abb. 3 Trauern*) (4.1) Übung: *Ich bin da!*
Vergänglichkeit in der Natur *Bodenbild 1: Verwelkte Blume* SuS äußern sich. SuS spielen mit den Händen eine Sonnenblume, die wächst, blüht, verwelkt. *Bodenbild 2: Herbstblätter fallen* SuS erzählen von ihren Erfahrungen mit welkenden Herbstblättern. L lässt jedem SuS ein Herbstblatt in die geöffneten Hände fallen. Nacheinander lassen die SuS ihr Blatt auf das braune Tuch fallen.	Eine verwelkte (Sonnen-) Blume auf eines der braunen Tücher legen. (Siehe *Abb. 3 Trauern*) L leitet an. Wenige Herbstblätter auf das zweite braune Tuch fallen lassen. (Siehe *Abb. 3 Trauern*) Das Nacheinander der Aktion führt in die Ruhe und zur bewussten Wahrnehmung.

Bodenbild 3: Toter Vogel L erzählt von wegfliegenden Vögeln und lenkt die Aufmerksamkeit auf den Vogel, der auf dem Tuch liegt, nicht mitfliegt, weil er krank oder tot ist. SuS erzählen von eigenen Erfahrungen mit kranken oder verstorbenen Tieren. *Bodenbild 4: Ein Kreuz* SuS äußern sich. Mögliche Impulse: „Wo könnte das Kreuz stehen, was ist passiert?" SuS erzählen von eigenen Erfahrungen und Gefühlen. „Das Kreuz erzählt auch von Jesus. Es erinnert an seinen Tod und an seine Auferstehung. Er hat versprochen, bei uns zu sein – auch wenn wir traurig sind!"	Ein Vogel (aus Filz oder Holz) wird auf das dritte braune Tuch gelegt. (Siehe *Abb. 3 Trauern*) Wenn die SuS davon erzählen, dass sie Tiere in der Natur begraben haben, werden Herbstblätter und etwas Erde rund um den Vogel gelegt. Auf das vierte braune Tuch kommt ein Kreuz. Filzblumen oder echte Blüten werden an den Fuß gelegt. (siehe *Abb. 3 Trauern*) Mögliche Antworten: „Am Straßenrand – auf einem Friedhof – in einer Kirche." L begleitet sensibel das Gespräch.
Christliche Auferstehungshoffnung L erzählt von den christlichen Gedenktagen und befestigt die Namen am Deckel der Lernkiste oder legt sie daneben. L erzählt von der christlichen Auferstehungshoffnung (Textvorschlag 4.3.3). Eine Kerze entzünden und auf den weißen Deckel stellen. SuS singen ein Lied.	Die schwarze Lernkiste zunächst ohne Deckel auf das gelbe Tuch stellen. Je nach Konfession der Lerngruppe wird Text 4.3.1 oder 4.3.2 verwendet. Als Zeichen für die Auferstehungshoffnung den weißen Deckel auf die schwarze Kiste legen. Kerze als Symbol für das Leben. (siehe *Abb. 3 Trauern*) (4.2) Blätter, wenn sie gelb geworden.
Gestaltung SuS gestalten mit Legematerialien kleine Gräber mit Zeichen der Trauer, des Gedenkens und der Hoffnung.	(siehe *Abb. 4 Erinnern*) Alternativ können Bilder von Gräbern gemalt werden.

3.3 Baustein 3: Der Friedhof – ein Ort der Trauer, des Gedenkens und der Hoffnung

Es wird empfohlen, mit Schüler*innen einen Friedhof zu besuchen. Hier können Gräber mit christlichen Hoffnungssymbolen in den Blick genommen werden. Die Erfahrung, wie andere Menschen mit dem Verlust, der Trauer und dem Tod umgehen, kann zu einer wichtigen Orientierung beitragen. Anregungen für den Besuch solch eines außerschulischen Lernortes finden sich in der religionspädagogischen Literatur (Peters 2019, 12–17 oder Zimmermann 2019).

Abbildung 3 (oben): *Trauern*, Abbildung 4 (unten): *Erinnern* (Fotos: Nadja Donauer)

4. Material/Anhang

4.1 Übungen zur Stille und Achtsamkeit

Die nachfolgend beschriebenen Übungen sind zum größten Teil dem Konzept der Religionspädagogischen Praxis entnommen, wie sie in den vierteljährlich erscheinenden Heften von Kaufmann und Blechschmidt des RPA-Verlags publiziert werden. Es sind Übungen, die zur Stille, zum achtsamen Umgang mit sich selbst, mit anderen, mit Gegenständen und Themen einladen. Es werden Methoden der Eutonie, Empathie, Stille- und Phantasieübungen genutzt. All diese Übungen ermöglichen ein Lernen über *basal-perzeptive, konkret-handelnde und anschaulich-modellhafte Zugangs- und Aneignungsformen* (Schweiker 2012, 41–44).

> *Gemeinsam:* Mit einem großen runden Tuch (ca. Ø 1,30 m) geht die Lehrperson im Sitzkreis nacheinander kreuz und quer zu jedem Schüler, jeder Schülerin und lädt zum Mitkommen ein. Beim Unterwegssein halten sich die Schüler*innen mit ihren Händen am gemeinsamen Tuch fest. Wenn alle *eingesammelt* sind, kann mit der Übung *Herbstwind* oder *Gemeinsame Mitte* fortgesetzt werden.
>
> *Herbstwind:* Die Lehrperson erzählt von der Erde, die im Herbst ruht, von dem Herbstwind, der weht, an den Ästen und Zweigen rüttelt und von den Blättern, die im Wind tanzen und sanft zu Boden wehen. Das runde braune Tuch (ca. Ø 1,30 m) wird von allen Schüler*innen entsprechend der Erzählung bewegt. Die Übung endet mit einer ruhigen Imagination.
>
> *Mitte:* Das runde braune Tuch, mit dem die Schüler*innen zuvor *eingesammelt* wurden, wird mit dem Auftrag abgelegt: „Findet unsere gemeinsame Mitte!"
>
> *Ich bin da:* Die Schüler*innen sitzen aufrecht auf einem Stuhl im Sitzkreis und schließen die Augen. Die Lehrperson leitet sie mit Übungen aus der Eutonie an
> - zum bewussten Atmen.
> - zum bewussten Wahrnehmen des Bodens/der Erde.
> - zur Imagination eines schönen Ortes/Platzes.
> - zum Erinnern, wer heute hier mit uns im Kreis sitzt.
>
> *Kreis:* Die Schüler*innen reichen sich nacheinander (nicht gleichzeitig) eine Hand. Die Lehrperson beginnt. Diese Übung erfolgt ruhig und bewusst und kann mit folgenden Worten begleitet werden: „Wir sind miteinander da! Der Kreis rundet sich. Wir spüren die Verbundenheit im Kreis!"
>
> *Sonnenaufgang:* Die Schüler*innen halten sich an den Händen. Sie spielen miteinander einen Sonnenaufgang und Sonnenuntergang, indem sie langsam die Hände heben und senken.
>
> *Sonnenstrahl:* Die Lehrperson lächelt einer Mitschülerin oder einem Mitschüler zu. Wer ein Lächeln empfangen hat, verschenkt wiederum eines (als Sonnenstrahl) an eine andere Person. Die Übung erfolgt in meditativer Stille.

4.2 Lied

Rechte: RPA Verlag

Blätter, wenn sie gelb geworden

Text und Melodie: Franz Kett

1) Blät-ter, wenn sie gelb ge-wor-den, fal-len hin zur Er - den.

Refrain: Was ins Licht, ins Le - ben fällt, das wird nicht ver - der - ben.

2) Äste, wenn sie abgestorben, fallen hin zur Erden.

3) Blumen, wenn sie gelb geworden, fallen hin zur Erden.

4) Samen, wenn sie reif geworden, fallen in die Erden.

5) Menschen werden krank und alt, und sie müssen sterben.
Refrain: Wer ins Licht, ins Leben fällt, der ...

6) Alles, was geworden ist, wird einmal vergehen.
Refrain: Was in Gottes Liebe fällt, das wird neu entstehen.

4.3 Christliche Gedenktage

4.3.1 Totensonntag - Ewigkeitssonntag

Im November erleben Menschen in der Natur das Fallen und Vergehen. In diesem Monat gibt es in der evangelischen Tradition einen besonderen Tag – den *Ewigkeitssonntag*. Evangelische Christ*innen gedenken der Toten. Im Gottesdienst werden die Namen der Menschen vorgelesen, die im letzten Jahr gestorben sind. Im Volksmund heißt dieser Tag *Totensonntag*. Er beschreibt die traurige Seite dieses Tages *(eine schwarze Spielkiste ohne Deckel in die Mitte auf das gelbe Tuch stellen)*. Diese Kiste sieht ein bisschen aus wie ein Grab. Sie ist schwarz und steht für unsere Trauer. Manchmal sehen wir nur das Traurige und Dunkle. Doch die Kiste hat einen weißen Deckel *(den weißen Deckel auf die schwarze Kiste legen)*. Er erinnert an die freudige, hoffnungsvolle Seite. Christ*innen glauben, dass die Verstorbenen für immer bei Gott sind. Deshalb heißt dieser Tag in der evangelischen Kirche *Ewigkeitssonntag*. Am Nachmittag gehen die Menschen auf den Friedhof und schmücken die Gräber mit Zeichen des Gedenkens und mit Symbolen der Hoffnung, wie z.B. mit bunten Blumen und entzündeten Lichtern.

4.3.2 Allerheiligen – Allerseelen

Im November erleben Menschen in der Natur das Fallen und Vergehen. In diesem Monat gibt es in der katholischen Tradition zwei besondere Tage: *Allerheiligen* und *Allerseelen*. Am Fest der Allerheiligen denken katholische Christ*innen an die verstorbenen Heiligen. Sie haben Gottes Liebe, Gottes Licht in diese Welt getragen. Am Gedenktag *Allerseelen* wird vor allem an verstorbene Freunde und Verwandte gedacht, mit denen wir in Verbindung bleiben möchten *(eine schwarze Spielkiste wird ohne Deckel in die Mitte auf das gelbe Tuch gestellt)*. Diese Kiste sieht ein bisschen aus wie ein Grab. Sie ist schwarz und steht für unsere Trauer. Manchmal sehen wir nur das Traurige und Dunkle. Doch die Kiste hat einen weißen Deckel *(den weißen Deckel auf die schwarze Kiste legen)*. Er erinnert an die freudige, hoffnungsvolle Seite. Christ*innen glauben, dass die Verstorbenen für immer bei Gott sind. Am Fest der Allerheiligen gehen katholische Christ*innen auf den Friedhof und schmücken die Gräber ihrer Verstorbenen mit Zeichen des Gedenkens und Symbolen der Hoffnung, wie z.B. mit bunten Blumen und entzündeten Lichtern.

4.3.3 Christliche Auferstehungshoffnung

In der Bibel wird erzählt, dass Jesus gestorben und auferstanden ist *(eine Jesus-Kerze wird gezeigt und entzündet)*. Christ*innen glauben, dass der Tod wie ein dunkles Tor ist, das ins Licht zu Gott führt *(alternativ kann ein Bild von Holl, Kaufmann [2015] von einem dunklen Tor mit leuchtendem Licht in der Mitte gezeigt werden. Dann werden das Bild und die entzündete Kerze auf den weißen Deckel der dunklen Kiste gestellt)*.

4.4 Bewegungsspiel Herbstblätter

Der nachfolgende Text kann von der Lehrperson mit zwei bis drei Herbstblättern, einem skelettierten Herbstblatt und einem Schälchen Erde vorgetragen werden. Als Bewegungsspiel können Schüler*innen passend zum Text spielen. Zu Beginn werden fünf bis acht Baumwolltücher als *Erde* im Raum ausgebreitet. Daneben sitzen drei bis fünf *Erde*-Kinder mit braunen Chiffontüchern. Im Raum verteilt stehen drei bis fünf *Baum*-Kinder jeweils umringt von zwei bis drei *Blätter*-Kindern.

Benötigtes Material: fünf bis acht braune Baumwolltücher und fünf bis acht braune Chiffontücher.

Text	Spiel
Bunte Blätter schmücken den Baum: rote – gelbe – grüne.	Die *Blätter*-Kinder halten ihre Hände als Blätter hoch.
Bläst der Wind, beginnt der Tanz: wehen – wirbeln – fliegen, und ganz allmählich zur Erde segeln.	Die *Blätter*-Kinder spielen und bewegen sich passend zum Text durch den Raum.
Auf der Erde angekommen – ruhig werden – liegen – von der Erde aufgenommen.	Die *Blätter*-Kinder legen sich auf die braunen Tücher und kommen langsam zur Ruhe.
Warten – einfach nur da sein – verwandelt werden – und wieder zur Erde werden – zu weicher, lockerer Erde.	Die *Erde*-Kinder wehen mit braunen Chiffontüchern über die *Blätter*-Kinder und legen die Chiffontücher locker über sie.

Literatur

ANDERSSOHN, STEFAN (2016), Handbuch Inklusiver Religionsunterricht, Neukirchen-Vluyn.
BEHRINGER, HANS GERHARD (1997), Die Heilkraft der Feste. Der Jahreskreis als Lebenshilfe, Stuttgart.
BUNDESVERBAND EVANGELISCHE BEHINDERTENHILFE (2005), Schau doch meine Hände an. Gebärdenbuch, 14. Aufl. Reutlingen.
BURGDÖRFER, LUDWIG (2013), Himmelfahrt für Aufsteiger. Heiter – nachdenklich durchs Kirchenjahr, Gießen.
COMENIUS-INSTITUT (Hg.) (2014), Zehn Grundsätze für inklusiven Religionsunterricht, in: Inklusive Religionslehrer_innenbildung 1. Modul 1 und Baustein 2, Münster.
HOLL, CHRISTEL (Bilder) / KAUFMANN, ESTHER (Text) (2015), Bildermappe zum Heft 2015/3: Wenn die Blätter fallen. Religionspädagogische Praxis, Landshut.
KAUFMANN, ESTHER / BLECHSCHMIDT, MEINULF (2015), Wenn die Blätter fallen, in: Religionspädagogische Praxis 3.
KAUFMANN, ESTHER (2021), Mit den Kindern Vergänglichkeit erleben und mit dem Tod umgehen, in: Religionspädagogische Praxis 4, 28–36.
KETT, FRANZ (1978 / 2015), Blätter, wenn sie gelb geworden, in: Religionspädagogische Praxis, Heft 1978: 2/45; Heft 2015: 3/8.
MINISTERIUM FÜR BILDUNG, WISSENSCHAFT, JUGEND UND KULTUR DES LANDES RHEINLAND-PFALZ (2009), Teilrahmenplan Katholische Religion, Neuleiningen.
MINISTERIUM FÜR BILDUNG, WISSENSCHAFT, JUGEND UND KULTUR DES LANDES RHEINLAND-PFALZ (2010), Teilrahmenplan Evangelische Religion, Neuleiningen.
MÖLLER, RAINER (2017), Art. „Kett – Konzeption ‚Religionspädagogische Praxis' (RPP)", in: Wissenschaftlich-Religionspädagogisches Lexikon im Internet, https://www.bibelwissenschaft.de/wirelex/das-wissenschaftlich-religionspaedagogische-lexikon/wirelex/sachwort/anzeigen/details/kett-konzeption-religionspaedagogische-praxis-rpp/ch/0ebf5cab1547f08da44d1b2de3bdc85c/ (Stand: 15.02.2022).
MÜLLER-FRIESE, ANITA (2012), Arbeitshilfe Religion inklusiv. Praxisband Bibel – Welt und Verantwortung, Stuttgart.

PETERS, BEATE (2019), …und leite mich auf ewigen Wegen. Mit Kindern Grabsymbolen und -inschriften auf die Spur gehen, in: Grundschule Religion 66, 12–17.

SCHWEIKER, WOLFHARD (2012), Arbeitshilfe Religion inklusiv. Grundstufe und Sekundarstufe, I. Basisband: Einführung, Grundlagen und Methoden, Stuttgart.

WITTEN, ULRIKE (2020), Inklusion und Religionspädagogik. Eine wechselseitige Erschließung (Religionspädagogik innovativ 38), Stuttgart.

ZIMMERMANN, MIRJAM (2019), Art. „Friedhofsbesuch/Friedhofspädagogik", in: Wissenschaftlich-Religionspädagogisches Lexikon im Internet, https://www.bibelwissenschaft.de/wirelex/das-wissenschaftlich-religionspaedagogische-lexikon/wirelex/sachwort/anzeigen/details/friedhofsbesuchfriedhofspaedagogik/ch/d52d35f8a06df60d7c429f494e1541eb/ (Stand: 15.02.2022).

Verzeichnis der Autor*innen

Brigitte Beil ist Förderschullehrerin, Leiterin des Religionspädagogischen Zentrums Kusel, Rektorin in Kirche und Lehrbeauftragte des Instituts für Evangelische Theologie, Universität Koblenz-Landau/Campus Landau. Sie ist als kirchliche Fachberaterin für den Religionsunterricht an Förderschulen und in der Inklusion der Evangelischen Kirche der Pfalz (Protestantische Landeskirche) tätig.

Dr. Christiane Caspary ist Habilitandin und Wissenschaftliche Mitarbeiterin für Evangelische Theologie mit dem Schwerpunkt Religionspädagogik und Didaktik des Evangelischen Religionsunterrichts an der Universität Koblenz-Landau/Campus Landau. Sie forscht u.a. zu ethischer Bildung, Frieden als Thema der Religionspädagogik und Modellen des Religionsunterrichts.

Dr. El Hadi Essabah ist Islamwissenschaftler, Lehrer für islamischen Religionsunterricht in Ludwigshafen und Lehrbeauftragter an der Universität Koblenz-Landau/Campus Landau. Er forscht zur Koranauslegung und islamischer Mystik

Selina Fucker ist Sozial- und Kommunikationswissenschaftlerin. Sie schließt derzeit ihr Masterstudium in Evangelischer Theologie an der Ruprecht-Karls-Universität Heidelberg ab und forscht zur religiösen Kommunikation im Digitalen und Digitaler Kirche.

Dr. Judith Hartenstein ist Professorin für Evangelische Theologie mit dem Schwerpunkt Neues Testament und Religionspädagogik an der Universität Koblenz-Landau/Campus Landau. Sie forscht zu apokryphen Schriften des frühen Christentums (u.a. Mariaevangelium).

Uta Martina Hauf ist Bereichsleiterin am Seminar für Ausbildung und Fortbildung der Lehrkräfte (Gymnasium) in Tübingen, unterrichtet an einem Reutlinger Gymnasium und arbeitet nebenberuflich als Trauerbegleiterin.

Dr. rer. nat. Dorothe Heidgreß ist Fachlehrerin an einer Berufsbildenden Schule, qualifizierte Trauerbegleiterin (nach dem BVT) und koor-diniert die Trauerbegleitung beim Kinder- und Jugendhospizdienst in Göppingen.

Stephan Heinlein ist Pfarrer der Evangelischen Kirche der Pfalz in Billigheim-Ingenheim und unterrichtet dort Evangelische Religion an der Grundschule. Im Rahmen seiner Klinischen Seelsorge-Ausbildung hat er zu Veränderungen in der Trauerforschung gearbeitet.

Horst Heller ist Leiter des Religionspädagogischen Zentrums St. Ingbert (Saarland) mit den Schwerpunkten Fortbildung, Fachberatung, Lehrplanentwicklung, Didaktik und Digitalität.

Elisabeth Jordan ist Lehrerin an einem Sonderpädagogischen Bildungs- und Beratungszentrum mit dem Förderschwerpunkt emotionale und soziale Entwicklung. Sie ist zertifizierte Traumapädagogin/-fachberaterin und ehrenamtliche Trauerbegleiterin beim Kinder- und Jugendhospizdienst.

Dr. Bettina Kruhöffer ist Lehrkraft für besondere Aufgaben am Institut für Evangelische Theologie, Universität Koblenz-Landau/Campus Landau und arbeitet in den Bereichen Systematische Theologie/Ethik und Religionspädagogik.

Dr. med. Noemi Kuld (Promotion an der Semmelweis Universität in Budapest) arbeitet als Assistenzärztin in der Kinder- und Jugendheilkunde im Hegau-Bodensee-Klinikum Singen.

Dr. Anja Lebkücher ist evangelische Hochschulpfarrerin an der Universität Koblenz-Landau/Campus Landau. Sie wurde in systematischer Theologie promoviert und hat an verschiedenen Schulen Religionsunterricht erteilt.

Dr. Asher J. Mattern lehrt Jüdische Theologie an der Eberhard Karls Universität Tübingen und forscht am dortigen Institut für Ökumenische und Interreligiöse Forschung.

Dr. Karlo Meyer ist Professor für Religionspädagogik an der Universität des Saarlandes. Er forscht zu interreligiösem Lernen und Ritualen als Unterrichtsthema.

Aydina Rebholz ist Schülerin an einem Gymnasium in Württemberg. In ausdrucksstarken Zeichnungen bringt sie ihre Trauer und Gefühle zum Ausdruck.

Stefanie Renz ist medizinische Fachangestellte und Mutter von zwei Kindern und einem Engelchen. Sie lebt mit ihrer Familie auf der Schwäbischen Alb.

Dr. Gabriela Scherer ist Professorin für Literaturwissenschaft und Literaturdidaktik an der Universität Koblenz-Landau/Campus Landau und forscht u.a. zur Kinder- und Jugendliteratur und ihrer Didaktik.

Dr. Andrea Schmieg ist Philosophin, Sozialpädagogin sowie angehende Kinder- und Jugendpsychotherapeutin. Seit über zehn Jahren ist sie freiberuflich für die Akademie für Philosophische Bildung und WerteDialog (München) tätig.

Dr. Susanne Schwarz ist Professorin für Evangelische Theologie mit dem Schwerpunkt Religionspädagogik und Didaktik des Evangelischen Religionsunterrichts an der Universität Koblenz-Landau/Campus Landau. Sie forscht u.a. zu Schüler*innenperspektiven, religionspädagogischen Autobiographien, Konfessionslosigkeit, Qualität des Religionsunterrichts und zur Inhaltsfrage.

Lena Sturhan studiert Evangelische Religionslehre und Englisch für das Lehramt an Gymnasien an der Universität Koblenz-Landau/Campus Landau. Zudem studierte sie an der Eberhard Karls Universität Tübingen und der Johannes Gutenberg-Universität Mainz.

Dr. Ulrich Andreas Wien ist Akademischer Direktor am Institut für Evangelische Theologie an der Universität Koblenz-Landau/Campus Landau. Seine Forschungs- und Publikationsschwerpunkte sind: Siebenbürgische Kirchengeschichte der Frühen Neuzeit und Kirchliche Zeitgeschichte, Pfälzische Territorialkirchengeschichte.

Dr. Ulrike Witten ist Professorin für Evangelische Religionspädagogik an der Universität Bielefeld und forscht zur Inklusionspädagogik, Religionsdidaktik angesichts religiösweltanschaulicher Heterogenität, religiöser Sozialisation von Kindern sowie diakonischer Bildung.

Daniela Zahneisen studiert Evangelische Religionslehre und Deutsch für das Lehramt an Gymnasien an der Universität Koblenz-Landau/Campus Landau, der Universität Leipzig sowie der Martin-Luther-Universität Halle-Wittenberg und schließt derzeit ihr Masterstudium ab. Sie ist als wissenschaftliche Hilfskraft am Institut für Evangelische Theologie Landau tätig.

Dr. Hansjörg Znoj ist Professor emeritus an der Universität Bern und war Leiter der Abteilung Gesundheitspsychologie und Verhaltensmedizin am Institut für Psychologie. Er forscht zu Emotionsregulation und zu den Folgen kritischer Lebensereignisse.